Higher Education Research and Science Studies

Reihe herausgegeben von
Deutsches Zentrum für Hochschul- und Wissenschaftsforschung GmbH, Hannover, Niedersachsen, Deutschland

In der Reihe "Higher Education Research and Science Studies" (HERSS) werden Monografien und referierte Sammelbände in deutscher oder englischer Sprache im Themenspektrum der Hochschul- und Wissenschaftsforschung veröffentlicht. Sie trägt mit der Fokussierung auf interdisziplinäre und international anschlussfähige Forschung insbesondere zur innovativen Entwicklung dieses Forschungsfeldes in der Schnittmenge von Hochschul- und Wissenschaftsforschung bei. Herausgegeben wird die Reihe HERSS vom Deutschen Zentrum für Hochschul- und Wissenschaftsforschung (DZHW), einem nationalen und internationalen Kompetenzzentrum für die Hochschul- und Wissenschaftsforschung. Das DZHW betreibt erkenntnis- und problemorientierte Forschung zu aktuellen und langfristigen Entwicklungen auf allen Ebenen des Hochschul- und Wissenschaftssystems.

Weitere Bände in der Reihe https://link.springer.com/bookseries/16454

Jessica Baier

Soziale Raumkonstitutionen von Studierenden

Eine qualitative empirische Analyse an privaten Hochschulen

Jessica Baier
Forschungsinstitut Gesellschaftlicher Zusammenhalt (FGZ),
Institut für Umweltplanung
Leibniz Universität Hannover
Hannover, Deutschland

Dissertation, Philosophische Fakultät, Leibniz Universität Hannover, Deutschland, 2021

ISSN 2662-5709　　　　　　ISSN 2662-5717　(electronic)
Higher Education Research and Science Studies
ISBN 978-3-658-36477-9　　　ISBN 978-3-658-36478-6　(eBook)
https://doi.org/10.1007/978-3-658-36478-6

Die Deutsche Nationalbibliothek verzeichnet diese Publikation in der Deutschen Nationalbibliografie; detaillierte bibliografische Daten sind im Internet über http://dnb.d-nb.de abrufbar.

© Der/die Herausgeber bzw. der/die Autor(en), exklusiv lizenziert durch Springer Fachmedien Wiesbaden GmbH, ein Teil von Springer Nature 2022
Das Werk einschließlich aller seiner Teile ist urheberrechtlich geschützt. Jede Verwertung, die nicht ausdrücklich vom Urheberrechtsgesetz zugelassen ist, bedarf der vorherigen Zustimmung des Verlags. Das gilt insbesondere für Vervielfältigungen, Bearbeitungen, Übersetzungen, Mikroverfilmungen und die Einspeicherung und Verarbeitung in elektronischen Systemen.
Die Wiedergabe von allgemein beschreibenden Bezeichnungen, Marken, Unternehmensnamen etc. in diesem Werk bedeutet nicht, dass diese frei durch jedermann benutzt werden dürfen. Die Berechtigung zur Benutzung unterliegt, auch ohne gesonderten Hinweis hierzu, den Regeln des Markenrechts. Die Rechte des jeweiligen Zeicheninhabers sind zu beachten.
Der Verlag, die Autoren und die Herausgeber gehen davon aus, dass die Angaben und Informationen in diesem Werk zum Zeitpunkt der Veröffentlichung vollständig und korrekt sind. Weder der Verlag noch die Autoren oder die Herausgeber übernehmen, ausdrücklich oder implizit, Gewähr für den Inhalt des Werkes, etwaige Fehler oder Äußerungen. Der Verlag bleibt im Hinblick auf geografische Zuordnungen und Gebietsbezeichnungen in veröffentlichten Karten und Institutionsadressen neutral.

Planung/Lektorat: Stefanie Eggert
Springer VS ist ein Imprint der eingetragenen Gesellschaft Springer Fachmedien Wiesbaden GmbH und ist ein Teil von Springer Nature.
Die Anschrift der Gesellschaft ist: Abraham-Lincoln-Str. 46, 65189 Wiesbaden, Germany

Geleitwort

Jessica Baier legt mit ihrer soziologischen Analyse subjektiver Raumerzeugungen von Studierenden an privaten Hochschulen im ländlichen Raum eine gleichermaßen inhaltlich wie methodisch innovative Forschungsarbeit vor.

Private Hochschulen sind seit rund 50 Jahren fester Bestandteil der institutionellen Gestalt des deutschen Hochschulsystems. Wurden sie im hochschulpolitischen Diskurs anfänglich auch als Reformmodell und Gegenentwurf zu staatlichen Hochschulen behandelt, haben sie sich im Lauf der Zeit als Hochschultyp etabliert und bilden vor allem in den Jahren seit der Bologna Reform immer mehr Studierende aus. Während private Hochschulen hinsichtlich der Akkreditierung von Studiengängen nicht von den Regulierungen für staatliche Hochschulen abweichen, haben sie insbesondere bei der Standortwahl deutliche Freiheitsgrade gegenüber staatlichen Hochschulen und können sich daher verstärkt jenseits von Großstädten und Ballungsgebieten in ländlichen Räumen ansiedeln. Dabei kooperieren sie häufig mit Ausbildungspartnern und Ausbildungspartnerinnen aus der lokalen und regionalen Wirtschaft und bieten entsprechend häufig auch duale Studiengänge an, die auf einen Verbleib der Studierenden in der Ortschaft bzw. Region abzielen. Dies macht sie als Untersuchungsobjekt zu sozialen Raumkonstitutionen besonders interessant. Zudem besteht hinsichtlich der Studierendenperspektive an privaten Hochschulen in Deutschland eine erhebliche Forschungslücke. In diese Lücke stößt die vorliegende Dissertation.

Frau Baiers Forschungsansatz verknüpft die Perspektive auf private Hochschulen mit Fragen wie Hochschulraum erzeugt und genutzt wird. In beiden Forschungsfeldern liegen bereits aufschlussreiche Forschungsergebnisse vor, wobei Untersuchungen bisher die Spezifik der privaten Hochschulen und die Gründe für ihre Studien- und Standortwahl nicht mit den Raumkonstitutionen der Studierenden verknüpft haben. So macht Frau Baier deutlich, dass private Hochschulen oft in Kooperation mit Unternehmen in einer ländlichen Region errichtet werden und dort Möglichkeiten bieten, spezifische (oft auch für die Region relevante) Bildungszertifikate anzubieten. Diese Kooperation ist entsprechend oft mit dem Interesse verbunden, Studierende als künftige Erwerbstätige in der Region zu halten. Darauf aufbauend argumentiert die Autorin, dass Studierende aber nicht allein über ihr Interesse, ein Bildungszertifikat zu erwerben, einen Bezug zum Hochschulstandort und in die Region herstellen. Über eine Anknüpfung an die Raumsoziologie geht sie davon aus, dass die Konstitution von Raum mehr umfasst, wodurch zu erwarten ist, dass Studierende verschiedene, distinkte Bezüge zum Standort einer Hochschule und zu dieser selbst herstellen. Dies Bezüge analysiert Frau Baier empirisch. In theoretischer Hinsicht setzt sie dafür bei der Raumsoziologie von Martina Löw und dem Drehpunktkonzept von Georg Simmel an. Löws Konzepte des Spacings und der Syntheseleistung erlauben ihr, die studentische Raumerzeugung anhand von Beschreibungen und Darstellungen des studentischen Lebens in Leitfadeninterviews herauszuarbeiten. Simmels Drehpunktkonzept ermöglicht hingegen eine Einengung der analytischen Perspektive auf die Interessenkonstellationen der Studierenden in Bezug auf ihre Hochschule bzw. den Hochschulstandort.

Als empirisches Untersuchungsobjekt wählt Frau Baier vier private Hochschulen in ländlichen Räumenaum, um zu untersuchen wie 1) Studierende den sozialen Raum ihrer Hochschule konstituieren, 2) welche empirischen Typen sich zeigen und 3) welche idealtypischen Interessenkonstellationen sich rekonstruieren lassen. Empirisch basiert die Arbeit auf einer Interviewstudie mit insgesamt 69 Interviews mit Studierenden an vier von fünf privaten Fachhochschulen in Niedersachen, von denen 33 Interviews als Material in die Analyse eingeflossen sind. Dieser Selektionsprozess wird im Methodenteil überzeugend methodologisch reflektiert. Für die eigentliche Analyse verknüpft sie methodische Werkzeuge aus unterschiedlichen „Methodenschulen" (GTM, Visualisierung) und erzielt damit eine gleichermaßen detaillierte wie gut nachvollziehbare Analyse von empirischen Typen der studentischen Raumkonstitution. Besonders bemerkenswert ist, wie gut es Frau Baier gelingt, die Lesenden in die Entwicklung der Typologien einzubeziehen und damit den Prozess der Interpretation nachvollziehbar offenzulegen. Sehr hilfreich sind dazu auch die anschaulichen grafischen Darstellungen, welche den Übergang von den Interviews über die genau beschriebenen Untersuchungsfälle bis zu den empirischen Typen visualisieren. Im Besonderen macht sie anhand von zwei visuellen Repräsentationen von Raumkonstitutionen im Methodenkapitel beispielhaft deutlich wie sich der soziale Hochschulraum von Studierenden nachvollziehen lässt und legt dar, wie sich diese Visualisierungen gewinnbringend für die Analyse nutzen lassen. Insgesamt werden die empirischen Ergebnisse zu Raumkonstitutionen der untersuchten Studierenden Schritt für Schritt sehr gut anschaulich an Eckfällen über verschiedene Lesarten und Visualisierungsstrategien entfaltet. Dabei werden die vier empirischen Eckfälle über sehr gut plausibilisierte übergreifende Fallkontrastierungen zu einer empirischen Typologie mit vier Typen ausgebaut. Mit Bezug auf die klassischen sozialtheoretischen Raumkonzeptionen von Simmel nimmt sie zudem eine Abstraktion zu Idealtypen vor. Dadurch werden ihre Ergebnisse über die untersuchten empirischen Fälle hinaus anschlussfähig.

Im Ergebnis rekonstruiert Frau Baiers Analyse einen „kaum hochschulisch oder studentisch orientierten Typ", einen „primär hochschulisch orientierten Typ", einen „primär studentisch orientierten Typ" und einen „sowohl hochschulisch als auch studentisch orientierten Typ", die dahingehend variieren, dass sie hochschulische und studentische Güter jeweils unterschiedlich peripher oder zentral platzieren (im Sinne Löws). Über das Drehpunktkonzept Simmels betrachtet Frau Baier die empirischen Typen zudem als Interessenkonstellationen abstrahiert als vier Idealtypen: dem Zertifikats-Typ, dem Peer-Typ, dem Ausgleichs-Typ und dem College-Typ. In ihrer Arbeit stellen diese Typen ein Hauptergebnis dar, welches, wie auch von Frau Baier im Schlussteil skizziert, zum analytischen Tool für weitere Studien (insbesondere vergleichende Studien) zum sozialen Raum von Hochschulen werden kann. Durch diesen theoretisch angebundenen Abstraktionsschritt gewinnen die Ergebnisse der Arbeit von Frau Baier zudem ein erhebliches Verallgemeinerungspotential über den Fall der privaten Hochschulen hinweg.

In der Diskussion ihrer Ergebnisse zeigt Frau Baier Gemeinsamkeiten und Unterschiede zu früheren Studien in Deutschland auf. Es zeigt sich, dass ihre Typologie mit Beschreibungen und Charakterisierung von Nutzungsweisen des Hochschulraumes weitgehend vereinbar und anschlussfähig ist. Zugleich machen die ausgearbeiteten empirischen Raumkonstitutionen der Studierenden deutlich, wie bestimmte Orientierungen im Hochschulraum (z. B. in der Nähe zur Familie blieben, die Hochschule rein als Infrastruktur zu nutzen, auf dem Campus zu flanieren) mit bestimmten Raumwahrnehmungen einhergehen. Frau Baier demonstriert darüber zum einen die Fruchtbarkeit, mit der Raumsoziologie von Martina Löw Raumkonstitutionen Studierender zu rekonstruieren. Zum anderen gelingt es ihr, mit dem Drehpunktkonzept nach Georg Simmel die Raumwahrnehmungen in Interessenkonstellationen zu übersetzen. Damit demonstriert sie, welchen Beitrag Simmels Raumtheorie aus dem Anfang des 20. Jahrhunderts noch heute leisten kann. Ihre Zuspitzung auf spezifische Interessenkonstellationen macht ihre Ergebnisse zudem für Fragen der Hochschulpolitik und des

Hochschulmanagements anschlussfähig; sie lassen sich zum Teil direkt in entsprechende Empfehlungen übersetzen. Es könnte beispielsweise aufschlussreich sein, die Ergebnisse der Arbeit von Frau Baier auf die Corona-Pandemie und ihre Folgen wie Kontaktbeschränkungen oder digitale Lehre zu übertragen. Die Hochschulen werden aus dieser Krisensituation mit neuen Konzepten für die Forschung, Lehre und Raumnutzung hervorgehen.

Bis zur Untersuchung von Frau Baier blieb empirisch offen, wie sich der (Hochschul-)Raum für Studierende privater Hochschulen konstituiert. Mit ihrer Forschungsarbeit liegen dazu nun empirisch wie theoretisch facettenreiche und fundierte Forschungsergebnisse vor. Wir wünschen dem Buch von Frau Baier entsprechend viel Aufmerksamkeit bei den unterschiedlichen Akteuren aus Forschung, Hochschulpolitik und Hochschulmanagement. Für alle drei Zielgruppen stellt es unserer Ansicht nach eine gleichermaßen lohnende Lektüre dar.

Professor Dr. Anna Kosmützky
Privatdozent Dr. Axel Philipps

Danksagung

Viele Menschen haben mich während der Arbeit an meinem Dissertationsprojekt begleitet. Ohne ihre Hilfe und Unterstützung wäre diese Dissertation nicht zustande gekommen, deshalb gilt jeder und jedem Einzelnen mein herzlicher Dank.

Zuerst möchte ich Eva Barlösius danken. Bei der Konzeption meines raumsoziologischen Forschungsinteresses hat sie mich bereits früh unterstützt. Die Teilnahme am gemeinsamen Promotionskolleg der Akademie für Raumentwicklung in der Leibnizgemeinschaft (ARL) und dem Forschungszentrum TRUST an der Leibniz Universität Hannover hat sie mir damit erst möglich gemacht.

Bei der ARL bedanke ich mich für die finanzielle Unterstützung während meiner Promotionsphase. An die Zeit als wissenschaftliche Mitarbeiterin der Geschäftsstelle erinnere ich mich gern zurück. Den Mitarbeiterinnen und Mitarbeitern der ARL danke ich für ihre Kollegialität, den wissenschaftlichen Austausch sowie für unzählige gemeinsame Mittags- und Kaffeepausen, die mir nach wie vor fehlen. Ein besonderer Dank gilt Ina Peters und Martin Sondermann. Beide waren während dieser Zeit nicht lediglich als Koordinatorin des Promotionskollegs bzw. als Vorgesetzter für mich ansprechbar, sondern hatten stets ein offenes Ohr für die kleinen und großen Sorgen, von denen das Promovieren bestimmt ist.

Meinen Kolleginnen und Kollegen aus dem TRUST-/ARL-Promotionskolleg – Milad Abassiharofteh, Andreas Eberth, Angelina Göb, Falco Knaps, Vilja Larjosto, Insa Thimm und Fabiana Zebner – danke ich für viele konstruktive Ratschläge und für Gespräche, die meinen Horizont erweitert haben. Auch den betreuenden Professorinnen und Professoren, dem Vorstand und Beirat des Kollegs möchte ich herzlich für alle Hinweise danken, die ich im Rahmen der regelmäßigen Kolloquien erhalten habe.

Darüber hinaus haben die Mitglieder der Forschungs- und Methodenwerkstatt am Leibniz Forschungszentrum Wissenschaft und Gesellschaft (LCSS) durch Rückfragen, mit Anregungen und insbesondere als Interpretationsgruppe zum Gelingen meiner empirischen Analyse beigetragen. Ich danke Arne Böker, Jennifer Henze, Johanna Johannsen, Saskia-Rabea Schrade, Leonie Weißenborn sowie dem Organisationsteam Stephanie Beyer, Julian Hamann und Anna Kosmützky. Auch Michaela Pook-Kolb möchte ich dafür danken, dass sie mir in der Abschlussphase meiner Dissertation stets als Ansprechpartnerin zur zur Seite gestanden hat. Ein besonderer Dank gilt Lisa Walther und Björn Möller, auf deren Freundschaft und Rat ich bereits seit unserem Masterstudium in jeder Hinsicht vertrauen kann.

Meine Promotion war von Höhen und von Tiefen gekennzeichnet. Nils Hoppe und Florian Groß möchte ich dafür danken, dass sie mich in einer schwierigen Phase dabei unterstützt haben, mein Promotionsprojekt fortzuführen. Außerdem danke ich Meike Huntebrinker und ihrem Team von der Graduiertenakademie, dass sie mir den Abschluss meiner Arbeit durch ihre finanzielle Förderung ermöglicht haben. Für die Möglichkeit meine Dissertation als Buch zu veröffentlichen sowie für alle ihre Hilfestellungen zur Vorbereitung des Publikationsprozesses danke ich Monika Jungbauer-Gans und Anja Gottburgsen. Der Akademie für Raumentwicklung in der Leibnizgemeinschaft (ARL) möchte ich herzlich für die finanzielle Unterstützung der Buchpublikation danken.

Ganz besonderer Dank gilt jedoch meinen beiden Betreuenden, ohne die ich diese Arbeit nicht hätte abschließen können.

Ich danke Axel Philipps dafür, dass er mir während der gesamten Promotion unabhängig von formalen Vereinbarungen als Betreuer, Ratgeber und mentale Unterstützung zur Seite gestanden hat. Die vielen Gespräche sowie kritisch-konstruktiven Rückfragen mit inhaltlichem und methodischen Fokus haben maßgeblich zum Gelingen meiner Arbeit beigetragen.

Anna Kosmützky möchte ich für das Vertrauen danken, das sie durch die Betreuung meiner Dissertation in mich gesetzt hat. Der kollegiale Austausch und ihre vielen wertvollen Hinweise während des Arbeitsprozesses haben mich stets darin bestärkt, meine Dissertation voranzubringen. Insbesondere danke ich ihr für ihren Rückhalt, dessen ich mir stets gewiss sein konnte.

Schließlich möchte ich mich bei meiner Familie und allen Freunden bedanken, die mich mit Liebe und viel Verständnis durch alle Höhen und Tiefen begleitet haben.

Inhaltsverzeichnis

1 Einleitung 1
2 Kontext zum Forschungsstand und Gegenstand der
  Untersuchung 11
  2.1 Entwicklung privater Hochschulen in Deutschland 11
      2.1.1 Exkurs: Anbietende in privater Rechtsform und
            private Organisationsformen an öffentlichen
            Hochschulen 16
      2.1.2 Studierendenzahlen an privaten Hochschulen 22
  2.2 Arbeitsdefinition privater Hochschulen 24
      2.2.1 Abgrenzung zwischen privaten Fachhochschulen
            und Universitäten 25
  2.3 (Zwischen-)Resümierende Betrachtung 29
  2.4 Forschungsstand über den Raumbezug von Studierenden 30
      2.4.1 Studienentscheidung, Hochschulwahl und
            Berufseinstieg 31
      2.4.2 Wohnen, Aneignung des Studienortes und
            Campusnutzung 45
      2.4.3 Positionierung zum Stand der Forschung 51
  2.5 Private Hochschulen in ländlichen Räumen Niedersachsens 57

3 Theoretische Rahmung 61
  3.1 Georg Simmels Soziologie 63
      3.1.1 Gesellschaftskonzept 63
      3.1.2 Raumkonzept 65
      3.1.3 Diskussion vor dem Hintergrund der theoretischen
            Rahmung 73

3.2	Martina Löws Raumsoziologie		77
	3.2.1 Soziale Güter und Menschen in der Raumkonstitution		78
	3.2.2 Spacing und Syntheseleistung		80
3.3	Anwendung der theoretischen Rahmung		82

4 Methodenkapitel 87
4.1 Erhebungsmethode 88
    4.1.1 Beschreibung des Erhebungsinstruments 89
    4.1.2 Diskussion von Potenzialen und Grenzen der Arbeit mit vorhandenen Daten 91
4.2 Sample 94
    4.2.1 Von empirischen Fällen über Eckfälle zur empirischen Typologie 97
4.3 Auswertungsmethode 99
    4.3.1 Vorgehensweise beim theoriegenerierenden Kodieren 101
    4.3.2 Von den empirischen Typen zur Idealtypologie 110

5 Analysekapitel 111
5.1 Einblick in die Fallanalysen: Erster Teil 113
    5.1.1 Eckfall Ulrike Lehmann 114
    5.1.2 Eckfall Katharina Pauls 127
5.2 Erste übergreifende Fallkontrastierungen 141
5.3 Einblick in die Fallanalysen: Zweiter Teil 145
    5.3.1 Eckfall Oliver Tamm 146
    5.3.2 Eckfall Maximilian Maurer 161
5.4 Empirische Typologie 178
    5.4.1 Kaum hochschulisch oder studentisch orientierter Typ 180
    5.4.2 Primär hochschulisch orientierter Typ 181
    5.4.3 Primär studentisch orientierter Typ 182
    5.4.4 Sowohl hochschulisch als auch studentisch orientierter Typ 183
5.5 Idealtypologie 184
    5.5.1 Zertifikats-Typ 186
    5.5.2 Peer-Typ 187
    5.5.3 Ausgleichs-Typ 189
    5.5.4 College-Typ 191

6 Zusammenfassung und Diskussion 195
  6.1 Zusammenfassung der Forschungsergebnisse 197
  6.2 Diskussion in Bezug auf den Forschungsstand 201
  6.3 Limitationen der eigenen Perspektive und Arbeit 207
  6.4 Weiterer Forschungsbedarf 209
  6.5 Praktische Implikationen 211

Literaturverzeichnis 219

Abbildungsverzeichnis

Abbildung 2.1	Siedlungsstrukturelle Kreistypen 2017	59
Abbildung 4.1	Inhaltliche Vorgehensweise beim Kodieren	101
Abbildung 4.2	Visualisierungsmemo der kodierten Spacings	107
Abbildung 4.3	Visualisierungsmemo der Relevanzsetzungen	108
Abbildung 5.1	Darstellung des Analyseverlaufs	112
Abbildung 5.2	Empirische Typologie	180

Tabellenverzeichnis

Tabelle 2.1	Studierende an öffentlichen Hochschulen 1995–2018	22
Tabelle 2.2	Studierende nach Hochschulsektor sowie -form im WS 2018/19	23
Tabelle 2.3	Studierende an private Fachhochschulen in Niedersachsen 2015 bis 2018	57
Tabelle 5.1	Gegenüberstellung der empirischen und Idealtypen	186

Einleitung 1

In der deutschen Hochschullandschaft stellen private Hochschulen ein Phänomen von bemerkenswerter Dynamik dar. Während die Zeit seit der Jahrtausendwende durch einen „Gründungsboom" (Turner 2001: 239) gekennzeichnet war, in dem rasch neue Hochschulen in privater Trägerschaft entstanden, sind aktuell tendenziell rückläufige Zahlen festzustellen. Waren im Jahr 2013 noch 125 private Hochschulen aktiv, so ist ihre Anzahl fünf Jahre später, zum Wintersemester 2018, auf 117 Einrichtungen zurückgegangen (vgl. Buschle/Haider 2016; Destatis 2020b). Vor dem Hintergrund ihrer vergleichsweise geringen Verbreitung im vorwiegend staatlich geprägten deutschen Hochschulsystem geht diese Tendenz mit der Auffassung einher, dass das Studienangebot privater Hochschulen sowie ihr akademischer Bildungsauftrag von untergeordneter Bedeutung seien.

Als erstaunlich erweist sich allerdings die Entwicklung ihrer Studierendenzahlen im selben Zeitraum. Waren im Wintersemester 2013 etwa 158.000 Studierende an privaten Hochschulen eingeschrieben, so ist ihre Zahl fünf Jahre später auf 246.700 Immatrikulierte angestiegen (vgl. Destatis 2015; 2018). Im Vergleich zum Vorjahr waren 2018 an Hochschulen in privater Trägerschaft insgesamt 7 Prozent mehr Studierende immatrikuliert, während die Gesamtzahl der Studierenden an allen deutschen Hochschulen im selben Zeitraum lediglich um 1 Prozent zunahm (vgl. Destatis 2019; 2020a). Die Entwicklungen privater Hochschulen und der Zuspruch, den ihre Studienangebote aktuell erfahren, deuten darauf hin, dass die Gründungsphase einen Abschluss findet. Sichtbar wird nun, dass sich einige Hochschulen in privater Trägerschaft zurückgezogen haben, während sich andere mit ihren Bildungsangeboten in der Hochschullandschaft etablieren konnten.

Im öffentlichen Hochschulsystem zeichnen sich private Hochschulen durch ihre zumeist berufsorientierte, aufwertende und flexible akademische Ausbildung aus, deren Grundlage die Zusammenarbeit mit Partnerinnen und Partnern bildet:

© Der/die Autor(en), exklusiv lizenziert durch Springer Fachmedien Wiesbaden GmbH, ein Teil von Springer Nature 2022
J. Baier, *Soziale Raumkonstitutionen von Studierenden*, Higher Education Research and Science Studies, https://doi.org/10.1007/978-3-658-36478-6_1

Neben Handelskammern, Interessen- und Wirtschaftsverbänden treten Unternehmen oder Betriebe als ihre Kooperierenden vor Ort auf (vgl. Brauns 2003; Frank et al. 2010; 2020). Insbesondere für kleine private Hochschulen bildet die Zusammenarbeit mit lokalen bzw. regionalen Partnerinnen und Partnern ein entscheidendes Argument der Standortwahl. Die Unterstützung durch starke Kooperierende vor Ort ermöglicht es nicht lediglich, auch vergleichsweise kostenintensive Studienangebote zu entwickeln, Reputation hinzuzugewinnen und räumliche Herausforderungen zu adressieren. Entscheidend ist, dass lokale bzw. regionale Partnerinnen und Partner als Initiierende oftmals zur Hochschulgründung beigetragen haben (vgl. Frank et al. 2020: 42; Brauns 2003).

Die Zusammenarbeit im Zuge ihrer Hochschulträgerschaft, in Form von finanziellen Zuwendungen oder Ausbildungskooperationen, deren Resultat die Vergabe von Bildungszertifikaten an Studierende bildet, ist somit an Interessen geknüpft, die einen räumlichen Bezug aufweisen, beispielsweise einen Standortbezug. Mit der Unterstützung von Hochschulgründung und -betrieb verbinden sich folglich strategische Erwägungen der Kooperationspartnerinnen und -partner. So sollen zum Beispiel wirtschaftliche Wachstumsimpulse in den Hochschulstandort ausgesendet, spezialisierte Fachkräfte für Betriebe und Unternehmen ausgebildet oder gut qualifizierte Menschen am Standort gehalten werden, indem ihnen Bildungs- und Beschäftigungsmöglichkeiten aufgezeigt werden (vgl. Brauns 2003).

Die vorliegende Dissertation nimmt eine räumliche Perspektive auf private Hochschulen ein, der zufolge sich diese bei der Positionierung ihrer Bildungsangebote durch ihre Standortwahl und -bezogenheit auszeichnen. Als nichtstaatliche Hochschulen in privater Trägerschaft agieren sie innerhalb des öffentlichen Hochschulsystems auf Basis der festgeschriebenen Kriterien ihrer staatlichen Anerkennung und institutionellen Akkreditierung. Sie umfassen beispielsweise Regelungen, die die Gleichwertigkeit ihrer akademischen Abschlüsse zu staatlichen Hochschulen gewährleisten, indem sie Verbindlichkeiten hinsichtlich Zulassungsvoraussetzungen, Studienanforderungen und -qualität festlegen oder die Hochschulförmigkeit durch Prüfung im Peer-Review-Verfahren der Scientific Community belegen (vgl. Thieme 1988: 21 f.; Wissenschaftsrat 2012: 70–74; HRG 2020; Stiftung Akkreditierungsrat 2020). Darüber hinaus agieren private Hochschulen in ihrer Finanzierung, Steuerung und der inhaltlichen Ausgestaltung ihrer Bildungsaufträge weitestgehend autonom vom Wissenschaftsministerium (vgl. Levy 2012; MWK Niedersachsen 2020). Vor diesem Hintergrund erlaubt ihnen die (finanzielle) Unterstützung ihrer lokalen sowie regionalen Partnerinnen und Partner, sich räumlichen Logiken zu entziehen, nach denen staatliche Hochschulstandorte des öffentlichen Hochschulsystems in Deutschland üblicherweise verteilt sind. Aufgrund von Tragfähigkeits- und Auslastungsgrenzen werden

1 Einleitung

Hochschulen in staatlicher Trägerschaft durch die zentralörtliche Gliederung der Landesplanung für gewöhnlich den sogenannten Oberzentren zugeordnet, um der Bevölkerung in den zugehörigen Versorgungsbereichen Zugang zu Gütern bzw. Dienstleistungen des höheren spezialisierten Bedarfs zu angemessenen Erreichbarkeitsbedingungen zu gewährleisten (vgl. Christaller 1933; Einig 2008: 27 f.; Simons/Weiden 2016: 264). Entgegen der üblichen räumlichen Logik wird der Betrieb von Hochschulen in privater Trägerschaft auch abseits von großen bzw. Großstädten empirisch beobachtbar.

Durch ihre Studiengänge, bei denen private Hochschulen insbesondere von Unternehmen und Betrieben im Rahmen von dualen, berufsbegleitenden oder -integrierten Ausbildungspartnerschaften unterstützt werden, eröffnen sich Potenziale für ihre Standorte und Regionen. So können Hochschulen in privater Trägerschaft in ihren berufsorientierten, aufwertenden und flexiblen akademischen Bildungsangeboten beispielsweise eine Orientierung an lokalen oder regionalen Arbeitsmarkt- bzw. Wirtschaftsstrukturen berücksichtigen (vgl. Frank 2010 et al. sowie Abschnitt 2.2.1). Mit ihrer Unterstützung der Hochschule engagieren sich die Kooperierenden für ihre Interessen an wirtschaftlichen Wachstumsimpulsen für die Region, spezialisierten Fachkräften für ihre Unternehmen, studentischen Mitarbeitenden für relevante Projekte oder die Möglichkeit, gut qualifizierte Menschen örtlich zu binden. Private Hochschulen bilden somit räumliche Bezugspunkte ihrer lokalen sowie regionalen Partnerinnen und Partner, über die diese ihre Interessen vor Ort sicherstellen und verankern. Ein Hauptaugenmerk liegt dabei auf der Vergabe von akademischen Bildungszertifikaten sowie der Qualifikation für den Standort und die Region. Der zentrale räumliche Stellenwert, den private Hochschulen aufgrund ihrer Standortwahl und -bezogenheit besitzen, knüpft sich an ihre Bildungsangebote, die sie in lokaler sowie regionaler (Ausbildungs-)Kooperation auch abseits von großen bzw. Großstädten bereitstellen.

Mit den angebotenen Studiengängen sowie -formaten werden den Studierenden klare Bezüge zu den lokal bzw. regional vorhandenen Berufsfeldern aufgezeigt und Studienmöglichkeiten unabhängig von ihren finanziellen Ressourcen eröffnet. Aufgrund des Standortbezugs bilden vertragliche Vereinbarungen mit ansässigen (Ausbildungs-)Partnerinnen und Partnern[1] neben nachlaufenden Studiengebühren, Stipendien und der Unterstützung durch (Alumni- bzw. Förder-) Vereine gängige Formen der Studienfinanzierung an privaten Hochschulen (vgl.

---

[1] Dies gilt insbesondere für Unternehmen und Betriebe, die die Studiengebühren für Teilnehmende dualer, berufsbegleitender oder -integrierter Studiengänge unter bestimmten vertraglich festgelegten Bedingungen tragen (beispielsweise mit einer anschließenden vertraglichen Bindung für einen bestimmten Zeitraum als Absolventinnen und Absolventen).

Wissenschaftsrat 2012: 24; Frank et al. 2020: 21). Die räumliche Einbettung wird dementsprechend genutzt, um ein Studium auch abseits üblicher Hochschulstandorte für Studierende interessant zu machen und sie ggf. örtlich zu binden.

Erübrigt sich aber darin die Sicht der Studierenden auf die private Hochschule? Welche Bedeutung haben beispielsweise der Standort und andere Aspekte einer Hochschule bzw. des Hochschulstudiums für Studierende? Es ist davon auszugehen, dass Studierende primär ein Interesse haben, ihre akademische Qualifikation bzw. ein Bildungszertifikat zu erwerben. Allerdings stellen sie nicht ausschließlich über ihr Bildungsinteresse einen Bezug zu ihrer Hochschule und dem Standort her: Individuell weisen Studierende darüber hinaus distinkte räumliche Anknüpfungspunkte auf, die für sie bei ihrer Hochschul(standort)wahl und während des Studienalltags vor Ort entscheidend sind (vgl. Hachmeister et al. 2007; Lörz 2008; Gothe/Pfadenhauer 2010; Flöther/Kooij 2012; Stötzer 2013; Kratz/Lenz 2015; Milbert/Sturm 2016; Gareis et al. 2018). Neben ihren Heimat- und (ursprünglichen) Wohnorten, Freunden und Familie, können dies ebenfalls Anknüpfungspunkte sein, die ihnen während ihres Studiums an der Hochschule aufgezeigt werden, wie zum Beispiel zu (Ausbildungs-)Unternehmen und Betrieben, Freizeitangeboten, hochschulinternen Aktivitäten oder dem Studienort. Zu erwarten ist demnach, dass sich Studierende in ihrem studentischen Alltag an der Hochschule sowie am Hochschulstandort stets vor dem Hintergrund ihrer räumlichen Bezüge bewegen. Aus diesem Grund greift es zu kurz, die Interessen der Hochschulbetreibenden sowie ihrer Partnerinnen und -partner lediglich mit den Interessen von Studierenden abzugleichen. Zu einem besseren Verständnis trägt stattdessen bei, den Zugang über ihre Wahrnehmungen und Nutzungen der privaten Hochschule und des Studienortes zu wählen und zu fragen, welchen Stellenwert Studierende der Hochschule und dem Hochschulstudium in Relation zu anderen räumlichen Bezügen – wie zum Beispiel der ursprüngliche Wohn- und Heimatort oder ein Arbeitsplatz – zuschreiben. Über eine solche, räumlich ausgerichtete Untersuchung der Studierendensicht kann fokussiert werden, inwiefern die angebotenen Standortbezüge aufgegriffen werden. Handlungspraktisch lässt sich daraus ableiten, wie Hochschulen und ihre Kooperierenden Studierende künftig adäquat adressieren und ggf. besser örtlich binden können.

Mit Fragestellungen zur Sicht von Studierenden auf private Hochschulen haben sich bisher keine empirischen Untersuchungen aus einer solchen räumlichen Perspektive befasst. Für gewöhnlich geben vorhandene Forschungsarbeiten einen Überblick (beispielsweise aus einer wissenschaftspolitischen sowie medialen Perspektive) oder haben explorativen Charakter (vgl. Thieme 1988; Kosmützky 2002; Brauns 2003; HRK 2004; Stannek/Ziegele 2005; Frank et al. 2010;

1 Einleitung

Wissenschaftsrat 2012). Weiterhin befassen sich Arbeiten mit den hochschulrechtlichen Belangen (vgl. Wellmann 1996; Steinkemper 2002), thematisieren das Hochschulmanagement und betriebswirtschaftliche Aspekte (vgl. Brockhoff 2003; 2011; Sperlich 2007). Für die Hochschulforschung steuert die empirische Bearbeitung dementsprechend einerseits Erkenntnisse darüber bei, wie Studierende ihre private Hochschule und den Hochschulstandort wahrnehmen und nutzen. Beleuchtet wird andererseits, ob und inwiefern die Standortwahl und -bezogenheit einer Hochschule aus Studierendensicht interessant ist. Darüber hinaus können auch Relevanz und Bedeutung der übrigen räumlichen Bezüge[2] für die Bindung an den Studienort berücksichtigt werden.

Um eine räumliche Perspektive auf die Studierendensichtweisen einzunehmen, werden private Hochschulen in der vorliegenden Dissertation innerhalb der sozial hergestellten (Hochschul-)Räume ihrer Studierenden betrachtet. Zur Fokussierung des Forschungsgegenstands findet Georg Simmels raumtheoretisches Konzept des Drehpunktes Anwendung (vgl. Simmel 2013). Demnach entfaltet die private Hochschule als festgelegter „Interessengegenstand" (Simmel 2013: 490) eine räumlich fixierende – sprich bindende – Wirkung. Für den empirischen Analyseprozess wird das Konzept der Raumkonstitution aus Martina Löws ‚Raumsoziologie' (2015) einbezogen. Es dient der Abbildung von Räumen, die durch Handlungen sowie innerhalb der Wahrnehmung, Vorstellung und Erinnerung sozial erzeugt werden. Im Forschungsprozess wird es zur Untersuchung der sozialen Raumkonstitutionen von Studierenden angewandt, die ihr Studium an der privaten Hochschule aufgenommen haben und für die diese somit zu einem Drehpunkt wird. Sowohl physisch-materielle als auch symbolische Komponenten finden im Analyseprozess Berücksichtigung (vgl. Löw 2015; 2018: 71/72). Von den Studierenden können diese den eigenen Relevanzen und Bedeutungen entsprechend in ihre (Hochschul-)Räume einbezogen werden. Die Fragestellungen lauten dementsprechend:

1. Wie konstituieren Studierende ihren (Hochschul-)Raum?
2. Welche typischen sozialen Raumkonstitutionen lassen sich unterscheiden?
3. Welche typischen Interessenkonstellationen werden anhand des Drehpunktes (Simmel 2013) der privaten Hochschule sichtbar?

Für die Erschließung des formulierten Forschungsinteresses wird ein vergleichsweise offenes qualitatives Forschungsdesign in Anlehnung an die Vorgehensweise

---

[2] Zum Beispiel zu Ausbildungsunternehmen, Freizeitangeboten, hochschulinternen Aktivitäten sowie dem Studien- und Wohnort.

der Grounded-Theory-Methodologie nach Strauss und Corbin (1996) sowie Glaser und Strauss (2010) angewandt, in dessen Fokus (individuelle) Nutzungen und Wahrnehmungen bei der Erzeugung des (Hochschul-)Raumes stehen. Durch Barney Glasers Kodierfamilien (vgl. 1978; 1998: 170 ff.) und den Grundgedanken der Visualisierung unterschiedlicher sozialer Realitäten aus Adele Clarkes Situationsanalyse (2017) werden einzelne Aspekte ergänzt. Die drei Forschungsfragen werden anhand von Leitfadeninterviews mit Studierenden von vier privaten Fachhochschulen in ländlichen Räumen Niedersachsens bearbeitet. Entsprechend spiegeln die aufgeworfenen Fragestellungen die Untersuchungsperspektiven wider, die im Forschungsverlauf eingenommen werden.

Ausgehend von der *offenen Perspektive der ersten Frage* werden die individuellen Raumkonstitutionen der Studierenden anhand der Löw'schen Raumsoziologie (vgl. Löw 2015) untersucht. Das Forschungsinteresse richtet sich hierbei auf die Erschließung der (Hochschul-)Räume hinsichtlich Relevanzsetzungen und Bedeutungszuschreibungen aus Studierendensicht. Die sozialen Raumkonstitutionen werden deshalb zunächst ohne eine räumliche Fokussierung empirisch herausgearbeitet. Das Hauptaugenmerk richtet sich auf sämtliche Orte, Güter und Menschen. Über Wahrnehmungen und Nutzungen werden diese nach individueller Relevanz mit Bedeutung versehen und zu Raum verknüpft. Hieran schließt die *zweite Frage* an, deren Ziel die Verdichtung der empirischen Typologie sozialer Raumkonstitutionen anhand der zuvor ausgearbeiteten Relevanzsetzungen und Bedeutungszuschreibungen bildet. Für die *dritte Frage* wird eine Forschungsperspektive auf einer höheren Abstraktionsebene eingenommen, aus der die Hochschule als Drehpunkt betrachtet wird (vgl. Simmel 2013). Dabei stehen die Interessen beim Erzeugen von Raum im Vordergrund und inwiefern sie in der privaten Hochschule einen räumlichen Bezugspunkt finden. Die typischen Raumkonstitutionen der Studierenden werden hierzu hinsichtlich ihrer Fixierbarkeit an die Hochschule als ihren Drehpunkt zugespitzt und zu einer Idealtypologie abstrahiert. Auf dieser Ebene der Raumbetrachtung können typische Interessenkonstellationen der Studierenden in Bezug auf die private Hochschule bzw. ihr akademisches Bildungsangebot unterschieden und hinsichtlich ihres Standortbezugs beschrieben werden.

In dieser Dissertation, die an der Schnittstelle der Forschungsfelder Raumsoziologie und Hochschulforschung verortet ist, werden die theoretischen Konzepte folglich den Phasen des Forschungsprozesses entsprechend eingebunden. Einblicke in die subjektiven Studierendensichten beim Erzeugen von (Hochschul-)

1 Einleitung

Raum werden über Martina Löws Raumsoziologie (2015) erlangt und anschließend hinsichtlich Relevanzsetzungen und Bedeutungszuschreibungen zur Typologie sozialer Raumkonstitution verdichtet. Eine Erweiterung der Forschungsperspektive wird anhand von Georg Simmels Konzeption (2013) vollzogen, in der die private Hochschule innerhalb der sozial erzeugten Räume als Drehpunkt betrachtet wird. Somit erfolgt die Abstraktion zu Idealtypen.

Der Aufbau dieser Arbeit gliedert sich in folgende Kapitel.

Kapitel 2 trägt den Kontext der Untersuchung in Form des Forschungsstandes, der Entwicklung sowie des Begriffsverständnisses privater Hochschulen im deutschen Hochschulsystem zusammen. Zum Stand der Forschung werden zwei Forschungslinien differenziert. Da eine soziale Raumerzeugung durch Studierende bisher kaum explizit aufgegriffen worden ist, umfasst die erste Linie Untersuchungen zur Studienentscheidung, Hochschul- und Standortwahl ebenso wie zu den Entschlüssen von Studierenden für oder gegen räumliche Mobilität (beispielsweise durch den Aus- bzw. Umzug mit Studienbeginn, Hochschulwechsel oder mit dem Berufseinstieg). Die erste Forschungslinie steuert damit empirisch gesichertes Wissen über studentische Relevanzen und Bedeutungen in Bezug auf ihre Hochschule bzw. das Hochschulstudium bei, das bisher jedoch nicht vor dem Hintergrund sozialer Raumerzeugungen eingeordnet worden ist. Die zweite Forschungslinie widmet sich dem studentischen Alltag in der Hochschule, auf dem Campus und am Studienort. Anhand von empirischen Analysen der Aneignungen des Studienortes und der Nutzung des Campusgeländes wird aufgezeigt, dass bei der sozialen Raumerzeugung durch Studierende bisher lediglich einzelne Bereiche des studentischen Alltags fokussiert wurden und dabei andere Menschen bzw. die Bedeutung sozialer Kontakte im Alltag der Studierenden unberücksichtigt geblieben sind. Die vorliegende Untersuchung positioniert sich deshalb mit einer offenen raumsoziologischen Analyse zum Stand der Forschung, die die Relevanzsetzungen und Bedeutungszuschreibungen der Studierenden in den Vordergrund rückt.

Anschließend wird das Verständnis privater Hochschulen vermittelt, das der Untersuchung zugrunde liegt. Hierzu wird ihre Entwicklung im deutschen Hochschulsystem skizziert. Auch bestehende Forschungsbefunde, die sich in erster Linie mit einer allgemeinen Begriffsklärung sowie der Beschreibung ihrer Rolle und Funktion innerhalb der öffentlichen Hochschullandschaft befasst haben, werden in den Überblick einbezogen. Anschließend wird eine Arbeitsdefinition eingeführt, die neben dem Hochschulstatus bzw. Hochschulformat privater Hochschulen als ihrem strukturellen Definitionskriterium auch ihre bildungspolitische Funktion innerhalb des Hochschulsystems als inhaltlichen Anknüpfungspunkt einbezieht (vgl. Frank et al. 2010; Wissenschaftsrat 2012). Aus dieser Perspektive findet ein Bedeutungszuwachs in der vorwiegend staatlich geprägten deutschen Hochschullandschaft Betonung, der sich in steigenden Studierendenzahlen zeigt (vgl. Destatis 2019; 2020a sowie Destatis 2018; 2020). Mit dem zusammengetragenen (empirischen) Wissen sowie anhand der Arbeitsdefinition erfolgt zum Kapitelabschluss die Beschreibung privater Hochschulangebote im Untersuchungsgebiet, um eine Spezifizierung der Problemstellung vorzunehmen.

In *Kapitel 3* wird der theoretische Bezugsrahmen ausgeführt, für den Martina Löws ‚Raumsoziologie' (vgl. Löw 2015) mit dem Drehpunkt-Konzept aus Georg Simmels ‚Der Raum und die räumlichen Ordnungen der Gesellschaft' (vgl. Simmel 2013) verknüpft worden ist. Beide Theorien gehen von unterschiedlichen sozialen Mechanismen der Raumerzeugung aus, die bei der Bearbeitung des Forschungsinteresses Berücksichtigung finden. Die zugrunde liegenden Raumverständnisse werden im Kapitelverlauf vorgestellt und in ihren Besonderheiten benannt. Anschließend werden die forschungsrelevanten Konzepte der Raumkonstitution (vgl. Löw 2015: 158–161) sowie des Drehpunktes (vgl. Simmel 2013: 490 und 491) verschiedenen Phasen bzw. Abstraktionsstufen innerhalb des Analyseprozesses zugeordnet.

Kapitel 4 widmet sich der Methodik, die der Untersuchung zugrunde liegt. Zu diesem Zweck gliedert sich das Kapitel in einen konzeptionellen und einen anwendungsbezogenen Teil. Im konzeptionellen Abschnitt wird das Erhebungsinstrument des leitfadengestützten Interviews vorgestellt und die Fallauswahl mit einer auf den Forschungsgegenstand sowie auf das vorliegende Interviewmaterial abgestimmten Sampling-Strategie dargelegt. Der gegenstandsorientierte Einstieg mit einer entsprechenden Bearbeitung des empirischen Materials sind nach dem Prinzip der komparativen Gegenüberstellung sowie anhand maximal kontrastierender Eckfälle in Orientierung an der dokumentarischen Methode umgesetzt worden (vgl. Bohnsack 2007: 234–237; Nohl 2012: 8 f. sowie 41 ff.). Im anwendungsbezogenen Teil wird die Analysestrategie beim theoriegenerierenden Kodieren in Anlehnung an die Grounded-Theory-Methodologie erläutert (vgl. Strauss/Corbin 1996; Glaser/Strauss 2010 sowie Glaser 1978; 1998; Clarke 2017). Integrative Diagramme dienten dabei als Visualisierungsmemos während der offenen, axialen und selektiven Kodiervorgänge, mit denen vier empirische Typen sozialer Raumkonstitution verdichtet worden sind. Das Kapitel schließt mit den methodischen Grundlagen ihrer Abstraktion zu einer Idealtypologie.

Kapitel 5 stellt die Analyseergebnisse vor. Dafür rücken die induktiv gewonnenen Erkenntnisse des Kodierprozesses in den Fokus. Anhand vier besonders anschaulicher Eckfälle wird die Arbeit mit dem empirischen Material von

1 Einleitung

den Fallbearbeitungen und -kontrastierungen über die Ausarbeitung strukturierender Kategorien bis zur Verdichtung und Beschreibung der empirischen Typologie sozialer Raumkonstitution dargestellt. Die anschließend erläuterten Arbeitsschritte zeigen, wie die empirischen Typen zu vier Idealtypen auf einer höheren Abstraktionsstufe weiterentwickelt worden sind. Mit der Beschreibung der Idealtypologie endet das Analysekapitel.

Eine Schlussbetrachtung wird in *Kapitel* 6 vorgenommen. Zuerst werden die Kernergebnisse entsprechend der eingenommenen raumtheoretischen Perspektiven nach Martina Löw und Georg Simmel zusammengefasst und an die Forschungsfragen zurückgebunden. Darauf folgend werden die gewonnenen Erkenntnisse in einen Bezug zum Stand der Forschung gesetzt und hinsichtlich ihres Beitrags eingeordnet. Eine Reflexion über Limitationen der eigenen Forschungsperspektive und weitere Forschungsbedarfe schließt sich an. Zum Abschluss werden praktische Implikationen der Forschungsergebnisse benannt: Wie kann es privaten Hochschulen künftig gelingen, ihre Studierenden adäquat zu adressieren, zu halten und sie ggf. auch örtlich zu binden?

2 Kontext zum Forschungsstand und Gegenstand der Untersuchung

Um diese Arbeit in ihren theoretischen Grundannahmen, ihrem Forschungsdesign und der zugrundeliegenden Analyseperspektive nachvollziehbar zu gestalten, ist ein Grundverständnis zum Forschungsgegenstand privater Hochschulen und ihrer Studierenden sowie dem bestehenden Stand der Forschung notwendig. Zum einen umfasst das folgende Kontext-Kapitel deshalb eine Darstellung des Untersuchungsgegenstands (Abschnitte 2.1 bis 2.3). In diesem werden die Entwicklungen privater Hochschulen im deutschen Hochschulsystem sowie die ihrer Studierendenzahlen ausgeführt. Zum anderen wird in den Forschungsstand eingeführt, auf den sich die vorliegende Untersuchung bezieht (Abschnitt 2.4). Abgeschlossen wird das Kapitel mit einer spezifischen Beschreibung der privaten Hochschulen des Forschungsfeldes auf Basis des dargelegten Kontextes (2.5).

2.1 Entwicklung privater Hochschulen in Deutschland

Lange Zeit existierte keine einheitliche Definition zur Beschreibung deutscher privater Hochschulen. Seit ihrer Integration in die öffentliche Hochschullandschaft durch das staatliche Anerkennungsverfahren[1] wurde eine systematische Beschreibung deutscher Hochschulen in privater Trägerschaft besser möglich. Ihre Entwicklung in der deutschen Hochschullandschaft ist somit eng mit der Definition als private Hochschulen verbunden. Aus diesem Grund liegt auch der vorliegenden Forschungsarbeit eine Struktur zugrunde, in der die Arbeitsdefinition anhand ausgewählter Entwicklungsphasen veranschaulicht wird.

---

[1] Auf die Kriterien der staatlichen Anerkennung folgten die Kriterien der institutionellen Akkreditierung des Wissenschaftsrates zur Prüfung der Hochschulförmigkeit (vgl. Wissenschaftsrat 2012).

In diesem Abschnitt folgt zu diesem Zweck ein Überblick über deutsche private Hochschulen und ihre Entwicklung, in den auch bestehende Forschungsbefunde einfließen. Bisher thematisierten diese in erster Linie Fragestellungen einer allgemeinen Begriffsklärung und beschrieben ihre Rolle und Funktion in der Hochschullandschaft. Mit ihrer Aufnahme in das öffentliche Hochschulsystem durch die Einführung des staatlichen Anerkennungsverfahrens sowie ihre Gründungsphase im Anschluss an die Bologna-Reformen werden für den Entwicklungsüberblick zwei relevante Phasen hervorgehoben. Ergänzt werden diese um das aktuelle Verständnis sowie (Selbst-)Darstellungen privater Hochschulen, die sich mit den hervorgehobenen Entwicklungsphasen verstehen lassen. Darüber hinaus werden aktuelle Studierendenentwicklungen privater Hochschulen einbezogen (Abschnitt 2.1.2), aus denen ihre wachsende Bedeutung – auch innerhalb der vorwiegend staatlich geprägten deutschen Hochschullandschaft – hervorgeht.

In Abschnitt 2.2 wird darauf aufbauend die Arbeitsdefinition nach Frank et al. (2010) und dem Wissenschaftsrat (2012) eingeführt, die neben dem Hochschulstatus als strukturelles Definitionskriterium die bildungspolitische Funktion innerhalb des Hochschulsystems als inhaltlichen Anknüpfungspunkt umfasst. Auf dieser Basis erfolgt die Abgrenzung privater Fachhochschulen zu privaten Universitäten hinsichtlich ihrer Orientierung im Hochschulsystem sowie ihrer Bildungsaufträge. Aus diesen leitet sich ihre räumliche Ausrichtung ab. Mit dem erarbeiteten Wissen erfolgt zum Abschluss ein erstes, kurzes (Zwischen-)Resümee des Untersuchungsgegenstands (2.3)

Mit der Einführung des Hochschulrahmengesetzes wurden private Hochschulen im Jahr 1976 durch eine rechtliche Bindung an das staatliche Anerkennungsverfahren (§ 70 HRG[2]) formal Teil des öffentlichen Hochschulsystems. Die Befugnis zum Vollzug öffentlich-rechtlicher Aufgaben[3] im eigenen Namen der Handlungsform des öffentlichen Rechts erhielten private Hochschulen bzw. deren Trägergesellschaften als sogenannte „Beliehene" (Wissenschaftsrat 2012: 70) fortan auf Basis ihrer staatlichen Anerkennung (vgl. ebd.). Entsprechende Regelungen sind wenig später in den einzelnen Landeshochschulgesetzen umgesetzt worden und besitzen bis heute Gültigkeit. Sie gewährleisten beispielsweise im Bereich Forschung und Lehre die Gleichwertigkeit der akademischen Abschlüsse von privaten zu staatlichen Hochschulen, indem sie Verbindlichkeiten hinsichtlich Zulassungsvoraussetzungen, Studienanforderungen und -qualität festschreiben. Zusätzlich belegen sie in Bezug auf Fächerstruktur und Größe eine Mehrzahl vorhandener nebeneinander bestehender oder aufeinander folgender Studiengänge,

---

[2] Vgl. § 70 HRG.
[3] Beispielsweise der Verleihung von staatlich geregelten Abschlüssen.

2.1 Entwicklung privater Hochschulen in Deutschland

die allein oder im Verbund mit anderen Einrichtungen vorgesehen sein können. In das Anerkennungsverfahren einbezogen werden außerdem die Qualifikation des hauptberuflichen Lehrpersonals ebenso wie ein tragfähiger Finanzierungsplan (vgl. Thieme 1988: 21 f.; Wissenschaftsrat 2012: 70–74; HRG 2020). Durch eine erfolgreiche Anerkennung wurden private Hochschulen als sogenannte nichtstaatliche Hochschulen in das öffentliche Hochschulsystem integriert. Neben der Ausdehnung der Geltungsbereiche von Hochschulrahmengesetz und Landeshochschulgesetzen war damit die Partizipation an Landeszuschüssen zu ihren Betriebskosten und die Vergabe von staatlich anerkannten Bildungszertifikaten verbunden, mit denen sie sich fortan im Wettbewerb um Studierende positionieren konnten (vgl. Wellmann 1996: 50 f.; Thieme 1988: 20).

Seit ihrer Aufnahme in das öffentliche Hochschulsystem durch das staatliche Anerkennungsverfahren kommt es im Zuge der Datierung der ersten privaten Hochschulen in Deutschland sowohl in eigenen Darstellungen als auch in der Überblicksliteratur zu unterschiedlichen Auslegungen (vgl. z. B. Brauns 2003: 15; Sperlich 2007: 49 f.; Sperlich 2008: 130 f.; Engelke et al. 2017: 10). Einerseits Hochschulgründungen und andererseits staatliche Anerkennungen werden dabei herangezogen[4], sodass die Entwicklungslinie privater Hochschulen in Deutschland vor Einführung der staatlichen Anerkennung bzw. der ersten erfolgreich durchgeführten Verfahren verwischt. Einige Autorinnen und Autoren orientieren sich zur Beschreibung der ersten privaten Hochschulen zudem in erster Linie am Hochschulstatus (vgl. Thieme 1988: 16 f.; vgl. Turner 2001: 234).

Mit der Integration privater Hochschulen in das öffentliche Hochschulsystem, die unter anderem auf der staatlichen Anerkennung einer Gleichwertigkeit akademischer Abschlüsse basiert, ist für ihre Darstellung gleichsam eine bestimmte Perspektive kennzeichnend geworden. Aus diesem Blickwinkel werden sie nicht separat betrachtet, sondern stets in einen Zusammenhang mit staatlichen Hochschulen gebracht. Dementsprechend werden ihre individuellen Belange in der Forschung wenig thematisiert. Anhand ihrer Studienangebote, Lehrkonzepte oder Kooperationen zu internationalen, nationalen, regionalen oder lokalen Partnerinnen und Partnern aus Wissenschaft, Wirtschaft oder Gesellschaft erfolgen Selbst- und Fremdbeschreibungen. Hierbei werden stets Relationen zu staatlichen Hochschulen beschrieben. Sowohl ergänzende Eigenschaften finden dabei Betonung

---

[4] Dies ist darauf zurückzuführen, dass einige private Hochschulen bereits vor der Einführung des staatlichen Anerkennungsverfahrens gegründet und betrieben wurden, sodass Hochschulgründung und staatliche Anerkennung in diesen Fällen nicht übereinstimmen. Beispielsweise bestehen Einrichtungen, die als Fachschulen oder Ingenieurschulen betrieben und im Zuge der Bildungsexpansion zu privaten Fachhochschulen aufgewertet worden sind (vgl. Kosmützky 2002: 33 f.; Brauns 2003: 15; Brockhoff 2003: 2 f.; Brockhoff 2011: 7 f.).

als auch eine Funktion als vollständige Alternative zum Angebot staatlicher Hochschulen. Diese ist insbesondere im Falle privater Universitäten von Bedeutung, welche ursprünglich als Reform- und Wettbewerbsfaktoren innerhalb des Hochschulsystems konzipiert worden sind (vgl. Konegen-Grenier 1996: 141–150; Turner 2001: 311; Kosmützky 2002: 72–79; Sperlich 2008: 127–130; siehe auch Abschnitt 2.2.1).

Den Beginn der zweiten relevanten Entwicklungsphase privater Hochschulen kennzeichnet der Bologna-Prozess. Durch Angleichung von Studienstrukturen sowie die Zusicherung der Anerkennung von Studienabschlüssen innerhalb Europas wurden Möglichkeiten zu einer höheren Mobilität von Studierenden und Lehrenden innerhalb eines übergeordneten Europäischen Hochschulraumes geschaffen[5] (vgl. BMBF 2018: 4 f.; Turner 2018: 200).

Im Zuge der Reform sind die Studiengänge an Fachhochschulen und Universitäten des öffentlichen Hochschulsystems zu modularisierten Bachelor- und Masterangeboten weiterentwickelt worden. Staatliche und private Fachhochschulen erhielten damit die Berechtigung, Masterprogramme anzubieten und ihren Absolvierenden neben dem Zugang zum höheren öffentlichen Dienst auch die Möglichkeit einer Promotion zu eröffnen. Dies hatte erhebliche Erweiterungen der entsprechenden Studienangebote ebenso wie Neugründungen im privaten Sektor zur Folge. Um die Vielfalt der entstehenden Bachelor- und Masterprogramme qualitativ überprüfen zu können, wurde 1999 ein Akkreditierungsrat eingerichtet. Dessen Aufgabe ist es, Regeln für die Akkreditierung von Studiengängen sowie zur Systemakkreditierung aufzustellen, Akkreditierungsagenturen zu genehmigen und nach Vorlage ihrer Empfehlungen eine Akkreditierungsentscheidung auszusprechen (vgl. Turner 2018: 193–198; Stiftung Akkreditierungsrat 2020).

Seitdem existiert für das deutsche Hochschulsystem mit dem staatlichen Anerkennungsverfahren – den Programm- bzw. Systemakkreditierungen von Studiengängen und den institutionellen Akkreditierungen für nichtstaatliche Hochschulen, die durch den Wissenschaftsrat durchgeführt werden – ein zweistufiges

---

[5] Mit den Reformen wird der Anspruch des Übergangs in eine Wissensgesellschaft in Verbindung gebracht, in der Bildung, Forschung und Innovation die Grundlage nationalen Wohlstandes darstellen (vgl. Nokkola 2007: 223; BMBF 2018: 4 f.; Turner 2018: 200). Gleichzeitig finden durch die räumliche Öffnung im Zuge der Internationalisierung durch Bologna wettbewerbliche sowie marktförmige Elemente Eingang in nationale Bildungssysteme, die auch den Wettbewerb der europäischen Hochschulen untereinander verstärken (vgl. Teichler 2004; Enders 2004).

2.1 Entwicklung privater Hochschulen in Deutschland

Verfahren zur Qualitätssicherung und -entwicklung.[6] Die Qualitätssicherungsverfahren spiegeln die Tradition des staatlichen Bildungsmonopols wider, nach der akademische Bildung in Deutschland in einem öffentlichen Hochschulsystem bereitgestellt wird, das den Zugang zu staatlichen Zuschüssen sowie die Beteiligung am Wettbewerb um Drittmittel reguliert (vgl. Hovestadt et al. 2005: 18 f.).[7]

Die zusammengefassten Entwicklungen führten dazu, dass Ende der 1990er Jahre eine Phase einsetzte, die als sogenannter „Gründungsboom" (Turner 2001: 239) bzw. als „Gründungswelle" (Frank et al. 2010: 6) privater Hochschulen beschrieben wird. Neben Gründungen von Hochschulen in privater Trägerschaft spielen dabei auch tertiäre Bildungseinrichtungen eine Rolle, die mit der Internationalisierung des vollständigen Hochschulsystems einhergehen oder als Privatisierungen des staatlichen Sektors erfasst werden (vgl. Frank et al. 2010; HRK 2004: 19–23; Brockhoff 2004; Levy 2013). Diese sind für die vorliegende Arbeit nicht zentral, können allerdings im folgenden Exkurs (2.1.1) weiterverfolgt werden. Der nächste reguläre Abschnitt (2.1.2) knüpft an die Gründungswelle privater Hochschulen mit ihren Studierendenentwicklungen an. Seit Umsetzung der Bologna-Reformen werden Studierenden durch finanzielle Unterstützungen, Stipendien, [Austausch-]Programme, Beratungen und andere Services vergleichsweise größere Entscheidungs- und Mobilitätsspielräume aufgezeigt. Vor diesem Hintergrund ist es aufschlussreich, in den Blick zu nehmen, in welcher Anzahl die Bildungsangebote von Hochschulen in privater Trägerschaft innerhalb des öffentlichen Hochschulsystems genutzt werden und welche Hochschulformate für Studierende besonders interessant sind.

---

[6] Voraussetzung für den Betrieb einer Bildungseinrichtung als Hochschule und das Verleihen staatlich geregelter akademischer Abschlüsse ist damit die Anerkennung durch den Staat. Alle Studiengänge sowie jede Bildungseinrichtung außerhalb einer staatlichen Trägerschaft werden seit dem Bologna-Prozess zusätzlich auf Basis der Akkreditierung (Systemakkreditierung bzw. institutionelle Akkreditierung) im Peer-Review-Verfahren evaluiert.

[7] So bilden beispielsweise die „regional accreditations" in den USA keine Voraussetzung für den Betrieb einer Hochschule, sondern ein akademisches Qualitätssiegel, mit denen Studienangebote vermarktet werden und durch die Studierenden die Möglichkeit geboten wird, staatliche Ausbildungsförderungen zu erhalten. In den Niederlanden sind dagegen ausschließlich staatliche Hochschulen zugelassen, die allerdings in ihrer Rechtsform den deutschen Stiftungen ähneln und damit neben einer vergleichsweise starken Regulierung durch Akkreditierungen in den Bereichen Lehre, Forschung und Effizienz des Qualitätsmanagements größere finanzielle Autonomie erhalten (vgl. Hovestadt et al. 2005: 18–20).

2.1.1 Exkurs: Anbietende in privater Rechtsform und private Organisationsformen an öffentlichen Hochschulen

Neben den Hochschulen im traditionellen Verständnis sind im Zuge des Bologna-Prozesses weitere Anbietende tertiärer Bildung außerhalb des originären Hochschulstatus aktiv geworden. Diese stellen ihre Angebote in privater Rechtsform bereit, erschließen eigene, von den Ländern unabhängige Finanzierungsquellen und vergeben akademische Bildungszertifikate. Ihre Ansiedlung ist durch die Neuregelungen der Niederlassungs- und Dienstleistungsfreiheit innerhalb der Europäischen Union mit der Schaffung eines Europäischen Hochschulraumes ermöglicht worden. Ähnliches bewirkt das General Agreement on Trade in Services (GATS, Allgemeines Abkommen über den Handel mit Dienstleistungen) für den außereuropäischen Bereich, indem es den Handel mit Dienstleistungen liberalisiert (vgl. Hahn 2003; HRK 2004: 8; European Union Law 2020). Die räumliche Öffnung im Zuge der Internationalisierung hat damit den Eingang wettbewerblicher sowie marktförmiger Elemente in nationale Bildungssysteme bewirkt, die ebenfalls den Wettbewerb der europäischen Hochschulen untereinander verstärken (vgl. Teichler 2004; Enders/Jongbloed 2007). Auch im vorwiegend staatlich geprägten deutschen Hochschulsystem kann eine solche Dynamik in Richtung Marktförmigkeit festgestellt werden. Diese spiegelt sich beispielsweise in neuen Rechts- und Organisationsformen an öffentlichen Hochschulen wider (vgl. Brauns 2003: 11–15; HRK 2004: 19–23).

Strategien, die durch öffentliche Hochschulen seit den Bologna-Reformen verfolgt werden, haben demnach zur Diversifizierung des tertiären Bildungssystems beigetragen und spiegeln sich auch in der Ausgestaltung der Hochschullandschaft wider. Zu nennen sind an dieser Stelle beispielsweise das Exportieren bzw. Franchising von Hochschulleistungen, die Kooperation mit ausländischen Hochschulen oder die Gründung von Niederlassungen im Ausland. Diese werden von Hochschulen verstärkt genutzt, um sich im zunehmend internationalisierten und marktförmig ausgestalteten Bildungssystem zu positionieren (vgl. Brockhoff 2004). Resultierend entstehen neue Bildungsanbietende wie zum Beispiel Angebote deutscher Hochschulen im Ausland, Filialen (außer-)europäischer Hochschulen in Deutschland oder Corporate Universities (vgl. Wimmer 2002; Hovestadt et al. 2005; Hovestadt/Beckmann 2010).

Niederlassungen internationaler Hochschulen
Zur Heterogenität von Anbietenden tertiärer Bildung tragen unter anderem Gründungen von Niederlassungen bzw. Filialen bei, die durch ausländische Hochschulen

2.1 Entwicklung privater Hochschulen in Deutschland

in Deutschland geschaffen werden. Ermöglicht wird dies durch die Neuregelungen der Niederlassungs- und Dienstleistungsfreiheit innerhalb des Europäischen Hochschulraumes und das Allgemeine Handelsabkommen über den Handel mit Dienstleistungen (GATS) für den außereuropäischen Bereich. Auch im (außer-) europäischen Ausland können Hochschulen demnach Filialen gründen, in denen sie Studiengänge und Weiterbildungen anbieten (vgl. HRK 2004: 8; Hovestadt et al. 2005: 35 ff.). Die Hochschulsysteme der gründenden Hochschulen sind in der Regel von einer Governance bestimmt, in denen die Hochschulfinanzierung von marktwirtschaftlichen Elementen geprägt ist und damit überwiegend von der Anzahl der eingeschriebenen Studierenden abhängig gemacht wird. Demnach finanzieren sie sich über Studiengebühren sowie direkte bzw. indirekte staatliche Zuschüsse, die an der Zahl der immatrikulierten Studierenden bemessen werden. Durch Gründung von Niederlassungen werden zusätzliche Einnahmequellen wie das Abschließen von Franchising-Verträgen oder die Studiengebühren der über die Filialen immatrikulierten Studierenden erschlossen. Zudem erhöhen sich für einige Hochschulen die Subventionen durch ihre Sitzländer, aufgrund der zusätzlichen Einschreibungen, die jedoch nicht an einen Studierendenzuwachs vor Ort, sondern an ausgelagerte Niederlassungen geknüpft sind. Da die Finanzierung innerhalb des deutschen Hochschulsystems traditionell staatlich geprägt ist, existieren für deutsche Hochschulen vergleichsweise geringere Anreize eines entsprechenden Engagements im privaten Sektor (vgl. Hovestadt et al. 2005: 20; Orr 2007: 180 f.).

So handelt es sich bei den beschriebenen Niederlassungen bzw. Filialen letztlich nicht um Hochschulen im eigentlichen Sinne, sondern um Bildungseinrichtungen in privater Rechtsform, die außerhalb des deutschen (öffentlichen) Hochschulsystems agieren, weil ihre staatliche Anerkennung ausschließlich für das Sitzland der gründenden (außer-)europäischen Hochschule vorliegt. Aus diesem Grund erfassen sowohl Wissenschaftsrat als auch Hochschulrektorenkonferenz (HRK) Anbietende dieser Art nicht in ihren Ausführungen über private bzw. nichtstaatliche Hochschulen. Auch werden ihnen nicht die Befugnisse zum Vollzug öffentlich-rechtlicher Aufgaben wie beispielsweise der Vergabe von Hochschulgraden oder -titeln erteilt. Die Niederlassungen vergeben stattdessen als Partner ihrer (außer-)europäischen Hochschule internationale Bildungszertifikate (vgl. Wissenschaftsrat 2012; HRK 2020). Ein Beispiel hierfür sind etwa die 54 SAE-Institute, die durch die Middlesex University London in Deutschland sowie 27 weiteren Ländern gegründet worden sind. Sie vergeben sowohl SAE-Diploma ohne akademischen Bezug als auch internationale Bachelor-Zertifikate in den Fachbereichen Audio, Film und TV, Music Business, Cross Media, Web, Animation sowie Games (vgl. SAE 2018).[8] Darüber

---

[8] Informationen zum Studienangebot unter www.sae.edu.

hinaus ist die German International Graduate School of Management and Administration (GISMA) in Hannover zunächst als Kooperation mit der Krannert School of Management der Purdue University in Indiana gegründet und mit Partnerhochschulen in Grenoble sowie Mailand fortgeführt worden, um im Franchise-Modell Studiengänge im Bereich Management anzubieten. Mittlerweile strebt die GISMA, nach dem Vorbild der Cologne Business School (ursprünglich Kooperation mit der University of Hertfordshire in Großbritannien), eine staatliche Anerkennung an (vgl. HAZ 2019).[9]

Ein aktuelles Beispiel für Aktivitäten einer deutschen Universität im Ausland stellt die TUM International gmbh als Tochterunternehmen der Technischen Universität München (TUM) dar. Die TUM international gmbh verortet sich im Bereich der Angebote zur Entwicklung sowie für den Betrieb von wissenschaftlichen und industriellen Standorten und Technologietransferzentren weltweit. Mit nationalen und internationalen Partnerinnen und Partnern werden universitätsnahe Projekte koordiniert und realisiert, bei der die TUM International gmbh sowohl operativ als auch in Form von wissenschaftlicher Beratung tätig wird (vgl. TUM international 2020a). Zu ihren Projekten zählt derzeit der Aufbau einer privaten Spin-off-Universität der TUM in Kuwait City, welche ab 2020 Bachelor-, Master- und Promotionsprogramme in den Ingenieurwissenschaften, Management und Informatik für bis zu 6.600 Studierende vorhalten soll. Darüber hinaus ist ein eigener Innovationspark mit Business-Inkubator, Forschungseinrichtungen und Technologietransfer-Zentrum geplant, das auf den Bereich der Nachhaltigkeitstechnologie ausgerichtet ist (vgl. TUM international gmbh 2020b). Ein weiteres Projekt bildet die Konzeption der Kutaisi International University (KIU) in Georgien als einer unternehmerisch und anwendungsbezogenen ‚Green Field University' nach dem Vorbild der TUM. Vor Ort wird ein Campus mit Innovationszentrum und Start-up-Inkubator, Prototypenwerkstatt und KMU-Businesspark geschaffen, um im Stil eines Wissensclusters Bindungen und Verflechtungen zu lokalen und nationalen Firmen aufzubauen. In das Konzept der KIU als Volluniversität mit Kapazitäten für langfristig bis zu 60.000 Bachelor-, Master- und Promotionsstudierende aus der Kaukasusregion und weltweit werden ebenfalls verschiedene studentische Wohnheime, Sportstätten und Apartments nach dem Vorbild deutscher Hochschulstandorte einfließen (vgl. TUM international 2020c).

---

[9] Ob hierin erste Tendenzen sichtbar werden, nach denen Anbietende tertiärer Bildung, die als Filialen internationaler Hochschulen am Rande des deutschen Hochschulsystems aktiv werden, langfristig eine Integration anstreben (müssen), bleibt weiteren empirischen Untersuchungen vorbehalten.

2.1 Entwicklung privater Hochschulen in Deutschland

Corporate Universities bzw. Firmenuniversitäten
Zudem existieren Corporate Universities (CU), die von Unternehmen als interne Aus- und Weiterbildungseinheiten gegründet und aufgrund dessen in Kooperation mit – zumeist internationalen – Universitäten und Business Schools betrieben werden (vgl. Hovestadt/Beckmann 2010: 12 f.). Sie bilden innovative Lernarchitekturen, die die Verzahnung von Personal- und Unternehmensentwicklung unterstützen und der Integration von Lernprozessen in den Strategieprozess der Unternehmen dienen (vgl. Wimmer 2002: 2 sowie 4 f.). Zu ihren Funktionen zählen in erster Linie die Unterstützung des strategischen Managements, der Aufbau spezifischen Humankapitals sowie die Begleitung unternehmensweiter Change-Prozesse (vgl. Andresen 2003: 392/393; Wimmer 2002: 24). Dementsprechend zählen Mitarbeitende des Managements sowie Führungsnachwuchskräfte zu ihrer Hauptzielgruppe (vgl. Wimmer 2002: 10). Ein Beispiel ist die Bayer Academy, die Führungs- und allgemeine Managementkompetenzen sowie fachspezifisches Wissen an das Top-Management, Führungs- sowie Nachwuchsführungskräfte vermittelt, die auf die Anforderungen des jeweiligen Geschäftsbereiches abgestimmt sind (vgl. Bayer Academy 2020). Die Bayer-CU arbeitet eng mit internationalen Business Schools, deutschen Universitäten, freien und internen Trainern zusammen, sodass sowohl deutsche als auch internationale universitäre Abschlüsse erlangt werden können (vgl. Wimmer 2002: 114/115; Bayer Academy 2020).

Einige Firmenuniversitäten, wie beispielsweise die Bertelsmann University, öffnen ihre Angebote darüber hinaus ihrer vollständigen Mitarbeiterschaft weltweit. Sie bieten Weiterbildungen und Qualifizierungen ohne akademischen Bezug in verschiedenen Veranstaltungs- und Lernformaten, deren Zugang offen sowie durch Nominierung erfolgt. In verschiedenen Segmenten finden sich digitale Kurse, Workshops und Präsenzveranstaltungen, die den Mitarbeitenden von Bertelsmann nach Statusgruppen[10] zugeordnet werden (vgl. Wimmer 2002: 116/117 sowie Bertelsmann University 2020).

Obwohl Firmenuniversitäten nicht über eine staatliche Anerkennung verfügen und nur sehr vereinzelt akademische Studienabschlüsse vergeben, werden sie aufgrund ihrer engen Kooperationsbeziehungen zu Universitäten und Business Schools, in denen sie eigene Angebote, Weiterbildungen und Zusatzqualifikationen entwickeln, gelegentlich in einen Zusammenhang mit dem tertiären Bildungssystem gebracht. Wesentliche Unterschiede zu öffentlichen Hochschulen bestehen

---

[10] Beispielsweise Angebote des Strategy Campus zur Unterstützung der Konzernstrategie für Executives oder solche des Individual Campus für die persönliche und fachliche Weiterentwicklung aller Bertelsmann-Mitarbeitenden.

allerdings in ihren Curricula, hinsichtlich Dauer und Art der Qualifizierung, Zertifizierung sowie im Modus der Erzeugung von Wissen; diese Faktoren entsprechen nicht der Logik des Wissenschaftssystems (vgl. Müller/Krämer 1999: 503; Küchler 2001; Wimmer 2002: 12).

Durch ihre Verbindungen zu ausgewählten Business Schools und Universitäten wird es Unternehmen durch eigene Corporate Universities allerdings möglich, individuell zugeschnittene Bildungsangebote zu kreieren. Aufgrund dessen konkurrieren Firmenuniversitäten in relevanten Bereichen mit privaten Hochschulen. Mit spezifischen Weiterbildungen und praxisnahen bzw. dualen Studiengängen zielen ihre Angebote ebenfalls auf Unternehmen als (übergeordnete) Zielgruppe (vgl. Hovestadt/Beckmann 2010: 10). Darüber hinaus sind sie in finanzieller Hinsicht an der Zusammenarbeit mit Unternehmen als ihren Kooperationspartnern interessiert.

An-Institute und privatisierte Studienmodule staatlicher Hochschulen
Von Bedeutung sind im Kontext der Entwicklung zu einem zunehmend wettbewerblich ausgestalteten tertiären Bildungsmarkt interne Teil- bzw. Selbstprivatisierungen staatlicher Hochschulen, welche als Aspekte des New Public Managements und mit der Rolle als unternehmerische Universitäten Einzug in das deutsche Hochschulsystem gefunden haben (vgl. Clark 1998; 2001; Lange/Schimank 2007; Schimank 2005). Besagte Privatisierungen werden dabei von Universitäten zur Erschließung zusätzlicher Finanzierungsquellen oder zum Implementieren effizienter Managementstrukturen genutzt. Diese erlauben ihnen eine gewisse Autonomie und Flexibilität innerhalb des staatlichen Hochschulsystems (vgl. Teixeira 2009: 232; Levy 2012: 35–37). Konkret werden diese in der Hochschullandschaft beispielsweise als An-Institute und Bildungseinrichtungen anschaulich, die von Universitäten als Ausgründungen in privater Rechtsform geschaffen werden. Einrichtungen dieser Art bieten zu ausgewählten Forschungsfeldern berufliche Weiterbildungen, Zusatzqualifikationen sowie Master- oder Promotionsstudiengänge an. Hierbei nehmen sie die vergleichsweise größere Flexibilität in Anspruch, die eine privatrechtliche Organisationsform ihnen bereithält (vgl. Brauns 2003: 4 sowie 13; HRK 2004: 20–23; Sperlich 2008: 128 f.). Beispiele sind das Institute of Electronic Business e. V. als ein An-Institut der Universität der Künste in Berlin im Bereich der digitalen Kommunikation[11] sowie das Northern Institute of Technology Management (NIT) der Technischen Universität Hamburg (TUHH). Die Einrichtung in Hamburg eröffnet deutschen sowie internationalen Studierenden der Ingenieur-, Wirtschafts- und

---

[11] Am IEB werden mittlerweile lediglich Promotionen ermöglicht, die das interne Forschungsportfolio ergänzen (siehe unter URL: https://www.ieb.net/promotionen/ [Zugriff vom 22.12.2019]).

2.1 Entwicklung privater Hochschulen in Deutschland

Naturwissenschaften als sogenannten High Potentials den Erwerb eines Abschlusses zum Technologiemanager (Master of Arts).[12] Bei der Konzeption und Strukturierung des Studienganges wird unter anderem eine internationale Lernatmosphäre angestrebt, Lehre im Stil von Unterricht durch Projektarbeit ersetzt und mit einer sogenannten Flying Faculty gearbeitet. Diese besteht aus Dozierenden von renommierten Universitäten, Business Schools und Wirtschaftsunternehmen aus Europa, den USA und Australien, die für ihre Lehrtätigkeit aus dem Netzwerk des NIT ausgewählt und befristet beschäftigt werden (vgl. NIT 2020; BWFG Hamburg 2020a sowie BWFG Hamburg 2020b).

Darüber hinaus werden in einigen europäischen sowie außereuropäischen[13] Ländern im Zusammenhang mit einer Teil- bzw. Selbstprivatisierung staatlicher Hochschulen Tendenzen der Integration sogenannter ‚Modul II'-Einheiten an Universitäten beschrieben (vgl. Levy 2012: 36/37; Pachuashvili 2007; 2008). Die besagten Module werden zur Schaffung zusätzlicher Studienkapazitäten für solche Studierenden eingerichtet, die im regulären Vergabeverfahren der Studienplätze keine Berücksichtigung finden oder ein Interesse an Studienangeboten mit praktischem Wirtschafts- und Managementbezug aufweisen. Nicht nur durch ihre inhaltlich ähnlichen Studienangebote treten staatliche Hochschulen mit ihren privatisierten Modulen in eine Konkurrenz zu Hochschulen in privater Trägerschaft. Auch ein finanzieller Wettbewerb durch das Erheben vergleichsweise niedriger Studiengebühren spiegelt sich in den untersuchten Hochschulsystemen wider (vgl. ebd.). Ob neben Ausgründungen auch interne Selbst- und Teilprivatisierungen im deutschen Hochschulsystem künftig eine Rolle spielen werden, bleibt im Zuge der fortlaufenden Entwicklungen zu beobachten.

Mithilfe des Exkurses ist veranschaulicht worden, dass sich die Entwicklungen des tertiären Bildungssystems durch verschiedene Anbietende akademischer Bildung in privater Rechtsform sowie neue Organisationsformen im öffentlichen Hochschulsystem auszeichnen. Dabei privatisieren sich (internationale) staatliche Hochschulen durch das Errichten von Niederlassungen und Ausgründungen. Neben Filialen ausländischer Hochschulen, die als Kooperations- oder Franchisepartner internationale Hochschulabschlüsse vergeben, existieren Corporate Universities bzw. Firmenuniversitäten, die in Kooperation mit Business Schools und staatlichen Universitäten zugeschnittene Angebote erarbeiten. Nur vereinzelt

---

[12] Dieser kann sowohl als Vollzeitstudium als auch berufsbegleitend neben einer Promotion und als Doppelmaster in Kooperation mit der TUHH absolviert werden (vgl. NIT 2020; BWFG Hamburg 2020a sowie BWFG Hamburg 2020b).

[13] Hier insbesondere postkommunistische Länder, wie Russland und Georgien (vgl. Pachuashvili 2007; 2008).

ermöglichen sie den Erwerb von akademischen Bildungszertifikaten. Darüber hinaus werden An-Institute genutzt, die als Ausgründungen staatlicher Hochschulen in privater Rechtsform Masterstudiengänge sowie Qualifikationen zu ausgewählten Forschungsfeldern anbieten.

Gemeinsam haben die Genannten, dass sie parallel zu den Hochschulen des öffentlichen Systems entweder als Anbietende tertiärer Bildung in privater Rechtsform oder als Universität (z. B. als corporate university) auftreten, ohne selbst über den Status einer Hochschule zu verfügen.[14] Aufgrund ihrer Verknüpfung mit (inter-) nationalen Hochschulen eröffnen allerdings auch diese privaten Anbietenden Studierenden einen Zugang zu (inter-)national gültigen Zertifikaten eines zunehmend globalisierten und marktförmig organisierten tertiären Bildungssystems.

2.1.2 Studierendenzahlen an privaten Hochschulen

Die Entwicklungen der Studierendenzahlen im öffentlichen Hochschulsystem legen nahe, dass sich die Bildungsangebote privater Hochschulen einer wachsenden Beliebtheit erfreuen. Während im Wintersemester 1995 noch gut 16.000 Studierende an Hochschulen in privater Trägerschaft immatrikuliert waren, hat sich ihre Zahl bis zum Wintersemester 2018 um gut das Fünfzehnfache erhöht (vgl. Tabelle 2.1 sowie Destatis 2018; 2020).

Tabelle 2.1 Studierende an öffentlichen Hochschulen 1995–2018

Studierende an öffentlichen Hochschulen[15,16]

	1995	2000	2005	2010	2015	2016	2017	2018
staatlich	1.816.115	1.751.775	1.906.442	2.083.257	2.529.877	2.563.604	2.583.310	2.590.041
kirchlich	21.180	22.514	25.323	25.309	31.472	31.837	31.471	31.442
privat	15.948	24.574	54.000	108.728	196.450	211.569	230.197	246.739
gesamt	1.853.243	1.798.863	1.985.765	2.217.294	2.757.799	2.807.010	2.844.978	2.868.222

Dabei stellt das statistische Bundesamt im Wintersemester 2018 sogar einen Studierendenzuwachs von 7 Prozent im Vergleich zum Vorjahr fest, während die Gesamtzahl der Studierenden an allen öffentlichen Hochschulen im selben Zeitraum lediglich um 1 Prozent auf 2,87 Millionen angestiegen ist (vgl.

---

[14] Die Einordnung der Bedeutung privatisierter Studienmodule an staatlichen Hochschulen des deutschen Hochschulsystems erfordert zunächst weiterer Beobachtung.

[15] Alle Angaben beziehen sich auf das Wintersemester (WS) des jeweiligen Jahres.

[16] Eigene Darstellung nach Destatis 2018: 18 sowie 2020.

2.1 Entwicklung privater Hochschulen in Deutschland

Destatis 2019; 2020a; 2020c). Die Bedeutung der derzeit 117 Hochschulen in privater Trägerschaft ist innerhalb des vorwiegend staatlich geprägten deutschen Hochschulsystems als wachsend zu bewerten (vgl. Tabelle 2.1 in Anlehnung an Destatis 2018; 2019; 2020).

Quantitativ sowie hinsichtlich ihrer Studierendenzahl überwiegen Fachhochschulen im privaten Hochschulbereich (vgl. Destatis 2019; 2020b). Dies lässt sich anhand von Tabelle 2.2 nachvollziehen, welche einen Überblick über die aktuelle Studierendenstatistik des Statistischen Bundesamtes aus dem Wintersemester 2018/19 gegliedert nach Hochschulsektoren und Hochschulform gibt. Während im staatlichen Sektor Universitäten mit derzeit rund 1,7 Millionen Studierenden am verbreitetsten sind, stellen Fachhochschulen mit rund 218.000 immatrikulierten Studierenden für den privaten Hochschulsektor die Hochschulform der Wahl dar.

Die Bedeutung privater Hochschulen im deutschen öffentlichen Hochschulsystem dokumentiert sich demnach weniger in ihrer quantitativen Verbreitung[18], sondern im wachsenden Zuspruch durch Studierende, der insbesondere den Bildungsangeboten privater Fachhochschulen zuteilwird. Mithilfe einer Arbeitsdefinition, die private Hochschulen anhand von strukturellen Merkmalen und ihrer bildungspolitischen Funktion erfasst, wird dieser Aspekt zur Spezifizierung der Problemstellung in der vorliegenden Untersuchung weiterverfolgt.

Tabelle 2.2 Studierende nach Hochschulsektor sowie -form im WS 2018/19

Studierende nach Hochschulsektor und Hochschulform im Wintersemester (WS) 2018/19[17]

	private Hochschulen	staatliche Hochschulen
Kunst- und Musikhochschulen	1.807	34.333
Universitäten	26.151	1.722.569
Fachhochschulen	217.845	760.288
Studierende insgesamt	245.418	2.534.483

---

[17] Eigene Darstellung nach Destatis (2019: 50).
[18] Im Verhältnis zur Anzahl staatlicher Hochschulen.

2.2 Arbeitsdefinition privater Hochschulen

Dieser Abschnitt stellt das Verständnis privater Hochschulen in Anlehnung an Wissenschaftsrat (2012) und Hochschulrektorenkonferenz vor, welches sie auf Basis der Merkmale Trägerschaft und Status erfasst (vgl. Wissenschaftsrat 2012: 13–26; HRK 2020). Auf dieser Grundlage lassen sich verschiedene private Hochschulformen voneinander unterscheiden und anhand ihres Bildungsauftrages (vgl. Frank et al. 2010) zu einer Arbeitsdefinition anreichern. Diese bezieht nicht lediglich die Hochschulform als strukturelles Merkmal ein, sondern bietet zusätzlich inhaltliche Anknüpfungspunkte, indem sie die bildungspolitische Funktion berücksichtigt. Bezugnehmend auf § 70 des Hochschulrahmengesetzes[19] (HRG) beschreibt der Wissenschaftsrat private Hochschulen als eine Untergruppe der nichtstaatlichen Hochschulen, welche sich nicht in der Trägerschaft eines Landes befinden (vgl. Wissenschaftsrat 2012: 13 f.). Private Hochschulen im Besonderen werden dabei definiert als „sämtliche nichtstaatliche Hochschulen, die einen privaten Betreiber im engeren Sinn aufweisen" (ebd.). Ausgehend von dieser Einordnung, welche als grundlegendes Definitionsmerkmal die Trägerschaft festlegt, werden in Anlehnung an die Ausführungen des Wissenschaftsrats zu „private[n] und kirchliche[n] Hochschulen aus Sicht der institutionellen Akkreditierung" (vgl. Wissenschaftsrat 2012) ausgehend vom Hochschulstatus anhand des Promotionsrechts sechs Hochschulformen voneinander unterschieden. Der Gruppe der Hochschulformen, welche über das Promotionsrecht verfügen, gehören *private Universitäten, Universitäten bzw. Hochschulen mit fachlichen Schwerpunkten* und *Schools* an. Für die Unterteilung werden die Zahl der Disziplinen, die Breite in Lehre und Forschung, Charakteristika der Studierenden und Lehrenden, der Organisationsgrad und die Größe der Einrichtung berücksichtigt. Im Bereich der Hochschulen ohne Promotionsrecht sind *Fachhochschulen* die verbreitetste Gruppe. Hier lassen sich *Fachhochschulen mit breitem Spektrum* und *Fachhochschulen mit Schwerpunkten* als Hochschulformen voneinander unterscheiden (vgl. Wissenschaftsrat 2012: 16 f.).[20] Erstgenannte sind im privaten

---

[19] Vgl. § 70 HRG.

[20] Darüber hinaus differenziert der Wissenschaftsrat die Hochschulform der privaten Hochschule mit künstlerischer Ausrichtung und diejenige der sonstigen Hochschulen. Derzeit gibt es im deutschen Hochschulsystem lediglich drei private Kunsthochschulen, von denen zwei als Fachhochschulen akkreditiert sind (eine fällt unter den folgenden Sonderfall). Aus diesem Grund werden diese in der Übersicht nicht speziell ausgeführt (vgl. Wissenschaftsrat 2012: 28). Auch auf die Darstellung der sonstigen Hochschulen wird an dieser Stelle verzichtet, weil es sich bei diesen um eine Gruppe sehr unterschiedlicher Bildungseinrichtungen handelt, deren Erläuterung keine zusätzlichen Erkenntnisse zu den Ausführungen dieses

Hochschulsektor vergleichsweise selten. Mit ihrem breiten Leistungsangebot, in dem sie unterschiedliche Fachbereiche wie beispielsweise Wirtschaft, Soziales, Gesundheit und Medien mit Studienangeboten in Bereichen wie Technik- und Naturwissenschaften verknüpfen, ähneln sie staatlichen Hochschulen für angewandte Wissenschaften (ebd.: 24 f.).

Nicht alle der aufgeführten Hochschulformate bieten Anknüpfungspunkte für die vorliegende Arbeit. Aufgrund der für sie festgestellten Bedeutung, die sich in Form des wachsenden Zuspruchs durch Studierende zeigt (siehe 2.1.2), werden im Folgenden stattdessen private Fachhochschulen aus der Gruppe der Hochschulen ohne Promotionsrecht in ihren bildungspolitischen Funktionen vorgestellt. Zu diesem Zweck erfolgt eine Kontrastierung ihrer Spezifika gegenüber privaten Universitäten aus der Gruppe der Hochschulen mit Promotionsrecht.

2.2.1 Abgrenzung zwischen privaten Fachhochschulen und Universitäten

Als wesentliche strukturelle Merkmale privater Fachhochschulen werden das Primat der Lehre mit der Ausbildung des Fach- und Führungskräftenachwuchses ebenso wie eine stärkere Hinwendung zu Fragen der Anwendung und Praxisorientierung in Lehre und Forschung angeführt. Insbesondere bei der Mehrzahl der Einrichtungen, deren Finanzierung überwiegend auf Studiengebühren basiert, tritt die Forschung dabei erkennbar hinter die Lehre zurück (vgl. Wissenschaftsrat 2012: 22–24). Dies unterscheidet sie im Wesentlichen von der Hochschulform privater Universitäten, deren strukturelles Definitionskriterium vergleichsweise stärker aus ihrem Reformanspruch hervorgeht. Diesem entsprechend beabsichtigen sie durch innovative Studienkonzepte und vielfältige Forschungsvorhaben die Weiterentwicklung des öffentlichen Hochschulsystems. Hierbei streben sie nach Forschungsreputation, bei der sie kontinuierlich und in signifikantem Umfang am Wettbewerb um öffentliche sowie private Forschungsfördermittel partizipieren. In ihrer strukturellen Ausrichtung bieten private Fachhochschulen insbesondere Studierenden mit beruflichem Hintergrund, in Berufsausübung oder aus nichtakademischen Elternhäusern attraktive Studienbedingungen, indem sie Angebote mit klaren beruflichen Bezügen formulieren. Da private Universitäten in ihrer Tätigkeit auf ausgewählte fachliche sowie nationale bzw. internationale Bildungsmärkte ausgerichtet sind, werden in ihrer Anwerbungs- und Zulassungspolitik

---

Kapitels beiträgt. Teilweise streben diese das Promotionsrecht zu einem späteren Zeitpunkt an, teilweise unterliegen sie keinem Typenzwang (vgl. Wissenschaftsrat 2012: 25/26).

dagegen vergleichsweise strenge leistungsbezogene Kriterien zur Anwendung gebracht (vgl. Wissenschaftsrat 2012: 17/18 sowie 22–24).

Die am häufigsten verbreitete private Hochschulform der Gruppe ohne Promotionsrecht bilden solche Fachhochschulen, die ihr Studienangebot auf bestimmte Bereiche beschränken (vgl. ebd.: 16). Besonders verbreitet sind sogenannte Business Schools, welche sich wirtschaftsnah verorten und, ausgehend von der Betriebswirtschaftslehre, Studiengänge wie Tourismus-, Hotel-, Kultur- oder Kommunikationsmanagement unterbreiten. Zudem haben sich Fachhochschulen mit Schwerpunkten im sozialen und gesundheitlichen Bereich sowie Sport entwickelt. Sie etablieren Studienangebote in der Ergo- und Physiotherapie, der Logopädie, den Hebammenwissenschaften, der Pflege und Rehabilitation, den Sportwissenschaften und im Fitnessbereich. Als dritte Gruppe lassen sich Fachhochschulen mit Schwerpunkten in den Bereichen Kunst und Design, Mode, Medien oder Musik identifizieren. Typische Studienangebote liegen im Kommunikationsdesign, der Marketingkommunikation, Mode- und Designmanagement, Modedesign, Fotografie, Rock, Pop und Jazz. Übliche Studienangebote von staatlichen Hochschulen für angewandte Wissenschaften mit einem technik- und ingenieurswissenschaftlichen Schwerpunkt sind dagegen selten vertreten, weil die verknüpften Fächer lediglich mit einer kostenintensiven technischen sowie Laborinfrastruktur bereitzustellen wären. Ihre Finanzierung stellen private Fachhochschulen mit Schwerpunkten jedoch in der Regel über Studiengebühren sicher. Nur eine kleine Gruppe der Fachhochschulen in privater Trägerschaft verfügt über ein Lehrangebot nach dem Präsenzmodell, wie es an privaten Universitäten üblich ist. Mehrheitlich halten private Fachhochschulen ihre Studienangebote in dualen, berufsbegleitenden oder -integrierten Lehrformaten vor (vgl. Wissenschaftsrat 2012: 17/18 sowie 24–26).

Die bildungspolitische Funktion von privaten Hochschulen lässt sich mit der Typologie des Stifterverbands der deutschen Wissenschaft verstehen (vgl. Frank et al. 2010). Frank und andere (2010) unterscheiden zwischen Aufwertern, Flexiblen, Berufsorientierten, Spezialisten und Humboldtianern. Die Funktion privater Universitäten wird durch die Bildungsaufträge der *Humboldtianer* und *Spezialisten* anschaulich charakterisiert, während sich diejenige privater Fachhochschulen mit den Bildungsaufträgen der *Aufwerter, Berufsorientierten und Flexiblen* vergleichen lässt (vgl. Frank et al. 2010).

Als *Humboldtianer* und *Spezialisten* bedienen private Universitäten mit ihren Bildungsangeboten sowohl den grundständigen als auch den postgradualen Bereich mit einer breiten universitären bzw. spezialisierten Ausbildung in ausgewählten Bereichen. Individuelle Betreuung sowie optimale Studienbedingungen stehen im Fokus der akademischen Ausbildung beider Hochschultypen.

2.2 Arbeitsdefinition privater Hochschulen

Während Spezialisten mit dem Anspruch einer Elitenausbildung in Wirtschaft, Wissenschaft und Gesellschaft auftreten, knüpfen Humboldtianer mit ihrem Bildungsauftrag an staatliche Universitäten an. So basiert ihr Selbstverständnis auf hoher Interaktivität im Rahmen der Lehre sowie der fächerübergreifenden Bearbeitung gesellschaftlich relevanter Problemstellungen und der Förderung von Trans- bzw. Interdisziplinarität, welche ebenfalls im Rahmen ihrer Forschung vordergründig sind (vgl. Frank et al. 2010: 22/23).

Nach Frank et al. (2010) sind *Aufwerter* ausschließlich unter den privaten Fachhochschulen zu finden. Hochschulen dieser Funktion widmen sich in ausgewählten Schwerpunkten der Akademisierung früherer Lehrberufe oder ganzer Berufsgruppen. Da ihr Studienangebot auf grundständigem Niveau sowie weitgehend ohne wissenschaftlichen Anspruch, sondern mit praxisnahen Inhalten vorgehalten wird, bezieht sich ihre Bildungsfunktion entsprechend auf Bereiche, die ehemals ausschließlich Berufsbildenden Schulen zugeordnet waren (vgl. Frank et al. 2010: 22 und 25). Da aufwertende Hochschulen die Möglichkeit eines anwendungsbezogenen Studiums als Alternative oder Ergänzung zu einer Berufsausbildung bieten, ist ihr Bildungsangebot entsprechend für Personen ohne akademischen Bildungshintergrund interessant, die andernfalls keinen Bezug zu Hochschulbildung gehabt hätten (vgl. ebd.: 37).

Auch die *Flexiblen* verfügen über ein ausschließlich grundständiges Studienangebot. Anders als im Falle der aufwertenden Hochschulen jedoch zeichnen sich flexible durch ihre breite Fächerbasis aus. Die angebotenen Studiengänge können sowohl im Rahmen eines Fernstudiums als auch dual oder berufsbegleitend absolviert werden. Private Hochschulen des flexiblen Typs sprechen aufgrund ihres vergleichsweise hohen Technologieeinsatzes (beispielsweise durch virtuelle Unterrichtsmodelle) in erster Linie Personen mit besonderen Flexibilitätsbedürfnissen an, die neben einer Berufstätigkeit studieren möchten oder aus anderen Gründen kein Präsenzstudium absolvieren können. Dieser Zielgruppe ermöglichen flexible private Hochschulen oft erst den Zugang zu hochschulischer Bildung (vgl. Frank et al. 2010: 22 und 25).

Durch ihre zügige, zielgerichtete Studienphase mit vergleichsweise großer Praxisnähe zeichnen sich *berufsorientierte* Hochschulen aus. Auch bei diesen handelt es sich zumeist um private Fachhochschulen, die von effizienten, arbeitsmarktorientierten Studiengängen geprägt sind und in enger Kooperation mit Unternehmen gestaltet werden (vgl. Frank et al.: *23 ff.* und 35). Sie verfügen über ein breites Angebotsportfolio, welches sich vom grundständigen Studium bis hin zu Masterstudiengängen erstreckt, in denen arbeitsmarktrelevante Kompetenzen und

Praxiswissen vermittelt werden. Studierende schätzen die *Berufsorientierten* aufgrund der Vermittlung problem- bzw. anwendungsorientierter Kompetenzen, der Nähe zu Unternehmen und daraus resultierenden Karrieremöglichkeiten (vgl. ebd.: 22 u. 37).

Aus ihren strukturellen Merkmalen und bildungspolitischen Funktionen leiten sich wesentliche Charakteristika privater Fachhochschulen ab, durch die sie sich von privaten Universitäten unterscheiden. In ihrem hochschulpolitischen Reformanspruch, den private Universitäten durch Anforderungen wie dem Streben nach Forschungsreputation sowie dem Einsatz leistungsbezogener Studierendenselektion zum Ausdruck bringen, werden – je nach konkreter Ausgestaltung – ihre strukturelle Ausrichtung am nationalen Hochschulsystem sowie ggf. eine entsprechende internationale Orientierung (beispielsweise im Europäischen Hochschulraum) wirksam. Aus dieser heraus fokussieren private Universitäten vergleichsweise weniger den eigenen Hochschulstandort oder die Region. Ihrer bildungspolitischen Funktion entsprechend werden Absolventinnen und Absolventen dabei für gehobene Positionen in Wissenschaft, Wirtschaft und Gesellschaft qualifiziert. Aufgrund dessen sind private Universitäten innerhalb des öffentlichen Hochschulsystems sowie hinsichtlich der Ausübung ihrer Bildungsaufträge in erster Linie von überregionaler Ausrichtung, Sichtbarkeit und Bekanntheit geprägt. Darin unterscheiden sie sich in einigen wichtigen Aspekten von privaten Fachhochschulen.

Innerhalb des Hochschulsystems nehmen private Fachhochschulen somit eine Position ein, in der sie das Primat der Lehre für sich hervorheben, bei der die Vermittlung praxis- bzw. arbeitsmarktrelevanter Wissensstände vordergründig ist. Ein Großteil ihres Lehrangebotes erfolgt in dualer, berufsbegleitender oder -integrierter Form, sodass eine Ausrichtung auf sowie Orientierung an bestimmten – beispielsweise lokalen oder regionalen – Arbeitsmarkt- bzw. Wirtschaftsstrukturen, umgesetzt werden kann. Da Fachhochschulen in privater Trägerschaft entsprechend ihrer bildungspolitischen Funktion spezialisierte Fach- und Führungskräfte für Unternehmen bzw. Betriebe qualifizieren und ihre Studienangebote aufgrund dessen auch inhaltlich abgestimmt gestalten, sind sie sowohl innerhalb des Hochschulsystems als auch hinsichtlich der Ausübung ihrer Bildungsaufträge in erster Linie von einer lokalen bzw. regionalen Ausrichtung, Sichtbarkeit und Bekanntheit geprägt.

2.3 (Zwischen-)Resümierende Betrachtung

Gemeinsam vermitteln Abschnitt 2.1 zur Entwicklung privater Hochschulen in Deutschland, der Nutzung ihrer Bildungsangebote durch Studierende (2.1.2) und Abschnitt 2.2, der die Arbeitsdefinition einführt, ein grundlegendes Verständnis über Hochschulen in privater Trägerschaft.

Seit ihrer Aufnahme in das öffentliche Hochschulsystem durch Einführung des staatlichen Anerkennungsverfahrens sowie institutionelle Akkreditierungen, die im Zuge der Bologna-Reformen verpflichtend wurden, ist eine Perspektive kennzeichnend, aus der Betrachtung und Darstellung privater Hochschulen zumeist in einem Zusammenhang mit staatlichen Hochschulen erfolgen, während ihre individuellen Belange in der Forschung wenig separat thematisiert werden. Selbst- sowie Fremdbeschreibungen privater Hochschulen erfolgen durch die Bezugnahme auf ihre Studienangebote, Lehrkonzepte oder Kooperationen zu internationalen, nationalen oder regionalen Partnerinnen und Partnern aus Wissenschaft, Wirtschaft und Gesellschaft. Dabei werden sowohl ergänzende Eigenschaften betont als auch – wie im Falle privater Universitäten, welche ursprünglich als Reform- und Wettbewerbsfaktoren innerhalb des Hochschulsystems konzipiert worden sind – die Funktion als vollständige Alternative zum akademischen Angebot staatlicher Hochschulen hervorgehoben (vgl. Konegen-Grenier 1996: 141–150; Turner 2001: 311; Kosmützky 2002: 72–79).

Hinsichtlich ihrer Bildungsfunktion erarbeiten sich private Hochschulen innerhalb des öffentlichen Hochschulsystems eine Nische, in der sie Bildungsangebote für Zielgruppen mit vergleichsweise heterogenen Ansprüchen an ein Studium formulieren. Mit ihren Bildungsangeboten beabsichtigen sie Personen anzusprechen, die beispielsweise weniger Bezug zu akademischer Bildung aufweisen, zu den sogenannten First-Generation-Studierenden gehören, sich stärker in der beruflichen Praxis verorten, ihre Studienentscheidung erst im Laufe ihrer (Erwerbs-)Biographie treffen oder parallel familiären bzw. sozialen Verpflichtungen nachkommen und aufgrund dessen örtlich gebunden bzw. zeitlich eingeschränkt sind (z. B. sogenannte de facto Teilzeit-Studierende staatlicher Hochschulen) (vgl. Frank et al. 2010: 25 f.; Wiarda 2016; Autorengruppe Bildungsberichterstattung 2018: 157–158). Die Möglichkeit eines Studiums nehmen Personen aus den genannten Zielgruppen somit aufgrund des Bildungsangebots privater Hochschulen wahr, die die für sie adäquatesten Bedingungen bieten. Obwohl insbesondere staatliche Hochschulen für angewandte Wissenschaften ihren Bildungsauftrag (teilweise) ähnlich definieren, bleiben diese in ihren Studienbedingungen vergleichsweise stärker auf traditionelle (Vollzeit-)Studierende mit dem Abitur als Hochschulzugangsberechtigung ausgerichtet (vgl. ebd.).

Mit der den privaten Fachhochschulen nach Frank et al. (2010) und Wissenschaftsrat (2012) zugeordneten Bildungsfunktion lässt sich nun in Bezug auf die Studierendenentwicklung (siehe Abschnitt 2.1.2) die Präferenz von Studierenden konkretisieren. Nach wie vor werden von ihnen verstärkt duale, berufsbegleitende oder -integrierte Studiengänge in Anspruch genommen, deren Stärken in ihrer praktischen Relevanz und Ausrichtung auf den Arbeitsmarkt liegen, beispielsweise an lokalen oder regionalen Wirtschaftsstrukturen und vorhandenen Fachkräftenachfragen. Im Zusammenhang mit ihren Studienangeboten ist die Standortwahl und -bezogenheit von Hochschulen in privater Trägerschaft somit ein relevanter Aspekt.

Obwohl darin ein Interesse an den akademischen Bildungsangeboten privater (Fach-)Hochschulen sichtbar wird, bleibt offen, inwiefern der Standortbezug ihrer Hochschule bzw. des Hochschulstudiums auch für ihre Studierenden entscheidend ist. Der nächste Teil des Kontext-Kapitels widmet sich deshalb dem Stand der Forschung (Abschnitt 2.4). Zusammengefasst werden empirische Arbeiten, in denen räumliche Bezüge von Studierenden bereits thematisiert worden sind.

2.4 Forschungsstand über den Raumbezug von Studierenden

Innerhalb der empirischen Forschung sind Raumbezüge von Studierenden bisher kaum explizit aufgegriffen worden. So ergibt sich der Forschungsstand zur vorliegenden Arbeit aus zwei unterschiedlichen Forschungslinien, in denen (teilweise einzelne) räumliche Bezüge von Studierenden deutlich werden. Die erste Linie in Abschnitt 2.4.1 umfasst Untersuchungen über Hochschulzugangsberechtigte und Studierende. Vorgestellt werden diese thematisch entsprechend der Abfolge eines Bildungsverlaufs von der Studienentscheidung über das Hochschulwahlverhalten sowie der Entscheidung zu räumlicher Mobilität während des Studiums (vgl. Geißler 1965; Hachmeister et al. 2007; Lörz 2008; Milbert/Sturm 2016; Gareis et al. 2018). Ebenso finden Untersuchungen zum Verbleib von Absolventinnen und Absolventen am Hochschulstandort und der Region Berücksichtigung (vgl. Flöther/Kooij 2012; Kratz/Lenz 2015).

In die Forschungslinie geht zum einen eine mikrotheoretische Analyseperspektive ein, aus der individuelle Entscheidungsprozesse und ihre Einflussfaktoren fokussiert werden. Zum anderen wird die makrotheoretische Ausrichtung berücksichtigt, aus der Wanderungsbewegungen zwischen räumlichen Einheiten hinsichtlich bestimmter Standortfaktoren in den Blick genommen werden. Beide

2.4 Forschungsstand über den Raumbezug von Studierenden

gemeinsam geben Aufschluss über empirisch gesichertes Wissen zu den Raumbezügen von Studierenden, die im Zusammenhang mit ihrer Studienentscheidung, Hochschul- und Standortwahl ebenso wie räumlichen Mobilität relevant sind.[21]

Die zweite Forschungslinie in Abschnitt 2.4.2 widmet sich der Phase des Studiums aus Sicht der Studierenden. Obwohl diese als Qualifikationsphase zwischen der Studienentscheidung bzw. dem Studienbeginn und Berufseinstieg zentral ist, existieren zum studentischen Alltag in der Hochschule, auf dem Campus und am Studienort nur vereinzelte Untersuchungen. Die Darstellung erfolgt anhand von empirischen Analysen der studentischen Wohnpräferenzen sowie der Aneignungen des Studienortes und der Nutzung des Campusgeländes aus raumsoziologischer Perspektive (vgl. Gothe/Pfadenhauer 2010; Stötzer 2013[22]). Vorhandene empirische Erkenntnisse zu Wahrnehmungen und Nutzungen von Orten oder Gebäuden des Studienortes, auf dem Hochschulgelände und an der Hochschule werden daraus zusammengetragen.

In Abschnitt 2.4.3 erfolgt eine Positionierung des vorliegenden Forschungsprojektes zum Stand der Forschung, indem die Relevanz und Bedeutung verschiedener Raumbezüge von Studierenden (2.4.1) mit ihren Wahrnehmungen und Nutzungen (2.4.2) vor Ort in Verbindung gebracht werden.

2.4.1 Studienentscheidung, Hochschulwahl und Berufseinstieg

Eine der ersten deutschsprachigen empirischen Arbeiten zum Raumbezug von Studierenden ist diejenige von Clemens Geißler (1965). In dieser erfasste er Wanderungsbewegungen von Studierenden und beschrieb sie als räumliche Einzugsgebiete von Hochschulen, um die tertiäre Bildungsbeteiligung 1960/61 zu untersuchen. Berücksichtigt wurde die regionale Herkunft der Studierenden von Hochschulen an unterschiedlich gelegenen Hochschulstandorten, um eine räumliche Einordnung vorzunehmen. Sein Forschungsinteresse galt der Tendenz zu Wanderung und Sesshaftigkeit von Studierenden bei der Aufnahme ihres Studiums (vgl. Geißler 1965: 12, 14). Aus den studentischen Wanderungsbewegungen entwickelte Geißler ein Bezugssystem zur Beurteilung der

---

[21] Beispielsweise durch den Aus- bzw. Umzug mit Studienbeginn, Hochschulwechsel oder mit dem Berufseinstieg.

[22] Die studentischen Wohnpräferenzen finden hingegen als Einzelaspekt in verschiedenen Arbeiten Berücksichtigung. Zu nennen sind an dieser Stelle beispielsweise Landwehr 1980; Beninghaus et al. 1998: 65 f.; Strauf/Behrendt 2006: 45 f.; Asche et al. 2013: 15; Warnecke 2016: 30 f.

räumlichen Bedeutung von Hochschulen, Universitäten sowie ihrer Standorte für das Wissenschafts- und Hochschulsystem, ebenso wie zur Einordnung der Bedingungen des Hochschulbesuches.

Als zentrales Ergebnis seiner regionalstatistischen Analyse stellte Geißler heraus, dass vergleichsweise wenige Studierende aus ländlichen Siedlungsräumen stammten, während viele städtische Herkunftsräume aufwiesen (vgl. Geißler 1965: 32 f. sowie 39). Dies verdeutlichte er anhand von drei unterschiedlichen Ebenen abgestufter Intensität der Wanderungstendenz bzw. hochschulischer Anziehungskraft (vgl. Geißler 1965: 67 sowie 88). Belegen ließ sich, dass junge Menschen, die außerhalb des lokalen bzw. regionalen Einzugs- und Versorgungsgebietes einer Hochschule beheimatet waren, sowie solche, die die Hochschule ihres Einzugsgebietes aufgrund von deren geringen Studienkapazitäten nicht besuchten, in der Mehrzahl auch kein Studium an einer anderen Hochschule begannen (vgl. Geißler 1965: 88). Im Kontext der Bildungsexpansion der 1960er Jahre verstanden sich die Geißler'schen Analyseergebnisse als ein Plädoyer für die Versorgung mit akademischen Bildungsangeboten in solchen Gebieten, die im Rahmen der Hochschulplanung bisher nicht berücksichtigt worden waren. Im Vordergrund stand hierbei der Anspruch, Bildungsungleichheiten zu verringern. Dafür sollte Studierenden aus nichtakademischen Elternhäusern, die sich Mobilität aus sozialen oder finanziellen Gründen nicht leisten konnten, die Erreichbarkeit von Hochschulen gewährleistet werden[23].

Die Ergebnisse der Untersuchung „Hochschulstandorte und Hochschulbesuch" aus dem Jahr 1965 veranschaulichen, dass sich Clemens Geißler bereits früh mit dem Aspekt des Standortbezugs von Hochschulen befasst und diesen ebenfalls auf die Studierenden übertragen hat. Auch Geißler hat Hochschulen insofern als Bezugspunkte an ihren Standorten entworfen, als sie Studierendenwanderungen in ihrem Einzugs- bzw. Versorgungsgebiet räumlich bündeln. Aufgrund des spezifischen Forschungsinteresses sowie des Entstehungskontextes der Untersuchung stehen für ihn jedoch nicht primär verschiedene individuelle Studierendeninteressen im Vordergrund. Die regionalstatistische Analyse im Zeitraum der Bildungsexpansion der 1960er Jahre fokussierte akademische Bildung als Bürgerrecht (vgl. Dahrendorf 1965). Betont wurde der (heimat-)ortsnahe Zugang zum Hochschulstudium, um Studierende vor Ort anzusprechen und ihre Interessen nach Bildungssesshaftigkeit aufzugreifen. Insbesondere finden sich

---

[23] So wurde die Gründung von 24 Universitäten und Gesamthochschulen in Regionen abseits etablierter Standorte beispielsweise durch empirische Arbeiten im Stil des Bezugssystems nach Geißler begleitet (vgl. z. B. Framhein 1983; 1984; Peisert et al. 1984).

2.4 Forschungsstand über den Raumbezug von Studierenden

somit Hinweise auf die Bedeutung der Nähe zur Hochschule bzw. ihres Standortes sowie des räumlichen Bezugs zu den (Heimat-)Orten.

Die Untersuchung von Clemens Geißler bezieht sich damit in erster Linie auf eine Bindung lokal bzw. regional beheimateter Studierender durch ihre Hochschule. Räumliche Bezüge der Studierenden, die über das Interesse an einem ortsnahen Studium hinausreichen[24], sind in der Analyse noch nicht berücksichtigt worden. Um den räumlichen Stellenwert von Hochschulen an ihren Standorten aus heutiger Sicht zu beurteilen, wird der vorliegenden Arbeit eine Studierendenschaft zugrunde gelegt, die nicht ausschließlich auf ein lokales bzw. regionales Einzugs- bzw. Versorgungsgebiet beschränkt bleibt und zugleich in unterschiedliche (eigene) räumliche Bezüge eingebunden ist.

So befassen sich aktuelle empirische Forschungsarbeiten unter neuen hochschulpolitischen Bedingungen seit Inkrafttreten der Bologna-Reformen mit der Thematik. Das Hauptaugenmerk richtet sich weniger auf die Ermöglichung von Sesshaftigkeit durch akademische Bildungsangebote vor Ort. Empirische Untersuchungen fokussieren stattdessen die zusätzlichen Optionen für räumliche Mobilität[25], die Studierenden eröffnet werden und weitere Bezüge zu Raum mit sich bringen (vgl. BMBF 2018: 4 f.). Diese werden im Folgenden herausgestellt.

Hachmeister, Harde und Langer (2007) widmen sich dem individuellen Studienwahlverhalten von Schülerinnen und Schülern der Oberstufe in Deutschland. In ihrer Analyse wenden sie ein marketingtheoretisches Konzept zur Erklärung des Studienentscheidungsprozesses an, das sie zusätzlich mit individuellen, institutionellen und gesellschaftlichen Entscheidungsfaktoren und -bedingungen anreichern (vgl. Hachmeister et al. 2007: 17 f.). In ihrer statistischen Analyse mittels schriftlicher sowie Onlinebefragungen der Abschlussjahrgänge von Gymnasien und Gesamtschulen identifizieren die Forschenden sieben Dimensionen für die Studienentscheidung hinsichtlich Hochschul-, Fach- und Ortswahl. Auf deren Grundlage wird eine Clusteranalyse durchgeführt, deren Resultat eine Typologie der Entscheidenden zur Verbesserung von Hochschulmarketing und Studierendenberatung bildet[26] (vgl. ebd.: 30 f. sowie 62 ff.). Anhand ihrer vorgelagerten

---

[24] Beispielsweise an Freizeitgestaltungen oder beruflichen Perspektiven in Form von Unternehmen, Betrieben und öffentliche Einrichtungen.

[25] Wie beispielsweise zur Wahl einer entfernteren Hochschule oder Hochschulwechseln am Übergang zwischen Bachelor- und Masterstudium.

[26] Die Rekrutierung der zufällig ausgewählten Schulen erwies sich allerdings aus formalen und motivationalen Gründen als kompliziert, sodass mehrfach nachgerückt werden musste. Verzerrungen (insbesondere aufgrund regionaler Ungleichverteilung) sind insofern nicht auszuschließen. Eine Einschätzung der Repräsentativität der Daten sei, so die Forschenden, aus diesem Grund nicht möglich (vgl. Hachmeister et al. 2007: 90).

deskriptiven Analysen verdeutlichen die Forschenden zunächst die Verteilung verschiedener Orientierungen der Schülerinnen und Schüler in der Gesamtstichprobe. Priorisiert orientieren sich diese an der Dimension individueller Neigungen und Begabungen, wie anhand eines Mittelwerts von 1,7 verdeutlicht wird[27]. Darauf folgt die Orientierung an der Dimension persönlicher Entfaltungsmöglichkeiten (1,9) sowie der Freizeitangebote und Atmosphäre am Hochschulstandort (2,0), die die Befragten in ihre Studienentscheidung einbeziehen. Darüber hinaus kommt den Berufschancen (2,1) innerhalb der Gesamtstichprobe eine ähnliche Bedeutung wie der sozialen Gerechtigkeit[28] zu (2,1). Die Dimension der Betreuung und des Service an der Hochschule hat insgesamt eine nachgeordnete Bedeutung[29] (2,2), während Heimat- und Elternnähe[30] (3,2) innerhalb der Gesamtstichprobe sogar ein wenig zentrales Entscheidungskriterium abbildet (vgl. ebd.: 64).

Hachmeister et al. identifizieren fünf Cluster, anhand denen sie fünf Entscheidendentypen beschreiben. Intrinsische Altruisten (25,9 %) treffen demnach ihre Studienentscheidung weitgehend ohne Berücksichtigung der Freizeit- oder der Service-Dimension, welche im Bezug zu ihrem eigenen Wohlbefinden stehen. Die persönlichen Entfaltungsmöglichkeiten sind für sie ebenso wie soziale Gerechtigkeit zentrale Entscheidungskriterien, während ihre Berufschancen unwesentlich sind. Heimatgebundene Hedonisten (16,3 %) stellen ihr individuelles Wohlbefinden in den Mittelpunkt der Entscheidung, indem sie sowohl entsprechend der Freizeitangebote und Atmosphäre am Hochschulort als auch entsprechend der Heimat- und Elternnähe entscheiden. Eigene Neigungen und Begabungen spielen für diesen Typus die geringste Rolle. Im Zentrum der Studienwahl serviceorientierter Unabhängiger (16,5 %) stehen die Betreuungs- und Service-Dimension der Hochschule. Auch die eigenen Neigungen und Begabungen sind für Entscheidende dieses Typs von einer höheren Bedeutung als bei den ersten beiden Typen, während der Ort ihre Studienentscheidung nicht beeinflusst. Für leistungsstarke Karriereorientierte (14,0 %) stehen die eigenen Neigungen und Begabungen bei der Studienwahl im Vordergrund. In diese beziehen sie zudem künftige Berufschancen ein, während die Freizeit- oder Service-Dimension eine untergeordnete Rolle spielt. Hedonistische Karriereorientierte (27,4 %) ziehen

---

[27] Auf einer Skala von 1 („trifft genau zu") bis 4 („trifft gar nicht zu").

[28] Hierunter fallen beispielsweise Items wie die Höhe der Studiengebühren oder gleiche Chancen für Frauen und Männer (vgl. Hachmeister et al. 2007: 63).

[29] Gefasst werden hierunter beispielsweise Items wie die Überschaubarkeit der Hochschule oder das Betreuungsverhältnis (vgl. Hachmeister et al. 2007: 63).

[30] Hierunter fallen beispielsweise Items wie einen vertrauten Studienort auszuwählen, vor Ort bereits Personen zu kennen oder die Nähe zum Heimatort (vgl. Hachmeister et al. 2007: 63).

2.4 Forschungsstand über den Raumbezug von Studierenden

für ihre Studienentscheidung dieselben Kriterien heran. Allerdings unterscheidet sie vom leistungsstarken Entscheidenden-Typus, dass durchaus auch adäquate Freizeitgestaltungsmöglichkeiten und die Atmosphäre am Hochschulstandort ihre Studienwahl beeinflussen (vgl. Hachmeister et al. 2007: 65 f.). Mit ihrer Untersuchung von Schülerinnen und Schülern der Oberstufe zeigen Hachmeister, Harde und Langer verschiedene Schwerpunktsetzungen bei der Studienentscheidung auf und belegen, dass diese das Resultat eines zugleich komplexen und individuellen Entscheidungsprozesses bilden (vgl. ebd.: 92).

Aus ihrer Befragung lassen sich Befunde zur Relevanz von Raumbezügen bei der Studienentscheidung herausstellen. Besonderes Augenmerk liegt dazu auf vier Dimensionen, die die Forschenden hinsichtlich Hochschul- und Ortswahl identifizieren. So weisen die Aspekte Freizeitangebote und Atmosphäre am Studienort, Betreuung und Service durch die Hochschule sowie Eltern- und Heimatnähe einen Raumbezug auf, während die anderen übergeordneter Art sind. Insbesondere in den Entscheidendentypen des heimatgebundenen Hedonisten, des serviceorientierten Unabhängigen[31] und des hedonistischen Karriereorientierten finden sich somit Hinweise auf die Relevanz räumlicher Bezüge bei der Studienentscheidung und Hochschulwahl. Inwiefern sich die untergeordnete Relevanz der genannten Aspekte bei den übrigen Typen ausgestaltet[32] und ob sich die Relevanzsetzungen auf weitere empirische Fälle übertragen lassen, kann aus einer individuellen Perspektive herausgearbeitet und anschließend beschrieben werden. Dies wird durch die vorliegende Arbeit beigesteuert.

Auch Markus Lörz (2008) arbeitet auf der individuellen Ebene an einem spezifischen Aspekt der Studienentscheidung. Er widmet sich den Unterschieden bei der Wahl des Hochschulstandortes anhand der sozialen Herkunft und wendet dazu einen nutzentheoretischen Ansatz zur Erklärung von Mobilitätsentscheidungen an. Auf Basis einer Analyse von Daten aus dem HIS- bzw. DZHW-Studienberechtigtenpanel wird aufgezeigt, dass lediglich 27 Prozent der

---

[31] Zwar beschreiben Hachmeister und Kollegen den Serviceorientierten Unabhängigen als einen Typus, bei dem der Ort die Studienentscheidung nicht beeinflusst. Dieser legt allerdings großen Wert auf herausragenden Service einer Hochschule, die seinen Neigungen und Begabungen entspricht. Folglich ist er dazu bereit, an einer Hochschule an jedem Standort sein Studium zu beginnen, die diesen Kriterien gerecht wird. Da allerdings nicht jede Hochschule an jedem Ort über ein entsprechendes Angebot verfügt, bleibt auch dieser Typus räumlich auf bestimmte Standorte beschränkt (z. B. auch auf private Hochschulstandorte abseits großer Städte, die gezielt mit ihrem Service für Studierende werben).

[32] Zum Beispiel werden Freizeitangebote der Hochschule gar nicht bzw. selten genutzt. Wie verhalten sie sich zum Hochschulstandort? Heißt „Untergeordnetheit" der Elternnähe, dass der Heimatort im Umkehrschluss möglichst weit weg sein soll? Wird die Entfernung damit wieder zum Entscheidungskriterium?

Studierenden aus nichtakademischen Elternhäusern gegenüber 35 Prozent derjenigen aus akademischen Familien eine Hochschule in über 100 km Entfernung für ihr Studium auswählen (vgl. Lörz 2008: 423). Eine vergleichsweise bessere materielle Ausstattung erlaubt es ihnen, bei der Hochschulwahl mobiler zu sein, weil beispielsweise Wohn- und Lebenshaltungskosten im Zusammenhang mit dem Auszug aus den Elternhäusern sowie bei anschließenden Wohnortwechseln weniger restriktiv auf sie wirken. Aufgrund der Bedeutung, die örtliche Bindungen und soziale Verpflichtungen für Studierende aus nichtakademischen Familien besitzen, ergreifen diese nicht nur vergleichsweise häufiger ein Studium nahe ihrer Elternhäuser, sondern wechseln darüber hinaus im weiteren Studienverlauf seltener den Hochschulstandort, auch wenn sie sich bereits bei Studieneintritt für eine weiter entfernte Hochschule entschieden haben (vgl. Lörz 2008: 417 sowie 424).

Anhand der Analyseergebnisse von Markus Lörz (2008) lassen sich die bereits vorgestellten Erkenntnisse zum Raumbezug der Studienentscheidung spezifizieren. Diese liefern Anhaltspunkte zum Aspekt der Eltern- und Wohnortnähe zum Hochschulstandort. Die Befunde, die durch Lörz vorgelegt werden, veranschaulichen, dass sich auch die Bedeutung von sozialen Verbindungen und Verpflichtungen in Raumbezügen widerspiegelt. Dies zeigt sich für Studierende, die vergleichsweise stärker auf (finanzielle) Unterstützung angewiesen sind,[33] sowie wie für junge Menschen, in deren sozialem Umfeld vergleichsweise wenige Studierende vorzufinden sind. Beide haben aufgrund dessen ein Interesse daran, den Bezug zu ihrem Wohnort, dem Elternhaus sowie bestehenden sozialen Kontakten bei der Studien- und Hochschulwahl nicht lediglich einzubeziehen, sondern auch aufrechtzuerhalten. Wie sich ihr Raumbezug im Alltag an der Hochschule und am Studienort ausgestaltet und inwiefern sich (vorhandene und neue) soziale Verbindungen in der Wahrnehmung und Nutzung von (Hochschul-)Raum widerspiegeln, war noch nicht Teil empirischer Analysen. Einen Beitrag kann die vorliegende Arbeit leisten.

Mit ihrer Untersuchung der Hochschulstandortwahl von Bachelor- und Masterstudierenden schließen Gareis, Diller und Huchthausen (2018) an die Befunde zur Studienentscheidung an. Am Fallbeispiel der Universität Gießen sowie insbesondere anhand des wirtschaftswissenschaftlichen Fachbereichs untersuchen sie räumliche Implikationen für ländliche Hochschulstandorte seit Inkrafttreten der Bologna-Reform.

---

[33] Zum Beispiel bei ihrer Familie wohnen oder durch diese bei Wohn- und Lebenshaltungskosten unterstützt werden. Umgekehrt haben Letztere evtl. im Gegenzug Verpflichtungen in ihrem Elternhaus bzw. ihrer Familie gegenüber.

2.4 Forschungsstand über den Raumbezug von Studierenden

Die Forschenden führen eine regionalstatistische Auswertung des Studierendenbesatzes auf Kreisebene anhand der laufenden Raumbeobachtung des Bundesinstituts für Bau-, Stadt- und Raumforschung (BBSR) durch. Hierzu analysieren sie Daten des Studierendensekretariates der Justus-Liebig-Universität Gießen (vgl. Gareis et al. 2018: 288 sowie 292). Gareis und Kollegen ermitteln im Zuge der Umsetzung der Bologna-Reformen Veränderungen der Herkunftsentfernungen der Studierenden in allen Fachbereichen. Den Zeitraum der Veränderungen unterteilen sie in eine Vor-, eine Transitions- und eine Nach-Bologna-Phase. Für die Übergangsphase stellen die Autoren eine insgesamt höhere Entfernung zwischen Herkunftsorten und Hochschulstandort der Studierenden fest, während sich die Bereitschaft zu einer höheren Mobilität anschließend wieder dem Wert der Vor-Bologna-Phase annähert (vgl. Gareis et al. 2018: 292/293).

Diese Veränderungen werden sodann anhand einer exemplarischen Analyse des wirtschaftswissenschaftlichen Fachbereichs spezifiziert.[34] Demnach haben Bachelorstudierende ihre Hochschulzugangsberechtigung durchschnittlich näher (83,6 km) an der Falluniversität erworben als Diplomstudierende (118,1 km) vor Umsetzung der Reformen. Bachelorstudierende verfügten somit bereits vor ihrem Studienbeginn über einen Lebensmittelpunkt in Hochschulnähe und sind damit zu Studienbeginn weniger mobil. Die durchschnittlichen Entfernungen der Masterstudierenden dagegen betragen 140,1 km. Als bemerkenswert erweisen sich zudem deren geringe Übergangsquoten (39 %) aus dem eigenen Bachelorstudiengang, welche deutlich unter dem Durchschnitt deutscher Universitäten (77 %) liegen (vgl. Gareis et al. 2018: 293/294)[35]. Für die Falluniversität mit ländlichem Standort vermuten die Autoren eine Tendenz, nach der Bachelorabsolvierende am Übergang zum Masterstudium entweder zugunsten einer entfernteren Hochschule mobil werden oder sich entscheiden, in den regionalen bzw. überregionalen Arbeitsmarkt einzutreten (vgl. ebd. 2018: 290 f. sowie 294)[36]. Anhand ihrer Befunde veranschaulichen Gareis und Kollegen die gestiegene Akademisierung seit Inkrafttreten der Bologna-Reformen. Diese spiegelt sich in der Anziehungskraft wider, die die Hochschule auf Bachelorstudierende aus dem

---

[34] Der Vorteil der Betrachtung der Wirtschaftswissenschaften, so die Autoren, liege in ihrer relativ starken räumlichen Ubiquität, sowohl deutschlandweit als auch im direkten Umland von Gießen (vgl. Gareis et al. 2018: 293).
[35] Zugleich hoben die Autoren den Anteil der Masterstudierenden von 24 % hervor (vgl. Gareis et al. 2018: 294).
[36] Eine flächendeckende Analyse der Studierendenmobilität, die über die Bearbeitung des Falles Gießen hinausgeht, wird von Gareis et al. aus diesem Grund empfohlen (vgl. Gareis et al. 2018: 295).

Umland ausübt, die sich allerdings nicht auf Masterstudierende übertragen lässt (vgl. ebd.: 294/295).

In der Fallstudie von Gareis, Diller und Huchthausen (2018) finden sich aufschlussreiche Erkenntnisse zum Raumbezug Studierender, die im Zusammenhang mit der Hochschule als Bezugspunkt an ihrem Standort eingeordnet werden können. Die Forschenden stellen heraus, dass die Bachelorstudierenden ihre Hochschulzugangsberechtigungen vergleichsweise nah an der Falluniversität erworben haben und damit bereits vor Beginn ihres Studiums über einen räumlichen Bezug zum Standort und der Region verfügten. Vor diesem Hintergrund nutzen sie die Hochschule nicht zum Übergang in das hochschuleigene Masterprogramm, sondern stattdessen für einen direkten Übergang in den lokalen bzw. regionalen Arbeitsmarkt. Für sie scheint der Standort bzw. die Region als Wohn- und Arbeitsort von Bedeutung zu sein, weil sie bereits über einen Lebensmittelpunkt vor Ort verfügen. Andere Studierende nutzten die Hochschule, um im Anschluss an ihr Bachelorstudium ein Masterstudium an einer entfernteren Universität zu beginnen[37]. Auch für sie ist die Falluniversität nicht zu einem Bezugspunkt geworden, die ihnen weitere Anknüpfungspunkte und damit Anreize zum Verbleib geboten hat. Um die angedeuteten räumlichen Relevanzsetzungen und Bedeutungszuschreibungen aus Studierendensicht zu verstehen und praktisch nutzbar zu machen, ist es erforderlich, ihre Wahrnehmungen und Nutzungen empirisch zu untersuchen.

Die Arbeit von Gareis et al. (2018) veranschaulicht an einem Fallbeispiel, dass der Wunsch, künftig mehr Studierende vor Ort sowie an die Hochschule zu binden,[38] aktuelle Fragestellungen der Hochschulpraxis betrifft. Das durch die vorliegende Dissertation formulierte Forschungsinteresse, das unter anderem auf eine Bearbeitung der räumlichen Relevanzen und Bedeutungen aus Studierendensicht ausgerichtet ist, schließt hier an. In den Blick genommen werden kann zum einen, wie die Studierenden sich auf die Hochschule an ihrem Standort beziehen. Mit diesem Wissen ist es möglich, sie künftig interessengerecht zu adressieren, mit adäquaten Angeboten anzusprechen und an einen räumlichen Bezugspunkt zu binden (siehe 6.5). Zum anderen kann die Hochschule aus Studierendensicht in ihrem räumlichen Stellenwert in Relation zu weiteren Raumbezügen (z. B. dem Heimat- und Wohnort) eingeordnet werden.

---

[37] Dies zeigte sich auch bei den eigenen Masterstudierenden der Falluniversität, die ihre Hochschulzugangsberechtigung ebenfalls vergleichsweise weiter entfernt erworben hatten und somit über keine nennenswerten Bezüge zum Studienort verfügten.

[38] Beispielsweise vor dem Hintergrund der zunehmenden Akademisierung.

2.4 Forschungsstand über den Raumbezug von Studierenden

Die Interessen von Hochschulzugangsberechtigten, Studierenden sowie Absolventinnen und Absolventen thematisieren Milbert und Sturm (2016) in ihrer Untersuchung. Sie widmen sich dem Aspekt räumlicher Mobilität junger Menschen sowohl vor dem Hintergrund ihres (akademischen) Bildungsinteresses als auch hinsichtlich ihres Berufseinstiegs. Die Anziehungskraft unterschiedlicher Raumkategorien beziehen sie dabei ebenfalls ein.[39] Ihre Analyse führen die Autorinnen auf Basis von Zeitreihendaten zur Binnenwanderung des Bundesinstituts für Bau-, Stadt- und Raumforschung (BBSR) sowie einer Matrix der Wanderungsverflechtungen auf Kreisebene durch. Berücksichtigt werden Veränderungen der Erwerbs- und Familienbiographien ebenso wie Bildungsselektivität als Erklärungsansätze der räumlichen Mobilität, indem Wanderungsströme als „Summe von Einzelentscheidungen der regionalen Bevölkerung" definiert werden (Milbert/Sturm 2016: 123). In ihrer Untersuchung zeigen Milbert und Sturm, dass Auszubildende, Studierende und Berufseinsteigende im Alter von 18 bis unter 30 Jahren als sogenannte Bildungs- und Berufseinstiegswandernde den überwiegenden Anteil der gesamten Binnenwanderungen Deutschlands ausmachen (vgl. Milbert/Sturm 2016: 121–123). So verlagert etwa jede achte Person aus den genannten Gruppen ihren Wohnsitz über eine Kreisgrenze hinweg. In keiner Lebensphase vorher oder hinterher zeigen Menschen eine höhere Bereitschaft zu räumlicher Mobilität (vgl. Milbert/Sturm 2016: 126 f.). Als Aspirierende von Hochschulbildung weisen insbesondere Bildungswandernde eine Tendenz zur Mobilität in die Großstädte auf, in denen die Mehrzahl großer Hochschulen und unternehmerischer Netzwerke vorzufinden sind (vgl. ebd.: 137). Eine tendenzielle Abkehr besagter Großstadtorientierung bemerken die Forschenden in der Gruppe der Familien- und Arbeitsplatzwandernde im Alter von 30 bis unter 50 Jahren. Bei der Betrachtung dieser Gruppe verzeichnen Großstädte Wanderungsverluste, wohingegen die übrigen räumlichen Kategorien wieder Zugewinne aufweisen.

Sowohl die Zugewinne dieser Raumkategorien[40] als auch die Wanderungsverluste in den Großstädten durch Familien- und Arbeitsplatzwandernde verbleiben jedoch niedriger als bei der Bildungszuwanderung durch jüngere Altersgruppen. Dies führen die Autorinnen auf eine vergleichsweise geringere Bereitschaft zu

---

[39] Diese erfolgt anhand der siedlungsstrukturellen Kreistypen nach BBSR (Stand 2015). Auf diesen basiert ebenfalls die Erfassung der Wanderungsstatistik seit 1974 (vgl. Milbert/Sturm 2016: 125 f.). Weitere Informationen zur Abgrenzung und Abgrenzungskriterien auf der Website des BBSR (vgl. BBSR 2019).

[40] Gemeint sind die städtischen Kreise, die ländlichen Kreise mit Verdichtungsansätzen und die dünn besiedelten ländlichen Kreise (vgl. BBSR 2017).

Mobilität zurück, bei der Entfernungen zwischen Arbeitsplatz und Wohnort beispielsweise über Fernpendeln überbrückt werden (vgl. Milbert/Sturm 2016: 135 sowie 138 f.).

Schließlich nehmen die Autorinnen eine Analyse der Wanderungsbewegungen hinsichtlich ihrer Quell- und Zielgebiete vor. An dieser veranschaulichen sie, dass es sich bei dem Phänomen der Mobilität junger Menschen aus ländlichen Räumen zugunsten von Städten dennoch um kein übergeordnetes Phänomen einer Landflucht handelt. Gleichermaßen befinden sich städtische und ländliche Räume unter den Abwanderungs- und Zuwanderungsregionen in Deutschland. Eindeutige Spezialisierungen sowie Potenziale im (wissensbasierten) Dienstleistungs- und Produktionsgewerbe werden durch Milbert und Sturm stattdessen als zentrale Bedingungen benannt, um Wanderungsbewegungen in Regionen zu lenken. Sofern diese vor Ort vorhanden sind, sind auch ländliche Räume nicht zwangsläufig von den negativen Folgen räumlicher Mobilität betroffen, sondern können umgekehrt von Zuwanderung profitieren (vgl. ebd.: 141). Für Hochschulabsolventinnen und -absolventen können (akademische) Bildungseinrichtungen Anreize für einen Verbleib bieten, beispielsweise als potenzielle Gründende in ländlichen Räumen (vgl. Bruns/Görisch 2002: 38 f.).

Die Arbeit von Milbert und Sturm (2016) verdeutlicht anhand der Analyse von Wanderungsströmen den hohen Anteil der räumlichen Mobilität unter jungen Menschen mit einem akademischen Bildungsinteresse. Aufgrund der vorgenommenen Gruppierung sind die vorgelegten Erkenntnisse somit in erster Linie auf Wanderungen von solchen Studierenden übertragbar, die aufgrund ihres Interesses an akademischer Qualifikation in eine große Hochschulstadt ziehen. Aus einer übergeordneten Perspektive beschreiben die Autorinnen Wanderungsbewegungen als „Summe von Einzelentscheidungen der regionalen Bevölkerung" (Milbert/Sturm 2016: 123). Für die vorliegende Dissertation kann ihre Untersuchung deshalb eine Grundlage von empirischen Befunden bilden, mit denen sich eine Analyse von Raumbezügen aus Studierendensicht begründen lässt. So weisen verschiedene Studierende über ihr Bildungsinteresse hinaus verschiedene Raumbezüge auf (beispielsweise zum Wohn- und Heimatort, zum Arbeitsplatz und der Familie), die für sie bei der Hochschul- und Studienortswahl Relevanz und Bedeutung besitzen.

Hierbei zeigen junge Menschen, welche aufgrund ihres akademischen Bildungsinteresses eine hohe Mobilitätsbereitschaft und Flexibilität aufweisen, einen anderen Raumbezug als Menschen, die bereits enge soziale Verbindungen oder berufliche Verpflichtungen aufweisen. Anhaltspunkte finden sich in den Erkenntnissen, die Milbert und Sturm mit ihren Arbeitsplatz- und Familienwanderern vorlegen. Als Fernpendler und Distanz-Überbrücker sind diese zu vergleichsweise

2.4 Forschungsstand über den Raumbezug von Studierenden

weniger Mobilität imstande oder bereit. Ihre Interessen können Übereinstimmungen mit denjenigen von berufsbegleitenden oder Teilzeit-Studierenden aufweisen, die aufgrund von Familie und Arbeitsplatz örtlich gebunden sind. In den Interessen von Studierenden, die sich ein praxisnahes Studium mit Berufsbezug wünschen, können sich ebenfalls Entsprechungen finden. Unabhängig davon, ob sie zur Gruppe der jungen Bildungswanderer gehören, bereits älter sind, parallel berufstätig sein wollen oder müssen, können ihre räumlichen Bezüge aus einer individuellen Forschungsperspektive aufgegriffen werden. Für sie sind duale, berufsbegleitende sowie -integrierte akademische Bildungsangebote abseits von großen sowie Großstädten, in digitalem Format oder in einer Entfernung interessant, die sie per Fernpendeln erreichen können. Anknüpfungspunkte bieten ihnen Hochschulstandorte in ländlichen Räumen, wie zum Beispiel Fachabteilungen von staatlichen Fachhochschulen und private Fachhochschulen.

Den verschiedenen Hochschulstandorten widmen sich ebenfalls Flöther und Kooij (2012) in ihrer Untersuchung des räumlichen Verbleibs von Hochschulabsolventinnen und -absolventen. Anhand von Daten des KOAB-Panels des Internationalen Zentrums für Hochschulforschung arbeiten die Forschenden heraus, inwiefern Absolvierende nach ihrem Studium eine berufliche Tätigkeit an ihrem Hochschulstandort ergreifen, in der weitergefassten Region erwerbstätig werden oder sich außerhalb davon orientieren (vgl. Flöther/Kooij 2012: 67). Sie bilden die regionale Mobilität der Absolventinnen und Absolventen als Wanderungsbilanzen ab, die von ihrer regionalen Herkunft vor dem Studium[41] bis zum Übergang in die erste Berufstätigkeit[42] reichen. So wird veranschaulicht, inwiefern Hochschulstandorte in verstädterten und ländlichen Räumen, Agglomerationsräumen und Metropolen[43] von ihren Hochschulen profitieren (vgl. Flöther/Kooij 2012: 68/69 sowie 71).

In ihren Ergebnissen belegen Flöther und Kooij in Übereinstimmung mit den Befunden von Milbert und Sturm (2016), dass insbesondere Metropolen und Agglomerationsräume von ihren Hochschulen profitieren. So finden sich für die Mehrzahl der dortigen Hochschulen positive Bilanzen. Mit diesen zeigen

---

[41] Ort der Hochschulzugangsberechtigung.
[42] Ort der ersten und derzeitigen Beschäftigung.
[43] Zur Kategorisierung der Hochschulstandorte greifen die Autoren auf die siedlungsstrukturellen Regionstypen der laufenden Raumbeobachtung durch das Bundesinstitut für Bau-, Stadt- und Raumforschung (BBSR) (Stand 2009) zurück. Unterschieden werden Agglomerationsräume, verstädterte Räume und ländliche Räume. Flöther und Kooij ergänzen diese um Metropolen. Weitere Informationen zu den Regionstypen, ihrer Abgrenzung sowie den Abgrenzungskriterien finden sich auf der Website des BBSR (vgl. BBSR 2009).

die Forschenden auf, dass ein großer Anteil ihrer Absolventinnen und Absolventen regional berufstätig wird, während sich das Verhältnis in verstädterten Räumen bereits zugunsten anderer Arbeitsmarktregionen umgekehrt hat. Auch für ländliche Räume stellen Flöther und Kooij negative Wanderungsbilanzen fest, nach denen sich dortige Absolvierende mit dem Übergang in ihre Berufstätigkeit außerhalb der Region orientieren (mussten). Allerdings zeichnen sich deren Bilanzen lediglich durch geringe, nicht aussagekräftige Fallzahlen aus (vgl. Flöther/Kooij 2012: 71/72). Die Kreise innerhalb einer Region, so bemerken Flöther und Kooij, profitieren dabei in unterschiedlicher Weise von den Wanderungen der Absolvierenden. Insbesondere Hochschulstandorte heben sich in diesem Zusammenhang mit insgesamt positiveren Bilanzen von den übrigen Kreisen innerhalb ihrer Regionen ab. Wird die Betrachtungsebene von den Regionen auf den kleineren Bereich des Hochschulstandortes verschoben, lassen sich demnach mehr positive Wanderungsbilanzen feststellen (vgl. ebd.: 73). Anhand einer modellierten Region, bestehend aus allen Kreisen und kreisfreien Städten ohne Hochschule, heben die Forschenden abschließend die Bedeutung ihrer Befunde hervor. Mit dieser zeigen sie den Unterschied auf, der sich durch eine Hochschule für ihren Standort sowie für ihre Region ergibt. 58 Prozent der Studierenden kommen aus Regionen ohne Hochschule. Lediglich 36 Prozent dieser Studierenden finden als Absolvierende im Anschluss an ihr Studium in ihrer Herkunftsregion einen Arbeitsplatz (vgl. ebd.: 75). Eindeutige Abwanderungen von Hochschulabsolventinnen und -absolventen beim Berufseinstieg werden durch Flöther und Kooij somit ausschließlich in Regionen ohne eine Hochschule festgestellt, während auch Hochschulen, deren Standorte in Regionstypen weniger städtischer Räume gelegen sind, in der Gesamtansicht kaum negative Bilanzen zeigen (vgl. Flöther/Kooij 2012: 74 ff.).

Mit den Forschungsergebnissen lässt sich der Raumbezug von Studierenden vor dem Hintergrund ihres Verbleibs am Hochschulstandort sowie in dessen Region einordnen. Dieser wird am Beispiel der Bindung durch einen Übergang in ortsnahe Berufstätigkeit aufgezeigt. Flöther und Kooij belegen, dass in erster Linie Absolventinnen und Absolventen in Metropolen und Agglomerationsräumen in den zugehörigen (Arbeitsmarkt-)Regionen berufstätig werden. Dass der Übergang in großen und Großstädten aufgrund der Arbeitsmarkt- und Wirtschaftsstrukturen vergleichsweise gut gelingt, ist empirisch belegt (vgl. z. B. Bruns/Görisch 2002; Milbert/Sturm 2016; Simons/Weiden 2016; 2017; Hüther et al. 2019). Als interessant erweisen sich deshalb die Erkenntnisse hinsichtlich der verstädterten und ländlichen Räume. Eine bindende Wirkung ihrer Hochschulabsolventinnen und -absolventen wird hier bei Betrachtung der Kreisebene des Hochschulstandortes sichtbar. Diese Bindung zeigt sich allerdings mit einem

2.4 Forschungsstand über den Raumbezug von Studierenden

anderen räumlichen Bezug, der darin zum Ausdruck kommt, dass in erster Linie ein Übergang zu lokalen Arbeitgebenden vor Ort[44] erfolgt. Für die vorliegende Arbeit legen die Ergebnisse von Flöther und Kooij (2012) somit nahe, dass Hochschulen an Standorten abseits von großen und Großstädten ihre lokalen Wirtschafts- sowie Arbeitsmarktstrukturen vergleichsweise stärker prägen. Folglich besitzen sie Bedeutung für ansässige Unternehmen und Betriebe. Kooperationen, persönliche Kontakte, Alumni- und Studierenden-Netzwerke können für eine aktive Vermittlung in den Arbeitsmarkt bei der räumlichen Bindung vor Ort womöglich von Relevanz sein. Bisher sind diese Aspekte noch nicht in die Untersuchung sowie zur Beschreibung des Raumbezugs eingebracht worden. Jedoch ist ein Verbleib von Absolvierenden für verschiedene Hochschulformate kontrastiert worden. Für die räumliche Bindung bietet dieser weitere Differenzierungsmöglichkeiten, weil Fachhochschulen und Universitäten sich bei der akademischen Qualifikation von Studierenden an unterschiedlichen Bedarfen und Nachfragen orientieren (vgl. Wissenschaftsrat 2010; Jaeger/Kopper 2014 sowie Abschnitt 2.2.1 für das Fallbeispiel der privaten Hochschulen).

Diese Perspektive steuern Kratz und Lenz (2015) durch ihre Analyse bei, in der sie die Absolvierenden verschiedener Hochschulformen anhand des bayerischen Absolventenpanels in den Blick nehmen. Ihr Forschungsinteresse richtet sich auf Unterschiede von Fachhochschulen und Universitäten mit Standorten in verschiedenen Raumkategorien hinsichtlich ihrer Fähigkeit, Absolvierende in regionale Arbeitsmärkte zu vermitteln. Hierbei zeigen die Autoren in Übereinstimmung mit den Ergebnissen von Flöther und Kooij (vgl. 2012: 73) auf, dass Fachhochschulen in ländlichen Räumen über kleine Einzugsgebiete ihrer Studierenden verfügen (vgl. Kratz/Lenz 2015: 13). In einer hochschulübergreifenden Betrachtung wird zunächst sichtbar, dass Absolventinnen und Absolventen den Hochschulstandort allgemein eher verlassen, wenn er sich in einer ländlichen Region befindet, als wenn dieser städtisch gelegen ist. ‚Zugereiste' weisen eine höhere Bereitschaft hierzu auf als ‚einheimische' Hochschulabsolvierende. Die Befunde, bei denen Kratz und Lenz zusätzlich zu den Regionstypen der Hochschulstandorte auch die Hochschulform in ihre Auswertung einbeziehen, sind für den Forschungsstand von besonderem Interesse. So gelingt es Fachhochschulen in ländlichen Räumen vergleichsweise besser, sowohl ihre einheimischen als auch

---

[44] Ebenfalls ist eine Beschäftigung an der Hochschule bzw. in der Hochschulverwaltung als Option denkbar.

ihre zugereisten Absolvierenden durch Vermittlung in den regionalen Arbeitsmarkt zu binden, als Universitäten an entsprechenden Standorten. 50 Prozent ihrer einheimischen Absolvierenden haben ihren ersten Arbeitsort in einer Distanz von ca. 40 km, bei den Zugereisten beträgt diese ca. 130 km. Im Gegensatz dazu finden 50 Prozent der einheimischen Absolventinnen und Absolventen ländlicher Universitäten ihren ersten Arbeitsort in einer Distanz von ca. 190 km, während die Distanz bei den Zugereisten sogar bei ca. 230 km liegt (vgl. Kratz/Lenz 2015: 15).

Die Befunde von Kratz und Lenz (2015) spezifizieren die Befunde der vorgestellten Forschungsarbeit von Flöther und Kooij (2012) und Milbert und Sturm (2016). Sie deuten darauf hin, dass Fachhochschulabsolvierende aufgrund einer adäquaten Passung ihrer akademischen Qualifikation, die in aktuellen empirischen Publikationen auch als „Fit" (Jaeger/Kopper 2014: 99 f.) bezeichnet wird, besser auf die vorhandene Nachfrage lokaler, aber auch regionaler Wirtschafts- und Arbeitsmarktstrukturen abseits von großen und Großstädten abgestimmt sind (vgl. Kratz/Lenz 2015: 15). Die Bedeutung, die Hochschulen für den lokalen Arbeitsmarkt ihrer ländlichen Standorte besitzen, zeigen ihrerseits Flöther und Kooij (vgl. 2012: 73).

Für diese Arbeit lässt sich deshalb hervorheben, dass Studierende von Fachhochschulen sowohl besser an ihre ländlichen Hochschulstandorte als auch an ihre Regionen gebunden werden können. Die ihnen aufgezeigte Option einer vergleichsweise nahen Berufstätigkeit ergreifen dabei Hochschulabsolvierende, die als sogenannte Einheimische bereits vor Studienbeginn einen Bezug zum Standort hatten, ebenso wie sogenannte Zugezogene (vgl. Flöther/Kooij 2012: 73; Jaeger/Kopper 2014; Kratz/Lenz 2015: 15; Milbert/Sturm 2016: 141/142). Der Bezug bzw. die Verbindung zum Hochschulstandort entwickelt sich jedoch für gewöhnlich über einen gewissen Zeitraum. Das Einnehmen der Studierendensicht aus einer räumlichen Perspektive bietet sich deshalb an, um den Raumbezug zum Standort zu ergründen. Verstanden werden kann, ob der Hochschule hierbei eine besondere Relevanz und Bedeutung zugeschrieben wird oder ob in diesem Zusammenhang etwas anderes zentral ist.

Auf diese Weise wird Wissen beigesteuert, mit dem bereits Studierende von (Fach-)Hochschulen ihren Bedürfnissen entsprechend angesprochen und besser an ihre Standorte gebunden werden können. Verschiedene räumliche Bezüge sind im Forschungsstand bereits zusammengefasst und herausgearbeitet worden.

2.4 Forschungsstand über den Raumbezug von Studierenden

So wird den Studierenden durch ihre akademische Qualifikation an der Hochschule[45] ein Bezug zu potenziellen Arbeitgebenden am Hochschulstandort und im näheren Umfeld aufgezeigt. Des Weiteren sind durch den Stand der Forschung bereits Raumbezüge zu Freizeitangeboten vor Ort, zur Hochschule an ihrem Standort, zum (ursprünglichen und neuen) Wohn- und zum Heimatort, dem Arbeitsplatz oder sozialen Verbindungen zu den Eltern, Partnern sowie ggf. den eigenen Kindern thematisiert worden (vgl. Hachmeister et al. 2007; Lörz 2008; Flöther/Kooij 2012; Kratz/Lenz 2015; Milbert/Sturm 2016; Gareis et al. 2018). In ihrer Relevanz und Bedeutung sind diese Orte mit den (dort befindlichen) Menschen für verschiedene Studierende jedoch nicht nur bei ihrer Studienentscheidung, Hochschulwahl, Mobilität oder dem Verbleib unterschiedlich besetzt. Verschiedene Bezüge zu Raum zeigen sich ebenfalls während ihres Studiums, des Alltags an der Hochschule und am Studienort. Einen Ausdruck finden sie darin, ob bzw. wie Studierende sich an Orten aufhalten, wie sie diese wahrnehmen, was sie dort tun und wen sie dort treffen.

Der folgende Abschnitt stellt Arbeiten zum Studierendenalltag während der Qualifikationsphase vor. Lediglich vereinzelt widmen sich empirische Untersuchungen dieser Phase zwischen der Studienentscheidung und dem Berufseinstieg. Sie steuern die individuellen Belange von Studierenden in der Hochschule, am Hochschulstandort oder auf dem Campusgelände anhand eines vergleichsweise kleinen Bezugsrahmens bei. Über diese eröffnen sie dennoch einen ersten Zugang zu Nutzungen und Bezugsweisen für die soziale Konstitution von (Hochschul-) Raum.

2.4.2 Wohnen, Aneignung des Studienortes und Campusnutzung

Darüber, wie sich der Alltag von Studierenden – insbesondere solchen im deutschen Hochschulsystem – in der Hochschule, auf dem Campus und am Studienort gestaltet, ist aus Sicht aktueller empirischer Forschung vergleichsweise wenig Wissen vorhanden (vgl. Stevens et al.: 2008: 132). Ohne dass dabei primär

---

[45] Diese kann aufgrund des „Fits" (vgl. Jaeger/Kopper 2014) bzw. der Passung zu vorhandenen Arbeitsmarktstrukturen als standortbezogen verstanden werden.

ökonomische Effekte wie beispielsweise Personaltransfer[46] oder Nachfragewirkungen[47] der Hochschule auf den Standort bzw. die Region im Vordergrund stehen, befassen sich nur wenige Studien explizit mit Studierendenbelangen. Während Personaltransfers am Beispiel der Berufstätigkeit Absolvierender im lokalen und regionalen Arbeitsmarkt bereits in Abschnitt 2.4.1 einbezogen worden ist[48], ergeben sich aus dem Aspekt der Nachfrage nach Wohnraum am Hochschulstandort Anknüpfungspunkte zu den studentischen Wohnpräferenzen. Mit diesem Aspekt haben sich bisher in erster Linie wirtschaftswissenschaftliche Arbeiten befasst. So interessieren sich Studierende, die in eine Hochschulstadt ziehen, für Wohnungen, die sich durch eine vergleichsweise kleine Quadratmeterzahl auszeichnen oder sich aufgrund ihrer Größe zur Nutzung als Wohngemeinschaft eignen. Darüber hinaus ist eine Nachfrage nach günstigen Wohnflächen für Studierende kennzeichnend (vgl. Landwehr 1980; Beninghaus et al. 1998: 65/66; Strauf/Behrendt 2006: 45/46; Asche et al. 2013; 15; Warnecke 2016: 30/31). Auch die individuellen Wohnpräferenzen der Studierenden sind für diese Untersuchung von Interesse. So bietet das Wohnen in einer großen Wohngemeinschaft vor Ort (beispielsweise in einem Wohnheim) einen anderen räumlichen Bezug

---

[46] Der *Personaltransfer* gehört zu den Angebotswirkungen einer Hochschule. Er bezeichnet eine Transferart, mit der die Hochschule Humankapital an ihr räumliches Umfeld abgibt. Durch Lehr- und Weiterbildungsangebote wird dazu beigetragen, das Bildungs- bzw. Qualifikationsniveau an ihrem Standort, in ihrer Region oder dem Bundesland zu steigern. Dies geschieht durch die Beschäftigung von Absolvierenden bzw. Wissenschaftlerinnen und Wissenschaftlern mit gebundenem (implizitem) Wissen, welches in der Privatwirtschaft, öffentlichen Verwaltung oder anderen Organisationen angeschlossen wird. Darüber hinaus gibt es auch zeitlich begrenzte Personaltransfers, wie diejenigen von Praktikanten und Praktikantinnen, Bachelor- und Masterstudierenden sowie von Doktorandinnen und Doktoranden, die ihre Qualifikationsarbeit in einem Unternehmen verfassen (vgl. Blume/Fromm 2000: 56; Franz 2002: 82–85; Warnecke 2016: 18).

[47] Bei der akademischen Qualifikation von Studierenden und im Zuge der Forschung werden demnach hochschulintern Ausgaben für Gebäude, Personal- und Sachmittel nötig, von denen der Hochschulstandort bzw. die -region profitiert. Darüber hinaus werden extern durch Hochschulpersonal sowie die Studierenden Ausgaben für Konsumgüter, Wohnraum, Freizeitangebote oder beispielsweise die Nutzung des öffentlichen Personennahverkehrs getätigt (vgl. Blume/Fromm 2000: 1; Glorius/Schlutz 2002: 1/2; Franz 2002: 11–13; Matthes et al. 2015: 10/11). Wirkungen der Nachfrage nach Beschäftigung, Umsatz und Einkommen werden zudem, je nachdem, ob sie als unmittelbare oder wiederverausgabte ökonomische Wirkungen auf den Standort bezogen werden, als direkte und indirekte Standorteffekte herausgearbeitet. Direkte und indirekte Nachfragewirkungen von Hochschulen auf ihre Standorte und Regionen sind bereits in verschiedenen, überwiegend wirtschaftswissenschaftlichen Analysen aufgegriffen worden (vgl. Blume/Fromm 2000; Assenmacher 2004; Spehl et al. 2006; Knappe 2006; Leusing 2007 sowie Beckenbach et al. 2011).

[48] Vgl. Flöther/Kooij 2012; Kratz/Lenz 2015; Milbert/Sturm 2016.

2.4 Forschungsstand über den Raumbezug von Studierenden

zur Hochschule und zu ihrem Standort als das Wohnen in einer Einzelwohnung sowie außerhalb des Standortes. Die vorliegende Arbeit adressiert diesen Aspekt. Das Hauptaugenmerk der Analyse von Sergej Stötzer (2013) liegt dagegen auf raumbezogenen Identifikationsstrategien, mit denen sich Studierende Orte an ihrem Studienort am Beispiel der Stadt Darmstadt aneignen (vgl. Stötzer 2013: 3 f.). Als theoretischer Hintergrund dient Löws Raumsoziologie (2015), die mit Konzepten von Massey (2005) und Berking (2001; 2011) zur interdisziplinären Beschreibung von Orten angereichert wird. In die Auswertung werden Foto-Interviews, digitale Stadtmodelle und schriftliche Konzeptpapiere mit unterschiedlichen Analysestrategien einbezogen. Um die Identifikation mit dem Studienort abzubilden, rekonstruiert Stötzer Prozesse, mit denen Studierende Raum produzieren[49]. Das Ergebnis seiner Analyse bilden vier gleichrangige Kategorien der Raumproduktion, die zur Bezeichnung von Identifikationsstrategien mit dem Studienort verdichtet werden (vgl. Stötzer 2013: 177 f.). Als biographische Raumproduktion wird eine Identifikationsstrategie mit dem Studienort benannt, die sich auf Orte bezieht, die im Lebenslauf der zugeordneten Studierenden eine besondere Rolle spielen oder gespielt haben (vgl. Stötzer 2013: 179–204). Die rekonstruktive Raumproduktion dagegen stellt eine Strategie dar, die sich auf Veränderung und Konstanz der materiellen und symbolischen Konfigurationen von Orten bezieht (vgl. Stötzer 2013: 204–228). Eine Aneignung erfolgt, indem Verbindungslinien zwischen Vergangenheit und Gegenwart von Orten oder Gebäuden in der Stadt gezogen werden, beispielsweise durch Gegenüberstellung mit alten Fotos oder historischen Dokumenten (vgl. ebd. 206 f.). Die gegenkulturelle Strategie zeichnet sich dadurch aus, dass sie an verschiedenen Orten vorhandene soziale Güter für die eigene Raumproduktion aufgreift. Ihrer ursprünglichen Nutzungslogik wird sich dabei jedoch widersetzt. Studierende nutzen hierfür vorwiegend solche Güter, die mit Hochkultur, Wissenschaft und Natur in Verbindung gebracht werden (vgl. Stötzer 2013: 228–248). Die iterative Identifikationsstrategie ist schließlich eine Raumproduktion, in der die Spuren von Raumaneignungen Dritter schrittweise rekonstruiert werden und zu einem Teil der eigenen Raumproduktion werden. Im Stadtbild suchen Studierende nach Spuren besagter Aneignungen.[50] Gleichzeitig versuchen sie eigene Spuren zu hinterlassen, sodass die angeeigneten Orte sowohl durch die eigene als auch durch die Biographien Dritter geprägt sind (vgl. Stötzer 2013: 248–274).

---

[49] Der Begriff der Raumproduktion verweist hier auf die materielle Komponente, die in Stötzers Untersuchung der Raumerzeugung vordergründig ist.
[50] Zum Beispiel Kunstinstallationen, Graffiti oder kurzzeitige Umnutzungen.

Die Untersuchung von Stötzer (2013) zeigt verschiedene Arten, mit denen Studierende Bezug zu ihrem Studienort herstellen. Diese bilden für die vorliegende Arbeit eine wichtige Grundlage, weil sie Einblicke in die Aneignung des Studienortes aus Studierendensicht geben. Die durch Sergej Stötzer beigesteuerten Typen lassen hierbei auf verschiedene Relevanzsetzungen der Studierenden schließen. Diese kommen beispielsweise darin zum Ausdruck, ob Studierende über Menschen, Gebäude oder Orte einen Bezug zu ihrem Studienort herstellen.

Einige Studierende stellen Bezug zu Orten her, die für ihre eigene Person, Biographie oder ihren Lebenslauf Bedeutung besitzen. So steht der Studienort für sie häufig ebenfalls in einem räumlichen Bezug zu ihren Heimat- bzw. Wohnorten, weil sie diesen für gewöhnlich bereits aus Erinnerungen von Besuchen mit ihren Eltern kennen (vgl. Stötzer 2013: 180 f.). Für andere Studierende stehen historisch sowie kulturell bedeutsame Gebäude und Orte im Fokus, über die sie einen Bezug zu ihrem Studienort herstellen können. Gegenkulturelle Studierende dagegen nutzen verschiedene Orte in ihrer eigenen Nutzungslogik, um sich von anderen Menschen (z. B. Anwohnenden und anderen Studierenden) abzugrenzen. Auch sie stellen darüber einen Bezug zu ihrem Studienort her. Schließlich stellen einige Studierende einen Bezug zu Orten her, an denen sie selbst oder andere Studierende anwesend waren und sichtbare, rekonstruierbare Spuren oder Markierungen hinterlassen haben. Dies sind beispielsweise Fotos, Kunstwerke bzw. -installationen oder Graffiti.

Neben dem Bezug, den Studierende zu ihrem Studienort herstellen bzw. aufweisen, adressiert das vorliegende Projekt deshalb die Relevanz sowie Bedeutungen, die dem Studienort in Relation zu anderen Orten mit den dort befindlichen Gebäuden und Menschen zugeschrieben werden.

Als soziale Konstitution von (Hochschul-)Raum wird damit ein vergleichsweise größeres räumliches Bezugssystem untersucht, das verschiedene räumliche Bezüge beinhaltet. Verschiedene Arten der sozialen Raumerzeugung werden dabei offengelegt und ergänzen die Identifikationstypen nach Sergej Stötzer (2015).

Mit einem weiteren Aspekt beschäftigen sich Gothe und Pfadenhauer (2010) in ihrer Analyse, in der sie sich mit studentischen Campusnutzungsmustern befassen.[51] In der explorativen Untersuchung am Beispiel des Campusgeländes der Universität Karlsruhe stellen die Forschenden ebenfalls Bezüge zu Löws Raumverständnis her (vgl. Gothe/Pfadenhauer 2010: 13–17). Für die Erhebung ist ein

---

[51] Dies insbesondere vor dem Hintergrund des Zusammenschlusses der Universität mit dem Forschungszentrum Karlsruhe zum Karlsruher Institut für Technologie (KIT) im Jahr 2009.

2.4 Forschungsstand über den Raumbezug von Studierenden

Logbuch entwickelt worden. In diesem protokollierten 61 teilnehmende Studierende zwei Kalenderwochen lang ihre räumlich-zeitlichen Aktivitäten auf dem Campusgelände, indem sie ihre Lehrveranstaltungen, tägliche studienbezogene Aktivitäten und Orte notierten. Auch Kommentare zur Weg- und Raumwahrnehmung konnten bei Bedarf festgehalten werden (vgl. Gothe/Pfadenhauer 2010: 33 f.).

Im Rahmen ihrer Auswertung heben Gothe und Pfadenhauer hervor, dass erwartbare und tatsächliche Aufenthaltsorte sowie Bewegungsmuster teilweise stark voneinander abweichen und Studierende ihre Stundenpläne vergleichsweise flexibel nutzen. Trotz der formalen Studienstruktur, die bestimmte Anforderungen an die Campusnutzung mit sich bringt, gelingt es Studierenden demnach, ihre Tagesabläufe zu einem gewissen Maß nach eigenen Bedürfnissen und Interessen zu gestalten. Berücksichtigt wurden aus diesem Grund durch formale Vorgaben strukturierbare sowie nicht strukturierbare Zeiträume[52] ebenso wie durch raumbezogene Nutzungsvorgaben eindeutig definierte sowie nicht definierte Orte[53] (vgl. Gothe/Pfadenhauer 2010: 50). Diese dienten den Forschenden als Raster für ihre Analyse der studentischen Campusnutzung. Anhand der individuellen Relevanzen der Studierenden wird sodann herausgearbeitet, welche genuin studienbezogenen Aktivitäten aus dem Campus heraus sowie welche freizeitorientierten Aktivitäten umgekehrt hinein verlagert werden (vgl. Gothe/Pfadenhauer 2010: 49). Gothe und Pfadenhauer legen fünf Campus-Nutzendentypen vor. Diese reichen von der Nutzung des Campus als einen Ort, an dem sich Informationen und Materialien beschaffen lassen, die später in Ruhe zu Hause zu verarbeiten sind (‚Homie'-Typus), bis zur Nutzung als reinen Arbeitsort, sodass Studium und Freizeit sowohl zeitlich als auch räumlich strikt voneinander getrennt werden können (‚Seperator'-Typus). Der Integrator-Typus verwendet den Campus als kombinierten Arbeits- und Lernort, wobei sich Studium und Freizeit sowohl innerhalb als auch außerhalb des Campus abspielen können. Darüber hinaus existieren mit dem College- und dem Flaneur-Typus solche Nutzendentypen, die nahezu ihr vollständiges Leben auf dem Campus gestalten, dies jedoch aus jeweils unterschiedlichem Anlass tun (vgl. Gothe/Pfadenhauer 2010: 51 f.). So ist der College-Typ neben den verpflichten Lehrveranstaltungen beispielsweise hochschulpolitisch aktiv, als

---

[52] Zum Beispiel die Formalisierungswirkung von Pflichtveranstaltungen gegenüber Freistunden (vgl. Gothe/Pfadenhauer 2010: 49).
[53] Beispielsweise das Hören einer Vorlesung in einem Hörsaal als eine den allgemein akzeptiert vorausgesetzten Zweckbestimmungen des Ortes angepasste Nutzung im Vergleich zu Gebäudefoyers, deren Zweckbestimmung häufig weniger eindeutig erkennbar ist (vgl. Gothe/Pfadenhauer 2010: 49).

Hilfskraft tätig, in Kursen des Sprachenzentrums anzutreffen, Mitglied im Hochschulsport oder im Unichor. Der Flaneur hingegen betrachtet das Campusgelände als Freizeitort, wo er spazieren geht, Mahlzeiten einnimmt, Freunde trifft, Veranstaltungen aus den Bereichen Kultur und Politik besucht oder Musik macht. Der College-Typ gestaltet somit seinen vollständigen Studierendenalltag auf dem Campus. Dies unterscheidet ihn vom Flaneur, für den dieser einen Ort der Muße darstellt, an dem er in erster Linie das Flair der Universität und ein studentisches Lebensgefühl genießen kann (vgl. Gothe/Pfadenhauer 2010: 79).

Gothe und Pfadenhauer (2010) zeigen in ihren Befunden zur Campusnutzung den Alltag von Studierenden in ihrer Hochschule und auf dem Hochschulgelände, indem sie anhand von räumlichen Relevanzen unterschiedliche Nutzungsmuster beschreiben. Aufgezeigt wird, dass Studierende ihren Alltag an der Hochschule ganz unterschiedlich gestalten, indem sie sich abseits formaler Vorgaben individuelle Spielräume erhalten. In diesen handhaben sie Anforderungen hinsichtlich Zeitstruktur und Ortsgebundenheit flexibel. Dies ermöglicht es ihnen nicht lediglich, Stundenpläne frei zu interpretieren, sondern ebenfalls, Güter bzw. Orte umzunutzen, Aktivitäten aus dem privaten Bereich in die Hochschule, auf das Campusgelände oder von dort aus zurück ins Private umzuverlagern.

Für das Forschungsinteresse dieser Arbeit lassen sich aus den verschiedenen Nutzungen, die Gothe und Pfadenhauer aufzeigen, Studierendeninteressen und individuelle Bedürfnisse nach Konzentration, Entspannung, Geselligkeit oder Verpflegung folgern. Diese werden durch die Studierenden an ihre Hochschule als einen Freizeit- und Arbeits-, bzw. Lernort gerichtet (vgl. Gothe/Pfadenhauer 2010: 118f). Entsprechend eignen sich die Studierenden gemeinsam mit ihren Mitstudierenden für sie relevante Orte und Güter an. Zusätzlich machen die fünf Nutzendentypen eine Untersuchung der sozialen Konstitution des (Hochschul-)Raumes anschlussfähig, indem sie eine Bedeutung von Hochschule nahelegen, die sich über ihre baulichen Ausgestaltungen hinaus erstreckt. So werden einige Nutzungen in den privaten Bereich verlegt, während andere aus dem privaten Bereich auf dem Hochschul- bzw. Campusgelände stattfinden. Aus Studierendensicht ist (Hochschul-)Raum demnach nicht ausschließlich dem Lernen oder dem Arbeiten vorbehalten, ebenso wie es sich dabei nicht nur um einen (baulich) einzugrenzenden Ort bzw. ein Territorium handelt. Dieser lässt sich ebenso in der Wahrnehmung eines Flairs oder des verknüpften Lebensgefühls beschreiben. Zugleich kommt er in flexiblen Nutzungen sowie Umnutzungen von Orten, Freiflächen, Gebäuden sowie Studienstrukturen (wie z. B. Stundenplänen) durch die Studierenden zum Ausdruck. Die von Gothe und Pfadenhauer eingenommene Perspektive fokussiert dabei Nutzungen der Hochschule und des Campusgeländes aus einem vergleichsweise kleinen räumlichen Bezugsrahmen. Die vorliegende Untersuchung der sozialen Raumkonstitutionen steuert eine offene Perspektive

2.4 Forschungsstand über den Raumbezug von Studierenden

mit einem weiteren Verständnis des (Hochschul-)Raumes bei, in das zusätzliche Raumbezüge der Studierenden einfließen. Im nächsten Abschnitt wird diese zum Stand der Forschung positioniert.

2.4.3 Positionierung zum Stand der Forschung

Im Forschungsstand ist der Raumbezug von Studierenden anhand von zwei Forschungslinien zusammengefasst und vorgestellt worden. Anhand der Analysebefunde aus der ersten Forschungslinie zu Studienentscheidungen, Hochschulwahl und dem Berufseinstieg (siehe Abschnitt 2.4.1) wurden räumliche Bezüge zu Wohn- und Heimatorten sowie zum Hochschulstandort in seiner Atmosphäre, mit seinem Freizeit-, Ausbildungs- und Arbeitsplatzangebot vorgestellt. Darüber hinaus bestimmen auch soziale Verbindungen zur Familie, zu Partnerinnen und Partnern, dem Freundeskreis, Mitstudierenden oder anderen relevanten Personen den Raumbezug von Studierenden. Orte, an denen ihre (Bezugs-)Personen anzutreffen sind oder sich regelmäßig aufhalten, sind für Studierende demnach ebenfalls entscheidend (vgl. Geißler 1965; Hachmeister et al. 2007; Lörz 2008; Milbert/Sturm 2016; Gareis et al. 2018).

In Studienentscheidungen, Hochschul- sowie Standortwahlen fließen die thematisierten räumlichen Bezüge allerdings individuell verschieden ein. Orte und (dort befindliche) Menschen sind für verschiedene Studierende unterschiedlich relevant, weil ihnen jeweils andere Bedeutungen zugeschrieben werden[54]. Ihr Hochschulstudium beginnen Studierende deshalb zwar aufgrund ihres Bildungsinteresses, jedoch auch mit den vorhandenen Raumbezügen zu Orten und Menschen, die ihnen wichtig sind.

Deshalb wird die Hochschule aufgrund des akademischen Bildungsangebotes zu einem (neuen) räumlichen Bezugspunkt für ihre Studierenden. Darüber hinaus eröffnet sie weitere Anknüpfungsmöglichkeiten zu Raumbezügen vor Ort, die aufgegriffen und genutzt werden können. Neben Kontakten zu Ausbildungspartnerinnen und -partnern sowie Arbeitgebenden für einen Übergang in eine standortnahe Berufstätigkeit handelt es sich dabei zum Beispiel um das Wohnen am Studienort oder um Freizeitangebote. Inwiefern diese Anknüpfungsmöglichkeiten in Anspruch genommen werden, zeigt sich darin, wie und mit wem Studierende die Hochschule und das Hochschulgelände nutzen und ob sie darüber hinaus auch Orte des Studienortes für sich in Anspruch nehmen.

---

[54] Als ihr Wohnort ist der Heimatort für einige Studierende wichtiger als der Studienort, weil sie hier z. B. als Wohnmöglichkeit im Elternhaus nutzen und Lebenshaltungskosten gespart werden können (vgl. Geißer 1965; Lörz 2008).

Als auffällig erweist sich in der ersten Linie des Forschungsstands allerdings, dass Studien(standort)entscheidungen innerhalb der vorgestellten Untersuchungen äußerst unterschiedlich beschrieben werden und die dargelegten Forschungsergebnisse einander sogar widersprüchlich gegenüberzustehen scheinen. Während einige Forschende heimatnahe Standortwahlen belegen – insbesondere im Bachelorstudium – (vgl. Lörz 2008; Gareis et al. 2018), benennen andere eine gegenläufige Entwicklung, in der eine Auflösung der studentischen Sesshaftigkeit anschaulich wird (vgl. Hachmeister et al. 2007; Milbert/Sturm 2016). Die vorliegende Untersuchung adressiert ebendiese scheinbaren Widersprüchlichkeiten mit der Absicht zur Aufklärung dieser beizutragen. Sie fokussiert ein vergleichsweise breites Spektrum der räumlichen Bezüge von Studierenden und nimmt in den Blick, wie diese in ihre sozial erzeugten (Hochschul-)Räume eingebunden sind. So ist denkbar, dass die derart unterschiedlichen Präferenzen von Studierenden bei der Studien(standort)entscheidung ebenso wie beim Berufseinstieg anhand verschiedenster Schwerpunktsetzungen in ihrem (Hochschul-)Raum nachvollziehbar werden.

In der zweiten Forschungslinie (siehe Abschnitt 2.4.2) sind Befunde aus Studien zum studentischen Wohnen, der Aneignung des Studienortes und Nutzungen des Hochschulcampus zusammengetragen worden (vgl. Gothe/Pfadenhauer 2010; Stötzer 2013[55]). Aus einen vergleichsweise kleinen Bezugsrahmen geben diese erste Einblicke in die Belange von Studierenden, während des Hochschulalltags in der Hochschule, am Hochschulstandort und auf dem Campusgelände.

In den vorgestellten Forschungsarbeiten findet insbesondere der Aspekt der Individualität Betonung. Durch Nutzungen und Aneignungen von Orten am Studienort sowie auf dem Hochschulgelände erhalten sich die Studierenden individuelle Spielräume. Diese liegen teilweise außerhalb oder am Rande der formalen Regelbarkeit durch ihre Hochschule[56] und werden den eigenen Relevanzen und Bedeutungen entsprechend genutzt. Auf diese Weise gelingt es Studierenden, Stundenpläne zu flexibilisieren und Güter bzw. Orte umzunutzen. Auch werden Aktivitäten aus dem privaten Bereich in die Hochschule, auf das Campusgelände oder von dort aus zurück ins Private umverlagert (vgl. Gothe/Pfadenhauer 2010: 49 f. sowie 144 f.; Stötzer 2013: beispielsweise 228 ff. sowie 249 ff.). Inwieweit und auf welche Art Studierende die Anknüpfungsmöglichkeiten nutzen, die ihnen

---

[55] Die studentischen Wohnpräferenzen finden hingegen als Einzelaspekt in verschiedenen Arbeiten Berücksichtigung. Zu nennen sind an dieser Stelle beispielsweise Landwehr 1980; Beninghaus et al. 1998: 65/66; Strauf/Behrendt 2006: 45/46; Asche et al. 2013; 15; Warnecke 2016: 30/31.

[56] Beispielsweise hinsichtlich formaler Anwesenheitspflichten des Stundenplanes oder Nutzungszwecken von Orten und Gütern.

2.4 Forschungsstand über den Raumbezug von Studierenden

das Hochschulstudium eröffnet, ist folglich unterschiedlich. Zum besseren Verständnis trägt die Untersuchung ihrer sozial erzeugten (Hochschul-)Räume bei, in denen der räumliche Stellenwert der Hochschule und des Studiums in Relation zu anderen vorhandenen Raumbezügen beleuchtet werden kann.

Zudem lässt sich aus dem Forschungsstand bereits belegen, dass Studierende in erster Linie nach ihrem Hochschulabschluss an ihren Studienort und die Region anknüpfen (vgl. Flöther/Kooij 2012; Kratz/Lenz 2015; Milbert/Sturm 2016). Insbesondere an Hochschulstandorten in Regionen abseits von großen und Großstädten entscheiden sich Hochschulabsolventinnen und -absolventen für eine berufliche Tätigkeit unmittelbar vor Ort (vgl. Kratz/Lenz 2015: 73). Deutlicher wird dies bei Absolvierenden an Fachhochschulstandorten in entsprechender räumlicher Kategorisierung. Diese stammen aus einem vergleichsweise kleineren Einzugsgebiet und werden im lokalen oder regionalen Arbeitsmarkt vergleichsweise ortsnah berufstätig.[57] Ihr Verbleib am Studienort und in seinem näheren Umfeld umfasst gleichermaßen sogenannte einheimische und zugezogene Hochschulabsolventinnen bzw. -absolventen. Deshalb wird er mit einer adäquaten Passung des akademischen Bildungsangebotes auf eine vorhandene Fachkräftenachfrage des Standortes im (wissensbasierten) Dienstleistungs- und Produktionsgewerbe in Verbindung gebracht (vgl. Flöther/Kooij 2012: 79; Jaeger/Kopper 2014: 99 f.; Kratz/Lenz 2015: 13, 15 und 73; Milbert/Sturm 2016: 141).

Bindungen von Studierenden an ihre Standorte oder Regionen lassen sich bisher feststellen[58], jedoch nicht anhand ihres Raumbezugs beschreiben. Wie aufgezeigt worden ist, sind Studierende zugleich in verschiedene räumliche Bezüge zu Orten[59] sowie in soziale Verbindungen zu (Bezugs-)Personen eingebunden, die für sie relevant sind und denen sie eine Bedeutung zuschreiben (vgl. Hachmeister et al. 2007; Lörz 2008; Milbert/Sturm 2016; Gareis et al. 2018). Aus diesem räumlichen Bezugssystem – ihrer sozialen Raumkonstitution – entwickeln Studierende einen Zugang zu ihrer Hochschule und dem Hochschulstandort. Sie erzeugen ihren (Hochschul-)Raum. Zum Ausdruck kommt dies in ihren Wahrnehmungen und Nutzungen im Alltag an der Hochschule, auf dem Campusgelände und am Studienort (vgl. Gothe/Pfadenhauer 2010; Stötzer 2013). Mit einer Untersuchung dieses sozial konstituierten (Hochschul-)Raumes der Studierenden (vgl. Löw 2015) können die verschiedenen Relevanzen und Bedeutungen von Orten,

---

[57] Im Vergleich zu Universitäten an den gleichen Standorten (vgl. Kratz/Lenz 2015).
[58] Zum Beispiel, wenn diese, wie aufgezeigt, als Arbeitskräfte in den lokalen oder regionalen Arbeitsmarkt übergehen.
[59] Wie z. B. ihren Heimat- und Wohnorten.

den dort befindlichen Gütern und Menschen anhand von Wahrnehmungen und Nutzungen bzw. Nichtnutzungen herausgearbeitet werden. Auf diese Art und Weise bildet die Untersuchung im Zuge der vorliegenden Arbeit ebenfalls eine Klammer, mit der die bereits vorliegenden Forschungsergebnisse zu (einzelnen) Raumbezügen von Studierenden in einen empirischen Zusammenhang eingebettet sowie in ihren Widersprüchlichkeiten nachvollziehbar gemacht und ggf. handlungspraktisch anschlussfähiger werden.

Reflexion über den englischsprachigen Forschungsstand
Hinsichtlich seiner Forschungsthemen ist der englischsprachige Forschungsstand zu Universitäts- und College-Studierenden lediglich zu einem gewissen Teil übertragbar. So umfasst dieser mehrheitlich Studien über das US-amerikanische Hochschulsystem, das sehr vielfältig ist und sich durch grundlegend andere institutionelle Konfigurationen auszeichnet. Im Rahmen einer solchen Forschungslinie sollten demnach stets Vergleichshorizonte zwischen deutschen und amerikanischen Bildungseinrichtungen sowie – daran anknüpfend – dem Studierendenleben reflektiert werden:

Anders als ihre deutschen Pendants zeichnen sich private gegenüber öffentlichen Hochschulen des amerikanischen Hochschulsystems nicht lediglich durch ihre quantitative Überlegenheit, sondern ebenfalls durch eine vergleichsweise höhere wissenschaftliche Reputation aus (vgl. College Contact 2021a). Ein weiterer Unterschied betrifft Finanzierungsstrukturen US-amerikanischer Hochschulen. So beinhaltet die Finanzierung von Bildungseinrichtungen in der amerikanischen Hochschullandschaft spezifische Mechanismen, die Studierendenmobilität begünstigen oder reduzieren. Hierbei erheben Hochschulen in privater Trägerschaft für alle ihre Studierenden in der Regel vergleichsweise hohe Studiengebühren, mit denen sie ihre Finanzierung sicherstellen (vgl. ebd. 2021b).[60] Dagegen reduzieren öffentliche Hochschulen in der Trägerschaft eines Bundesstaats ihre Studienbeiträge für ansässige Studierende und verringern durch diesen Anreiz studentische Mobilität über Bundesstaaten hinweg.[61] Während für private (Fach-)Hochschulen des deutschen Hochschulsystems aufgrund ihrer Standortbezogenheit in der Regel kleine Einzugsgebiete ihrer Studierenden kennzeichnend sind (siehe Abschnitt 2.2 bzw. 2.2.1), ziehen amerikanische private Hochschulen – nicht nur aus finanziellen,

---

[60] Weitere Finanzierungsmöglichkeiten bilden beispielsweise die hochschuleigenen Sportteams oder Alumnni-Arbeit (vgl. College Contact 2021a).
[61] Anzumerken ist an dieser Stelle allerdings, dass sich auch die Studierendenmobilität innerhalb einzelner US-amerikanischer Bundesstaaten durchaus durch beachtliche Distanzen auszeichnet, die nicht denjenigen innerhalb deutscher Bundesländer entsprechen.

2.4 Forschungsstand über den Raumbezug von Studierenden

sondern auch aus Gründen ihrer hohen wissenschaftlichen Reputation – Studierende aus dem ganzen Land und darüber hinaus an (vgl. DAAD 2019: 9). (Für eine bessere Vergleichbarkeit sowie zur Anreicherung des Untersuchungsgegenstands der vorliegenden Arbeit wären deshalb womöglich empirische Arbeiten zu öffentlichen Community Colleges der US-Bundesstaaten am aufschlussreichsten.) Zuletzt unterscheidet sich das studentische Leben von Studierenden im deutschen Hochschulsystem in zentralen Charakteristika von Studierenden an amerikanischen Hochschulen. So sind die Gelände von Hochschulen des amerikanischen Hochschulsystems für gewöhnlich als weitläufige Campusse errichtet, auf denen nahezu alle Studierenden separiert vom Standort leben (vgl. College Contact 2021c; Delbanco 2012). Die Separation vom Standort ergibt sich hierbei daraus, dass amerikanische Hochschulen alle relevanten Güter, Dienstleistungen und Angebote auf ihren Campussen bereithalten: Neben Wohnheimen, Appartements, Bibliotheken, Mensen und Vorlesungs- bzw. Seminarräumen, sind beispielsweise auch Restaurants, Cafés, Postämter, Einkaufsmöglichkeiten, Freizeitangebote und ärztliche Versorgung vorhanden.

Nicht nur die institutionelle Konfiguration von Hochschulen des US-amerikanischen Hochschulsystems unterscheidet sich dementsprechend stark von der deutschen Hochschullandschaft. Zudem agieren sie als Campus-Hochschulen weitgehend autark von ihren Standorten und bringen ein entsprechendes studentisches Leben hervor, in dem Lernen, Arbeiten, Wohnen und Freizeitgestaltung ausschließlich auf dem Hochschulgelände verortet sind.

Der Standort- bzw. Raumbezug amerikanischer Hochschulen und ihrer Studierenden prägt sich folglich auf eine andere Weise aus. Da eine Integration dieser Form der Raumbezogenheit vergleichsweise wenig Erkenntnisgewinn für das Forschungsinteresse in Aussicht stellt, ist auf die Ausarbeitung einer zusätzlichen Forschungslinie verzichtet worden. Stattdessen werden lediglich einige der wesentlichen empirischen Befunde zusammengefasst.

Übereinstimmend finden sich Studien, die sich mit sozioökonomischen Aspekten, dem Einfluss der sozialen Herkunft, der Eltern, Lehrer sowie von Peergruppen auf die Wahrscheinlichkeit eines Collegebesuchs, -abschlusses und den Zukunftserwartungen von Studierenden befassen (vgl. Sewell et al. 1969; Karen 2002; Roksa et al. 2007). Untersuchungen über den Alltag an der Hochschule fokussieren beispielsweise das sogenannte Inside- und Outside-the-classroom-learning[62] des College Lebens. Beide Aktivitäten strukturieren den Alltag an der Hochschule und

---

[62] Ersteres bezieht sich bspw. auf die regulären Lehrveranstaltungen, während das Zweite alle Freizeitprogramme umfasst, die durch die Hochschule organisiert werden, z. B. Literaturclubs, Wohltätigkeitsgruppen oder Sportteams.

dienen nicht nur der akademischen Qualifikation, sondern ebenfalls der Ausstattung mit Soft Skills sowie humanistischen Werten. Über diese werden Studierende zu formal sowie sozial kompetenten Akteuren ausgebildet, die Zugang zu privilegierten beruflichen Positionen erhalten (vgl. Moffat 1989; Stevens et al. 2008; Delbanco 2012a). Auch werden soziale Integration und Vernetzung begünstigt, die sich in den Studienerfolgen widerspiegelt (vgl. Astin 1993; Pascarella 1980; Braxton et a. 1997; Arum et al. 2008). Aspekte des Hochschulalltages sind in den Studien in erster Linie aus (bildungs- oder ungleichheitssoziologischen) Perspektiven bearbeitet worden, die einen Raumbezug nicht nutzen. Universitäten und Colleges zeichnen sich durch ihre eigenen Wohn-, Verpflegungs-, Freizeit- und Lehrangebote aus. Aufgrund dieser Autarkie wird der Hochschulalltag der Studierenden (womöglich) losgelöst vom Standort betrachtet, während Hochschulen unter räumlichen Gesichtspunkten stärker als wirtschaftliche Impulsgebende, Serviceanbietende, Grundbesitzende bzw. Träger von Immobilien fokussiert werden (vgl. Etienne 2012; Uyarra 2010; Bramwell/Wolfe 2008; Benneworth/Hospers 2007).[63]

Das vorliegende Projekt knüpft an den deutschsprachigen Stand der Forschung an, indem es die Raumbezüge der Studierenden zu unterschiedlichen Orten, Gütern und Menschen fokussiert. Zu diesem Zweck werden ihre Wahrnehmungen und Nutzungen im Alltag an der Hochschule sowie am Studienort in den Blick genommen. Auch der räumliche Stellenwert, den sie der Hochschule an ihrem Standort beimessen, kann daran beschrieben werden. Innerhalb des (Hochschul-)Raumes lässt sich dieser anhand ihrer Relevanzsetzungen und Bedeutungszuschreibungen gegenüber anderen Raumbezügen einordnen.

Nachdem alle relevanten Kontextinformationen über den Forschungsstand zu räumlichen Bezügen von Studierenden ebenso wie zur Beschreibung privater Hochschulen in Deutschland dargelegt worden sind, wird die einleitend formulierte Problemstellung auf deren Basis spezifiziert. Der folgende Abschnitt nimmt eine Spezifizierung der Problemstellung in Bezug auf das Untersuchungsgebiet vor, indem er private Fachhochschulen an ihren Standorten in ländlichen Räumen Niedersachsens beschreibt.

---

[63] Aus einem internationalen Vergleich der sozial konstituierten (Hochschul-)Räume ergeben sich möglicherweise dennoch bzw. gerade interessante neue Forschungsperspektiven (siehe Abschnitt 6.4).

2.5 Private Hochschulen in ländlichen Räumen Niedersachsens

Im Folgenden werden private Hochschulen im Bundesland Niedersachsen beschrieben. Als Untersuchungsgebiet für das vorliegende Forschungsprojekt zeichnet es sich durch eine Anzahl von 8 privaten Fachhochschulen mit insgesamt knapp 10.000 immatrikulierten Studierenden während des Wintersemesters 2018 aus, Privatuniversitäten sind dagegen nicht vorhanden (siehe Tabelle 2.3).

Tabelle 2.3 Studierende an private Fachhochschulen in Niedersachsen 2015 bis 2018

Studierende an privaten Fachhochschulen in Niedersachsen[64]

	Wintersemester 2015/16	Wintersemester 2016/17	Wintersemester 2017/18	Wintersemester 2018/18
insgesamt	7.144	7.313	9.389	9.981

Die räumliche Verteilung privater Hochschulen wird überwiegend mit zwei verschiedenen Standortfaktoren in Verbindung gebracht (vgl. Frank et al. 2020). Demnach werden ihre Hochschulstandorte einerseits hinsichtlich der bereits bestehenden Studierendennachfrage oder andererseits nach einer hohen Unternehmensdichte gewählt, wie sie in großen sowie Großstädten vorhanden sind. Aufgrund der beschriebenen Standortfaktoren sind private Hochschulen dort zugleich von einer hohen Konkurrenz- und Mitbewerbersituation betroffen, an die sie ihre Studienangebote anzupassen haben (vgl. ebd.: 13).

Die Kooperation mit lokalen bzw. regionalen Partnerinnen und Partnern bildet ein entscheidendes Argument der Standortwahl abseits von großen sowie Großstädten, insbesondere für kleine private Fachhochschulen. Die Unterstützung durch starke Kooperierende vor Ort ermöglicht es ihnen, Studienangebote zu entwickeln, die allein nicht vorzuhalten wären, Reputation hinzuzugewinnen und regionale Herausforderungen zu adressieren (vgl. Frank et al. 2020: 42). Entscheidend ist aber zudem, dass viele spätere Kooperierende, wie beispielsweise Handelskammern, Wirtschafts- und Interessenverbände sowie Unternehmensvertreterinnen und -vertreter sich als Initiierende für die Hochschulgründung eingesetzt haben (vgl. Brauns 2003).

Hochschulgründungen und -betrieb abseits von großen bzw. Großstädten können demnach durch beide Seiten der Kooperationspartnerschaft gezielt aufgegriffen werden, um akademische Bildungsangebote den eigenen Bedürfnissen

---

[64] Eigene Darstellung nach Destatis (vgl. 2016: 56; 2017: 55; 2018a: 54; 2019: 50).

entsprechend örtlich zu verankern. In diesem Zusammenhang sind im Bundesland Niedersachsen private Fachhochschulstandorte in ländlichen Räumen vorzufinden (vgl. MWK Niedersachsen 2020).

Unter dem Begriff des ländlichen Raumes lässt sich vor dem Hintergrund aktueller gesellschaftlicher Entwicklungen keine einheitliche Raumkategorie mehr beschreiben. War dieser einst durch die Bedeutung von Landwirtschaft, einer vergleichsweise geringen Bevölkerungsdichte sowie von ländlich-traditionellen Lebensweisen charakterisiert (vgl. Henkel 1995: 27), hat sich das Ländliche im Zuge physischer sowie sozialer Urbanisierungsprozesse ausdifferenziert, unter anderem durch Mobilität der Bevölkerung, Verbreitung von Informations- und Kommunikationsnetzen sowie dem Wandel von Lebensformen und -weisen. Demographisch und ökonomisch prosperierende, stagnierende sowie strukturschwache ländliche Räume, welche von Bevölkerungsrückgang betroffen sind, stehen einander gegenüber. Aufgrund der Verbreitung ländlicher Strukturen besitzt die Raumkategorie auf Ebene der Bundesländer für (planungs-)politische Prozesse, ebenso wie zur Strukturförderung, nach wie vor Aktualität und Praxisrelevanz. Hier wird sie anhand von Merkmalen wie Siedlungsstruktur und Erreichbarkeit bzw. Zentralität differenziert. In den raumwissenschaftlichen Disziplinen und der übergeordneten Raumplanung unterliegt der Fortbestand einer entsprechenden (einheitlichen) Kategorisierung jedoch neuen Aushandlungsprozessen. Die Verwendung des Begriffes trifft dabei aufgrund des beschriebenen Strukturwandels in Richtung Heterogenität auf Ablehnung und Vermeidung, gleichzeitig wird eine pluralisierte Form (‚ländliche Räume') gebraucht, in der die neue Vielfältigkeit Betonung findet (vgl. Pratt 1996: 69 und 77; Franzen et al. 2008: 2 und 4; Mose 2018: 1324 und 1328 f.).

Gemäß der siedlungsstrukturellen Kreistypen des Bundesinstituts für Bau-, Stadt- und Raumforschung (BBSR) zeichnen sich fünf private Fachhochschulen in Niedersachsen[65] durch Standorte aus, die den ländlichen Kreisen mit Verdichtungsansätzen oder dünn besiedelten ländlichen Kreisen zugeordnet werden können (vgl. Abbildung 2.1 sowie BBSR 2017). Damit lösen sich ihre Hochschulstandorte von der üblichen räumlichen Logik ab, nach der ein Großteil staatlicher (Fach-)Hochschulen verteilt ist[66].

---

[65] Aufgrund der nur untergeordneten Relevanz für das eigentliche Forschungsinteresse wird für das Forschungsvorhaben auf eine namentliche Nennung der Hochschulen sowie geographische Verortung der Hochschulstandorte verzichtet.

[66] Darüber hinaus existiert in Niedersachsen ebenfalls ein kleiner Anteil privater Fachhochschulen, die ihren Standort in zentraler Lage in Großstädten bzw. städtischen Kreisen gewählt haben. An diesen lässt sich das Forschungsinteresse an den studentischen Raumerzeugungen, die durch die Standortwahl und -bezogenheit der privaten Hochschulen zustande kommen,

2.5 Private Hochschulen in ländlichen Räumen Niedersachsens

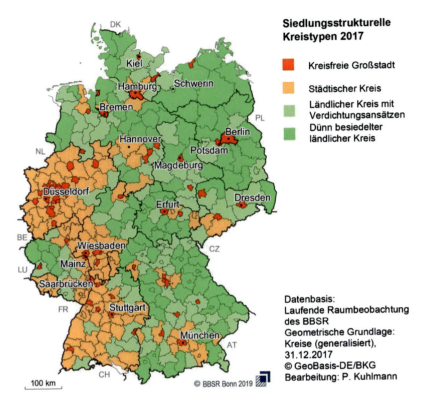

Abbildung 2.1 Siedlungsstrukturelle Kreistypen 2017[67]

Die Kooperation mit lokalen bzw. regionalen Partnerinnen und Partnern erlaubt ihnen die (graphisch) veranschaulichte Ablösung, durch die sie eine räumliche Einbettung und Verankerung an ihren Hochschulstandorten abseits von großen bzw. Großstädten herausbilden, an denen staatliche Hochschulen üblicherweise lokalisiert sind.

---

weniger adäquat verfolgen. Dies ist darauf zurückzuführen, dass die besagten Hochschulen ihre Standorte an bereits vorhandener studentischer Nachfrage und weniger mit Bezug zu lokalen bzw. regionalen Kooperationspartnerinnen und -partnern ausgerichtet haben (vgl. Frank et al. 2020: 13 sowie 42).

[67] Darstellung des Bundesinstituts für Bau-, Stadt- und Raumforschung (vgl. BBSR 2017), weitere Informationen zur Abgrenzung sowie den Abgrenzungskriterien der siedlungsstrukturellen Kreistypen auf der Website des BBSR (ebd.).

Zugleich handelt es sich bei den privaten Fachhochschulen abseits städtischer Kreise sowie kreisfreier Großstädte – anders als bei ihren staatlichen Pendants an vergleichbaren Standorten – nicht um Zweigstellen oder Fachbereiche, die einer übergeordneten Einrichtung zugehörig sind, sondern vielmehr um eigenständige Hochschulstandorte. Folglich zeichnen sich die vier privaten Fachhochschulen an Standorten in ländlichen Räumen Niedersachsens durch ihre Standortwahl und -bezogenheit aus, die ein Resultat von Kooperation sowie der Zusammenarbeit mit lokalen bzw. regionalen Partnerinnen und Partnern vor Ort bildet.

Aufgrund der Verortung, die im Zuge dieser Arbeit für das Beispiel des Bundeslands Niedersachsen beschrieben worden ist, ebenso wie der Positionierung ihrer akademischen Bildungsangebote in der öffentlichen Hochschullandschaft (siehe Abschnitt 2.3) ziehen private Fachhochschulen als Drehpunkte Studierende mit einem Interesse an akademischer Qualifikation bzw. dem Erwerb eines Bildungszertifikats an ihre Standorte (siehe Abschnitt 3.1.2 und 3.3).

Durch die Beschreibung der privaten Fachhochschulen in Niedersachsen ist das eingangs formulierte Erkenntnisinteresse hinsichtlich des Forschungsfeldes spezifiziert worden. Um es einer empirischen Untersuchung zugrunde zu legen, werden darüber hinaus theoretische Vorüberlegungen zu räumlichen Bezugspunkten und der sozialen Raumerzeugung in den Forschungsprozess eingebracht. Im folgenden Kapitel werden diese ausgeführt.

Theoretische Rahmung 3

Die theoretische Rahmung der vorliegenden Arbeit basiert auf einem Zweischritt, bei dem zwei verschiedene soziologische Raumtheorien aneinander angeschlossen werden. So wird das Konzept der Bindung an einen räumlichen Bezugspunkt (vgl. Simmel 2013 [1908]) mit der Konzeption sozialer Raumerzeugung im Handeln, durch Wahrnehmung, Vorstellung und Erinnerung (vgl. Löw 2015) in Verbindung gebracht. Die Einführung der Konzepte zur theoretischen Rahmung erfolgt somit entsprechend der einleitenden Argumentationsstruktur, die über die grundlegenden standortbezogenen Interessen verschiedener Gruppen (z. B. Hochschulbetreibenden oder lokalen bzw. regionalen Kooperierenden) ein Forschungsinteresse an den Sichtweisen der Studierenden formuliert, die ihr Studium an der privaten Hochschule aufgenommen haben. So spiegelt sich in der Studienaufnahme ein Bildungsinteresse an akademischer Qualifikation bzw. dem Erwerb eines Bildungszertifikats wider. Dieses allein lässt allerdings keine Rückschlüsse darüber zu, welchen (räumlichen) Stellenwert das Hochschulstudium, die Hochschule selbst und der Hochschulstandort für Studierende einnehmen: Haben sie ihr Studium an der Hochschule lediglich aufgrund der Nähe zum Heimat- bzw. Wohnort aufgenommen, spielen soziale Verpflichtungen (gegenüber Familie, Freundinnen und Freunde, Partnerschaft) eine Rolle, usw.? Die Einführung der Konzepte zur theoretischen Rahmung folgt dieser Argumentationsstruktur, die bei einem geteilten Interesse der Studierenden ansetzt und von diesem ausgehend soziale Erzeugungen von (Hochschul-)Raum betrachtet. In dieser Abfolge lassen sich die theoretischen Annahmen nachvollziehbar entfalten – auch wenn die aufgeworfenen Fragestellungen mit den zugehörigen Untersuchungsperspektiven im Forschungsverlauf ebenfalls eine andere Kapitelstrukturierung zulassen würden.

In diesem Kapitel wird die private Hochschule deshalb zunächst in Anlehnung an Georg Simmels Raumqualität der Fixierung als Drehpunkt beschrieben (vgl.

© Der/die Autor(en), exklusiv lizenziert durch Springer Fachmedien Wiesbaden GmbH, ein Teil von Springer Nature 2022
J. Baier, *Soziale Raumkonstitutionen von Studierenden*, Higher Education Research and Science Studies, https://doi.org/10.1007/978-3-658-36478-6_3

Simmel 2013: 477–546)[1]. Über ihr akademisches Bildungsangebot ist sie dazu in der Lage, Studierende vor Ort in einer bestimmten Nähe bzw. Distanz sowie gegenseitiger Abhängigkeit zu halten.[2] Für den Aspekt der Raumerzeugung wird anschließend Martina Löws Raumsoziologie (2015) hinzugezogen, welche den zweiten raumtheoretischen Zugang zur theoretischen Rahmung beisteuert. Über das Konzept der sozialen Raumkonstitution werden damit solche Räume für die empirische Analyse in den Vordergrund gerückt, die durch Studierende erzeugt werden, die sich mit einem Interesse an akademischer Bildung an die private Hochschule wenden, um ihr Studium zu absolvieren und ein Bildungszertifikat zu erwerben. Zugleich ergibt sich eine vergleichsweise offene theoretische Perspektive, mit der soziale Raumerzeugung erfasst werden kann, ohne vorab festgelegte theoretische Kategorien über die Raumkonstitutionen an das zu analysierende Material heranzutragen.

Ohne diese vorbereitenden Schritte würde sich die Analyseperspektive innerhalb des offen verlaufenden Analyseprozesses mit der Grounded-Theory-Methodologie (siehe Kapitel 4) womöglich schnell am alltagssprachlichen bzw. politischen oder planerischen Verständnis von Raum orientieren, welches hier jedoch nicht verfolgt werden soll.

Der folgende Abschnitt widmet sich Georg Simmels Soziologie, in der die Konzepte von Gesellschaft und Raum miteinander verschränkt entworfen werden. Nachdem in das zugrunde liegende Gesellschaftsverständnis mit den zugehörigen Begriffen eingeführt worden ist (siehe 3.1.1), wird der Raumbegriff in 3.1.2 vorgestellt. Innerhalb der Grundqualitäten der Raumform wird daran anknüpfend das Drehpunkt-Konzept anhand von Beispielen ausgeführt (siehe Abschnitt 3.1.2). In Bezug auf die theoretische Rahmung werden das Raum- und das Drehpunkt-Konzept abschließend in Absatz 3.1.3 noch einmal aufgegriffen und diskutiert.

Hieran schließt sich mit 3.2 ein Abschnitt, in dem einleitend das integrative Raumverständnis aus Martina Löws Raumsoziologie beschrieben wird. Der vorliegenden Untersuchung ermöglicht es, der sozialen Konstitution von Raum sowohl materielle Bestandteile als auch soziale Verbindungen zugrunde zu legen. Zuletzt werden die zentralen theoretischen Begriffe der sozialen Güter

---

[1] Für ein besseres Verständnis wird an dieser Stelle zunächst lediglich das Prinzip der privaten Hochschule im Sinne des Drehpunktes eingeführt, bevor im Kapitelverlauf eine Definition seiner Funktion in der zugehörigen Raumqualität der Fixierung erfolgt (siehe Abschnitt 3.1.2).

[2] Auch für andere Menschen bzw. Gruppen, die sich aus einem Interesse auf eine Funktion der privaten Hochschule beziehen, kann diese einen Drehpunkt bilden (siehe Abschnitt 3.1.2).

und Menschen (Abschnitt 3.2.1) sowie des Spacings und der Syntheseleistung (Abschnitt 3.2.2) vorgestellt.

Zum Kapitelabschluss wird das Drehpunkt-Konzept (vgl. Simmel 2013: 489–491) gemeinsam mit dem Konzept der Raumkonstitution nach Martina Löw (vgl. 2015) auf den Forschungsgegenstand angewandt. Die Ausführungen zur Anwendung dieses theoretischen Zweischrittes finden sich in Abschnitt 3.3.

3.1 Georg Simmels Soziologie

Der Einstieg in die theoretische Rahmung erfolgt über Georg Simmels Soziologie (2013 [1908]) mit den Konzepten von Raum bzw. Verräumlichung (vgl. Simmel 2013: 477–546 sowie Abschnitt 3.1.2) und Gesellschaft bzw. Vergesellschaftung (ebd.: 9–41 sowie Abschnitt 3.1.1). Beide Konzepte hat Simmel in seinem Hauptwerk ‚Soziologie. Untersuchungen über die Formen der Vergesellschaftung' in enger theoretischer Verknüpfung entworfen. In die Erzeugung von Raum sind Menschen deshalb als Gesellschaftswesen eingebunden. Für die vorliegende Arbeit eignet sich Georg Simmels Soziologie daher insbesondere zur Beschreibung von Raum anhand von räumlichen Bezugspunkten in ihren Eigenschaften und sozialen Wirkungen auf Menschen.

Hierzu wird eine Verortung des Drehpunkt-Konzeptes sowohl innerhalb Simmels *Soziologie* als auch in der vorliegenden Arbeit vorgenommen, um die Anschlussfähigkeit seiner raumtheoretischen Ausführungen an die Konzeption der sozialen Raumkonstitution nach Löw plausibel darzulegen. Um die Spezifik des Drehpunkt-Konzepts nachvollziehbar zu machen, werden einige zentrale Prozesse und Annahmen aus Georg Simmels Gesellschafts- und Raumtheorie rekapituliert und anhand von aktuellen Beispielen vergegenwärtigt. Anschließend erfolgt eine Fokussierung auf das Drehpunkt-Konzept mit dem Übergang zu Martina Löws Raumsoziologie.

3.1.1 Gesellschaftskonzept

Georg Simmel steuert ein vergleichsweise weites, prozesshaftes Verständnis von Gesellschaft bei. Als Vergesellschaftung beschreibt er sie dort, wo Menschen[3]

---

[3] In seiner Soziologie bezeichnet Georg Simmel den Menschen stets als Individuum, um die Begrifflichkeiten der sozialen Form und Inhalte sozialer Wechselwirkung zu stärken. Aus Gründen der Verständlichkeit und um im Verlauf die theoretische Anschlussfähigkeit an

aus bestimmten Trieben oder aufgrund bestimmter Zwecke in soziale Wechselwirkungen zueinander treten. Nicht maßgeblich sei, ob es sich um erotische, religiöse oder gesellige Triebe oder um Zwecke der Verteidigung, des Angriffes, Spiels, Erwerbs, der Hilfeleistung oder Belehrung handele. Im Sinne der sozialen Wechsel*wirkung* bewirken diese, dass Menschen in ein Zusammensein, ein Für-, Mit- oder Gegeneinander-Handeln treten. Aus individuellen Trägern der veranlassenden Triebe und Zwecke wird auf diese Weise eine Einheit. Diese bezeichnet Georg Simmel als Vergesellschaftung, um ihre Entstehung durch Prozesse sozialer Wechselwirkung zu betonen (vgl. Simmel 2013: 12 f.).

Um den Gesellschaftsbegriff in soziologischen Untersuchungen aufzugreifen, werden die theoretischen Kategorien der *Form* und des *Inhalts* eingeführt. Obwohl beide in der sozialen Realität untrennbar verbunden sind, bewirkt deren Differenzierung in der wissenschaftlichen Abstraktion einen Zugewinn für die empirische Abbildung. Sie eröffnet eine Meta-Ebene, an der soziologische Analysen anknüpfen können (ebd.: 13 f.). Dementsprechend lassen sich mit den Kategorien verschiedene soziale Formen des Für-, Mit- und Gegeneinanders untersuchen, die über soziale Wechselwirkungen zwischen Menschen hergestellt werden und aus bestimmten Zwecken bzw. Trieben realisiert werden.

Alles das, was in den Menschen als individuelle Interessen, Triebe, Zwecke, Neigungen, psychischer Zustand sowie Bewegung vorhanden ist, sodass daraus eine soziale Wirkung auf andere und das Empfangen ihrer Wirkungen entsteht, definiert Georg Simmel als *Inhalte* (vgl. Simmel 2013: 13). Inhalte sozialer Wechselwirkungen bilden die Materie von Vergesellschaftung, weil sie aufgrund ihres individuellen Charakters noch nicht sozialen Wesens sind. In diesem Sinne stellt erst Vergesellschaftung eine *soziale Form* dar, die sich je nach den Inhalten – sprich: Zwecken, Trieben und Interessen der Menschen – verschieden verwirklicht. Gemeinsam haben alle Vergesellschaftungsformen, dass die wechselwirkenden Menschen zu einer Einheit zusammenwachsen (ebd.: 13 f.).

Dennoch kann eine bestimmte Anzahl von Menschen zu einem größeren oder geringeren Grade vergesellschaftet sein. Jede Vereinigung zu gemeinsamem Werk, Fühlen oder Denken, jede gemeinsame Mahlzeit bewirkt, dass ebendiese Anzahl von Menschen mehr vergesellschaftet ist, als sie es vorher war. So gibt es niemals Vergesellschaftung schlechthin, weil es gleichermaßen keine soziale Wechselwirkung schlechthin gibt, mit deren Auftreten ihre Existenz vorausgesetzt werden kann. Dementsprechend sind soziale Wechselwirkungen unter Menschen

---

Martina Löws Raumsoziologie plausibel darzulegen, ist bereits zu Beginn eine einheitliche Begriffsbezeichnung gewählt worden.

weder eine Ursache noch die Folge, sondern unmittelbar Vergesellschaftung (vgl. Simmel 2013: 17).

3.1.2 Raumkonzept

In Anlehnung an Kant beschreibt Georg Simmel Raum als eine „Möglichkeit des Beisammenseins" (Simmel 2013: 479). Raum wird damit in ein gegenseitiges Bedingungsverhältnis zu den sozialen Wechselwirkungen von Menschen gestellt. Diese versehen ihn ihrerseits mit gesellschaftlicher Bedeutung (ebd.).

Aus diesem Grund gilt Georg Simmel als einer der Theoretiker, der in der Konzeption von Raum bereits früh Anknüpfungspunkte für soziologische Untersuchungen erkannt hat. Mit seiner Perspektive ist ein Verständnis verknüpft, in dem „Raum überhaupt nur eine Tätigkeit der Seele ist" (Simmel 2013: 478). Gesellschaftliche Bedeutsamkeit erlangt somit nicht ein physisch-materielles Substrat oder geographisches Gebiet, sondern vielmehr dessen Gliederung bzw. Zusammenfassung innerhalb sozialer Formen und Gebilde.

Das Gliedern und Zusammenfassen stellt bei Simmel eine Tätigkeit der Seele dar. Unter dieser lässt sich das individuelle Bewusstsein von Menschen verstehen, mit dem Erlebtes, Wahrnehmungen, Empfindungen und Sinneseindrücke zusammengesetzt, angeordnet und geformt werden. An diese (seelischen) Inhalte schließen soziale Wechselwirkungen an, die sich als soziale Formen des Raumes realisieren. Formen der Nachbarschaft oder Fremdheit innerhalb eines geographischen Umfanges sind vor diesem Hintergrund rein durch seelische Inhalte erzeugte Tatsachen. So schließen die Kategorien, von denen beim Gliedern und Zusammenfassen ausgegangen wird, unmittelbar an das physisch-materielle Substrat bzw. die Geographie an (vgl. Simmel 2013: 477). Die seelische Tätigkeit stellt somit eine Syntheseleistung dar, die die Grundlage der Inhalte sozialer Wechselwirkung bildet (vgl. Simmel 2013: 29 f.).

Überall dort, wo Menschen mit ihren Interessen und aufgrund von Zwecken oder Trieben in soziale Wechselwirkung zueinander treten, erscheint ein Raum zwischen ihnen beansprucht (vgl. Simmel 2013: 12–13 sowie 479). So erhält das physisch-materielle Substrat als Raum gesellschaftliche Bedeutung, weil es Wechselwirkungen anregt und ermöglicht. In ihren verschiedenen sozialen Formen und Gebilden lassen diese das physisch-materielle Substrat zu etwas für die Menschen werden (vgl. ebd.: 478 f./479).

Kennzeichnend für unterschiedliche Vergesellschaftungsformen sind aus diesem Grund ihre verschiedenen „Möglichkeiten des Beisammenseins" (Simmel

2013: 479). Um sie zu ergründen, nimmt Georg Simmel deshalb auch die räumlichen Ausgestaltungen der sozialen Formen und Gebilde in den Blick. Diese bezeichnet er als Raumform der Vergesellschaftung. Sie umfasst die räumlichen Bedingungen, die für die Bestimmtheit und Entwicklung der sozialen Form entscheidend sind. Fünf Grundqualitäten der Raumform werden durch Simmel benannt. In ihrer Ausschließlichkeit (a), Zerleg- und Begrenzbarkeit (b), anhand von Nähe und Distanz (c), Bewegung (d) sowie Fixierung (e) lässt sich die Art und Weise beschreiben, in der Vergesellschaftungsformen auf Raum bezogen sind (vgl. ebd.).

Im Zuge der vorliegenden Arbeit wird in erster Linie das Drehpunkt-Konzept aus der Qualität der Fixierung fokussiert. Um dieses jedoch kohärent zu beschreiben, ist es sinnvoll, das fixierende Prinzip des Drehpunktes in seinem konzeptionellen Zusammenhang mit den übrigen Qualitäten zu entfalten. Aus diesem Grund werden im Folgenden zunächst alle fünf Grundqualitäten von Raumformen vorgestellt und anhand von aktuellen Beispielen vergegenwärtigt, bevor anschließend – innerhalb eines kurzen Diskussionsabschnittes – die theoretische Fokussierung vorgenommen wird.

Grundqualitäten der Raumform
a. Ausschließlichkeit
Die Grundqualität der Ausschließlichkeit bezieht sich auf die Verbindungsart zwischen der Vergesellschaftungsform und einer physisch-materiellen Bodenausdehnung. In dem Maß, in dem diese miteinander verschmolzen bzw. solidarisch sind, besitzen sie einen einzigartigen Charakter, der sie als ausschließlich auszeichnet. Wie die Verknüpfung zwischen einer Vergesellschaftungsform und ihrem Territorium ausgestaltet ist, ist zugleich entscheidend dafür, ob diese als soziale Form einzigartig ist oder ob sie stattdessen verschiedene Vergesellschaftungsformen gleicher Art neben sich ermöglicht (vgl. Simmel 2013: 479).

Während ein Staat als Vergesellschaftungsform durch die Verbundenheit mit seinem Staatsgebiet gekennzeichnet und damit ausschließlich ist, stellt eine soziale Gruppe eine soziale Form dar, die nicht auf ein bestimmtes Territorium, eine spezifische Fläche oder Bodenausdehnung beschränkt bleibt. Zwar kann diese funktional – ihren Inhalt betreffend – einzigartig sein, allerdings können viele verschiedene soziale Gruppen widerspruchslos nebeneinander denselben Raum erfüllen (vgl. Simmel 2013: 480/481).

b. Zerleg- und Begrenzbarkeit
Als Raumqualität der Zerleg- und Begrenzbarkeit wird die Teilung und Gliederung physisch-materiellen Substrats in einzelne Einheiten bezeichnet, die ihrerseits von

3.1 Georg Simmels Soziologie

Grenzen eingerahmt sind. Eine Einheit spiegelt dabei den Raum wider, den eine Vergesellschaftungsform durch die praktische Nutzung in sozialen Wechselwirkungen mit Bedeutung erfüllt. Ihre Begrenzung stellt vor diesem Hintergrund eine soziale Begebenheit dar, die nicht in erster Linie territorial mit Raum verbunden ist (vgl. Simmel 2013: 482). Obwohl es so erscheint, als würde das physisch-materielle Substrat den Rahmen bilden, den Vergesellschaftungsformen in ihren sozialen Wechselwirkungen ausfüllen, repräsentieren Grenzen keine territorialen, sondern seelische Tatsachen. Simmel beschreibt die Grenze als einen Ausdruck der Syntheseleistung des menschlichen Bewusstseins, bei der Wahrnehmungen, Empfindungen und Sinneseindrücke zusammengesetzt und angeordnet werden. Da dessen Kategorien unmittelbar an das physisch-materielle Substrat bzw. die Geographie anschließen, formen sich soziale Gebilde in ihren sozialen Wechselwirkungen in territorial umgrenzten Einheiten. So umgrenzen nicht Stadtbezirke, -viertel oder Grundstücke einander, sondern die Einwohnenden üben diese Wirkung aufeinander aus (vgl. Simmel 2013: 29 f., 477 sowie 484).

Veranschaulichen lässt sich dies zum Beispiel in der Art und Weise, wie sich Menschen auf ihren Wohngrundstücken begegnen. Obwohl sich Nachbarn zumeist persönlich kennen, ist es unüblich, das Nachbargrundstück ungefragt, unaufgefordert und ohne Ankündigung zu betreten. Besonders anschaulich wird dies daran, dass Bewohnende ihre Grundstücke durch Bäume, Hecken und Zäune begrenzen, sodass sie nicht eingesehen und betreten werden können. Die üblichen sozialen Wechselwirkungen zeigen sich in der Ermöglichung von angekündigten und einsehbaren Begegnungen mit Nachbarn durch Türen und Pforten in Zaun, Hecke oder dem Hauseingang.[4]

In der Begrenzung drückt sich demnach Zusammengehörigkeit als Vergesellschaftungsform aus. Ebenso wird über die Wechselwirkungen der sozialen Form auf ein bestimmtes Territorium verwiesen. Die Grenze erfüllt damit für die Vergesellschaftungsform, vergleichbar mit einem Rahmen bei Kunstwerken, zwei Funktionen: Einerseits ermöglicht sie Abgrenzung nach außen und andererseits symbolisiert sie Einheit nach innen (vgl. Simmel 2013: 482 f. sowie 484).

c. Nähe und Distanz
Diese Grundqualität bezieht sich auf die seelische Nähe und Distanz innerhalb von Vergesellschaftungsformen. Lediglich einen relativen Unterschied beschreibt Georg

---

[4] Eine soziale Begrenzung, die physisch-materiell ausgeformt wird und deshalb sichtbar ist, ist allerdings nicht der Regelfall. Diese kann auch in den sozialen Wechselwirkungen von Bewohnenden eines Stadtviertels zum Ausdruck kommen, die sich zu anderen Vierteln abgrenzen, weil sie sich untereinander als Kiezbewohnende kennen, begegnen und gemeinsame Orte nutzen.

Simmel zwischen den beiden Arten, über die Menschen in ihren sozialen Wechselwirkungen miteinander verbunden sein können. In soziale Formen gehen Nähe und Distanz in Wahrnehmungen und Empfindungen des individuellen Bewusstseins von Menschen ein. Durch dieses werden Sinneseindrücke zusammengesetzt, angeordnet und zu (seelischen) Inhalten geformt. Die Verbundenheit der Menschen in seelischer Nähe bzw. Distanz bezieht sich aus diesem Grund auf Gefühle des Beisammen- oder des Getrenntseins. Ebenso kann sie auf der territorialen bzw. örtlich erfahrbaren Einheit und Abgrenzung beruhen (vgl. Simmel 2013: 497). Dementsprechend beschreibt Georg Simmel die Verbindungen von Menschen in ihren sozialen Wechselwirkungen auf einem Kontinuum aus seelischer Nähe und Distanz. Zum einen lassen sich Vergesellschaftungsformen je nachdem unterschiedlich einordnen, ob für sie eine persönliche Anwesenheit der Wechselwirkenden notwendig ist. Erfordert die Interaktion miteinander ein örtliches Zusammentreffen, sind Nähe und Distanz dabei unmittelbar erfahrbar. Zum anderen wird das Gefühl bzw. die Gewissheit, eine Einheit zu bilden, berücksichtigt. Die Fähigkeit zur Abstraktion in der Syntheseleistung erlaubt soziale Wechselwirkungen hier auch ohne äußerliche Berührungspunkte, beispielsweise über territoriale Distanzen hinweg (vgl. Simmel 2013: 499).

Insbesondere gefühls- bzw. empfindungsbasierte soziale Formen, wie Familie und Verwandtschaft, wirken über ein vergleichsweise weites Territorium vereinheitlichend und bestehen auch ohne äußerliche Berührungspunkte der einzelnen Familienmitglieder (vgl. Simmel 2013: 497 und 533). Ebenfalls ermöglichen es soziale Wechselwirkungen mit sachlichem Zweck, deren Inhalte schriftlich auszudrücken sind, territoriale Distanzen zu überwinden, ohne dass ein örtliches Zusammentreffen erforderlich wird. Simmel veranschaulicht dies am Beispiel wirtschaftlicher Transaktionen, bei denen ein Austausch von finanziellen Werten erfolgt (vgl. Simmel 2013: 497). Auch in der Zusammenarbeit an wissenschaftlichen Publikationen, bei der Informationen und Wissen (beispielsweise Forschungsliteratur und -ergebnisse) ausgetauscht und aufbereitet werden, ist persönliche Anwesenheit keine Voraussetzung für die sozialen Wechselwirkungen von Wissenschaftlerinnen und Wissenschaftlern. Aufgrund der Gewissheit, einer Scientific Community anzugehören, die sich beim Verfassen von Artikeln auf dieselben wissenschaftlichen Standards, Regeln und Techniken bezieht, kann diese soziale Form über territoriale Distanzen hinweg in einen schriftlichen, digitalen Austausch miteinander treten. Die schriftlich formulierbaren sozialen Wechselwirkungen werden zum Teil gezielt durch persönliche Termine erweitert, die sowohl digital per Videokonferenz als auch örtlich lokalisierbar sein können. Im Wissenschaftssystem dienen diese allerdings vergleichsweise stärker einer Verstetigung der sozialen Wechselwirkungen zwischen den beteiligten Wissenschaftlerinnen und Wissenschaftlern.

3.1 Georg Simmels Soziologie

d. Bewegung

In dieser Raumqualität wird konkretisiert, dass Menschen sich durch Wanderung von Ort zu Ort bewegen können, sodass die räumlichen Bedingungen ihrer Vergesellschaftung in Fluss geraten (vgl. Simmel 2013: 517). Besonders eng aufeinander verwiesen sind deshalb die Mitglieder wandernder Vergesellschaftungsformen. Aufgrund ihrer Mobilität besitzen ihre gemeinsamen Interessen als Inhalte sozialer Wechselwirkung vergleichsweise stärker die Form von Momentanität. Zudem ist eine wandernde Gruppe unterwegs weitgehend auf sich selbst gestellt, weil die Bewegung sie isoliert (vgl. Simmel 2013: 519 f.).

Die Bewegung einzelner Personen unterstellt Georg Simmel dem Zweck der Integration bzw. Vereinheitlichung der sozialen Form. Aus seiner Sicht wird räumliche Mobilität über große Strecken hinweg in modernen Vergesellschaftungsformen vergleichsweise seltener nötig, da sich Einheitlichkeit auf andere Weise erzeugen lässt (vgl. Simmel 2013: 522). Stattdessen bringt das moderne gesellschaftliche Leben ein Einheitsbewusstsein durch Kultur, Technik und fixierte Institutionen hervor. Das Wissen um gemeinsame (erfahrbare) Berührungspunkte, die Möglichkeit zu schriftlicher Verständigung, Mediennutzung und Bankkonten spiegeln sich in den Wechselwirkungen sesshafter Vergesellschaftungsformen wider (vgl. Simmel 2013: 522 f.). Technische Entwicklungen ermöglichen und unterstützen Ortswechsel jedoch in modernen prinzipiell sesshaften sozialen Formen. Sofern es allerdings an kultureller und technischer Entwicklung fehlt, kommt der Bewegung einzelner Personen als Mittel der Vereinheitlichung Bedeutung zu. Es macht die Verbundenheit der Vergesellschaftung auf eine andere Art fühlbar und wirksam (vgl. Simmel 2013: 523.).

Ein Jahrhundert nach Simmels Ausführungen über moderne Vergesellschaftungsformen bereiten Kommunikationstechnologien und Informationssysteme im Zuge der Digitalisierung weitere moderne Alternativen zur Bewegung bzw. Wanderung. Mit digitalen Technologien ist es möglich, dass Menschen an verschiedenen Orten und über unterschiedliche Distanzen in soziale Wechselwirkungen zueinander treten. Workshops, Kurse und Lehrmaterialien werden als Inhalte digital zur Verfügung gestellt, sodass ein Austausch per Kommunikationsmedium erfolgen kann (z. B. per Videokonferenz oder Chat). Eine solche soziale Form bietet sich insbesondere dann an, wenn ein persönliches Zusammentreffen nicht möglich ist oder sofern – beispielsweise vor dem Hintergrund der Coronapandemie – auf (Dienst-) Reisen verzichtet werden muss.

Obwohl Georg Simmel die Bedeutung des Wanderns zur Vereinheitlichung in der modernen Gesellschaft nachordnet, existiert ein relevanter Bereich, in dem die Tradition bis heute Bestand hat. So nutzen Politikerinnen und Politiker die territoriale

Bewegung insbesondere zum Wahlkampf, um sich in ihren Wahlkreisen vorzustellen, mit Menschen vor Ort ins Gespräch zu kommen und durch ihre persönliche Anwesenheit ein Gefühl der Zugehörigkeit bei den Bereisten zu erzeugen, das diese zur Stimmabgabe bewegen soll. Dieses ist durch Wahlplakate und eine Ansprache in Briefen nicht gleichermaßen zu erzielen (vgl. Schroer 2012: 76 f.).

Auch hinsichtlich des Forschungsinteresses der vorliegenden Arbeit bilden Wanderungsbewegungen Anknüpfungspunkte. So lässt sich ein hoher Anteil der räumlichen Mobilität auf junge Menschen mit einem (akademischen) Bildungsinteresse zurückführen, die ihren Wohnort aufgrund ihrer Qualifikation verlagern. Gleichermaßen wird bei Studierenden jedoch auch das Beibehalten des ursprünglichen Wohnsitzes, beispielsweise am Heimatort in ihren Elternhäusern beschrieben, sodass Distanzen durch (Fern-)Pendeln überbrückt werden (vgl. Lörz 2008; Milbert/Sturm 2016; Gareis et al. 2018). Worauf (unterschiedliche) vereinheitlichende Wirkungen und Gefühle der Zugehörigkeit unter den Studierenden basieren, beleuchten dementsprechend einen neuen Aspekt.

e. Fixierung

Schließlich beschreibt Simmel die Grundqualität der Fixierung, die als theoretischer Ausgangspunkt der Argumentationslinie im Forschungsprozesses entscheidend ist. Sie bezieht sich auf die Eigenschaft, Vergesellschaftungsformen durch Interessengegenstände als Inhalte ihrer sozialen Wechselwirkungen örtlich zu fixieren (vgl. Simmel 2013: 489). Wie Georg Simmel herausgestellt, ist sie jedoch nicht als Fixierung an einen substanziellen Gegenstand zu begreifen. Vielmehr bezeichnet sie einen ideellen Drehpunkt, der dazu in der Lage ist, ein Gefüge aus Menschen in ihren Wechselwirkungen, Verbindungen seelischer Nähe und Distanz sowie in gegenseitiger Abhängigkeit zu halten. Über seine Art territorialer Festgelegtheit erzeugt der Drehpunkt eine Bindung von Vergesellschaftungsformen. Aufgrund der an ihn geknüpften Funktionen ist er als Gegenstand des Interesses der Menschen dazu imstande, soziale Formen mit jeweils spezifischer Reichweite sowie Begrenzung um sich zu gruppieren (siehe 3.1.1 und 3.1.2). Aus diesem Grund stellt der Drehpunkt einen stabilen (örtlichen) Bezugspunkt labiler sozialer Wechselwirkungen dar (vgl. Simmel 2013: 490 und 491). Seine gesellschaftliche Bedeutung erhält er überall dort, wo die Berührung oder Vereinigung voneinander unabhängiger Menschen nur an diesem einen Platz geschehen kann (vgl. Simmel 2013: 491).

Georg Simmel beschreibt im Zusammenhang mit dem Drehpunkt feste Orte, in denen sich Vergesellschaftungsformen als räumliche Gebilde für gewöhnlich umsetzen. Dies wird unter anderem anhand der ‚Häuser' von (religiösen) Gemeinden und Universitäten veranschaulicht (vgl. Simmel 2013: 538). Unter dem ‚Haus' dieser

3.1 Georg Simmels Soziologie

sozialen Einheiten versteht Simmel nicht in erster Linie ihren Besitz eines Gebäudes, sondern eine Lokalität, die als Wohn- oder Versammlungsstätte den räumlichen Ausdruck ihrer sozialen Energie widerspiegelt. Ihre Häuser bilden zugleich die Gesellschaftsgedanken ihrer sozialen Formen ab, indem sie diesen – über die maßgeblichen sozialen Wechselwirkungen – lokalisieren (vgl. ebd.).

Als Beispiel seiner Zeit verdeutlicht Georg Simmel dies in der räumlichen Fixierung einer Kapelle oder Seelsorgestation als anschauliches Zentrum der Kirche. Sie stellt den Drehpunkt für die Beziehungen und den Zusammenhalt der Gemeinde dar. Hierbei bewirkt sie ein Bewusstsein der Zugehörigkeit ihrer religiösen Mitglieder, aber auch weiterer Interessierter (vgl. Simmel 2013: 491/492). Die Besonderheiten des Drehpunktes beschreibt Simmel insofern, als aufgrund der territorialen Lokalisierung seiner Funktionen keine bestimmte Anzahl von Menschen zur Konstitution sozialer Formen vor Ort erforderlich ist. Menschen beziehen sich aus unterschiedlichen Interessen mit, aber auch ohne einen explizit religiösen Bezug auf die Kapelle. Aufgrund ihrer Interessen an der Teilnahme an Gottesdiensten, dem Kommunions- und Konfirmandenunterricht, einem Engagement für wohltätige Zwecke, im Chor zu singen, ein Musikinstrument zu erlernen oder an einer kirchlichen Trauung begeben sie sich in Wechselwirkungen zueinander. Indem sie die Kapelle regelmäßig in ihren verschiedenen Funktionen nutzen, kommen Menschen vor Ort miteinander in Kontakt, fühlen sich einander nah und zugehörig. Soziale Formen mit jeweils spezifischer Reichweite und Begrenzung gruppieren sich um sie als Drehpunkt.

Die Fixierung eines Interessengegenstandes zeichnet sich aus diesem Grund gerade dadurch aus, dass seine Lokalisierung als Inhalt sozialer Wechselwirkung den „Kristallisationspunkt eines innerlich sowie nummerisch wachsenden Gemeindelebens" (Simmel 2013: 492) bildet (vgl. ebd.).

Ihre Mechanismen der räumlichen Fixierung üben Kirchen gegenwärtig vergleichsweise weniger stark aus. Jedoch bieten auch Hochschulen an ihren Standorten ein anschauliches Beispiel als Drehpunkte. Über ihre territoriale Festgelegtheit lokalisieren sie unter anderem ihre akademische Bildungsfunktion vor Ort. So beziehen sich Menschen mit verschiedenen Interessen in erwartbarer Weise auf die Hochschule, indem sie die für sie relevanten Funktionen nutzen. Hierbei interagieren sie regelmäßig und kontinuierlich mit anderen Menschen, die ihr Interesse an der Hochschule teilen oder mit denen sie aufgrund eines übergeordneten Interesses in Kontakt kommen. Mit diesen bilden sie eine soziale Einheit, die von ihrem Zugehörigkeitsgefühl bestimmt ist und einen räumlichen Ausdruck in der Lokalität der Hochschule als Bildungs-, Lern-, Freizeit- und Arbeitsstätte findet. Um die Hochschule als Drehpunkt gruppieren sich aufgrund ihrer räumlichen Festgelegtheit soziale Formen mit jeweils spezifischer Reichweite und Begrenzung.

Unternehmerinnen und Unternehmer interessieren sich dafür, Beratungsleistungen in Anspruch zu nehmen oder vertraglich geregelte Ausbildungskooperationen in dualer, berufsbegleitender sowie -integrierender Form zu entwickeln, mit denen Studierende zu spezialisierten Absolvierenden qualifiziert werden. Die allgemeine Bevölkerung des Standortes weist sowohl ein Interesse an den Beschäftigungsmöglichkeiten[5] als auch an kulturellen Angeboten[6] auf, die ihnen die Hochschule bietet. Das wissenschaftliche Hochschulpersonal ist über seine Interessen an Forschung und Entwicklung sowie der Weitergabe des Wissens durch Publikationen sowie im Rahmen der Hochschullehre zugleich in die Positionierung der Hochschule im Hochschul- und Wissenschaftssystem und die inhaltliche Ausgestaltung des akademischen Bildungsangebots[7] eingebunden (siehe Abschnitt 2.2 für das Fallbeispiel privater Hochschulen).

Aufgrund ihres Interesses an akademischer Qualifikation, ihres Antriebs, ein Bildungszertifikat zu erwerben, sowie zum Zweck der Belehrung beziehen sich Studierende auf die Hochschule als ihren Drehpunkt (vgl. Simmel 2013: 12). Die inhaltliche Ausgestaltung des Bildungsangebots sowie die Studienstrukturen der Hochschule entscheiden gemeinsam mit weiteren Raumbezügen darüber, wie diese einander vor Ort begegnen, miteinander in Kontakt kommen und ein Zugehörigkeitsgefühl zueinander entwickeln, das sich auch räumlich formt. Aus diesem Grund bildet die Hochschule als Drehpunkt eine Versammlungsstätte mit dem Zweck der akademischen Qualifikation und Belehrung. Jedoch ist sie durch unterschiedliche weitere Nutzungs- und Bezugsweisen ihrer Studierenden gekennzeichnet (siehe Abschnitte 2.4.1 und 2.4.2). In ihrer Lokalisation spiegelt sich damit zugleich ihre soziale Energie wider, die als sozial konstituierter Raum bzw. (Hochschul-)Raum der Studierenden empirisch abgebildet werden kann.

Im nächsten Abschnitt werden die Ausführungen zu Georg Simmels Raumtheorie mit einem Fokus auf das Drehpunkt-Konzept vor dem Hintergrund der theoretischen Rahmung resümiert, um sie mit der Theorie sozialer Raumkonstitution von Martina Löw in Verbindung zu bringen.

---

[5] Beispielsweise unmittelbar im Bereich Technik, Verwaltung und Wissenschaftsmanagement. Darüber hinaus ergeben sich auch mittelbare Beschäftigungsmöglichkeiten in Unternehmen, Betrieben, Ausgründungen und Start-ups, die sich aufgrund der Hochschule als Drehpunkt um ihren Standort ansiedeln (vgl. Stevens et al. 2008).

[6] Beispielsweise der Bibliothek, Ausstellungen, Präsentationen und Veranstaltungen (vgl. Dettinger-Klemm 1984: 140 f.).

[7] Der Begriff inhaltlich bezieht sich hier auf die theoretische Kategorie des Inhalts aus Georg Simmels Soziologie. Demnach kommen durch die Ausgestaltung des Studienangebots in der Hochschullehre Inhalte zustande, die die Hochschule als Drehpunkt beispielsweise für ihre Studierenden relevant werden lassen (z. B. Lehrende aus der Praxis oder ein hoher Anwendungsbezug).

3.1.3 Diskussion vor dem Hintergrund der theoretischen Rahmung

Mit Georg Simmels soziologischem Raumbegriff und den zentralen Kategorien sozialer Wechselwirkung, Inhalten und Formen sind erste theoretische Konzeptionen zur Beschreibung des Untersuchungsgegenstands eingeführt worden (vgl. Simmel 2013). Vor dem Hintergrund ihrer Anwendung im Forschungsprozess sowie zur theoretischen Rahmung der Ausgangssituation für die empirische Analyse werden diese im Folgenden diskutiert und zugeordnet, um die Verknüpfung mit weiteren raumtheoretischen Konzepten aus Martina Löws Raumsoziologie (vgl. Löw 2015) zu plausibilisieren.

Wie im Kapitelverlauf herausgestellt worden ist, wird Raum im Verständnis von Georg Simmel „im Sinne eines räumlichen Dazwischentretens" (Simmel 2013: 479) in Interaktionen der Menschen hervorgebracht, durch die Territorium eine gesellschaftliche Bedeutung für sie erhält. Bezogen auf das vorliegende Projekt finden die Interaktionen von Studierenden in der Hochschule als Drehpunkt ihren räumlichen Ausdruck. Deshalb bildet die Hochschule eine Lokalität, auf die sie sich mit ihren Interessen, Zwecken und Antrieben in verschiedenen Interaktionen beziehen, ebenso wie sie den sozialen Gedanken ihrer Einheit (vgl. Simmel 2013: 539) bzw. den sozial konstituierten (Hochschul-)Raum der Studierenden (vgl. Löw 2015) widerspiegelt.

Durch Georg Simmel wird Verräumlichung in Bezug auf einen fixierten Interessengegenstand wie der Hochschule in den Verbindungen (seelischer) Nähe und Distanz sowie des Gefühls der Zugehörigkeit zu einer Einheit im Zusammensein, Füreinander- und Miteinander-Handeln (vgl. Simmel 2013: 12, 491 und 539) beschrieben. Diese räumliche Relationalität, die er in den Begriffen der Nähe und Distanz sowie des räumlichen Dazwischentretens in seiner Soziologie verankert hat, ist für die Arbeit am formulierten Forschungsinteresse zentral. Das Ziel der Untersuchung ist es jedoch, den (Hochschul-)Raum aus Studierendensicht abzubilden und hierbei ihre individuell verschiedenen räumlichen Bezüge zu berücksichtigen. Somit ist für den Forschungsprozess zwar ein Verständnis von Nähe und Distanz, mit dem Raumbezüge anhand von Relationen beschrieben werden können maßgeblich. Räumlichkeit allerdings sollte sich nicht (ausschließlich) innerhalb sozialer Formen – sprich: zwischen Studierenden – ausdrücken.

In seiner Anwendung für die empirische Analyse weist das Raumkonzept nach Georg Simmel somit Einschränkungen auf, die in den theoretischen Kategorien des Inhaltes und der sozialen Form begründet sind (siehe Abschnitt 3.1.1 sowie vgl. Simmel 2013: 13). Prozesse sozialer Wechselwirkung zur Erfüllung von Raum beziehen demnach sich stets auf zwei oder mehrere Menschen. Überträgt man dies auf das vorliegende Forschungsvorhaben, so begeben sich die Studierenden aufgrund individueller Antriebe, Zwecke und Interessen in Wechselwirkung zueinander. Hierbei erfüllen sie durch ihre spezifische soziale Form das Territorium zwischen sich mit gesellschaftlicher Bedeutung, sodass es zu einem Raum für sie wird (vgl. Simmel 2013: 479.). Die Vergesellschaftungsform der Studierenden mitsamt ihrer (räumlich-)territorialen Bedingungen, die auf ihre Interaktionen des Zu-, Mit- Für- oder Gegeneinanders zurückwirken, bildet die Perspektive, aus der Raum nach Georg Simmels Sicht zu untersuchen ist. Für das vorliegende Forschungsvorhaben bedeutet das, dass die Erzeugung von (Hochschul-)Raum lediglich für Gruppen als soziale Einheiten von Studierenden zu erfassen wäre. Nur ihre kollektiv hergestellten, geteilten bzw. gemeinsamen Räume könnten somit herausgearbeitet werden. Naheliegend ist es jedoch, dass Studierende (auch) individuelle Räume erzeugen, welche sich mit der Simmel'schen Konzeption nicht analysieren ließen.

Um diese individuelle Perspektive bei der Erzeugung von Raum ebenfalls zu berücksichtigen, wird Martina Löws Raumsoziologie (2015) herangezogen. Anhand der Konzepte des Spacings und der Syntheseleistung (siehe Abschnitt 3.2.2) wird diese mit dem Drehpunkt-Konzept von Georg Simmel verbunden. Voraussetzung für den Einbezug beider Raumtheorien in die Untersuchung der sozialen Raumkonstitutionen von Studierenden an privaten Hochschulen ist, dass die Konzepte aus beiden Theorien in der Arbeit am empirischen Material nicht miteinander verschränkt werden, weil sie von unterschiedlichen Perspektiven auf Raum und seiner Erzeugung ausgehen (siehe Abschnitt 3.1.2 bzw. 3.2).[8] Durch die raumsoziologische Herangehensweise gehen damit subjektive Studierendensichten in die empirische Analyse ein, während das Drehpunkt-Konzept aufgrund seiner Eignung als räumlicher Bezugspunkt sowie der Verankerung von Relationalität sowohl den Ausgangspunkt als auch den Abschluss der Untersuchung bildet:

Zur theoretischen Fokussierung des Forschungsinteresses wird die private Hochschule an ihrem Standort als Drehpunkt nach Georg Simmel definiert. Die Konzeption dient dazu, die Hochschule in der theoretischen Rahmung als einen konkreten, räumlichen Bezugspunkt zu verankern, an dem der empirische

---

[8] Stattdessen erfolgt eine Erweiterung bzw. Anreicherung der empirischen Analyseerkenntnisse durch die (erneute) Hinzunahme der Simmel'schen Theorieperspektive (siehe Abschnitt 3.3 sowie 6.5).

3.1 Georg Simmels Soziologie

Forschungsprozess sodann einsteigen kann. Würden lediglich soziale Raumkonstitutionen als das primäre Forschungsinteresse empirisch verfolgt, so wäre zunächst unklar, an welcher Stelle beim Erfassen der Raumerzeugung durch die Studierenden anzusetzen ist, weil diese ihrerseits in verschiedene räumliche Bezüge eingebunden sind (vgl. Simmel 2013: 477–546; vgl. Löw 2015).

Ihre Bedeutung als Drehpunkt erlangt die private Hochschule dort, wo sie die Vereinigung bzw. Berührung voneinander unabhängiger Menschen ermöglicht und sie nur an diesem Platz geschehen kann (vgl. Simmel 2013: 491). Das Drehpunkt-Konzept eignet sich deshalb insbesondere für die Anwendung auf private Hochschulen an Standorten abseits üblicher Hochschulstandorte, beispielsweise außerhalb von großen oder Großstädten (siehe Abschnitte 2.3 und 2.5). Aufgrund ihres einleitend herausgestellten Standortbezuges (siehe Kapitel 1 bzw. Abschnitte 2.1 und 2.2.1) werden die Studierenden in ihrem Interesse an akademischer Qualifikation sowie dem Erwerb eines Bildungszertifikates an einem Ort zusammengebracht, wo vergleichsweise wenige Angebote hinsichtlich tertiärer Bildung vorzufinden sind. Andernfalls hätten sich diese als Bildungsinteressierte – aufgrund ihrer vergleichsweise größeren Mobilitätsbereitschaft[9] – an entsprechend anderen Bezugspunkten orientiert.

Neben dem übergeordneten Interesse an der eigenen akademischen Qualifikation und dem Antrieb, ein Bildungszertifikat zu erwerben, existieren spezifischere Inhalte, die die private Hochschule für ihre Studierenden interessant machen können. Auch die Ausgestaltung ihres Bildungsangebots[10], ihre dualen, berufsbegleitenden oder -integrierten Studienformate, (vertraglich geregelte) Ausbildungskooperationen[11] oder die Lokalisation an ihrem Standort in Relation zu solchen Orten, die für ihre Studierenden Bedeutung besitzen, können die private Hochschule auszeichnen.

Demnach bildet sie einen Interessengegenstand, der in seiner territorialen Festgelegtheit zum Kristallisationspunkt für die forschungsrelevanten Raumkonstitutionen der Studierenden wird (vgl. Simmel 2013: 489). Als solcher ist die private Hochschule deshalb nicht ausschließlich aufgrund ihrer materiellen Substanz relevant, über die sie territorial lokalisierbar wird. Zusätzlich erhält sie eine soziale Relevanz. Als Bedeutung ideeller Art wird diese von Georg Simmel darin

---

[9] Vgl. Lörz 2008; Milbert/Sturm 2016; Hüther et al. 2019.
[10] Zum Beispiel durch Lehrende aus der Praxis.
[11] Zum Beispiel mit lokal bzw. regional bekannten Unternehmen und Betrieben.

beschrieben, dass die Studierenden[12] ihre Interessen sowohl auf die Hochschule als auch aufeinander beziehen (vgl. Simmel 2013: 491).

In ihrem gemeinsamen Interesse an akademischer Bildung und dem Erwerb eines Zertifikates, kommen die Studierenden in einer erwartbaren Weise an der privaten Hochschule zusammen. Vor Ort konstituieren sie ihren sozialen (Hochschul-)Raum. Die Perspektive der sozialen Raumkonstitution setzt für den empirischen Analyseprozess der Raumerzeugung an einem früheren Punkt an, indem sie das Zustandekommen (seelischer) Inhalte als individuelle Syntheseleistung in den Forschungsprozess einbezieht (siehe Abschnitte 3.1.2 und 3.2.2). Auf diese Weise sind neben dem übergeordneten gemeinsamen Interesse an akademischer Bildung auch zugrunde liegende Wahrnehmungen und Empfindungen inbegriffen.

Das vorliegende Dissertationsprojekt basiert auf der Annahme, dass die private Hochschule für ihre Studierenden über mindestens eine Funktion verfügt, aufgrund der sie vor Ort regelmäßig sowie erwartbar miteinander in Kontakt kommen und einander nah bzw. fern sind.

Durch ihre Nutzungs- und Bezugsweisen erzeugen und gestalten sie ihren sozialen (Hochschul-)Raum. Wie durch das Forschungsinteresse formuliert, stehen die Bildungsfunktion mit der akademischen Qualifikation sowie das übergeordnete Interesse am Erwerb eines Bildungszertifikates im Fokus. Neben diesen halten die private Hochschule sowie der Studienort verschiedene weitere Funktionen als Angebote bereit, die sich beispielsweise über solche der Freizeitgestaltung, des hochschulischen Engagements oder der studentischen Nebentätigkeiten erstrecken können. Sie eröffnen weitere Anknüpfungspunkte, die sich den Studierenden vor Ort bieten, um zusätzliche Kontakte herzustellen und sich einander zugehörig zu fühlen. Diese können sich ebenfalls in der Bedeutung der privaten Hochschule widerspiegeln. Anzunehmen ist allerdings, dass die Bedeutungszuschreibung durch ihre Studierenden davon bestimmt ist, unter welchem spezifischen Aspekt bzw. unter welchen Aspekten die private Hochschule für sie relevant wird.

---

[12] Bei den vor Ort gebundenen bzw. gehaltenen Studierenden kann es sich sowohl um solche Studierenden handeln, die bereits am Standort gelebt haben; solche Studierende, die nicht am Studienort leben und täglich (beispielsweise mit öffentlichen Verkehrsmitteln oder mit dem Auto) zum Hochschulstandort pendeln, oder solche Studierende, die eigens für das Studium an den Hochschulstandort gezogen sind. Sie alle beziehen sich durch die Aufnahme ihres Studiums, in einer erwartbaren und regelmäßigen Weise auf die private Hochschule und konstituieren vor Ort Raum. Demnach ist sie aufgrund ihrer übergeordneten akademischen Bildungsfunktion als Drehpunkt grundsätzlich dazu in der Lage, verschiedene Studierende in einem bestimmten Verhältnis von Nähe bzw. Distanz sowie gegenseitiger Abhängigkeit zu halten.

Resümierend lässt sich deshalb beschreiben, dass die private Hochschule als fixierter Interessengegenstand dazu in der Lage ist, Studierende an den Hochschulstandort zu ziehen und dort zu halten. In ihrer territorialen Festgelegtheit bewirkt sie, dass sich vor Ort ein Geflecht aus Nähe und Ferne unter den Studierenden entwickelt, die sich sowohl auf ihre Hochschule als auch aufeinander beziehen. Dies kann auch empirisch beobachtet und analysiert werden. Hierbei bildet die private Hochschule in ihrer Bildungsfunktion den Kristallisationspunkt der sozialen Raumkonstitutionen von Studierenden. Diese haben aufgrund ihres (übergeordneten) Interesses am Erwerb eines akademischen Bildungszertifikates ihr Studium aufgenommen. Weitere Angebote ihrer Hochschule und des Studienortes werden von den Studierenden – entsprechend ihrer Relevanz und Bedeutung – in unterschiedlicher Weise wahrgenommen, genutzt und einbezogen.

Unter der Prämisse, dass Studierende Inhalte der privaten Hochschule an ihrem Standort unterschiedlich wahrnehmen, nutzen und sich entsprechend auf sie beziehen, wird an dieser Stelle Martina Löws Raumsoziologie (2015) mit dem Drehpunkt-Konzept von Georg Simmel (2013) verknüpft. Durch die Verknüpfung kommen die subjektiven Studierendensichtweisen beim Erzeugen von Raum in den Blick.

3.2 Martina Löws Raumsoziologie

Martina Löw leitet räumliche Konstitutionsprozesse aus der (An-)Ordnung von sozialen Gütern und Menschen im Rahmen des individuellen alltäglichen Handelns ab (vgl. Löw 2015: 13). Anders als es in der Soziologie lange Zeit üblich war, umfasst ihr zugrunde liegendes Raumverständnis sowohl seine sozialen als auch seine materiellen Bestandteile. Damit grenzt es sich von Konzeptionen ab, welche Raum jenseits der materiellen Welt untersuchen ([ausschließlich] soziale Raumkonzepte). Gleichermaßen distanziert es sich von der Annahme, Raum könne von Menschen betrachtet werden, ohne dass die Betrachtung selbst dabei gesellschaftlich vorstrukturiert ist ([ausschließlich] materielle Raumkonzepte) (vgl. Löw 2015: 15).[13]

---

[13] Der Paradigmenwechsel in den 1980er Jahren, seitdem Räume als kulturelle sowie insbesondere soziale Produkte entworfen, in theoretische Überlegungen einbezogen und entsprechend untersucht werden, wird als *spatial turn* bezeichnet (vgl. Döring/Thielmann 2015; Löw 2015a). Dieser spiegelt sich ebenso in den raumwissenschaftlichen Disziplinen wider, die sich neben der physikalischen Beschaffenheit der Erdoberfläche und ihrer Beschreibung ebenfalls den menschlichen Wirkungsbereichen und ihrer Organisation widmen (vgl. Werlen

Für die vorliegende Untersuchung steuern die raumsoziologischen Ausführungen deshalb ihr integratives Raumverständnis bei, das sich durch materielle und symbolische Komponenten der Raumkonstitution auszeichnet (vgl. Löw 2015: 15). Im Sinne einer Abstraktion benennt Raum darin den Prozess der Raumerzeugung, sodass nicht Raum als solcher erhoben und untersucht werden kann, sondern stets einzelne von Menschen in ihrem individuellen Handeln konstituierte Räume (vgl. Löw 2015: 131 und 132). In ihrem alltäglichen Handeln beziehen Menschen soziale Güter und andere Menschen in ihre Räume ein und versehen sie mit Bedeutung.

3.2.1 Soziale Güter und Menschen in der Raumkonstitution

Den Begriff der sozialen Güter entwickelt Martina Löw in Anlehnung an Reinhard Kreckel (2004) (vgl. Löw 2015: 191–194). Als solche werden „Produkte gegenwärtigen und vor allem vergangenen materiellen und symbolischen Handelns" beschrieben (Kreckel 2004: 77). Gemeint ist, dass soziales Handeln dazu in der Lage ist, etwas hervorzubringen bzw. zu produzieren. Der symbolische Aspekt sozialen Handelns bezieht sich dabei auf solches Handeln, das an Werten, Normen, Institutionen und Rollenerwartungen ausgerichtet ist oder ähnlich sinnhaft orientiertes bzw. durch Sprache strukturiertes intentionales Verhalten aufweist (vgl. Kreckel 2004: 76). Mit dem materiellen Aspekt sozialen Handelns dagegen wird auf die Wechselbeziehung zwischen Handelndem und seiner materiellen Umwelt verwiesen (vgl. Kreckel 2004: 76).[14] Zwischen dem materiellen sowie dem symbolischen Aspekt kann insofern unterschieden werden, als es für ein Verstehen der symbolischen Bedingungen sozialen Handelns notwendig wird, Methoden des Sinnverstehens anzuwenden, während sich materielle Handlungsbedingungen als von Naturgesetzen bestimmt begreifen lassen (vgl. Kreckel 2004: 77).

2000: 205). Hierbei kommen neue Raumverständnisse zur Anwendung, welche eine Annäherung über soziale Verflechtungen unter Menschen bzw. Gruppen umfassen und zu diesem Zweck beispielsweise soziale Praktiken, Handlungen und Interessen heranziehen. Das Territorium verliert hierbei, ebenso wie die zeitliche Komponente, nicht an Bedeutung, sondern wird um jeweils theoriespezifische Raumwahrnehmungen, Erzeugungen bzw. Typisierungen erweitert (vgl. Massey 1997; 1999; Thrift/Crang 2000; Sturm 1999; 2000; Löw 2015 sowie 2015a).

[14] Als Beispiele führt Kreckel menschliche Artefakte, die materielle Umwelt einer Handlungssituation sowie den physischen Organismus des Handelnden selbst an (vgl. Kreckel 2004: 76).

3.2 Martina Löws Raumsoziologie

Von Kreckel entlehnt ist ebenfalls die Differenzierung in primär materielle sowie primär symbolische soziale Güter. Dahinter verbirgt sich die bereits zitierte Annahme, dass soziale Handlungen dazu in der Lage sind, Güter zu produzieren, die eine Objektivation der Handlungen sind, die sie hervorgebracht haben (vgl. ebd). Die Bezeichnung primär bezieht sich in diesem Zusammenhang darauf, dass soziale Güter immer über beide der ausgeführten Komponenten verfügen. Je nach Aspekt der produzierenden sozialen Handlung findet eine der beiden Komponenten eine stärkere Betonung. Damit werden sie – als Produkte vergangenen sozialen Handelns – ihrerseits zu Bedingungen aktuellen sozialen Handelns (vgl. Kreckel 2004: 78).

Martina Löw wendet die Begriffe der primär materiellen bzw. symbolischen Güter sodann auf raumkonstituierendes soziales Handeln an, indem sie eine Handlungssituation mit den vorhandenen sozialen Gütern und Menschen als strukturgebend voraussetzt. Zu verstehen ist dies folgendermaßen: Da Räume handelnderweise konstituiert werden, ist deren Erzeugung stets durch die vorgefundene Situation vorstrukturiert. Strukturierend wirken in diesem Fall die Faktoren der sozialen Güter und Menschen, die in der konkreten Handlungssituation vorhanden sind und zunächst hinsichtlich ihrer materiellen Bedingungen einbezogen werden. Grund dafür ist, dass die symbolische Wirkung von sozialen Gütern oder Menschen nur dann in Prozesse der Raumkonstitution einbezogen werden kann, sofern diese ebenfalls materiell vorhanden sind bzw. waren (vgl. Löw 2015: 191 f. sowie 198). Martina Löw verwendet den Begriff der sozialen Güter demnach „in dem primär materiellen Sinn, [benutzt] aber in der Regel die allgemeine Formulierung ‚soziale Güter', um den damit ebenfalls gemeinten symbolischen Aspekt zu betonen" (Löw 2015: 153 f.).[15]

Neben sozialen Gütern werden in soziale Raumkonstitutionen auch Menschen einbezogen. Auf diese Art und Weise besteht Raum nicht lediglich aus materiellen Dingen, die dem Sozialen gegenüberstehen. Stattdessen wird eine Auseinandersetzung mit Raum ermöglicht, bei der Menschen den sozialen Gütern nicht nur sehend oder platzierend gegenüberstehen, sondern in der sie selbst Elemente dessen sein können, was zu Räumen zusammengefasst wird (vgl. Löw 2015: 155). Dementsprechend werden nicht nur soziale Güter, sondern auch andere Menschen zu Raum verknüpft, die ihrerseits aktiv in soziales Geschehen eingebunden sind und Räume konstituieren (vgl. Löw 2015: 158).

---

[15] Besonders deutlich wird diese Begriffsverwendung beispielsweise dann, wenn Symbole als soziale Güter platziert werden. Löw führt in diesem Zusammenhang Schilder im Straßenverkehr als Beispiel an, die nur aufgestellt werden können, weil sie eine Materialität aufweisen. Der Grund ihrer Platzierung liegt aber darin, im Straßenverkehr eine bestimmte Symbolik zu entfalten (vgl. Löw 2015: 154).

Um Konstitutionsprozesse theoretisch abzubilden, werden durch Martina Löw zwei verschiedene Aktivitäten definiert. Diese beschreibt sie in *Platzierungen bzw. Positionierungen (Spacing)* sowie innerhalb der *Verknüpfung (Syntheseleistung)* zu Raum.

3.2.2 Spacing und Syntheseleistung

Mit dem Spacing und der Syntheseleistung werden innerhalb des Konstitutionsprozesses zwei verschiedene Perspektiven eingenommen, die in keinem hierarchischen Verhältnis zueinander stehen, sondern sich rekursiv aufeinander beziehen (vgl. Löw 2015: 156 sowie 131). Als Erstes wird an dieser Stelle der Begriff des Spacings als der Handlungsdimension der Raumkonstitution erläutert. Im sozialen Handeln wird Raum im Sinne des Spacings durch das Platzieren von sozialen Gütern und Menschen erzeugt. Eine andere mögliche Form stellt das Positionieren von primär symbolischen Markierungen dar, welche Ensembles von Gütern und Menschen als solche kenntlich machen.[16] Mit jeder im sozialen Handeln erfolgten Platzierung bzw. Positionierung eines sozialen Guts oder Menschen an einem konkreten Ort wird dabei stets die Relation zu einer anderen Platzierung aufgegriffen oder beschrieben. Es ist demnach unmöglich, etwas, jemanden oder sich selbst im Sinne des Spacings zu platzieren, ohne dabei eine andere Platzierung zumindest implizit aufzugreifen und zu beschreiben. Als Spacing bezeichnet Martina Löw bei beweglichen Gütern und Menschen daher sowohl den Moment der Platzierung als auch die damit bezeichnete Bewegung zur nächsten Platzierung (vgl. Löw 2015: 158 f.).

Um ein soziales Gut bzw. einen Menschen platzieren zu können, müssen zudem Orte vorhanden sein, an denen Platzierungen erfolgen können. Durch eine Besetzung mit sozialen Gütern oder Menschen werden diese als solche kenntlich gemacht. Orte entstehen demnach durch Platzierungen, sind jedoch nicht mit diesen identisch. So können diese durchaus über einen gewissen Zeitabschnitt ohne das Platzierte, beispielsweise durch dessen symbolische Wirkung, fortbestehen (vgl. Löw 2015: 198). Der Ortsbegriff zeichnet sich in Löws Raumsoziologie

---

[16] Als Beispiel für eine solche symbolische Markierung führt Löw z. B. Orteingangs- bzw. -ausgangsschilder an (vgl. Löw 2015: 154). Das Aufstellen von „[...] Waren im Supermarkt, das Sich-Positionieren von Menschen gegenüber anderen Menschen, das Bauen von Häusern, das Vermessen von Landesgrenzen, das Vernetzen von Computern zu Räumen [...]" (Löw 2015: 158) stellen für sie weitere mögliche Beispiele für Platzierungen bzw. Positionierungen im Rahmen des Spacings dar.

3.2 Martina Löws Raumsoziologie

somit durch seine konkrete Benennbarkeit sowie zumeist geographische Markierung aus. Demzufolge bringt Martina Löw ihn mit Albert Einsteins Definition als „ein mit Namen bezeichneter (kleiner) Teil der Erdoberfläche" (Einstein 1950: XII, zitiert nach Löw 2015: 199) in Verbindung (vgl. ebd.).

Um Platzierungen bzw. Positionierungen von sozialen Gütern bzw. Menschen einordnen zu können, die im sozialen Handeln zur Herstellung von Raum erfolgen, bedarf es der Ordnungsdimension des Konstitutionsprozesses. Diese wird von Martina Löw als *Syntheseleistung* in der Verknüpfung der platzierten sozialen Güter und Menschen zu Raum beschrieben. In der Praxis existiert eine Gleichzeitigkeit von Spacing und Syntheseleistung, sodass sich Platzieren bzw. Positionieren von Menschen und sozialen Gütern mit deren Verknüpfung zu Raum stets abwechseln sowie aufeinander beziehen. Dabei stellt das Synthetisieren eine Abstraktionsleistung dar, mit der Ensembles von sozialen Gütern und Menschen wie ein Element wahrgenommen, erinnert oder vorgestellt werden (vgl. Löw 2015: 159). Drei Formen der Syntheseleistung werden voneinander unterschieden: das Synthetisieren in der *Wahrnehmung*, das in der *Erinnerung* sowie jenes in der *abstrahierenden Vorstellung*. Eine Trennung erfolgt lediglich analytisch, denn praktisch existiert selten eine der drei Formen für sich (vgl. Löw 2015: 199). In die Verknüpfung sozialer Güter und Menschen zu Raum gehen dabei unterschiedliche Relevanzkriterien ein. Martina Löw beschreibt in diesem Zusammenhang den euklidisch geschulten Blick, welcher sich auf die *Lagebeziehungen* der Körper zueinander bezieht, *individuelle Vorstellungen* über Raum und *biographisches Wissen* der Menschen (vgl. Löw 2015: 132). [Ausschließlich] Materiell bzw. sozial geprägte Konzepte von Raum zeichnen sich in der Regel lediglich durch eines der genannten Kriterien aus. Dagegen lässt das integrative soziale Raumverständnis vergleichsweise mehr Anknüpfungspunkte bei der Untersuchung der Erzeugung von Raum zu (vgl. Löw 2015: 132).

Die Syntheseleistung ist von einer weiteren Besonderheit bestimmt. So verfügen Menschen in ihrem alltäglichen sozialen Handeln über ein implizites Wissen darüber, wie sie andere Menschen bzw. soziale Güter aufgreifen und im Rahmen der Synthese zu Raum verknüpfen, ohne sich darüber bewusst zu werden. Martina Löw führt dies darauf zurück, dass soziales Handeln in der Regel repetitiv erfolgt und jeder Mensch ein gewohnheitsbedingtes Set von Handlungen entwickelt hat, dass es ihm ermöglicht, seinen Alltag zu gestalten (vgl. Löw 2015: 161).

Anhand der Unterscheidung zwischen *diskursivem* und *praktischem* Bewusstsein nach Anthony Giddens (1995) kann dies veranschaulicht werden. Das diskursive Bewusstsein umfasst solche Erinnerungsformen, die Handelnde sprachlich zum Ausdruck bringen können. Im praktischen Bewusstsein dagegen finden sich solche Eindrücke, die den Handelnden lediglich im Moment des Handelns vorliegen (vgl. Giddens 1995: 99 und 100). Routinen werden demnach dem praktischen Bewusstsein zugeordnet.[17]

Entsprechend werden Raumkonstitutionen aus einem praktischen Bewusstsein beschrieben, das darin zum Ausdruck kommt, dass Menschen sich für gewöhnlich nicht darüber verständigen müssen, wie sie Räume erzeugen. In der Synthese, die lediglich analytisch vom Spacing trennbar ist, werden Platzierungen von sozialen Gütern und Menschen wahrgenommen und zu Raum verknüpft. Die Art und Weise, wie Räume dabei geschaffen werden, ist ein Stück weit vorstrukturiert. Sie erfolgt aus einem praktischen Bewusstsein und umfasst Routinen, auf die die Menschen gewohnheitsmäßig zurückgreifen, um ihren Alltag zu gestalten. In besagten Routinen, die dem praktischen Bewusstsein entstammen, reproduzieren Menschen beispielsweise gesellschaftliche Institutionen, jedoch auch ihr biographisches Wissen, individuelle Vorstellungen und Relevanzkriterien (vgl. Löw 2015: 162 sowie 132).

3.3 Anwendung der theoretischen Rahmung

Nachdem die soziale Raumerzeugung durch Spacing und Syntheseleistung dargelegt worden ist, zeigt dieser Abschnitt, wie sie durch die theoretische Rahmung in den Forschungsprozess eingebunden wird. Zu diesem Zweck werden die raumsoziologischen Ausführungen nach Martina Löw (2015) gemeinsam mit dem Drehpunkt-Konzept nach Georg Simmel (2013) rekapituliert und auf den Forschungsgegenstand bezogen. Der theoretische Rahmen, mit dem die Raumkonstitutionen von Studierenden an privaten Hochschulen untersucht werden, wird somit in Gänze entfaltet.[18] Zugleich ist es das Ziel dieses Abschnittes, die vorhandenen Schnittmengen zwischen Verräumlichungstheorie und Raumsoziologie aufzugreifen und insofern für die vorliegende Arbeit nutzbar zu machen, als die Verbindung von Simmels Drehpunkt-Konzept zu Löws Raumkonstitution plausibel wird.

Den Ausgangspunkt des Forschungsprozesses bildet die private Hochschule, die innerhalb des theoretischen Bezugsrahmens beiden Theorien zugeordnet wird.

---

[17] Sie sind sowohl maßgeblich für die Reproduktion der Persönlichkeitsstrukturen der Handelnden als auch für die Reproduktion der sozialen Institutionen. Institutionen erhalten ihre soziale Gültigkeit, so hebt Giddens hervor, nämlich lediglich aufgrund ihrer Reproduktion – beispielsweise in Routinen (vgl. Giddens 1995: 112).

[18] Diese wurde zu Kapitelbeginn zunächst als theoretischer Zweischritt umschrieben, wobei der zweite Teil offengeblieben ist.

3.3 Anwendung der theoretischen Rahmung

Zur Fokussierung des Forschungsgegenstands sowie zur Beschreibung der Ausgangssituation wird ist sie zunächst als Drehpunkt nach Georg Simmel (2013) beschrieben worden. Als solcher ist sie in einem doppelten Sinne relevant. Ihre territoriale Bedeutung wird über ihre Lokalisierung in der Untersuchung verankert. Aufgrund ihrer örtlichen Festgelegtheit zieht sie Studierende mit einem Interesse an ihrer (übergeordneten) Bildungsfunktion an den Standort und hält diese vor Ort. Ihre soziale Relevanz als Drehpunkt kommt hingegen darin zum Ausdruck, dass die Studierenden sich in ihren Interessen sowohl auf die private Hochschule als auch aufeinander beziehen. Dementsprechend sind sie in ihrem Interesse am Erwerb eines akademischen Bildungszertifikates von Studienbeginn an sowohl auf ihre Hochschule am Standort als auch auf ihre Mitstudierenden verwiesen. Sie nehmen an Lehrveranstaltungen, Seminaren sowie Workshops teil und kommen darüber hinaus in der Mensa, Cafeteria oder auf dem Hochschulgelände miteinander in Kontakt. Ihr gemeinsames Bildungsinteresse drückt sich in einer regelmäßigen und erwartbaren Bezugnahme auf die private Hochschule als Drehpunkt aus. Des Weiteren existieren jedoch zusätzliche Interessen sowie vergleichsweise individuellere Relevanzen und Bedeutungen der einzelnen Studierenden. Diese sind in der Diskussion in Abschnitt 3.1.3 dieses Kapitels ausgeführt worden. Auch in der bisherigen Forschung finden sich entsprechende Hinweise (siehe Kapitel 2). Anzunehmen ist, dass sich diese in entsprechend unterschiedlichen Nutzungen und Bezugsweisen auf die Hochschule, das Hochschulgelände und den Standort widerspiegeln.

An dieser Stelle schließt die Perspektive der sozialen Raumkonstitution für den empirischen Analyseprozess an. Das integrative Raumverständnis aus Martina Löws Raumsoziologie (2015) bietet eine adäquate theoretische Schablone, um einerseits an den Doppelsinn des Drehpunkt-Konzeptes in seiner sozialen sowie territorialen Bedeutung anzuknüpfen (siehe Abschnitt 3.2). Andererseits lässt sich die Erzeugung von individuellen und geteilten Räumen aus Studierendensicht mit den Konzepten des Spacings und der Syntheseleistung abbilden. Mit diesen wird an die theoretische Kategorie der (seelischen) Inhalte sozialer Wechselwirkung nach Georg Simmel angeknüpft (siehe Abschnitt 3.1.1 und 3.2.2).

Aus der raumsoziologischen Perspektive sind alle Studierenden als aktiv Raumkonstituierende sowie als platzierte Menschen in die Räume ihrer Mitstudierenden einbezogen (vgl. Löw 2015: 158). Durch Platzierungen bzw. Positionierungen von sozialen Gütern und Menschen (Spacing) sowie durch deren Wahrnehmung und Verknüpfung (Syntheseleistung) konstituieren sie Räume an der Hochschule bzw. am Studienort in ihrem routinierten alltäglichen Handeln.

Für den Analyseprozess eröffnet sich damit die Möglichkeit, zur Untersuchung des empirischen Materials an einem vergleichsweise früheren Punkt anzusetzen, bei dem auch die individuelle Syntheseleistung von Studierenden in die Raumerzeugung einbezogen wird. Zwar beschreibt auch Georg Simmel in seiner Gesellschaftstheorie individuelle Syntheseleistungen (vgl. Simmel 2013: 29 f.). Diese umfassen Wahrnehmungen, Empfindungen und Sinneseindrücke, die durch das individuelle Bewusstsein angeordnet und geformt werden, um (seelische) Inhalte sozialer Wechselwirkungen hervorzubringen. Diese nehmen Menschen zum Anlass, um miteinander in Kontakt zu kommen und sich aufeinander zu beziehen. Auf diese Weise wird physisch-materielles Substrat als Raum erfüllt und erhält eine gesellschaftliche Bedeutung (vgl. Simmel 2013: 12–13 sowie 479). Als Grundlage der sozialen Wechselwirkungen unter den Menschen ebenso wie für die Erzeugung von Relationalität kommt der Syntheseleistung auch in Simmels Theorie ein entscheidender Wert zu. Aus seiner Perspektive auf Raum, die auf Interaktionen zwischen den Menschen basiert, gehört die Synthese individueller (seelischer) Inhalte sozialer Wechselwirkung jedoch nicht unmittelbar zur Raumerzeugung.

Dies steuert folglich der theoretische Entwurf von Martina Löw bei, in dem die Syntheseleistung als Teil der Raumkonstitution eine Abstraktionsleistung darstellt, mit der soziale Güter und Menschen wie ein Element wahrgenommen, erinnert oder vorgestellt werden (vgl. Löw 2015: 159). Wie genau Raum in der Wahrnehmung, Erinnerung sowie der abstrahierenden Vorstellung synthetisiert wird, ist von verschiedenen Aspekten bestimmt.

So wirken sich die in einer Handlungssituation wahrgenommenen sozialen Güter und Menschen als materielle (bzw. symbolische) Bedingungen strukturierend auf die Raumkonstitutionen aus (vgl. Löw 2015: 192–194 sowie 132). Dies ist darauf zurückzuführen, dass soziale Güter als „Produkte gegenwärtigen und [..] vergangenen materiellen und symbolischen Handelns" (Kreckel 2004: 77) eine Objektivation der Handlungen darstellen, die sie hervorgebracht haben. Sie werden ihrerseits zu Bedingungen aktuellen sozialen Handelns und spiegeln sich in ihrer materiellen und symbolischen Bedeutung in den Raumkonstitutionen der Studierenden wider (vgl. Kreckel 2004: 77 f.). Dieses Argument nutzt auch Georg Simmel zur Beschreibung des Hauses als das soziale Gut einer bestimmten gesellschaftlichen Einheit. Dieses ist nicht lediglich ein Gebäude, sondern versinnbildlicht zugleich den räumlichen Ausdruck ihrer Zusammengehörigkeit und sozialen Energie, die empirisch beobachtbar ist (vgl. Simmel 2013: 538).

Darüber hinaus sind unterschiedliche Relevanzkriterien entscheidend dafür, wie Raum in der Wahrnehmung, Erinnerung sowie der abstrahierenden Vorstellung synthetisiert wird. Lagebeziehungen der Körper zueinander, individuelle

3.3 Anwendung der theoretischen Rahmung

Vorstellungen über Raum und biographisches Wissen der Menschen sind einige von ihnen (vgl. Löw 2015: 132). Ergänzt werden diese um die Relevanzkriterien (seelischer) Nähe und Distanz, die Georg Simmel in der gleichnamigen Grundqualität ebenso wie in der Begrenzung beschrieben hat (siehe Abschnitt 3.1.2). Als Verbindungsarten spiegeln sich diese nicht ausschließlich als Lagebeziehungen wider, die durch den euklidisch geschulten Blick wahrgenommen werden können. Zugleich können sie als soziale Verbindungen der Menschen zueinander empfunden werden (vgl. Simmel 2013: 19f; 484; 490 f.).[19]

Entfaltung der theoretischen Rahmung
Innerhalb des Forschungsprozesses erhält die private Hochschule somit eine doppelte Zuordnung. Zur Fokussierung des Forschungsgegenstands sowie zur Beschreibung der Ausgangssituation wird sie als Drehpunkt nach Georg Simmel (2013) beschrieben. Die Analyse des empirischen Materials erfolgt sodann aus einer raumsoziologischen Perspektive mit den Konzepten des Spacings und der Syntheseleistung von Martina Löw. Hier wird die private Hochschule als ein soziales Gut definiert, das durch die Studierenden in ihre sozialen Raumkonstitutionen einbezogen werden kann. Auch die Simmel'schen Ausführungen zu Relationalität im Sinne von (seelischer) Nähe und Distanz sowie Begrenzung können als Relevanzkriterien berücksichtigt werden, weil sie auf individuellen Syntheseleistungen der Menschen beruhen.

Um die (Hochschul-)Räume der Studierenden entsprechend des zugrunde liegenden Forschungsinteresses in den Blick zu nehmen, wird durch den theoretischen Rahmen eine größtmögliche Offenheit für den Analyseprozess geschaffen. Soziale Raumkonstitutionen können herausgearbeitet werden, ohne vorab festgelegte theoretische Kategorien an das Material heranzutragen. Anschließend erfolgt im Rückbezug auf das Drehpunkt-Konzept von Georg Simmel eine Abstraktion, mit der die Erkenntnisse aus dem Analyseprozess aus einer übergeordneten Perspektive eingeordnet werden. Die Ausrichtung der (individuellen) sozialen Raumkonstitutionen[20] an der privaten Hochschule im Sinne der Fixierung an einen Drehpunkt dient hierbei einer Erweiterung und Anreicherung der Analyseerkenntnisse.

Gemäß des dargelegten Bezugsrahmens in Anlehnung an Georg Simmel (2013) und Martina Löw (2015) ist der Fokus auf den forschungsrelevanten sozialen

---

[19] Für die Bedeutung sozialer Verbindungen finden sich ebenfalls Hinweise im Stand der Forschung (vgl. Lörz 2008; Milbert/Sturm 2016; Gareis et al. 2018).
[20] Diese werden vorab durch einen abstrahierenden Arbeitsschritt weiterentwickelt, sodass sie im betreffenden Teil der vorliegenden Arbeit als soziale Räume bezeichnet werden. Aus Gründen der Nachvollziehbarkeit und besserer Lesbarkeit wird dieser Begriff jedoch erst im Verlauf eingeführt.

(Hochschul-)Raum dementsprechend zunächst vergleichsweise offen ausgestaltet. In den Blick genommen werden individuelle soziale Raumkonstitutionen der Studierenden. Ihre Platzierungen von sozialen Gütern, Studierenden bzw. Studierendengruppen und deren Wahrnehmung, Erinnerung bzw. Vorstellung als Verknüpfungen zu Raum werden in die Untersuchung einbezogen. In diesen kommen individuelle Relevanzsetzungen, -kriterien und Bedeutungszuschreibungen der Studierenden zum Ausdruck. Beide werden im Verlauf des Forschungsprozesses zur Spezifikation herangezogen, um ihre Raumkonstitutionen an der privaten Hochschule zu fokussieren. Anhand der individuell verschiedenen Interessen, Nutzungen und Bezugsweisen ihrer Studierenden lässt sich die fixierende Wirkung der privaten Hochschule als Drehpunkt an ihrem Standort beschreiben.

Bevor die sozialen Raumkonstitutionen einer empirischen Analyse zugrunde gelegt werden, werden im nächsten Kapitel die methodischen Grundlagen vorgestellt. Mit diesen ist der theoretische Bezugsrahmen in den Forschungsprozess übersetzt worden, um anknüpfend die (Hochschul-)Räume der Studierenden an privaten Hochschulen herauszuarbeiten.

Methodenkapitel 4

Jedem Forschungsprozess sind zunächst Überlegungen vorangestellt, welches Forschungsdesign dem formulierten Forschungsinteresse bestmöglich gerecht wird. Die Erkenntnis einer fortwährenden Veränderung von Forschungsgegenständen ist Bestandteil qualitativer empirischer Forschungsprozesse. Entsprechend bildet die Subjektivität der Forschenden eine wichtige Ressource, um den spezifischen Forschungsgegenstand untersuchen und verstehen zu können. In einem zirkulären Forschungsverlauf, in dem sich Phasen der Datenauswahl, -erhebung und -analyse iterativ mit solchen der Reflexion abwechseln können, wird das methodologische Vorgehen reflektiert und nachvollziehbar offengelegt. Zugleich zeichnen sich qualitative Forschungsprozesse durch eine möglichst effiziente sowie auf die Erfordernisse von Theorie, Fragestellung und Gegenstand abgestimmte Gestaltung aus (vgl. Baur/Blasius 2014: 46/47).

Die Bearbeitung des Forschungsinteresses an den Raumkonstitutionen von Studierenden privater Hochschulen ist empirisch eng mit subjektiven Sichtweisen verknüpft, die durch den Forschungsstand bisher nur wenig in den Blick genommen worden sind (siehe Abschnitt 2.4). Zusätzlich leitet sich aus der theoretischen Rahmung eine Perspektive her, nach der die soziale Erzeugung von (Hochschul-)Räumen neben materiellen auch soziale Bestandteile in ihrer symbolischen Wirksamkeit berücksichtigt. Raumkonstitutionen aus Studierendensicht, die sich somit unter anderem über bauliche Ausgestaltungen und Gebäudestrukturen hinaus erstrecken, lassen sich aus diesem Grund nicht vorab in die Struktur eines linearen Forschungsverlaufs bringen (vgl. Baur/Blasius 2014: 46/47). Sie

---

Ergänzende Information Die elektronische Version dieses Kapitels enthält Zusatzmaterial, auf das über folgenden Link zugegriffen werden kann
https://doi.org/10.1007/978-3-658-36478-6_4.

© Der/die Autor(en), exklusiv lizenziert durch Springer Fachmedien Wiesbaden GmbH, ein Teil von Springer Nature 2022
J. Baier, *Soziale Raumkonstitutionen von Studierenden*, Higher Education Research and Science Studies, https://doi.org/10.1007/978-3-658-36478-6_4

erfordern einen iterativen sowie in Schleifen verlaufenden Arbeitsprozess, in dem die subjektiven Sichtweisen der Studierenden erhoben, untersucht und verstanden werden können. Dieser entspricht einem qualitativen Forschungsdesign.

Die Struktur des Methodenkapitels gliedert sich in einen vergleichsweise konzeptionellen Teil, in dem zunächst der Leitfaden vorgestellt wird, der zur Erhebung der qualitativen Interviews angewandt worden ist. Das ursprüngliche Forschungsinteresse hat sich im Verlauf des Forschungsprozesses weiterentwickelt. Dies wird zu Kapitelbeginn eingeordnet (Abschnitt 4.1), um die Konzeption und Beschreibung des Erhebungsinstruments (Abschnitt 4.1.1) nachvollziehbar zu gestalten. Anschließend folgt eine Diskussion der Potenziale und Grenzen, die sich aus der empirischen Arbeit mit den vorhandenen Daten ergeben haben (Abschnitt 4.1.2).

Im darauffolgenden anwendungsbezogenen Teil wird zunächst die auf den Forschungsgegenstand sowie auf das Interviewmaterial abgestimmte Sampling-Strategie vorgestellt. Der gegenstandsorientierte Einstieg und eine entsprechende Bearbeitung des empirischen Materials sind nach dem Prinzip der komparativen Gegenüberstellung sowie anhand maximal kontrastierender Eckfälle in Orientierung an der dokumentarischen Methode umgesetzt worden (Abschnitte 4.2 und 4.2.1) (vgl. Bohnsack 2007: 234–237; Nohl 2012: 8/9 sowie 41 ff.). Darauf folgend wird eine Skizze der Auswertungsmethodik vorgelegt, anhand der die Analysestrategie in Anlehnung an die Grounded-Theory-Methodologie erläutert wird (vgl. Strauss/Corbin 1996; Glaser/Strauss 2010 sowie Glaser 1978; 1998 und Clarke: 2017). Die Vorgehensweise zeichnet sich neben den offenen, axialen und selektiven Kodierschleifen durch die Anwendung von integrativen Diagrammen als Visualisierungsmemos aus.

4.1 Erhebungsmethode

Die Untersuchung der sozialen Raumkonstitutionen ist während des Arbeitsprozesses aus einem Forschungsinteresse an der Sozialität von Studierenden an privaten Hochschulen hervorgegangen. Auf diese hin wurde dementsprechend das Instrument zur Erhebung des empirischen Materials entworfen. So fokussiert der Interviewleitfaden auf der einen Seite die spezifische Art (soziale Form) von Sozialität, die sich zwischen den Studentinnen und Studenten an privaten Hochschulen entwickelt. Auf der anderen Seite ist das Erhebungsinstrument auf deren räumliche Wirkungen (soziale Wechselwirkungen) am Studienort ausgerichtet. Sozialisationsprozesse der Studierenden durch gemeinsame Lebensführung (Tages- und Alltagsstrukturen), Selbstgestaltungsräume, Freiheiten, eine

4.1 Erhebungsmethode

ähnliche Mentalität bzw. einen ähnlichen Habitus waren vor diesem Hintergrund als Aneignung kulturellen Kapitals durch die private Hochschule von Interesse. Integrationsformen wie Cliquenbildung, feste Beziehungen und Freundschaften unter ihnen wurden als Erwerb von sozialem Kapital erfragt.[1]

4.1.1 Beschreibung des Erhebungsinstruments

Eine vergleichsweise offen formulierte Frage bildete den Intervieweinstieg im Leitfaden. Diese bot den Studierenden die Möglichkeit, ihre Studienaufnahme an der Hochschule zu erläutern (1) und sodann ihr dortiges studentisches Leben aus eigener Sicht zu schildern. In dem sich anschließenden ersten Abschnitt wurden Themen behandelt, die die Studierenden unter- sowie miteinander betreffen. In diesem Zusammenhang wurde die Organisation des Bearbeitens studentischer Projekte bzw. Referate erfragt. Eine weitere Frage zu diesem Aspekt richtete sich darauf, ob Studierende sich zu diesem Zweck treffen und welche Orte sie hierfür nutzen (2). Weitere Themen bildeten die Art der Kommunikation (3) sowie den sozialen Umgang unter den Studierenden ab (4). Schließlich wurden persönliche Veränderungen, beispielsweise in der Art zu reden, denken oder zu argumentieren (5), sowie Gemeinsamkeiten zwischen den Studierenden des jeweiligen Jahrganges abgefragt (6).

Der zweite Abschnitt widmete sich Themen mit Bezug auf die private Hochschule. Die Studierenden wurden nach ihrer Einschätzung der Kriterien bei der Studierendenauswahl[2] gefragt (7). Daran schlossen sich Fragen zu ihrer Teilnahme an Hochschul- (8) und Freizeitaktivitäten (9) sowie zu studentischen Treffpunkten vor Ort an (10). Außerdem wurde die Vertrautheit unter den Studierenden anhand des Sich-Kennens (11) über feste Freundschaften (11) und des Füreinander-Sorge-Tragens (12) thematisiert. Der letzte Themenabschnitt umfasste Fragen zu Gefühlen der Verbundenheit mit der Hochschule (13) und dem Studienort (14).

---

[1] Das Erhebungsinstrument ist im Zuge eines Forschungslernmoduls mit dem Titel „Studieren an privaten Hochschulen" am Institut für Soziologie der Leibniz Universität Hannover ausgearbeitet worden. Anschließend wurden die Hochschulstandorte durch Kleingruppen der Studierenden aus der sozialwissenschaftlichen Lehrveranstaltung (gemeinsam mit der Verfasserin) zum Zwecke der Interviewdurchführung besucht.

[2] Jenseits von Leistung und Formalia (siehe elektronisches Zusatzmaterial, 8.1 Interviewleitfaden).

Im Zuge der Sichtung und Aufbereitung der Interviews zeigte sich, dass im empirischen Datenmaterial interessante Erkenntnisse angelegt sind, die über das ursprüngliche Forschungsinteresse hinausweisen. So wurden die private Hochschule und das studentische Leben durch die befragten Studierenden in ganz unterschiedlicher Weise beschrieben. Einige der Interviewten thematisierten sowohl ihre Hochschule als auch ihre Mitstudierenden nur wenig, während die private Hochschule in anderen Interviews ein zentrales Thema darstellte. In wiederum anderen Interviews wurde im Rahmen der ersten Durchsicht eine Verbundenheit unter den Studierenden anschaulich, welche die Studierenden jedoch nicht in einem engen Bezug mit der privaten Hochschule beschrieben. Um die ersten Befunde weiterzuverfolgen, bot sich die Beschreibung des Forschungsgegenstands unter Einbezug einer stärker subjektorientierten Raumtheorie an.

Von der Datenerhebung aus einer Perspektive ihrer Sozialität hat sich das Forschungsinteresse somit für den weiteren Forschungsverlauf auf die Ausarbeitung der sozialen Raumkonstitutionen von Studierenden an privaten Hochschulen verschoben. Die auf subjektive Studierendensichtweisen fokussierte raumsoziologische Perspektive ermöglichte es, die in den Interviews eingelagerten Befunde zu sondieren und in der empirischen Analyse zu verdichten. Im Anschluss erfolgte sodann ein Rückbezug auf die private Hochschule als räumlicher Bezugs- bzw. Drehpunkt der Studierenden an ihrem Standort.[3]

Die im Zuge der Neubeschreibung des Forschungsgegenstands sowie bei der Vorbereitung des Analyseprozesses angeeigneten Wissens- und theoretischen Hintergründe wurden in den vorangegangenen Kapiteln ausführlich offengelegt (siehe Kapitel 2 und 3). Gemeinsam mit dem Methodenkapitel schaffen sie Transparenz über die Entstehungsgeschichte der vorliegenden Arbeit und tragen zu einer besseren Nachvollziehbarkeit des weiteren Forschungsprozesses bei. Die Bearbeitung des empirischen Materials aus einem neu fokussierten Forschungsinteresse heraus stellt einige Anforderungen an den Forschungsprozess, birgt aber auch besondere Potenziale. Beide Aspekte sind mit der Nutzung von Sekundärdaten vergleichbar.

---

[3] Durch die eingeführte Abstraktionsebene ist somit ein Teil des ursprünglichen Forschungsinteresses an den räumlichen Wirkungen bzw. Wirkungen auf den Standort adressiert. Diese spiegeln sich als Fixierung/en bzw. Bindung/en in der Idealtypologie sowie in ihren praktischen Implikationen wider (siehe 5.5 sowie 6).

4.1.2 Diskussion von Potenzialen und Grenzen der Arbeit mit vorhandenen Daten

Eine Sekundäranalyse qualitativer Daten lässt sich unter der Voraussetzung durchführen, dass die erhobenen Daten auch außerhalb ihrer Erhebungskontexte auswert- und interpretierbar sind. Innerhalb des methodologischen Diskurses besteht hierüber Uneinigkeit, die anhand kontrastierender Positionen anschaulich wird. Kritiker argumentieren, dass der ursprüngliche Status von Primärforschenden durch erneute Nutzung nicht wiederherzustellen ist, während Fürsprecher hervorheben, dass sich auch Primärforschende mit unvollständigen Informationen zu den Befragten sowie den Hintergründen der Erhebung konfrontiert sehen. Auch sie haben somit abzuwägen, inwiefern ein Aspekt im Analyseprozess letztlich belegt werden kann oder verworfen werden muss (vgl. Mauthner et al. 1998: 742 f. Fielding 2004: 99 nach Medjedović 2014: 226). Über die Zentralität des *Kontextwissens* zu den empirischen Daten besteht somit Einigkeit. Bei der Durchführung von Sekundäranalysen wird dies in der Regel über eine Dokumentation der Datenaufbereitung, -transkription und -anonymisierung gewährleistet (vgl. Medjedović 2014: 226). Das vorliegende Forschungsvorhaben war ursprünglich als raumbezogene Untersuchung über die Sozialität von Studierenden an privaten Hochschulen konzipiert. Da sich (lediglich) der Fokus dieses Interesses weiterentwickelt hat, standen Informationen und Wissen zu den relevanten Kontexten, zum Beispiel zur Konzeption des Erhebungsinstruments, über das Forschungsfeld und die Erhebungssituation, im Forschungsprozess dennoch zur Verfügung.

Grundlegend für die Durchführung von Analysen auf Basis bereits vorhandener Daten ist zudem, dass sie *inhaltliches Potenzial* bereithalten, um weitere bzw. neue Forschungsfragen zu bedienen. Eine grundsätzlich skeptische Einstellung gegenüber dem Analysepotenzial qualitativer Daten wird mittlerweile als unbegründet beurteilt. Aufgrund der Offenheit ihrer Erhebungsmethoden und ihres inhaltlichen Reichtums fördern qualitative Daten die Anwendung neuer Perspektiven sogar (vgl. Medjedović 2014: 228 f.). Ihre Nutzbarkeit steht hingegen in einem wesentlichen Zusammenhang mit der *Qualität* der Daten und ihrer Erhebung (vgl. Medjedović 2014: 229; Flick 2014: 412/413). Dementsprechend ist vorab einzuschätzen, ob die vorliegenden Daten mit einer dem Forschungsgegenstand angemessenen Methode erhoben wurden und diese valide umgesetzt worden ist. Auf diese Weise wird sichergestellt, dass die auf den Gegenstand bezogenen Sicht- oder Handlungsweisen der Untersuchten in einer angemessenen Tiefe in den Daten repräsentiert sind (vgl. Medjedović/Witzel 2010; Medjedović 2014: 229).

Dargelegt wurde, wie sich das Interesse an den sozialen Raumkonstitutionen von Studierenden im Anschluss an die Datenerhebung und -sichtung weiterentwickelt hat. Um es einer empirischen Analyse auf Basis der erhobenen Daten zugrunde zu legen, ist es nicht grundsätzlich von Nachteil, dass das Erhebungsinstrument aus einem Interesse am studentischen Leben sowie der Sozialität der Studierenden an privaten Hochschulen entworfen wurde. Der Forschungsprozess der vorliegenden Arbeit knüpft hier an einen methodologischen Vorschlag von Martina Löw (2018) an. Ihr zufolge bilden Sprechakte innerhalb der Interviewdaten mit den erhobenen Schilderungen, Erläuterungen und Beschreibungen von Orten und dort Befindlichem einen breiten Fundus, um soziale Raumerzeugungen zu verstehen. Die Erarbeitung der Raumkonstitutionen gelingt dabei jedoch nur, wenn im Rahmen der Erhebung mittels Interviews nicht explizit nach Raum gefragt worden ist (vgl. Löw 2018: 72).

Auf gezielte Befragungen hin wären, beispielsweise Studierende, kaum in der Lage, Auskunft über den forschungsrelevanten Raum zu geben, weil ihre Schilderungen stark an im Alltagsverständnis gebräuchliche absolutistische Raumvorstellungen anknüpfen würden. Sie bleiben auf dessen materiell umgebende Hülle beschränkt. Während konkrete Orte in der Regel benenn- und beschreibbar sind, bilden Räume einen Erfahrungsbereich der Menschen, über den praktisch viel Wissen vorliegt, das jedoch diskursiv nicht unmittelbar zugänglich ist (vgl. Löw 2018: 71 sowie Abschnitt 3.2.2). Dies zeigt sich anschaulich in der alltäglichen Kommunikation. Orte und ihre Beschreibungen werden von Gesprächspartnerinnen und -partnern als zentrale kommunikative Ressourcen und Standardinformationen eingesetzt. Zum Zweck der Datenerhebung und -analyse schlägt Martina Löw deshalb vor, Sprechen als einen Routineaspekt des Handelns – im Sinne von Spacings und Syntheseleistungen – in den Blick zu nehmen (vgl. Löw 2015: 158–161 sowie Abschnitt 3.2.2). Der Sprechakt ist den Sprechenden dabei bewusst, nicht jedoch die Effekte der Raumerzeugung (vgl. Löw 2018: 72). Ihrem methodologischen Vorschlag schließt sich die vorliegende Arbeit für die Untersuchung der sozialen Raumkonstitutionen von Studierenden privater Hochschulen an.

Der theoretische Rahmen des empirischen Analyseprozesses (siehe Abschnitt 3.2 bzw. 3.3) diente hierbei als ein Werkzeug, mit dem die forschungsrelevanten Studierendensichtweisen im empirischen Material für die Auswertung identifiziert worden sind (vgl. Löw 2015; 2018: 71/72). Neben den Möglichkeiten und der einem qualitativen Forschungsgegenstand angemessenen Offenheit zeigen sich an dieser Stelle die Grenzen des empirischen Materials. Viele der Interviews mit den Studierenden enthielten relevante Beschreibungen sowie Schilderungen zu Orten, dort befindlichen Gütern und Menschen, die

4.1 Erhebungsmethode

sich hinsichtlich ihrer Relevanzen und Bedeutungen für ihre sozialen Raumkonstitutionen analysieren ließen. Nicht alle Themenkomplexe und Fragen des Interviewleitfadens waren auf das Hervorbringen von Ortsbeschreibungen und räumlichen Relationierungen ausgerichtet (beispielsweise Frage 3). Dennoch wurden die Interviewfragen zum Teil von einzelnen Studierenden zur Beschreibung von sozialen Gütern sowie der Verortung ihrer Mitstudierenden genutzt (siehe 5.1.2 Eckfall Katharina Pauls). Inhaltliches Potenzial war somit gegeben, jedoch wäre es mit einem von vornherein auf soziale Raumkonstitutionen ausgerichteten Erhebungsinstrument und angepassten Interviewfragen möglich gewesen, dies besser auszuschöpfen. Um adäquate Beschreibungen von Orten, Gütern und Menschen zu erzielen, wäre es zudem sinnvoll gewesen, bei der Interviewführung auf erfahrene Interviewende zurückzugreifen oder sich auf eine begrenzte Zahl von Interviews zu beschränken.[4]

Für die empirische Analyse wurden 33 der insgesamt 69 Interviews mit Studierenden von privaten Hochschulen verwendet. Zwei verschiedene Strategien waren bei der Reduzierung des Materials maßgeblich. In Bezug auf die ausgeführten Grenzen ging der Arbeit am empirischen Material eine *Durchsicht auf inhaltliche Ergiebigkeit* voran. Sehr kurze Interviews[5] oder solche, die gehäufte Interviewendenfehler[6] enthielten, wurden dabei aussortiert. Im verbleibenden Material wurden verschiedene Themen zum studentischen Leben und dem Alltag an der privaten Hochschule angesprochen. Diese wurden in der Interview-Kommunikation durch die Studierenden in ihren Schilderungen, als Argumentationen und in Beschreibungen von Orten sowie dort befindlichen sozialen Gütern und Menschen fortgeführt.[7] An dieser Stelle wurde das Material durch eine *kontrastierende Sampling-Strategie* weiter strukturiert, indem sukzessive zusätzliche Interviews in den Analyseverlauf integriert worden sind, die als

---

[4] Als Interviewpartnerinnen und -partner bauen Studierende zwar schnell eine Verbindung zu anderen Studierenden auf, jedoch sind viele Interviews (trotz vorangegangener Schulung und Übungen) aufgrund von Interviewendenfehlern und ihrer Kürze sowohl für das ursprüngliche als auch für das fortentwickelte Forschungsinteresse nicht hinzuzuziehen.

[5] Beispielsweise solche im Stil einer quantitativen Befragung.

[6] Zum Beispiel suggestiv formulierte Fragen sowie im Leitfaden nicht vorgesehene Impulse oder Beispiele.

[7] Neben den Tonbandaufnahmen und den Transkripten zu jedem Interview umfasst das empirische Material für jede Interviewpartnerin bzw. jeden Interviewpartner einen Kurzfragebogen zur Ermittlung der Sozialdaten (z. B. Alter, Wohnort, Lebensmittelpunkt, Studienfach und Nebentätigkeiten) und ein Postscript, in dem die Rahmenbedingungen der Interviewsituation, nonverbale oder situative Kommunikation sowie andere Spezifika festgehalten werden konnten.

empirische Fälle neue Erkenntnisse in Aussicht stellten. Das Sample und die Sampling-Strategie werden im nächsten Abschnitt beschrieben.

4.2 Sample

Für das vorliegende Forschungsvorhaben sind die Studierenden von vier der insgesamt fünf privaten Fachhochschulstandorte in ländlichen Räumen Niedersachsens als Sample ausgewählt worden.[8] Bei der Untersuchung sozialer Raumkonstitutionen zielte der Analyseprozess auf die Ausarbeitung ihrer subjektiven Sichtweisen, indem die individuelle Studierendenperspektive beim Erzeugen von Raum fokussiert worden ist. Demnach wird mit dem Sample keine Repräsentativität, sondern eine qualitative Repräsentation angestrebt, indem im Analyseverlauf sukzessive über die untersuchten Fälle hinweg gültige Muster herausgearbeitet und zu Typen verdichtet wurden (vgl. Kelle/Kluge 1999: 38 ff. sowie 2010: 41 ff.; Helfferich 2004: 152–154; Kruse 2015: 241).

Eine Besonderheit des vorliegenden Projektes ergab sich jedoch dadurch, dass die Sample-Auswahl für ein Untersuchungsfeld erfolgte, das mit dem Forschungsgegenstand zum Teil übereinstimmt. So konstituieren die Studierenden einen (Hochschul-)Raum, der innerhalb ihrer subjektiven Sichtweisen Relevanz und Bedeutung erlangt. Die *private Hochschule* stellt deshalb einen relevanten Teil des Forschungsfeldes dar, über den der Feldzugang erfolgte. Zugleich ist sie, wie durch die theoretische Rahmung beschrieben (siehe Abschnitt 3.3), Bestandteil des Forschungsgegenstandes, der im Verlauf des Forschungsprozesses beleuchtet wurde. Auch aus der *Datennutzung* (siehe Abschnitt 4.1) ergaben sich einige Bedingungen, die in der Sampling-Strategie berücksichtigt werden mussten. Aus diesem Grund ist ein gegenstandsorientierter Einstieg gewählt worden, bei dem das theoretische Sampling nach Glaser/Strauss (2010: 61–92) bzw. Strauss/Corbin (1996: 148–168) nach dem Prinzip des kontrastierenden Vergleichs (vgl. Bohnsack 2007: 234–237; Nohl 2012: 8/9 sowie 41 ff.) auf die erhobenen Daten angewandt worden ist.

Die Arbeitsschritte des vorliegenden Forschungsprojekts werden nun in ihrer Relevanz für den Arbeitsprozess vom Feldzugang und der ersten Merkmalsbeschreibung für die Datenerhebung bis zum kontrastierenden Sampling erklärt.

---

[8] Eine vollständige Erhebung wurde zunächst angestrebt, konnte jedoch von Seiten der Hochschulen nicht zugesichert werden.

4.2 Sample

Feldzugang und Festsetzung erster Sample-Merkmale
Die Vorgehensweise des theoretischen Samplings entstammt der Grounded-Theory-Methodologie und bezeichnet traditionell einen Prozess, in dem Fallauswahl und Datenerhebung wechselseitig ineinander verschränkt sowie in Abhängigkeit der Theoriegenerierung geschehen. Bereits während der Erhebungsphase erfolgen für gewöhnlich erste Analysearbeiten. Lediglich der Zugang zum Forschungsfeld ist von einem bestimmten Erkenntnisinteresse geleitet und hierfür an Untersuchungseinheiten wie Personen, Organisationen oder Gruppen orientiert, die aufgrund vorläufiger Überlegungen über den Untersuchungsgegenstand ausgewählt worden sind. Die ersten erhobenen empirischen Daten werden genutzt, um vorläufige Konzepte zu formulieren, die sowohl zur Weiterentwicklung des Samples nach dem Prinzip minimaler bzw. maximaler Kontraste als auch zur Prüfung und Weiterentwicklung erarbeiteter Konzepte herangezogen werden (vgl. Mey/Mruck 2009: 110–112; Glaser/Strauss 2010: 61–65; Przyborski/Wohlrab-Sahr 2014: 200).

In der Erhebungsphase sind die Studierenden der privaten Hochschulen mithilfe des vorgestellten Leitfadens befragt worden. Zum Erhebungszeitpunkt befanden sie sich mindestens im zweiten Semester ihres Studiums, sodass sie Auskunft über die festgehaltenen Themen geben konnten (siehe Abschnitt 4.1). Für die Befragung wurde zudem auf ein weitgehend ausgewogenes Geschlechterverhältnis geachtet. Die Festlegung vorab definierter Merkmale entspricht nicht der eigentlichen Logik des theoretischen Samplings. Bei der Samplewahl zielt diese weniger auf soziodemographische, sondern vielmehr auf inhaltliche Merkmale, die dazu geeignet sind, ein forschungsrelevantes soziales Phänomen am besten zu erklären (vgl. Mey/Mruck 2009: 110/111; Glaser/Strauss 2010: 78–80). Eine gewisse Vorstrukturierung des Samples wurde jedoch vorgenommen, weil die Durchführung der Erhebung an den privaten Hochschulen an deren übliche Studienstrukturen gebunden war. So verfügt ein Großteil der untersuchten Hochschulen über Trimester, welche mit einer Klausurenphase enden, an die sich eine Praxisphase schließt. Die Studierenden sind demnach in feste Abläufe eingebunden und nicht dauerhaft vor Ort anwesend. Eine prozessual organisierte Erhebungsphase im Rahmen einer wissenschaftlichen Qualifikationsarbeit wurde durch die Bedingungen des Forschungsfeldes forschungspraktisch insofern erschwert, als ein Zurückkehren zum Zwecke weiterer Erhebungen nur unter erheblicher zeitlicher Verzögerung möglich gewesen wäre.

Da es sich bei einer privaten Hochschule um eine Organisation handelt, wird der Zugang zum Forschungsfeld zudem stets über Hochschulleitende bzw. Koordinierende geregelt. Aus diesem Grund erfolgte eine Anpassung der Erhebung an die Bedingungen des Forschungsfeldes, indem die Interviews in Abstimmung an die jeweiligen Studienstrukturen an festen Terminen durchgeführt worden sind. Diese sind nach Rücksprache mit den zuständigen Kontaktpersonen der privaten Hochschule vereinbart worden. Wie aus der Sample-Beschreibung hervorgeht, machte es diese Begebenheit nötig, vorab einige Merkmale[9] der zu Befragenden zu definieren, um einen Zeitpunkt zu identifizieren, zu dem die forschungsrelevanten Studierenden an der privaten Hochschule für ein Interview zur Verfügung stehen würden.

Alle erhobenen Interviews sind im Anschluss nach Transkriptionsregeln in Orientierung an Kuckartz (vgl. 2018: 164 f. sowie elektronisches Zusatzmaterial 8.3) vollständig transkribiert und anschließend in Anlehnung an das theoretische Sampling weiterbearbeitet worden. Im Anschluss an die beschriebene Sondierung in Bezug auf ihr inhaltliches Potenzial (siehe Abschnitt 4.1 Bzw. 4.1.2) bildeten die Interviews einen Korpus, aus dem sukzessive empirisches Material in den Analyseprozess eingeflossen ist. Dies ermöglichte eine am kontrastierenden Vergleich orientierte theoretische Sampling-Strategie, die aufgrund der offengelegten (methodischen) Besonderheiten angewandt worden ist.

Sie basierte auf der Wechselseitigkeit zwischen der Auswertung von empirischem Datenmaterial und der Selektion zusätzlicher, relevant werdender empirischer Fälle aus dem Materialkorpus[10] (vgl. Kelle/Kluge 2010:47f). Hierbei war die Fallauswahl jedoch nicht an der zuvor formulierten theoretischen Rahmung orientiert, sondern diente einer Fortentwicklung der Konzepte, die innerhalb der Analyse erarbeitet worden sind (vgl. Kelle/Kluge 2010: 47–49; Mey/Mruck 2009: 112; Przyborski/Wohlrab-Sahr 2014: 200). In ihrer Vorgehensweise ist die Sampling-Strategie somit an dem von Glaser und Strauss (2010) bzw. Strauss und Corbin (1996) als theoretisches Sampling vorgeschlagenen Verfahren orientiert. Ebenfalls werden Bezüge zum kontrastierenden Vergleich aus der dokumentarischen Methode hergestellt (vgl. Bohnsack 2007: 234–237; Kelle/Kluge 2010: 84/85; Nohl 2012: 8/9 sowie 41 ff.). In ihrer Umsetzung stellt Abschnitt 4.2.1 die Sampling-Strategie vor, indem der Prozess von der Materialauswahl über die Identifikation von Eckfällen bis zur Verdichtung empirischer Typen beschrieben wird.

---

[9] Hier insbesondere das Studiensemester.

[10] Dies anstelle einer Wechselseitigkeit zwischen Datenerhebung und -auswertung, wie sie für das theoretische Sampling üblich ist.

4.2.1 Von empirischen Fällen über Eckfälle zur empirischen Typologie

Zur Untersuchung der sozialen Raumkonstitutionen von Studierenden kam die modifizierte theoretische Sampling-Strategie mit dem Ziel einer Typenbildung im Analyseprozess zur Anwendung. Zunächst wurde hierfür ein erster empirischer Fall herangezogen, auf dessen Grundlage die analysierende Bearbeitung auf Basis der Auswertungsmethodik (siehe Abschnitt 4.3.) folgte. Entsprechend der Idee des theoretischen Samplings wurden die induktiv gewonnenen Befunde für das Hinzuziehen zusätzlicher Fälle aufgegriffen. Anschließend dienten sie ihrerseits als Ausgangspunkt zur weiteren Fallauswahl. Ziel war es, zu Beginn der Analyse zunächst empirische Fälle in den Blick zu nehmen, die in ihren Schilderungen möglichst verschiedene Facetten sowie Perspektiven auf den studentischen Alltag aufgriffen haben. So konnten Konzepte und Kategorien, die in anschließenden Kodierschleifen um weitere Charakteristika sowie Kennzeichen (Eigenschaften) weiterentwickelt worden sind, auf einem vergleichsweise breiten inhaltlichen Kontinuum entworfen und zueinander in Bezug gesetzt (dimensionalisiert) werden (vgl. Strauss/Corbin 1996: 50–51).

Anschließend ist der Ablauf bei der Hinzunahme von empirischen Fällen in seinen Grundzügen am Prinzip der komparativen Analyse orientiert worden, wie sie beispielsweise in der dokumentarischen Methode eingesetzt wird (vgl. Bohnsack 2007: 234–237; Kelle/Kluge 2010: 84/85; Nohl 2012: 9/10 sowie 41–48).[11] Die Orientierung am Ablaufschema der komparativen Analyse erschien *einerseits* aufgrund des Ziels einer Typenbildung anschlussfähig und bot daher eine sinnvolle Ergänzung der Vorgehensweise mit der Grounded-Theory-Methodologie (GTM). Während minimale bzw. maximale Kontrastierungen aus der GTM Verfahren darstellen, die in erster Linie auf Theorieentwicklung[12] abzielen und dabei grundsätzlich auch zur Typenbildung geeignet sind, zielt die komparative Analyse mittels kontrastierender Vergleiche explizit auf das Bilden von Typen ab. Sinnvoll sind kontrastierende Vergleiche demnach insbesondere zur sozialen Rekonstruktion des Forschungsgegenstands. *Andererseits* ermöglicht das Verfahren eine

---

[11] Im vorliegenden Forschungsprojekt handelt es sich dabei um eine sehr grundlegende Orientierung am Verlaufsschema der komparativen Analyse, bei der lediglich die kontrastierende Gegenüberstellung der empirischen Fälle bis hin zur Auswahl von anschaulichen Eckfällen, jedoch keine methodischen Inhalte adaptiert worden sind. Für eine Methodentriangulation aus dokumentarischer Methode und Grounded-Theory-Methodologie, die nicht lediglich auf die Fallauswahl bzw. Strategien des theoretischen Samplings beschränkt bleibt, siehe z. B. Schmitt-Howe (2019) in Dörner et al. (2019).
[12] Beziehungsweise auf die Entwicklung von Konzepten und Kategorien.

systematische Variation der Fälle, durch die der Ablauf des Rekonstruierens während der Analyse transparent gestaltet wird. Hierbei erfolgt die Rekonstruktion der Art und Weise, wie Themen bearbeitet werden, jedoch nicht zufällig. Im Zuge kontrastierender Vergleiche wird stattdessen jedes Interview bzw. jeder Fall vor dem Hintergrund weiterer empirischer Fälle betrachtet. Vergleichshorizonte des komparativen Analyseprozesses werden somit stets empirisch fundiert und (Vor- bzw. Alltags-)Wissensbestände der Forschenden methodisch relativiert. Wird demnach nicht lediglich in einem, sondern in mehreren Fällen eine bestimmte Weise sichtbar, ein Problem zu bearbeiten, und lässt sich diese von anderen, kontrastierenden Bearbeitungsweisen unterscheiden, so ist das herausgearbeitete Muster vom Einzelfall ablösbar (vgl. Nohl 2012: 9/10 sowie 41–48). In diesem Punkt unterscheidet sich der kontrastierende Vergleich somit grundlegend von der minimalen bzw. maximalen Kontrastierung der GTM, bei der Fälle stets zur Spezifizierung von Konzepten und Kategorien sowie mit dem Ziel hinzugezogen werden, Vergleiche auf allen inhaltlichen Ebenen durchzuführen (z. B. über empirische Fälle, Konzepte, Kategorien hinweg). Für die Arbeit an sozialkonstruktivistischen Forschungsgegenständen wie der sozialen Raumerzeugung aus Studierendensicht erwies sich das Instrument des kontrastierenden Vergleichs aus der komparativen Analyse deshalb als am besten geeignet.

Dementsprechend erfolgte die Auswahl des einzubeziehenden empirischen Materials auf Basis der induktiv gewonnenen Erkenntnisse aus den bereits kodierten Passagen. Diese strukturierten den Kodierprozess als ein vorläufiges Analyseraster. Ergänzend wurden empirische Fälle hinzugezogen, die neue kontrastierende Facetten und Perspektiven auf ihren studentischen Alltag schilderten. Sobald im fortschreitenden Analyseverlauf keine neuen Themen, Konzepte und Kategorien mehr festzustellen waren, sind die ersten empirischen Fälle schrittweise durch vier besonders anschauliche Eckfälle ersetzt worden. Die Veranschaulichung von Analysekonzepten bzw. -kategorien anhand von Eckfällen (oder auch Prototypen bzw. Beispielen zur qualitativen Repräsentation) bietet sich insbesondere im Zuge solcher qualitativer Untersuchungen an, in denen typische Merkmale im Forschungsverlauf erst verfestigt werden (explorative Analysen) oder in denen sich eine exakte sowie endgültige Abgrenzung besagter Features als schwierig, wenn gar unmöglich, erweist. Für die vorliegende Arbeit war diese Vorgehensweise unter anderem deshalb anschlussfähig, weil die zur Typenbildung relevanten (Kern-)Kategorien der Raumerzeugung keine abschließenden – beispielsweise quantifizier- oder messbaren – Kriterien beinhalteten, die den Ein- bzw. Ausschluss jedes einzelnen Falles exakt bestimmbar machen würden (vgl. Muckel 2007: 212/213).

Dementsprechend bildeten die Eckfälle zunächst ein vergleichsweise dichteres Analyseraster, mit dem das empirische Material strukturiert und zugeordnet worden ist. Die Eckfälle stehen hierbei entlang ihrer forschungsrelevanten Dimension[13] in einem größtmöglichen Kontrast zueinander (vgl. Schmitt-Howe 2019: 34). Nach dem Abschluss der Analyse repräsentieren die Eckfälle somit – entsprechend der komparativen Gegenüberstellung im Auswertungsprozess – nicht lediglich sich selbst, sondern die vier kontrastierenden Dimensionen der empirisch begründeten Typologie, die nach der Grounded-Theory-Methodologie erarbeitet worden ist. Den Dimensionalisierungen der Typologie sind die 33 bearbeiteten Interviews mit Studierenden im Auswertungsprozess zugeordnet worden. Hinsichtlich seiner Vorgehensweise beim theoriegenerierenden Kodieren wird der Prozess der Auswertung im nächsten Abschnitt ausgeführt. Um die sozialen Raumkonstitutionen aus subjektiver Studierendensicht adäquat zu erschließen und abzubilden, sind die Kodierschleifen zusätzlich durch Anwendung von Visualisierungsmaps gestützt worden.

4.3 Auswertungsmethode

Der Begriff Grounded-Theory-Methodologie (GTM) bezeichnet einen Forschungsstil bzw. dessen Strategie der Theorieentwicklung, wohingegen eine Grounded Theory (GT) das mittels dieser Strategie gewonnene Produkt benennt (vgl. Mey/Mruck 2011: 12). Während der Auswertungsphase ist der Forschungsstil von einer Iterativität gekennzeichnet, die ein ständiges Wechselspiel zwischen Handeln[14] und Reflexion[15] erfordert (vgl. ebd.: 23). Eine entsprechende Wechselseitigkeit zwischen sozialen Handlungen und Wahrnehmungen findet sich ebenfalls im Konzept sozialer Raumkonstitution nach Martina Löw (2015) innerhalb des theoretischen Bezugsrahmens der vorliegenden Arbeit. Neben einer schlüssigen Theorie-Methoden-Verbindung eröffnete die Auswertung mit der Grounded-Theory-Methodologie somit die Möglichkeit einer kontinuierlichen

---

[13] Als forschungsrelevante Konzepte erwiesen sich im Laufe des Kodierprozesses zwei Gütersorten, nämlich diejenigen der hochschulischen und studentischen Güter, welche von den Studierenden jeweils unterschiedlich in ihre Räume einbezogen worden sind. Dimensionalisiert wurden diese anhand ihrer Zentralität bzw. Peripherität für die Raumkonstitution. Nähere inhaltliche Ausführungen sind dem folgenden Abschnitt 4.3.1 Nutzung von Visualisierungen als Memos sowie dem Analysekapitel 5 zu entnehmen.
[14] Beispielsweise Datenhinzunahme entsprechend der modifizierten theoretischen Sampling-Strategie.
[15] Zum Beispiel Datenanalyse und Theoriebildung.

Hypothesen- und Theoriegenerierung unter den Bedingungen des Forschungsgegenstands.[16]

Dies unterscheidet sie von theorieprüfenden sowie (strukturierenden) inhaltsanalytischen Verfahren, bei denen das empirische Material streng regelgeleitet bereits vorhandenen Kategoriensystemen zugeordnet wird. Im Zuge der Theorieentwicklung mit der GTM werden konzeptuelle Gemeinsamkeiten in Form von Kategorien stets beim Arbeiten am empirischen Material gewonnen (vgl. Mey/Mruck 2011: 24 f.; Mayring/Fenzl 2014: 545 f.). So können einerseits gegenstands- bzw. auf einen eng umgrenzten Bereich des sozialen Lebens bezogene Grounded Theories hervorgebracht werden. Andererseits ist das Generieren formaler, für einen konzeptuellen Bereich der Soziologie bzw. von Fachwissenschaften verwendbaren Theorien möglich (vgl. Mey/Mruck 2011: 29f).[17]

Die Analyse des empirischen Materials erfolgte vorwiegend in Orientierung an der Grounded-Theory-Methodologie, wie sie von Anselm L. Strauss und Juliet Corbin (1996) (bzw. Glaser/Strauss 2010 [1967]) vorgeschlagen wird. Einzelne Aspekte sind ergänzend mit Barney Glasers Kodierfamilien (vgl. 1978; 1998: 170 ff.) und dem Grundgedanken der Visualisierung unterschiedlicher sozialer Realitäten aus Adele Clarkes Situationsanalyse (2017) hinzugezogen worden. Die Phase der Theoriegenerierung mit dem (langfristigen) Ziel einer Typenbildung war zunächst von den drei Prozeduren des offenen, axialen und selektiven Kodierens ebenso wie dem Prinzip des ständigen (kontrastierenden[18]) Vergleichs geprägt.

---

[16] Aus der Arbeit mit der Grounded-Theory-Methodologie unter Verwendung eines theoretischen Bezugsrahmens ergibt sich im vorliegenden Forschungsprojekt kein Widerspruch. So ist es nicht Ziel der theoretisch zu rahmenden Analyse, den zugrunde gelegten Raumbegriff zu verifizieren, falsifizieren oder weiterzuentwickeln. Stattdessen dient die angewandte Raumtheorie dazu, die in der Forschungsfrage herausgestellte Problemstellung nach den sozial erzeugten Räumen der Studierenden theoretisch zu fundieren. Erst auf diese Weise wird sie empirisch bearbeitbar.

[17] Nach Mertons (1949) begrifflicher Prägung werden beide als Theorien mittlerer Reichweite in Abgrenzung zu reinem Empirismus oder den sogenannten Universaltheorien („grand theories") verortet, welche empirischen Untersuchungen weitgehend entzogen sind (vgl. Mey/Mruck 2011: 29 f.).

[18] Die Nutzung des kontrastierenden Vergleichs aus der komparativen Analyse ist in Abschnitt 4.2.1 beschrieben und begründet worden.

4.3.1 Vorgehensweise beim theoriegenerierenden Kodieren

Der Einstieg in den Kodierprozess (Abbildung 4.1) erfolgte über Einzelfallbetrachtungen, die offen am Material vorgenommen worden sind. Das *offene Kodieren* bezeichnet dabei denjenigen Analyseteil, der sich auf das Benennen und Kategorisieren von sozialen Phänomenen bezieht und in dem die Daten in einzelne Teile aufgebrochen werden. Hierfür werden sie einer gründlichen Untersuchung mittels ständiger Vergleiche auf Unterschiede und Ähnlichkeiten unterzogen sowie mithilfe von Fragen, die an das Material herangetragen werden, beschrieben, verdichtet und schließlich als Konzepte benannt (vgl. Strauss/Corbin 1996: 44; Mey/Mruck 2009: 118–129; Glaser/Strauss 2010: 115–129).

Offenes Kodieren:
Welche Orte, sozialen Güter und Menschen haben die Studierenden in ihren Schilderungen zu ihrem studentischen Alltag aufgegriffen und beschrieben?

Axiales Kodieren:
Welche Relevanzsetzungen und Bedeutungszuschreibungen werden in Spacings und Synthesen sichtbar?
(Fallübergreifende Kontrastierung → Thesen)

Selektives Kodieren:
Wodurch zeichnen sich die typischen Raumkonstitutionen aus?
(Subsumtion unter Kernkategorie)

Empirische Typologie

Idealtypologie

Abbildung 4.1 Inhaltliche Vorgehensweise beim Kodieren

Für die Umsetzung der Interviewauswertung erfolgte das Aufbrechen, erste Verdichten und vorläufige Festschreiben potenziell forschungsrelevanter Konzepte, indem die Transkripte zunächst Satz für Satz gelesen wurden. Dabei lag ein besonderes Augenmerk auf solchen Schilderungen, Erläuterungen, Beschreibungen, aber auch Argumentationen, die einen Bezug zu Orten, Menschen und sozialen Gütern enthielten, die die Studierenden im Zusammenhang mit ihrem studentischen Leben, dem Alltag an der privaten Hochschule sowie dem Studienort aufgegriffen haben. Diese wurden dahingehend gelesen, wie sie in den Gesamtkontext der Passage einbezogen worden sind, um sie im Vergleich zu den bereits einbezogenen Orten, Gütern und Menschen, in Konzepten festzuhalten.

Die Forschungsperspektive ermöglichte es den Studierenden, den Gegenstandsbereich durch ihre sprachlichen Schwerpunktsetzungen über die private Hochschule hinaus auszuweiten. So wurden erste vorläufige Konzepte bzw. Kategorien über fallrelevante Orte, soziale Güter und Menschen eng am Material erarbeitet, in Memos ausformuliert und zu Thesen über Spacings und Syntheseleistungen der Raumkonstitutionen weiterentwickelt. Ein ständiges (kontrastierendes) Vergleichen und Prüfen der auf diese Art und Weise gewonnenen induktiven Erkenntnisse gewährleistete, dass diese auch nach Hinzuziehen weiterer Interviewpassagen bzw. zusätzlicher, kontrastierender Fälle Bestand hatten.

Als Ergebnis des offenen Kodiervorganges, das gleichzeitig den Übergang zum axialen Kodieren kennzeichnet, werden Listen von Kodes festgehalten. In diesen werden die Kodes bzw. Konzepte durch eine Kodenotiz beschrieben und mit einem Textsegment verknüpft (vgl. Mey/Mruck 2009: 129). Darüber hinaus liegen empirisch zu prüfende und präzisierende, unsystematisch konstruierte Kategorien sowie Memos vor. Sie beziehen sich auf den Zusammenhang zwischen mehreren Kodes, sprich Konzepten bzw. vorläufigen Kategorien. Offenes und axiales Kodieren bilden einen fließenden Übergang, wobei letzteres dann einsetzt, wenn die bislang vorläufigen Kategorien und Relationen zueinander intensiver bzw. an umfassenderem Material ausgearbeitet und geprüft werden sollen (vgl. Mey/Mruck 2009: 129).

Beim axialen Kodieren stehen das schrittweise Entfalten und Verfeinern der noch vorläufigen Kategorien im Fokus, um datenbasierte Aussagen- und Zusammenhangssätze für die zu generierende Theorie zu formulieren. Dies geschieht, indem Verbindungen zwischen einer Kategorie und ihren (Sub-)Kategorien ermittelt werden. Hierfür schlagen Strauss und Corbin (1996) ein (handlungstheoretisches) Kodierparadigma vor, das als heuristischer Rahmen für die empirisch fundierte Theoriekonstruktion herangezogen werden soll (vgl. Mey/Mruck 2009: 129–131). Es dient der Strukturierung eines *Phänomens* hinsichtlich seiner *ursächlichen und intervenierenden Bedingungen*; dem *Kontext*, in den es eingebettet ist; *Strategien*, durch die es bewältigt oder ausgeführt bzw. mit denen mit ihm umgegangen wird, sowie *Konsequenzen* dieser Strategien (vgl.

4.3 Auswertungsmethode

Strauss/Corbin 1996: 78–85). Beim axialen Kodieren wird das gehaltlose paradigmatische Modell sukzessive angereichert und verfeinert. Dabei kann es, so Mey und Mruck, durchaus zu größeren Verschiebungen der Zusammenhänge der Kategorien untereinander kommen, denn was letztlich als Bedingung, Strategie bzw. Konsequenz gilt, wird erst im Laufe des Kodierprozesses probehalber festgelegt, um es kontinuierlich am Material zu überprüfen (vgl. Mey/Mruck 2009: 132). Ergebnis der axialen Kodierschleifen sind am Material ausgearbeitete Kategorien als Bausteine der sich bildenden Grounded Theory, deren Bezüge im paradigmatischen Modell probeweise in Bezug gesetzt worden sind (vgl. ebd.: 133).

Die Analyseperspektive auf die sozialen Raumkonstitutionen basiert allerdings auf einem theoretischen Bezugsrahmen, der subjektive Studierendensichtweisen nach einem integrativen Raumverständnis zu erfassen beabsichtigt (siehe Abschnitt 3.3). Damit entspricht sie nicht den Voraussetzungen, die Strauss und Corbin (1996) für das (handlungs-)paradigmatische Modell zugrunde legen. Mit den Raumkonstitutionen wird stattdessen ein Forschungsgegenstand in den Blick genommen, der weder ausschließlich materiell noch rein sozial bestimmbar ist. Jeder und jede Studierende beschreibt den forschungsrelevanten Raum[19] aus ihrer und seiner subjektiven Sichtweise. Die erarbeiteten Konzepte und vorläufigen Kategorien sind dementsprechend bereits während der vorangegangenen Kodierprozesse in einen inhaltlichen Zusammenhang gestellt worden, für den eine wiederholte Neu- bzw. Umstrukturierung nicht sinnvoll erscheint.

Die GTM-Konzepte von Barney Glaser (vgl. 1978; 1998) und Adele Clarke (2017) bieten hier Anknüpfungspunkte. Auch Glaser problematisiert das feste Kodierparadigma und adressiert die Herausforderungen des (handlungs-)paradigmatischen Modells. Stattdessen schlägt er eine Reihe von vergleichsweise abstrakteren inhaltlichen sowie formalen Kodierfamilien vor, um empirisch gewonnene Kodes in ein theoretisches Modell zu integrieren. Vor dem Hintergrund der methodologischen sowie der Vorüberlegungen des Bezugsrahmens erschienen seine Relevanz- und Typenfamilien nutzbar (vgl. Glaser 1978; 1998: 170 ff.)

Mit der Situationsanalyse unterbreitet Adele Clarke (2017) eine Form der Grounded-Theory-Methodologie, deren Grundgedanke soziale Realität nicht als universell gegeben voraussetzt. Stattdessen wird im Rahmen der empirischen Arbeit stets und immer wieder neu bestimmt, was für wen Bestandteil einer Situation ist. Durch die Forschenden wird dies mithilfe eines differenzierten Sets

---

[19] Im Sinne einer begrifflichen Abstraktion, die seinen Konstitutionsprozess (durch Spacing und Syntheseleistung) benennt (vgl. Löw 2015: 131).

von Mapping-Strategien im Forschungsprozess umgesetzt, welches eine erkenntnisstimulierende Haltung gegenüber dem Material erlaubt. In den verschiedenen Maps werden beispielsweise Elemente, kollektive Akteure und ihre Positionen zusammengetragen (vgl. Clarke/Keller 2011: 119; Strübing 2014: 108 f.). In die sich anschließenden axialen Kodierschleifen sind die genannten Kodierfamilien von Glaser integriert worden. Ebenso flossen visuelle Darstellungsformen nach dem Prinzip von Adele Clarke[20] in die grundsätzliche Vorgehensweise nach Strauss/Corbin (1996) ein, sodass der Forschungsgegenstand sozialer Raumkonstitutionen aus verschiedenen subjektiven Studierendensichten stets und immer wieder neu (visuell) bestimmbar wurde (siehe Abschnitt 3.3).

Bei der Umsetzung im theoriegenerierenden Kodieren wurden die Erkenntnisse über Spacing und Syntheseleistung aus den (Einzel-)Fallbearbeitungen nun schrittweise weiterentwickelt, indem sie einer fallübergreifenden Betrachtung unterzogen worden sind. In Orientierung an Glasers Relevanz- und Typen-Kodierfamilien sind Konzepte zu übergeordneten Kategorien ausformuliert und auf das vollständige empirische Material angewandt worden. Das Hauptaugenmerk lag dabei auf der Entwicklung einer Kernkategorie. Mit dieser sind die erarbeiteten Konzepte zu den thematisierten Orten, sozialen Gütern und als zugehörig erachteten Menschen hinsichtlich ihrer Relevanz und Bedeutung beim Konstituieren von Raum integriert worden. Die beschriebenen Kodiervorgänge am empirischen Material sind durch integrative Darstellungsformen begleitet worden.

Nutzung von Visualisierungen als Memos im Kodierprozess
In der Grounded-Theory-Methodologie stellen Visualisierungen unterschiedlicher Art probate Mittel zur Darstellung, Entfaltung und Bestimmung von Beziehungen zwischen Konzepten dar (vgl. Strauss/Corbin 1996: 169–175 sowie 189–192; Clarke/Keller 2011: 118–121; Strübing 2014: 107–111). Da ihre Struktur nicht an das (handlungstheoretische) Kodierparadigma gebunden ist, sondern eigenen Vorstellungen und Einfällen offensteht, eröffnen integrative Diagramme Forschenden die Möglichkeit, konzeptuelle Verknüpfungen auszuprobieren und zu demonstrieren (vgl. Strauss/Corbin 1996: 169). Aufgrund dieser Offenheit eigneten sie sich bei der Untersuchung unterschiedlicher sozialer Raumkonstitutionen zur Nutzung als visuelle Memos im Zuge des theoriegenerierenden Kodierens. Beim

---

[20] Durch die Situations-Maps, Maps sozialer Welten und Positionsmaps der Situationsanalyse werden in erster Linie materielle und diskursive Elemente als nichtmenschliche Bestandteile der Forschungssituation in den Fokus gerückt (vgl. Clarke/Keller 2011: 117 f.). Diese Elemente stehen in der vorliegenden Arbeit nicht im Fokus, jedoch bietet das Prinzip des Mappings die Möglichkeit die zu betrachtende Situation stets neu zu bestimmen.

4.3 Auswertungsmethode

Erfassen und Beschreiben des Forschungsgegenstands mit dem Ziel einer empirischen Typenbildung haben die visuellen Memos den Analyseprozess maßgeblich unterstützt.

Die folgenden integrativen Diagramme verstehen sich als „visuelle Repräsentationen" (Strauss/Corbin 1996: 192) der induktiv gewonnenen Erkenntnisse aus den offenen sowie axialen Kodierschleifen. Die aus den Einzelfallbetrachtungen festgehaltenen Thesen über Zusammenhänge zwischen einzelnen Konzepten werden mit ihrer Hilfe sichtbar. Zudem bot die Gegenüberstellung der integrativen Diagramme als visuelle Memos eine übersichtliche Unterstützung für die fallübergreifende Betrachtung beim axialen sowie am Übergang zum selektiven Kodieren.

Der Aufbau der Diagramme ist in seinen Grundzügen sowohl an den theoretischen Vorüberlegungen als auch am Interviewleitfaden orientiert. Die dargestellten Kodes sind demnach von den Themen strukturiert, die durch das Erhebungsinstrument vorgegeben wurden, während die theoretische Rahmung notwendigerweise zur Identifikation der sozialen Raumerzeugung im empirischen Material herangezogen wurde. Sie spiegelt sich in der eingenommenen Forschungsperspektive wider, die bereits im Theoriekapitel[21] ausgeführt wurde.

Abbildung 4.2 zeigt ein Beispiel für ein integratives Diagramm, das während des Auswertungsprozesses als Visualisierungsmemo eines empirischen Falles diente. Es ist unter Berücksichtigung der Erkenntnisse aus dem offenen sowie axialen Kodierprozess erstellt worden und im Forschungsverlauf – nach dem Prinzip des ständigen Vergleichs – Visualisierungen weiterer empirischer Fälle gegenübergestellt worden. Aus diesem Grund eignet es sich für eine separate Betrachtung im Sinne der Arbeitsschritte der Einzelfallbearbeitung ebenso wie zur Fallkontrastierung gemeinsam mit weiteren Visualisierungsmemos (vgl. Strauss/Corbin 1996: 192).

Dargestellt sind die kodierten Spacings. Über diesen wurden die von den Studierenden in ihren Erläuterungen, Beschreibungen und Argumentationen aufgegriffenen Orte, sozialen Güter sowie als zugehörig bzw. nicht zugehörig erachteten Menschen bzw. Gruppen erfasst. Rechteckige Kästchen gehen dabei in die zu entfaltenden Raumkonstitutionen als Platzierungen von sozialen Gütern ein, während abgerundete Kästchen für solche von Menschen stehen.[22] Anhand der durchbrochenen Linien werden entsprechend des theoretischen Bezugsrahmens Relationen

---

[21] Siehe Abschnitte 3.2.1 Soziale Güter und Menschen bzw. 3.2.2 Spacing und Syntheseleistung.

[22] In den Fällen, in denen die Mitstudierenden als Menschen am Studienort in die Raumkonstitution einbezogen werden, zeigte es sich darüber hinaus, dass diesen im Vergleich zu sozialen Gütern eine zentralere Relevanz zugeschrieben wird (siehe hierfür die entsprechenden Ausführungen im Analysekapitel). Auch um diesen Aspekt in die Visualisierung einzubeziehen, ist eine Unterscheidung zwischen Platzierungen von sozialen Gütern und solchen von Menschen sinnvoll.

zwischen den aufgegriffenen Platzierungen sichtbar (siehe Abschnitte 3.2.1 sowie 3.2.2). Sofern sich die Studierenden innerhalb des thematisierten Spacings selbst platziert oder positioniert haben, ist die durchbrochene Linie (Relation) bis zu ihrem Namen in der Mitte durchgezogen. Ist dies nicht der Fall, endet die Linie bereits davor oder zeigt eine Sonderform an.[23]

Wie im Methodenkapitel ausgeführt worden ist, erforderte es die Untersuchung der Schilderungen, dass im Voraus bestimmte – wenn auch übergeordnete – Themen als gesprächsgenerierende Stimuli sowie zur Gewährleistung einer Vergleichbarkeit des Samples in einem Erhebungsinstrument zusammengefasst wurden. Demnach findet sich die Struktur des Interviewleitfadens in der Diagrammform wieder, weil sie die Abfolge der Spacings mitstrukturiert hat. Trotz seiner Offenheit setzte der Leitfaden somit gewisse Impulse.

Dieser Aspekt ist insofern berücksichtigt worden, als jedes Visualisierungsmemo mit dem hervorgehobenen Spacing[24] beginnend zu lesen ist. Die Hervorhebung kennzeichnet auch im vorliegenden Beispiel diejenigen sozialen Güter und Orte sowie die als zugehörig bzw. nicht zugehörig erachteten Menschen, die aus der Einstiegspassage herausgearbeitet worden sind. Anschließend verläuft die Darstellung im Uhrzeigersinn mit dem Interviewverlauf.[25] Der Verlauf des Leitfadens ist somit als strukturgebender Rahmen erfasst worden, dennoch bilden die individuellen Schwerpunktsetzungen der Studierenden den Fokus. Entsprechend blieb es für jeden empirischen Fall offen, ob – und falls ja welche – Orte, sozialen Güter und Menschen in die eigenen Schilderungen einbezogen und auf welche Weise sie mit Bedeutung versehen worden sind.

Die visuellen Darstellungen der empirischen Fälle wurden gemäß ihres Bestimmungszwecks nach Strauss und Corbin als ergänzendes Verfahren für die Analyse verstanden und entsprechend beispielsweise durch wiederholtes Lesen sowie innerhalb von Diskussionen in verschiedenen Interpretationsgruppen weiterverfolgt (vgl.

---

[23] Hier werden soziale Güter platziert, um über diese (gemeint sind die Güter) Relationen von Studierenden und Studierendengruppen zueinander zu beschreiben bzw. diese voneinander abzugrenzen (für eine Beschreibung am empirischen Material siehe Analysekapitel, z. B. Eckfall 5.1.2 oder 5.3.2). Dieser Aspekt findet in der Visualisierung insofern Berücksichtigung, als dass ein eckiges Kästchen (soziales Gut) abgebildet ist, das über einen Pfeil mit einem abgerundeten Kästchen (Menschen) verbunden ist.

[24] Das heißt Platzierungen bzw. Positionierungen inklusive Relationen.

[25] Auf eine linienförmige Darstellung der Visualisierungen, welche vergleichsweise stärker der Leitfadenstruktur entspricht, ist verzichtet worden. Sie impliziert stärker eine wertende Reihenfolge bzw. Hierarchisierung der herausgearbeiteten Kodes, die im Rahmen der erfolgten Kodierschleifen nicht angebracht erschien.

4.3 Auswertungsmethode

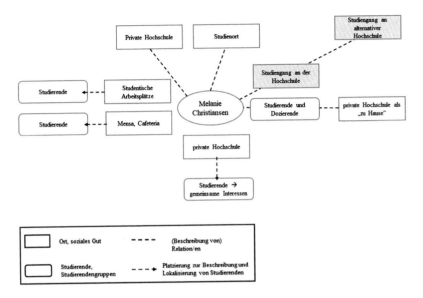

Abbildung 4.2 Visualisierungsmemo der kodierten Spacings

Strauss/Corbin 1996: 192). Um die Visualisierungsmemos nach wie vor als übersichtliche Darstellungen zur Einzelfallbearbeitung sowie für Fallkontrastierungen heranziehen zu können, wurde für die nächsthöhere Abstraktionsstufe deshalb eine ergänzende Darstellungsform gewählt.

Aus dieser ergibt sich eine auf die wesentlichen Kernpunkte reduzierte Übersicht, aus der ersichtlich wird, welche sozialen Güter, Orte und Menschen in den empirischen Fällen jeweils zentral bzw. peripher sind. Die Unterscheidung zwischen Zentrum und Peripherie erfolgt dabei in Anlehnung an das gleichnamige Modell von Reinhard Kreckel (vgl. 2004: 39–51). Abbildung 4.3 stellt die in einem Beispielfall relevanten Orte, sozialen Güter und Menschen in konzentrischen Kreisen zwischen Zentrum und Peripherie vor, die in zusätzliche Sektoren parzelliert sind (vgl. ebd.: 41). Zur visuellen Darstellung der studentischen Relevanzsetzungen bei der Raumerzeugung erscheint dies aus mehreren Gründen plausibel. Zum einen knüpft auch Martina Löw in ihrer Raumsoziologie (2015) für die Konzeption der sozialen Güter an Kreckels Soziologie der sozialen Ungleichheit an (vgl. Löw 2015: 191–194 sowie Abschnitt 3.2.1). Forschungspraktisch bietet sich eine Gliederung in Zentrum und Peripherie deshalb an, weil mit dem Erhebungsinstrument ausschließlich abstrakte Relationen abbildbar sind, die eine Vergleichbarkeit über verschiedene empirische Fälle erschweren. Entsprechend der Forschungsstrategie der GTM ermöglicht es die

Empirischer Fall Quentin Kirchner

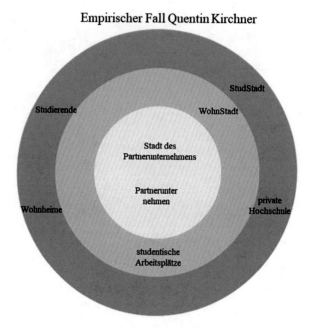

Abbildung 4.3 Visualisierungsmemo der Relevanzsetzungen

eingeführte Unterscheidung, alle Fälle einem stetigen Vergleich ihrer räumlichen Relevanzsetzungen zu unterziehen, obwohl es sich bei ihren Raumkonstitutionen um individuell erzeugte soziale Räume handelt, die darüber hinaus zu einem gewissen Teil an verschiedenen (Hochschul-)Standorten lokalisiert sind. Die Aufteilung der Kodes anhand ihrer Zentralität und Peripherität durch die Visualisierungsmemos brachte eine Ordnung hervor und führte im Analyseprozess zur Integration hinsichtlich der Relevanzen[26], die die beschriebenen Orte, sozialen Güter und Menschen für die Räume der Studierenden besitzen.

---

[26] Die Zentralität und Peripherität sozialer Güter ist zunächst an die materielle Komponente sozialer Güter geknüpft. Die Materialität lässt soziale Güter im Spacing an einem konkreten Ort lokalisierbar werden, sodass ihnen beispielsweise durch Nutzungen spezifische Funktionen und damit Bedeutungen zugeschrieben werden. Dieser Aspekt, den auch Löw in ihrer Raumsoziologie hervorhebt, soll an dieser Stelle Betonung finden (vgl. Löw 2015: 153 f.). Im Analyseverlauf wurde die Bedeutungszuschreibung durch die Studierenden als die Funktion, in der soziale Güter am Ort ihrer Platzierung für die Raumkonstitution aufgegriffen wurden, im Anschluss als weitere Kategorie herausgestellt.

4.3 Auswertungsmethode

Die Visualisierungen der Relevanzsetzungen unterstützen den Übergang vom axialen zum selektiven Kodieren als Memos, mit denen beispielsweise die vier Eckfälle einander gegenübergestellt worden sind. Mit ihrer Hilfe sind im Analyseverlauf ebenfalls die Bedeutungen, die in den Beschreibungen von Orten, Gütern und Menschen der Studierenden sozial wirksam werden entfaltet worden. Im Rahmen der sich anschließenden Kodierschleifen ist daraufhin die typische Ausprägung der Raumkonstitution als Kernkategorie definiert und kodiert worden (siehe Abschnitt 5.2). Sie bezeichnet die jeweils fallspezifische Art und Weise, wie soziale Güter und als zugehörig erachtete Menschen in die soziale Raumkonstitution einbezogen werden. Zunächst ist diese ausschließlich fallweise erprobt und sodann – nach einer inhaltlichen Spezifikation – auf das vollständige Material angewandt worden.

Der selektive Kodiervorgang bezeichnet denjenigen Schritt im Analyseprozess, in dem die gesammelten Kategorien zu einer Grounded Theory verarbeitet werden. Dafür wird die Kernkategorie als das zentrale Phänomen, dem die übrigen Kategorien zugeordnet sind, mit weiteren Belegen angereichert, empirisch validiert und auf einer höheren Abstraktionsebene fundiert (vgl. Strauss/Corbin 1996: 94–117). Kennzeichen der Integration einer gegenstandsbezogenen Theorie ist, dass diese in eine kohärente Gestalt fassbar ist, die deren roten Faden widerspiegelt. Anhand des zugehörigen Arbeitsschrittes ist es möglich, Lücken in der bisherigen Argumentationsstruktur sowie Stellen zu identifizieren, an denen noch nicht genügend materialreiche Anhaltspunkte für die Theorieskizze vorliegen (vgl. Strauss/Corbin 1996: 96–98; Mey/Mruck 2009: 134; Glaser/Strauss 2010: 237–248).

In der konkreten Umsetzung wurde das empirische Material dafür hinsichtlich der entwickelten Kernkategorie bearbeitet und zugespitzt. Insbesondere das finale Anreichern von untergeordneten Kodes, die der zu integrierenden Typologie inhaltliche Dichte verliehen, stand hierbei im Fokus. Mit der typischen Ausprägung der Raumkonstitution ist eine Kernkategorie entwickelt worden, die eine Ordnung der Erkenntnisse anhand der studentischen Relevanzsetzungen und Bedeutungszuschreibungen über das vollständige empirische Material erlaubt. Durch diesen Schritt vollzieht sich die Ablösung von den Einzelfällen zur Verdichtung vier empirischer Typen, deren kontrastierende Dimensionen durch vier Eckfälle repräsentiert werden. Die einzelnen empirischen Typen lassen sich anhand der jeweils für sie typischen Art und Weise differenzieren, in der sie soziale Gütersorten[27] in ihren Raum einbeziehen.

---

[27] Und die ggf. zugehörigen Menschen.

4.3.2 Von den empirischen Typen zur Idealtypologie

Nach Auswertungsabschluss durch die Integration der empirischen Typologie erfolgte ein Rückbezug auf die theoretische Rahmung. Bereits im Forschungsinteresse wurde dieser ausformuliert und den Fragestellungen[28] zugrunde gelegt (siehe Kapitel 1). Hierbei sind die typischen sozialen Raumkonstitutionen in abstrahierenden Arbeitsschritten an die private Hochschule als räumlichen Bezugs- bzw. Drehpunkt ihrer Studierenden angeschlossen worden. In diesem Zuge folgte die Weiterentwicklung der empirischen Typologie zu einer Idealtypologie in Anlehnung an Udo Kelle und Susann Kluge (2010).

Der Idealtypus steht zwischen Empirie und Theorie, indem er sich auf reale empirische Phänomene bezieht, sie aber nicht lediglich beschreibt, sondern einige ihrer Merkmale übersteigert, um zu einem Modell sozialer Wirklichkeit zu gelangen (vgl. Kelle/Kluge 2010: 83). Eine Abstraktion von empirischen Typen, die im Stil sogenannter ‚Grounded Theories' (GT) eng am empirischen Material erarbeitet wurden, erscheint auf den ersten Blick unüblich. Die Anwendung des Typologiebegriffs nach Kelle und Kluge (vgl. ebd.: 83–91) auf die empirischen Typen sozialer Raumkonstitution bot im vorliegenden Forschungsprojekt jedoch die Möglichkeit, eine veränderte Analyseperspektive einzunehmen. Diese erlaubte es, die nach Löws Konzeption der Raumerzeugung erarbeiteten empirischen Typen auf das auf sozialer Wechselwirkung basierende Konzept des Drehpunktes bei Georg Simmel zu beziehen (siehe Abschnitt 3.1.3 sowie 3.3). Die Abstraktion diente im vorliegenden Forschungsvorhaben einer Weiterentwicklung der empirischen Typologie (siehe Abschnitte 4.3.2 sowie 5.5). Hierbei veranschaulichen die Idealtypen über den Rückbezug auf die private Hochschule als Drehpunkt einen gemeinsamen sozialen (Hochschul-)Raum der Studierenden. Aus der Idealtypologie gehen die Nutzungen und Bezugsweisen hervor, durch die Studierende von privaten Hochschulen an ihre Hochschule und den Standort fixierbar sind.

---

[28] 1) Wie konstituieren Studierende ihren (Hochschul-)Raum? 2) Welche typischen Raumkonstitutionen lassen sich unterscheiden? 3) Welche typischen Interessenkonstellationen werden anhand des Drehpunktes (Simmel) der privaten Hochschule sichtbar?

Analysekapitel 5

Um die vorgestellte Kodierstrategie und den Prozess der Typenbildung mit dem Verfahren der Grounded-Theory-Methodologie (GTM) transparent und nachvollziehbar zu gestalten, werden die in der Vorgehensweise beschriebenen Arbeitsschritte des Auswertungsprozesses nun anhand des empirischen Materials aufgezeigt (siehe Unterpunkte in Abschnitt 4.3).

Dieses Kapitel stellt den Prozess der Erkenntniserzeugung im Rahmen der vergleichenden Analyse dar. Hierzu umfasst es, wie Abbildung 5.1 entnommen werden kann, Fallbearbeitungen, -kontrastierungen und die Ausarbeitung strukturierender Kategorien bis zur Verdichtung der vier empirischen Typen, welche anschließend zu einer Idealtypologie weiterentwickelt worden sind. Die vollzogenen Arbeitsschritte werden hierzu anhand der vier Eckfälle veranschaulicht, welche im Rahmen der vergleichenden Analyse die unterschiedlichen Dimensionen der erarbeiteten Typologie sozialer Raumkonstitutionen Studierender repräsentieren (siehe Abschnitt 5.2). Aufgrund deren maximaler Kontrastierung und Anschaulichkeit lassen sich die Spezifika der Typologie insbesondere anhand derjenigen empirischen Fälle aufzeigen, die den Verlauf des Analyseprozesses als Eckfälle für die Auswahl weiterer Fälle sowie der Ordnung bzw. Integration des empirischen Materials strukturiert haben. Obwohl in diesem Kapitel demnach lediglich vier (Eck-)Fälle dargestellt werden, basiert die vollständige komparative Auswertung mit dem Prozess der Typenbildung

---

Ergänzende Information Die elektronische Version dieses Kapitels enthält Zusatzmaterial, auf das über folgenden Link zugegriffen werden kann https://doi.org/10.1007/978-3-658-36478-6_5.

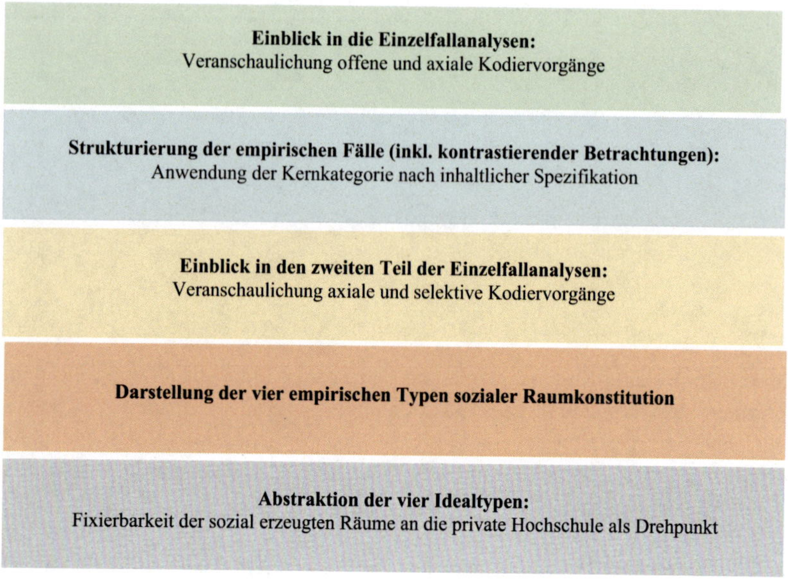

> **Einblick in die Einzelfallanalysen:**
> Veranschaulichung offene und axiale Kodiervorgänge

> **Strukturierung der empirischen Fälle (inkl. kontrastierender Betrachtungen):**
> Anwendung der Kernkategorie nach inhaltlicher Spezifikation

> **Einblick in den zweiten Teil der Einzelfallanalysen:**
> Veranschaulichung axiale und selektive Kodiervorgänge

> **Darstellung der vier empirischen Typen sozialer Raumkonstitution**

> **Abstraktion der vier Idealtypen:**
> Fixierbarkeit der sozial erzeugten Räume an die private Hochschule als Drehpunkt

Abbildung 5.1 Darstellung des Analyseverlaufs

auf der ausführlichen empirischen Analyse von 33 Interviews nach dem Verfahren der Grounded-Theory-Methodologie (GTM) (vgl. Strauss/Corbin 1996; Glaser/Strauss 2010).

Die Erarbeitung der empirischen Typen, die durch die offenen, axialen sowie selektiven Kodierprozeduren des vergleichenden Analyseverlaufs erfolgt ist, bildet die sozialen Raumkonstitutionen der Studierenden von privaten Hochschulen ab und gilt bereits für sich als empirisch fundiertes Teilergebnis des Forschungsprozesses. In ihr werden die individuellen Relevanzsetzungen und Bedeutungszuschreibungen beim Erzeugen von Raum aus Studierendenperspektive sichtbar (siehe Abschnitt 5.4 sowie 6.1).

Ein abstrahierender Schritt, an den sich eine übergeordnete Perspektive der Raumbetrachtung knüpfte, bildete den Abschluss der Analyse. Entsprechend erfolgt zum Kapitelabschluss ein Rückbezug der Typologie auf die private Hochschule im Sinne des Drehpunkt-Konzeptes aus der theoretischen Rahmung (vgl. Simmel 2013: 490–492). Mit diesem ist eine zusätzliche Abstraktionsstufe in die Ergebnisse eingearbeitet worden. Von einer empirisch fundierten Grounded Theory ist die Typologie sozialer Raumkonstitution zu einer Idealtypologie weiterentwickelt worden. Diese nimmt eine Fokussierung vor, indem sie die typischen sozialen Raumkonstitutionen aus der theoretischen Perspektive eines räumlichen Bezugspunktes an der privaten Hochschule anordnet. Mit der Idealtypologie (siehe Abschnitt 5.5. sowie 6.1) lassen sich Nutzungen und Bezugsweisen auf einer höheren Ebene beschreiben. Entscheidend sind dabei die Interessen, die Studierende an die Angebote ihrer privaten Hochschule sowie an ihren Studienort richten. Über diese werden ihre typischen sozial erzeugten Räume an die Hochschule als ein räumlicher Bezugspunkt fixierbar. In den Idealtypen kommt folglich der gemeinsame, sozial erzeugte (Hochschul-)Raum aller Studierenden zum Ausdruck. Darüber hinaus werden typische Interessenkonstellationen sichtbar, anhand derer sich die Fixierbarkeit der sozial erzeugten Räume bzw. die örtliche Bindung der Studierenden als Standortbezug beschreiben lässt.

5.1 Einblick in die Fallanalysen: Erster Teil

Um einen Einblick in die offenen, axialen und selektiven Kodierschleifen zu geben, wird die Analyse anhand von besonders anschaulichen Eckfällen vollzogen. Der erste Fall wird dabei zunächst hinsichtlich der Erkenntnisse vorgestellt und strukturiert, die im Rahmen des offenen Kodiervorganges gewonnen worden sind. Da eine strikte Trennung der Kodierschleifen forschungspraktisch nicht immer möglich ist, werden zusätzlich auch einige erste basale Überlegungen bzw. Annahmen für das sich anschließende axiale Kodieren einbezogen. Darüber hinaus lassen sich über den Einzelfall erstreckende Abgrenzungen ebenso wie fallübergreifende Thesen erst in der Gegenüberstellung mit solchen Befunden beurteilen, die das Hinzuziehen eines (oder mehrerer) weiterer Fälle im Verlauf der komparativen Auswertung erforderten. Aus diesem Grund wird der Analyseverlauf im Anschluss durch das schrittweise Einbeziehen ergänzender, kontrastierender Eckfälle veranschaulicht. So können schließlich auch Erkenntnisse aus dem axialen und selektiven Kodierprozess vorgestellt werden, die aus der Erweiterung der Auswertung über das vollständige empirische Material hervorgegangen sind.

Die Darstellung der Fallanalyse wird nun mit einem ersten Eckfall eröffnet. Im Rahmen des offenen Kodiervorganges galt es, diesen hinsichtlich der beschriebenen Orte, sozialen Güter und als (nicht) zugehörig erachteten Menschen zu gliedern. Diese waren als Spacings – sowohl im Sinne der Platzierung als auch der zugleich beschriebenen Relation – für den Analyseprozess von Aufschluss (vgl. Löw 2015: 158 f.). Gleichermaßen war es Ziel, das empirische Material dahingehend zu untersuchen, wie die thematisierten Orte, Güter und Menschen in den Kontext der Einzelschilderung einbezogen worden sind, sowie einen Eindruck darüber zu gewinnen, wie sich die bearbeitete Schilderung in den Gesamtkontext des Falles fügte. Beide Strategien lieferten Anhaltspunkte für die Ausarbeitung und Konservierung erster Thesen hinsichtlich verknüpfter Wahrnehmungen.

5.1.1 Eckfall Ulrike Lehmann[1]

Der erste Eckfall aus dem empirischen Material, der für die Veranschaulichung der Fallanalyse herangezogen wird, ist der von Ulrike Lehmann. Sie studiert im siebten Semester in einem Vollzeitstudiengang. Ursprünglich kommt sie aus einer Kleinstadt in Niedersachsen und ist für das Studium in StudStadt[2] in die nächstgrößere Stadt (nach WohnStadt1[3]) gezogen. Dort lebt sie in einer Wohngemeinschaft. Die vergleichende Analyse des Eckfalles Ulrike Lehmann erfolgte ausführlich und vertieft über das vollständige Interviewmaterial. Im Folgenden wird sie anhand von sorgfältig ausgewählten Interviewauszügen dargestellt, anhand denen die Falltypik besonders anschaulich wird. Die Erläuterung erfolgt hierbei sequentiell mit dem Interviewverlauf.

Zum Einstieg in das empirische Material bot es sich deshalb an, die Interviewpassage auszuwählen, die auf die erste Frage des Interviews zustande gekommen ist. Oftmals finden sich bereits zu Beginn, nämlich auf die Einstiegsfrage hin, erste Hinweise auf eine später herauszuarbeitende Typik des Falles. Die sehr offen formulierte erste Frage „Wie kam es dazu, dass du gerade HIER an dieser Hochschule Dein Studium aufgenommen hast?" (siehe Interviewleitfaden im elektronisches Zusatzmaterial 8.1) zielte zunächst darauf ab, die Interviewten mit der Gesprächssituation vertraut zu machen. Darüber hinaus lieferte sie jedoch auch Erkenntnisse für die Fragestellung, indem sie ein besonders breites Feld an Relevanzsetzungen und Einordnungen der Studienaufnahme zuließ. Ulrike Lehmann antwortet folgendermaßen:

---

[1] Alle im Interview genannten Personennamen, Städte, Orte sowie sämtliche Anhaltspunkte, die Rückschlüsse auf die interviewte Person oder Hochschule zulassen, sind beim Erstellen des Transkriptes anonymisiert und pseudonymisiert worden. StudStadt steht hierbei in jedem Fall für den Studienort, während WohnStadt in jedem Fall den Wohnort der Interviewten chiffriert.

[2] StudStadt steht innerhalb der Transkripte stets für den Studienort der Interviewten. Aus der Benennung als StudStadt lässt sich unter den Eckfällen nicht zwangsläufig auf das Studium an einer gemeinsamen privaten Hochschule schließen.

[3] Als der aktuelle Wohnort der interviewten Personen. Die Ziffer 1 kennzeichnet, dass es sich bei ihrem Wohnort nicht um den gleichen Wohnort wie im Eckfall Katharina Pauls, Oliver Tamm bzw. Maximilian Maurer handelt.

5.1 Einblick in die Fallanalysen: Erster Teil

„Mehr oder weniger zufällig. Eigentlich wollte ich in [StadtX[4]] studieren und habe mich über Notlösungen informiert, falls es nicht funktioniert, und die bieten hier so [einen Kurs] an, wo du quasi auch für andere Unis deine [Bewerbung] vorbereiten kannst und den habe ich hier gemacht, im Altbau, und am letzten Tag haben wir eine Führung durch [die Arbeitsbereiche] gemacht und sind hier durchgegangen und für mich war ab dem Moment sofort klar; ich muss hier studieren. Das war eine so schöne Stimmung, irgendwie genau das, was ich mir von einem Studium gewünscht hab und das hab ich so halt noch nicht, nicht gesehen. Die Leute, die Räume. Ich war sofort überzeugt (lacht)." (Lehmann, Z. 5–13)

Wie aus der zitierten Passage hervorgeht, nutzt Frau Lehmann die Offenheit der Einstiegsfrage, um gegenüber der Interviewenden einzuordnen, wie bzw. wann sie ihre Entscheidung zur Aufnahme des Studiums an der privaten Hochschule getroffen hat. In ihrer Schilderung greift sie verschiedene Orte und soziale Güter auf, die im Rahmen des offenen Kodierens betrachtet worden sind. Als erstes bezieht sich Ulrike Lehmann dabei auf StadtX[5] (bzw. eine Hochschule in StadtX) und die private Hochschule, an der sie nun studiert. Die Art und Weise, wie sie beide in ihrer Schilderung auf die Einstiegsfrage hin anführt und zur Erläuterung der Aufnahme ihres Studiums einbezieht, ist für die Analyse als persönliches Abwägen zwischen zwei Platzierungen (bzw. einer möglichen Selbstplatzierung an dort befindlichen sozialen Gütern) untersucht worden. Damit lieferte die Passage eine Grundlage zur Formulierung vorläufiger Konzepte sowie Thesen darüber, wie Ulrike Lehmann die beschriebenen Orte, sozialen Güter und Menschen in ihren Relationen zueinander wahrnimmt, einordnet und für ihre Studienentscheidung mit Bedeutung versieht. Über eine Relation zwischen den beiden Hochschulen bzw. den Orten ihrer Platzierung lassen sich aus der zitierten Passage dagegen keine Rückschlüsse ziehen.

Widmet man sich nun dem Inhalt der Schilderung, so fällt beim Lesen etwas Interessantes auf. Zwar greift Ulrike Lehmann die private Hochschule bereits zu Beginn des Interviews – wie durch die Einstiegsfrage intendiert – auf und bezieht sie demnach als soziales Gut in ihre Raumkonstitution ein. Hierbei wird jedoch zugleich anschaulich, dass sie für sie zunächst nicht entscheidend gewesen zu sein schien. Erkennbar wird dies daran, dass Frau Lehmann sie in ihrer Schilderung zuerst als eine „Notlösung[.]" (Z. 6) beschrieben hat. Ohne bereits tiefergehend in die Analyse eingestiegen zu sein, fanden sich Hinweise, dass

---

[4] Als StadtX wurde hier eine Stadt chiffriert, die die bzw. der Befragte innerhalb des Interviews zwar aufgreift, welcher innerhalb der zu untersuchenden Raumkonstitution jedoch keine Bedeutung zukommt.

[5] Als StadtX wurde hier eine Stadt chiffriert, die die bzw. der Befragte innerhalb des Interviews zwar aufgreift, welcher innerhalb der zu untersuchenden Raumkonstitution jedoch keine Bedeutung zukommt.

sie für ihre Raumkonstitution zunächst die Hochschule in StadtX fokussierte, während die private Hochschule in StudStadt als lediglich nachgeordnet betrachtet wurde. Wie sich allerdings beim weiteren Bearbeiten der zitierten Passage zeigte und insbesondere an der Tatsache deutlich wird, dass Ulrike Lehmann als Studierende der Hochschule in privater Trägerschaft am Interview teilnahm, hat sich ihre Wahrnehmung zwischenzeitlich verändert. Mit anderen Worten: Die Beschreibungen der Hochschulen – als soziale Güter innerhalb der Raumkonstitution –, die Frau Lehmann im Rahmen ihrer Studienentscheidung in ihren Relevanzen gegeneinander abwägt, haben sich in der Zeit seit den ersten Überlegungen und der letztendlichen Studienaufnahme umgekehrt. Offen verblieb an dieser Stelle, wie die konstatierte Umkehr zustande kam. Dieser Befund wird im folgenden Abschnitt noch einmal verstärkt in den Blick genommen.

Entsprechend der gestellten Einstiegsfrage setzte Ulrike Lehmann ihre Schilderung zum Zeitpunkt vor ihrer Studienentscheidung an. Die eingangs herausgearbeiteten Spacings sind demnach als solche untersucht worden, die sie von einer Selbstplatzierung von einem externen dritten Ort aus vorgenommen hat. Dementsprechend befand sie sich zum Zeitpunkt der Überlegungen über ihre Studienentscheidung bzw. des Abwägens zwischen den Platzierungen der Hochschulen, nicht persönlich vor Ort, sondern an ihrem ursprünglichen Wohnort bzw. an dem Ort, an dem sie ihre Hochschulzugangsberechtigung erworben hat. Die Hochschule am Standort in StadtX hat Ulrike Lehmann von diesem dritten Ort aus demnach für ihre Studienentscheidung mit vergleichsweise mehr Bedeutung versehen, während ihr StudStadt und die dort befindliche private Hochschule als ihre „Notlösung" (Z. 6) vergleichsweise weniger bedeutsam erschienen.

Gründe hat die Befragte in diesem Zusammenhang (zunächst) nicht benannt, jedoch könnte dies beispielsweise auf die Bekanntheit der beiden Hochschulen bzw. Hochschulstandorte zurückzuführen sein. Während StadtX nicht nur als Studienort, sondern auch als Stadt vergleichsweise geläufig ist, sind StudStadt und insbesondere die dortige private Hochschule recht unbekannt. Möglicherweise ergab sich für Ulrike Lehmann aus der Bekanntheit des Hochschulstandortes bzw. von StadtX eine Vertrautheit, die sie in ihre Raumkonstitution einbezogen hat.

Folglich lag es für Ulrike Lehmann nahe, ihre Studienentscheidung mit Präferenz für ein Studium in StadtX vorzubereiten, indem sie mögliche Alternativen recherchierte und sich über Gelegenheiten informierte, ihre dortige Bewerbung voranzubringen. Bei ihrer Recherche habe sie entdeckt, so geht aus der zitierten Passage hervor, dass die private Hochschule in StudStadt einen Kurs anbiete, in dem man dies umsetzen könne. Während ihrer Teilnahme an diesem Vorbereitungskurs, jedoch insbesondere im Rahmen einer Führung am letzten Tag, habe sie festgestellt, dass die private Hochschule „genau das [sei], was ich mir von

5.1 Einblick in die Fallanalysen: Erster Teil

einem Studium gewünscht hab" (Z. 11). So seien es insbesondere die „Räume", aber auch die „Leute" (Z. 12) gewesen, die zu einer – so nimmt Frau Lehmann es wahr – schönen Stimmung beigetragen hätten. Deshalb sei ihr sofort klar gewesen: „ich muss hier studieren" (Z. 10). Deutlich wurde in diesem Teil der Passage, dass sich ihre Wahrnehmung und Beurteilung der Spacings insbesondere aufgrund ihrer Anwesenheit an der privaten Hochschule während des Kurses verändert haben. Es sind gerade die räumlichen Gegebenheiten der Hochschule (wie der „Altbau" und die „Arbeitsbereiche", Z. 8/9), die bei ihrer Entscheidung offenbar den Ausschlag gegeben haben. Dies ließ sich aus der Tatsache folgern, dass sie höchstwahrscheinlich bereits während ihrer Kursteilnahme einige „Leute" (Z. 12) – Studieninteressierte, Studierende und Lehrende – der privaten Hochschule kennengelernt haben dürfte. Den endgültigen Entschluss hat sie allerdings, so ließ sich ihre Schilderung deuten, nach dem Rundgang durch das vollständige Hochschulgebäude getroffen.

Ulrike Lehmanns Wahrnehmung der Spacings, so ließ sich die angeführte Passage resümieren, hat sich nach dem Besuch der privaten Hochschule nun sogar insofern verändert, als sie ein Studium an der Hochschule in StadtX nicht mehr in Betracht gezogen hat. Dies spiegelt sich auch in der herauszuarbeitenden Raumkonstitution wider; durch ihre Anwesenheit vor Ort und die ausschließlich lokal möglichen persönlichen Eindrücke sowie Kontakte hat die private Hochschule, ihre eigentliche „Notlösung" (Z. 6), in ihrem sozialen Raum an Bedeutung gewonnen. Eine entsprechende zusätzliche Bedeutungszuschreibung zugunsten der Hochschule in StadtX unterblieb dagegen. So zog sie ihr vormals favorisiertes Studium nach ihrer persönlichen Anwesenheit an der privaten Hochschule nicht mehr in Erwägung und verzichtete sogar auf einen entsprechenden Vorab-Besuch der Hochschule in StadtX, welcher zunächst als Entscheidungshilfe in den Sinn kommen könnte. Neben dem „Altbau", den „Arbeitsbereichen" (Z. 8/9) und den „Räume[n]" (Z. 12) vor Ort, welche Hinweise auf ihre materielle Komponente als soziales Gut geben, schien Ulrike Lehmann die private Hochschule nach ihrem Kursbesuch dabei auch durch ihre symbolische Komponente („schöne Stimmung", Z. 10/11) in Erinnerung geblieben zu sein, sodass sie diese letztlich in ihrem Abwägungsprozess mit mehr Bedeutung versehen und entsprechend als relational näher wahrgenommen hat als die Option in StadtX. Während der Zeit ihrer Kursteilnahme hat sie demnach insbesondere zu dem Ort der Platzierung und dem Gebäude, aber auch den Menschen ein Gefühl der Verbundenheit aufgebaut. Dieses kommt in ihrer Wahrnehmung zum Ausdruck und spiegelt sich auch in ihren Bedeutungszuschreibungen für ihre Raumkonstitution wider. Damit ließ sich auch plausibilisieren, dass Ulrike Lehmann die private Hochschule nach der Zeit ihrer Anwesenheit vertrauter zu sein schien und sich ihre Relevanzsetzung entsprechend zu deren Gunsten umgekehrt hat. Der Hochschulstandort StadtX, den sie im Anschluss als vergleichsweise ferner als zuvor wahrnahm, konnte nicht mithalten. Von ihrer favorisierten Stadt und Hochschule verschob sich Ulrike Lehmanns Relevanzsetzung folglich auf die private Hochschule in StudStadt.

Die angeführte Passage zur Einstiegsfrage aus dem Eckfall von Ulrike Lehmann veranschaulichte die sich wandelnde Relevanz der privaten Hochschule für ihre Studienentscheidung auf eine anschauliche Weise. Erkennbar wurde, dass sie als konkretes soziales Gut in diesem Fall offenbar ein maßgebliches Kriterium der Studienentscheidung dargestellt haben muss. So sind es nicht in erster Linie die Ausrichtung des Studienfachs oder die Nähe zu einem bestimmten Ort (z. B. dem ursprünglichen Wohnort), die spontan geschildert worden sind, sondern vielmehr eigene Eindrücke und Wahrnehmungen, die nur am Standort der privaten Hochschule sowie durch eine persönliche Anwesenheit im Rahmen des Besuchs zustande kommen konnten. Einen zusätzlichen Hinweis liefert der Aspekt, dass die Befragte zunächst gar nicht beabsichtigte, die private Hochschule, ihre eigentliche „Notlösung" (Z. 6), für ein Studium in Betracht zu ziehen. Eine ernstzunehmende Option ist das Studium in StudStadt somit erst nach dem Absolvieren des Vorbereitungskurses geworden, bei dem ein erster Eindruck des sozialen Guts in seiner materiellen Ausgestaltung sowie symbolischen Wirkung entstanden ist. In diesem Kontext lernte Ulrike Lehmann den Ort, die Räume und Menschen der privaten Hochschule persönlich kennen und nahm die dort herrschende Atmosphäre persönlich wahr, die sie in der Interviewsituation spontan als „schöne Stimmung" (Z. 10/11) beschrieben hat.

Aus der Analyse der Einstiegspassage ließ sich zusammenfassen, dass die von Frau Lehmann geschilderte Entscheidung zu Studienbeginn in erster Linie als Entscheidung für eine Hochschule und somit erst in zweiter Linie als Entscheidung für das lokalisierte Studium zu interpretieren ist. Erkennbar wurde darin eine erste Tendenz dahingehend, dass der privaten Hochschule in diesem Eckfall Bedeutung zuzukommen schien. Der Interviewverlauf wurde daraufhin nach Schilderungen über weitere Orte, soziale Güter und Menschen durchgearbeitet, auf die sich Ulrike Lehmann bezogen hat. Zudem schien es interessant, zusätzliche Passagen hinzuzuziehen, in denen sie sich ebenfalls auf die private Hochschule bezog, um die herausgearbeitete Relevanzsetzung für ihre Raumkonstitution ggf. an weiteren empirischen Belegen zu spezifizieren.

5.1 Einblick in die Fallanalysen: Erster Teil

Im folgenden Zitat antwortet Ulrike Lehmann auf die Frage, welche Gemeinsamkeiten sich unter den Studierenden ihres Jahrganges entwickelt hätten[6]. Diese Sequenz eignete sich besonders, um an die Analyse der Schilderung auf die Einstiegsfrage anzuschließen. Lehmann antwortete folgendermaßen:

„Viel, also ich- Es gibt viel, was so zusammenschweißt. Das fängt schon bei Kaffee an oder so. Oder ich weiß nicht, ob das so ein Phänomen von dieser Hochschule ist, dass dann irgendwie bestimmte Dinge immer gleich gut ankommen [...]. Also man ist gut kombinierbar dadurch irgendwie, [dass] das also so einen ‚Anklang' findet. Viel Selbstgemachtes auch. Also egal ob jetzt irgendwie Stricken oder weiß ich nicht irgendwie so dieses gemeinsam irgendwas selber machen ist schön. Auch Kochen." (Lehmann, Z. 114–125)
I: Genau, ich wollt grad fragen. Kochen macht ihr ja alle selber ne, also immer pro Jahrgang, hatte ich irgendwie mal mitbekommen?
Lehmann: „Ja, in der Mensa gibt es quasi so Kochteams, immer zu viert oder zu dritt aus einem Semester. Teilweise wird aber auch das gemischt mit den ‚Ersties', damit die eingewiesen werden. Also das ist auch ... Da gibt es zwar auch Leute, die das nicht unbedingt so gerne machen, aber es macht halt trotzdem riesig Spaß und dann, wenn Abwasch-Zeit ist, dann ist da mega laut Musik und dann geht die Party in der Küche. (lacht) " (Lehmann, Z. 125–133)

Im zitierten Abschnitt verweist Ulrike Lehmann darauf, dass es viel gebe, was „zusammenschweißt" (Z. 114). Sie sei sich nicht sicher, ob es ein Phänomen ihrer Hochschule sei, dass „bestimmte Dinge immer gleich gut ankommen" würden (Z. 115/116). Als Beispiele nennt sie Selbstgestricktes oder Selbstgekochtes. In diesem Zusammenhang führt Lehmann das gemeinsame Kochen der Studierenden als zugehörige Tätigkeit aus. Im Rahmen der Verpflegung an der privaten Hochschule würden hierfür wöchentlich Kochteams aus jeweils drei bis vier Studierenden zusammengestellt, die gemeinsam mit einer angestellten Köchin das Essen für alle Studierenden in der Mensa zubereiten. Insbesondere die Abwaschzeit hebt Frau Lehmann hervor, wenn „mega laut Musik" laufe und dann die „Party in der Küche" losgehe (Z. 132/133).

Im zitierten Abschnitt hat Ulrike Lehmann mit der Mensa ein weiteres soziales Gut aufgegriffen, welches – neben der bereits thematisierten privaten Hochschule – für ihre Raumkonstitution relevant wird. Als bemerkenswert fiel im Rahmen der Analysearbeit auf, dass sie die Mensa als eng mit dem sozialen Gut der privaten Hochschule verknüpft beschrieben hat.

---

[6] Wortlaut der gestellten Frage: „Welche Gemeinsamkeiten haben sich zwischen den Studierenden Deines Jahrganges entwickelt?", siehe Interviewleitfaden, elektronisches Zusatzmaterial 8.1.

So deutete sich die Verbundenheit beider sozialer Güter, welche Lehmann in der angeführten Passage für ihre Raumkonstitution vermuten lässt, darin an, dass es für den sozialen Raum, den sie erzeugt, offenbar keinen maßgeblichen Unterschied zu machen schien, ob zusammenschweißende bzw. gemeinsame soziale Handlungen der Studierenden in bzw. an der privaten Hochschule oder beispielsweise in der Mensa lokalisiert sind. Vielmehr wies die zitierte Passage sogar darauf hin, dass Ulrike Lehmann die stattfindenden sozialen Handlungen, hier beispielsweise das gemeinsame Kochen der Studierenden, dem sozialen Gut der privaten Hochschule zuordnete. Erkennbar wurde dies daran, dass sie die Schilderungen über das Selbst-Kochen an ihre Ausführungen zum besagten „Phänomen dieser Hochschule" (Z. 115) rückgebunden und darüber hinaus in ihre Ausführungen über Gemeinsamkeiten unter den Studierenden einbezogen hat. Entsprechend ist es für sie folgerichtig, sowohl das Kaffeetrinken als auch das Stricken und Selbst-Kochen als solche sozialen Handlungen wahrzunehmen und einzuordnen, die die Studierenden der privaten Hochschule zusammenschweißen.

Zugleich fiel beim Lesen des zitierten Abschnittes hinsichtlich der aufgegriffenen Orte, sozialen Güter und Menschen sowie deren Beschreibungen im Gesamtkontext ins Auge, dass die Befragte für ihre Ausführungen zu Gemeinsamkeiten unter den Studierenden auf die private Hochschule Bezug nahm. Diese Rückbindung ist deswegen hervorzuheben, weil sie weder durch den Interviewleitfaden intendiert noch durch die Interviewende mit einem entsprechenden Impuls hervorgebracht worden ist. Dennoch griff Ulrike Lehmann genau diese [gemeint ist die private Hochschule] in ihrer Schilderung über Gemeinsamkeiten unter den Studierenden auf[7], in der sie grundsätzlich auch auf das Anführen des sozialen Guts der privaten Hochschule hätte verzichten können. Dementsprechend scheint Ulrike Lehmann Gemeinsamkeiten unter den Studierenden (zumindest zu einem gewissen Anteil) auf das Nutzen gemeinsamer sozialer Güter bzw. gemeinsame Handlungssituationen zurückzuführen. In der zitierten Passage hat sie dafür insbesondere die Mensa und Küche hervorgehoben. Ob diese These gleichermaßen für Arbeits- und Seminarräume bzw. den Besuch von (Lehr-)Veranstaltungen wie für das thematisierte Nutzen der Cafeteria, das Kochen (bzw. Abwaschen) in der Küche und das Essen in der Mensa zu übertragen ist, war im Verlauf der Analyse weiter zu prüfen.

Als interessant erwies sich zudem, dass Ulrike Lehmann in ihrer Schilderung über Gemeinsamkeiten keine bestimmte Gruppe von Studierenden hervorhob. So wäre es durchaus erwartbar gewesen, dass sie bestimmte Gemeinsamkeiten zu ihr besonders nahestehenden Studierenden oder Studierendengruppen und deren

---

[7] „[...] Ich weiß nicht, ob das so ein Phänomen dieser Hochschule ist. [...] " (Z. 115).

5.1 Einblick in die Fallanalysen: Erster Teil

Entwicklung aufgegriffen oder aber eine Abgrenzung zu anderen, besonders konträren Studierenden bzw. -gruppen vorgenommen hätte. Stattdessen sprach sie von einer grundsätzlichen Kombinierbarkeit untereinander, die sich, so ließ sich die zitierte Passage deuten, zunächst einmal über alle Studierenden der privaten Hochschule erstreckt. Um dem Zustandekommen dieser Kombinierbarkeit nachzugehen, wurden die beiden in den vorangegangenen Abschnitten entwickelten Konzepte erneut unterstützend herangezogen.

Aus ihrer Beschreibung ist zu rekapitulieren, dass Ulrike Lehmann die Platzierung der Mensa als soziales Gut offenbar nicht gesondert wahrgenommen und entsprechend in ihrer Raumkonstitution aufgegriffen hat, sondern dass sie diese als mit der privaten Hochschule verknüpft einzubeziehen scheint. Für Ulrike Lehmanns Raumkonstitution schien es demnach keinen wesentlichen Unterschied zu machen, ob soziale Handlungen der Studierenden in der Mensa, der Cafeteria oder dem originären sozialen Gut der privaten Hochschule lokalisiert sind. Diesem Konzept entsprechend handelte es sich in Lehmanns Raumkonstitution nicht um Platzierungen dreier einzelner sozialer Güter mit unterschiedlichen Funktionen. Vielmehr schienen alle drei im Rahmen der Synthese zu einem sozialen Gut – nämlich dem der privaten Hochschule – verbunden und als ein Element wahrgenommen zu werden, welches die Studierenden zusammenschweißt. Somit beziehen sich alle lokalisierten sozialen Handlungen, wie das explizit ausgeführte gemeinsame Kochen der Studierenden, die sie als typische Phänomene der Hochschule einbezogen hat, auf eine rahmende Handlungssituation, die auf alle Studierenden der privaten Hochschule gleichermaßen Wirkung ausübt. Als eine rahmende Wirkung ließ sich Frau Lehmanns Erläuterung entnehmen, dass sich die Studierenden den sozialen Handlungen nicht ohne weiteres entziehen können. So gebe es auch durchaus Studierende, die sich nicht gern am Kochdienst beteiligen. Nichtsdestotrotz erzeuge die verpflichtende Beteiligung an der Verpflegung ein Gefühl von Zusammenhalt, insbesondere unter der Kochgruppe. Dies werde daran deutlich, dass das Kochen auch denjenigen, die sich nicht gern beteiligen würden, offenbar „riesig Spaß" (Z. 131) mache, weil während der Abwaschzeit eine „Party in der Küche" (Z. 132) stattfinde.

Als These ist festgehalten worden, dass es insbesondere gemeinsame soziale Handlungen bzw. zumindest die geteilten sozialen Güter der Studierenden zu sein scheinen, welche durch ihre Verknüpfung mit der privaten Hochschule zu einer grundsätzlichen Kombinierbarkeit der Studierenden untereinander sowie zu Gemeinsamkeiten beitragen. Diese sollten allerdings nicht mit enger Freundschaft verwechselt werden. Anschaulich wurde, dass sie unter den Studierenden dennoch offenbar zu einem Empfinden von Nähe zueinander beitragen. Diese spiegeln sich in Frau Lehmanns Raumkonstitution als Wahrnehmung von Relationen, beispielsweise solchen der Vertrautheit oder des Zusammenhaltes, wider, die sie als Kombinierbarkeit („kombinierbar", Z. 121) der Studierenden beschrieben hat. Die eingangs aufgeworfene These, nach der das soziale Gut der privaten Hochschule innerhalb der Lehmann'schen Raumkonstitution mit besonderer Bedeutung versehen wird, ist aufgrund der ausgewerteten Passage aufrechterhalten worden.

Das nächste Zitat bezieht sich auf die Frage nach Aktivitäten der privaten Hochschule, an denen Ulrike Lehmann teilnimmt[8].

> „An den Kursen (lacht). (3) Eigentlich fast überall. Es ist immer eine gute Mischung zwischen [Studienfach1]-Kram und [Studienfach2]-Kram. Das ist immer ganz schön. Es gibt immer so ... Also wenn die [Studienfach2]-Leute irgendwas fertig haben an Projekten, dann kann man da halt auch hin. Dann [präsentieren] die das. Das ist immer so ein Event, wo quasi dann abends die [Studieninhalt1-Präsentationen] sind oder [Studieninhalt2-Präsentationen] oder so, das ist immer voll schön. Dann aber auch so Sachen wie das Hochschulfest, Tag der offenen Tür, keine Ahnung alles was ... eigentlich nehme ich alles mit, was geht, so. Ich lass' mir ungern was entgehen, auch so, so Sachen wie [Thema1]-Kurs oder so, so Sachen, die ich nie wieder brauche, weil, ich ... ich mag eigentlich gar nicht mit [Thema1] arbeiten, aber irgendwie, wenn's angeboten wird, dann voll gerne." (Ulrike Lehmann, Z. 148–158)

Beim Lesen des ersten Satzes „An den Kursen (lacht)." (Z. 148) und der entstehenden Pause entwickelte sich zunächst der Eindruck, dass Ulrike Lehmann womöglich lediglich die zum Wissenserwerb und der Leistungserbringung erforderlichen bzw. formal vorgeschriebenen Lehrveranstaltungen besucht, die sie in ihrer ungewöhnlich knappen Antwort als Kurse bezeichnet hat. Jedoch bot ihr Lachen als Reaktion auf die Frage zusätzliche Anhaltspunkte. So scheint es ihrer Einschätzung nach völlig klar zu sein, dass man als Studierende der privaten Hochschule an den angebotenen Kursen – und zwar an allen – teilnimmt. In diesem Zusammenhang ist ihre Reaktion als eine nonverbale Antwort interpretiert worden, nach der sie die Frage des Interviewleitfadens schlichtweg amüsiert hat. Nach einer kurzen (Denk-)Pause führt sie schließlich aus, dass sie auch nahezu jedes weitere Angebot für soziale Handlungen außerhalb der Kurse annehme, die zur Leistungserbringung und für den Wissenserwerb erforderlich sind. Dabei schätze sie die Mischung aus Inhalten der verschiedenen Studiengänge, die an ihrer Hochschule angeboten werden würden. So sei es üblich, dass die Studierenden aller Studienfächer, sobald sie ein Projekt beendet hätten, eine Präsentation organisieren würden. Diese Events, wie Ulrike Lehmann sie nennt, „wo quasi

---

[8] Im Wortlaut: „An welchen Aktivitäten Deiner Hochschule nimmst Du teil?", siehe Interviewleitfaden, elektronisches Zusatzmaterial 8.1.

dann abends die [Präsentationen] sind" (Z. 152) und sich alle Studierenden zum Zuschauen zusammenfinden würden, schätze Frau Lehmann besonders und nehme sie entsprechend gerne an. Weitere Aktivitäten, die sie anführt, sind das Hochschulfest und der Tag der offenen Tür, an denen sie sich beteilige. Darüber hinaus würden an der Hochschule außerhalb der Lehrveranstaltungen verschiedene Workshops und Kurse stattfinden, die den Studierenden offenstehen. Beispielhaft führt sie einen thematischen Kurs auf, an dem sie nicht aus rein inhaltlichem Interesse aus ihrem Studieninhalt heraus teilnehme. So wisse sie, dass der Kurs „eine Sache" sei, „die ich nie wieder brauche, […] aber [.], wenn's angeboten wird, dann voll gerne." (Z. 156–158.)

Die zitierte Interviewpassage zeigt auf, dass die Relevanz der privaten Hochschule sich für Ulrike Lehmann nicht lediglich aus ihrer Funktion als sozialem Gut ergibt, an dem sie ihr Studium absolviert, lernt und Studieninhalte bearbeitet. Vielmehr misst sie der privaten Hochschule als sozialem Gut auch in ihrer Freizeit Bedeutung bei. Anhand der Beschreibung der abendlichen „Events" (Z. 152), an denen sie gemeinsam mit den anderen Studierenden teilnimmt, ebenso wie an Kursen und Workshops, die keinen tatsächlichen Nutzen für die Leistungserbringung und den Wissenserwerb im Zuge ihres Studiums haben, wird ihre Bedeutungszuschreibung sichtbar. Obwohl die beschriebenen Events, Kurse und Workshops sowohl außerhalb des regulären Lehrplanes als auch außerhalb der formalen Anwesenheitszeiten liegen, sind diese durch Ulrike Lehmann im Kontext ihrer Schilderung ganz selbstverständlich als regelmäßige soziale Handlungen am sozialen Gut der privaten Hochschule lokalisiert worden. Anschaulich wurde zudem, dass sie auch in ihrer freien Zeit (d. h. nachmittags, abends bzw. zu freiwilligen Veranstaltungen außerhalb des wöchentlichen Stundenplanes) an der privaten Hochschule anzutreffen ist. Dies tut Ulrike Lehmann, obwohl sie von ihrem Wohnort in WohnStadt – wie aus anderen Passagen hervorgeht – eigens mit der Bahn und anschließend mit dem Fahrrad zur Hochschule anreist. Dem sozialen Gut der privaten Hochschulen hat Lehmann demnach nicht nur im Zusammenhang mit ihrem Studium sowie den konkreten Studieninhalten, sondern auch in ihrem studentischen Leben eine Bedeutung zugeschrieben. Für den Raum, den Ulrike Lehmann konstituiert, scheint die private Hochschule demnach – so wurde aus der Analyse dieser Passage festgehalten – ein soziales Gut zu sein, dem einerseits weitere soziale Güter im Rahmen der Synthese zugerechnet werden und dem Frau Lehmann andererseits sowohl im Zusammenhang mit ihrem Studium als auch mit ihrer Freizeitgestaltung Bedeutung beimisst.

Das nächste Zitat ist herangezogen worden, um Ulrike Lehmanns Wahrnehmung ihres Studienortes weiter zu verfolgen. Hier antwortet Lehmann auf die Frage im Leitfaden: „Welche Bedeutung hatte der Studienort bei der Wahl Deines Studiums?".

„Eigentlich nicht so 'ne große. Ich komme zwar vom Land, aber hätte mir auch- Ich wohn jetzt auch in der Stadt quasi und hätte mir eigentlich auch vorstellen können an so einer normalen, normal großen Stadt-Uni studieren zu können. Aber irgendwie, manchmal steht man oben ... Wir haben oben so [einen Arbeitsbereich] mit einer Feuerleiter drunter und das ist quasi so eine Art Mini-Balkon oben drauf und du stellst ... du kannst draufstehen und guckst halt nur über Felder und Kühe und irgendwie, manchmal denk ich schon, das ist irgendwie was Besonderes, aber das kam erst später. Das war nicht bei der Auswahl." (Lehmann, Z. 217–224)

Beim Lesen des zitierten Abschnittes fiel ins Auge, dass Frau Lehmann auf die an sie gerichtete Frage nicht – wie an anderer Stelle – mit gewohnt eindeutigem Benennen und Beschreiben von Orten oder dem Aufgreifen von sozialen Gütern reagierte. Stattdessen ließ sich ein Umweg herausarbeiten; in der Passage nutzt Ulrike Lehmann das soziale Gut der privaten Hochschule, um den Studienort von einer dort gewählten Platzierung, nämlich vom Balkon eines Arbeitsbereiches aus, zu betrachten und zu beschreiben. Von diesem aus schildert sie sodann ihre Wahrnehmung des Studienortes und seine Bedeutung, wobei sie ihren ursprünglichen Wohnort als Referenzfolie aufgreift.

Die Schilderung des zitierten Interviewauszuges fügte sich, gemeinsam mit den Analyseergebnissen zur Einstiegsfrage[9], zu einem stimmigen Bild. Bereits im eingangs betrachteten Zitat beschrieb Ulrike Lehmann, sich unter anderem aufgrund der „Räume" und „Leute" (Z. 12) sowie im Anschluss an ihre Teilnahme an einen Vorbereitungskurs für die private Hochschule entschieden zu haben. Für ihre Raumkonstitution waren demnach sowohl die private Hochschule als auch der Studienort zunächst von untergeordneter Relevanz. Erst während ihrer Anwesenheit vor Ort, so schilderte Frau Lehmann in der Einstiegspassage, sei ihr klargeworden, dass sie dort studieren müsse („Das war eine so schöne Stimmung, irgendwie genau das, was ich mir von einem Studium gewünscht hab", Z. 10/11).

Ähnliches verdeutlicht der Abschnitt zum Studienort der privaten Hochschule. Nach Hinzuziehen des ersten Abschnittes lässt sich vervollständigen, dass auch dieser für Ulrike Lehmann vor ihrer Studienaufnahme nicht entscheidend gewesen ist. In der herangeführten Passage erfährt man zudem, dass ihre Wahrnehmung des Ortes auch zu Beginn des Studiums noch dementsprechend ausgefallen ist. Erst im Laufe des Studiums an der privaten Hochschule mit den verknüpften sozialen Handlungen hat sich offenbar, so lässt sich ihrer Schilderung entnehmen, auch Ulrike Lehmanns Wahrnehmung des Studienortes verändert („Manchmal denk ich schon, das ist irgendwie was Besonderes", Z. 222/223). Im Rahmen der Kodierarbeit fiel hierbei als bemerkenswert auf, dass Frau Lehmann ausführt, eine

---

[9] „Wie kam es dazu, dass du gerade HIER an dieser Hochschule dein Studium aufgenommen hast?", siehe Leitfaden im elektronischen Zusatzmaterial 8.1.

5.1 Einblick in die Fallanalysen: Erster Teil

bestimmte Position – an der privaten Hochschule – einnehmen zu müssen, um besagtes „Besondere[.]" (Z. 223) am Studienort wahrnehmen zu können. Diese Äußerung ist als eine Metaphorik eingeordnet und interpretiert worden, mit der Ulrike Lehmann ihre Verbindung zum Studienort beschreibt. Demnach scheint es gerade diese Positionierung an der privaten Hochschule zu sein, die es ermöglicht, das „Besondere[.]" (Z. 223) im Studienort wahrzunehmen. Mit der Erfordernis, über die Feuerleiten zum Balkon aufzusteigen, wird der bzw. dem Außenstehenden verdeutlicht, dass nicht sofort und von außen sichtbar ist, was den Studienort aus Frau Lehmanns Sicht auszeichnet. Stattdessen müsse man etwas auf sich nehmen, indem man – so eine mögliche Deutung der verwendeten Metapher – auf den Balkon eines der hochschulischen Arbeitsbereiche steige und verweile[10], um den Studienort betrachten und wahrnehmen zu können. So hat Ulrike Lehmann den Studienort als Umgebung der Hochschule zu schätzen gelernt. Mit seinen Feldern und Kühen zeichnet er sich für sie durch einen ländlichen Charme aus, der sie an ihren ursprünglichen Wohnort erinnert.[11]

Ihre Beschreibung ist damit insofern eingeordnet worden, als es aus Frau Lehmanns Sicht notwendig ist, sich auf die Hochschule mit den lokalisierten sozialen Handlungen einzulassen (beispielsweise ein Teil der Gemeinschaft zu werden) und sich regelmäßig vor Ort aufzuhalten, um auch die Besonderheiten des Studienortes zu erkennen. Die private Hochschule bildet in diesem Zusammenhang ihre Verbindung zum Standort, den sie im Laufe ihres Studiums zumindest schätzen gelernt hat.

Um die Relevanz des Studienortes abschließend zu spezifizieren, ist die entsprechende Nachfrage[12] aus dem Interviewleitfaden als Ergänzung hinzugezogen worden.

„Lustigerweise ist meine Cousine hierher gezogen (lacht) aber ich kann es- vielleicht so, vielleicht so nach dem Motto: Wenn ich mal alt bin und Familie hab oder sowas, dann schon, aber momentan lebe ich ja selber nicht, nicht hier direkt. Und hab's auch nicht vor. Ich hab ja zwei Jahre hier gelebt und es war auch schön so, aber vom Ort her find ich es schon niedlich, aber ich kann es mir halt am besten vorstellen für so kleine Familien, die irgendwie auf dem Land leben wollen, und da bin ich momentan einfach noch nicht. Und wer weiß, vielleicht komme ich irgendwann zurück. Aber nicht, nicht jetzt." (Lehmann, Z. 212–218)

---

[10] „das kam erst später", Z. 223.
[11] „Ich komme zwar vom Land", Z. 217.
[12] „Kannst du dir vorstellen nach dem Studium dauerhaft am Studienort zu leben?", siehe Interviewleitfaden im elektronischen Zusatzmaterial 8.1.

Hier führt Ulrike Lehmann aus, sich derzeit nicht vorstellen zu können am Studienort zu leben. Obwohl sie dort bereits für zwei Jahre gelebt habe und es insgesamt „schon niedlich" (Z. 231) fand, erscheine ihr der Studienort mit seiner Umgebung „[...] für kleine Familien, die [.] auf dem Land leben wollen, [...]" (ebd.) passender. Zwar könne sie nicht ausschließen irgendwann einmal zurückzukommen, momentan komme eine dauerhafte Rückkehr an den Studienort jedoch nicht für sie infrage.

Durch die zitierte Passage wird deutlich, dass der Studienort für Ulrike Lehmann zurzeit nicht relevant ist. Wie anhand des zuvor dargestellten Analyseauszugs veranschaulicht worden ist, hat sich ihre Wahrnehmung zwar zumindest ein Stück weit zugunsten des Studienortes verändert. Deutlich wird aber auch, dass dessen Relevanz eng an Frau Lehmanns Studium an der privaten Hochschule geknüpft ist. Sollte diese als ein zentrales soziales Gut ihrer Raumkonstitution an Bedeutung verlieren, wird der Studienort in gleichem Maße bedeutungslos, weil es gerade die Hochschule ist, wegen der sich Ulrike Lehmann an den Studienort begeben hat.[13]

Fallspezifikation

Der Abschnitt veranschaulichte den Ablauf der vergleichenden Analysearbeit anhand eines ersten empirischen Falles. Wie eingangs dargelegt wurde die Kapitelstruktur für eine bessere Nachvollziehbarkeit der induktiv gewonnenen Erkenntnisse, sofern möglich, am Verlauf der Kodiervorgänge der GTM orientiert. Aus diesem Grund bezog sich die Darstellung der Fallbearbeitung des Eckfalles Ulrike Lehmann insbesondere auf das inhaltliche Vorgehen beim offenen Kodieren. Hierbei wurde das Interviewmaterial systematisch nach solchen Schilderungen durchgearbeitet, die Beschreibungen mit Bezug zu Orten, sozialen Gütern und Menschen sowie Hinweise auf verknüpfende Wahrnehmungen enthielten.

Einige interessante Befunde zur Raumerzeugung kristallisierten sich bereits im Laufe des Kodiervorganges heraus. Zusätzlich konnten erste basale Annahmen und Vorüberlegungen für das axiale Kodieren formuliert werden. Im Sinne des GTM-Prinzips eines ständigen Vergleichs werden die entwickelten Thesen im Folgenden noch einmal knapp rekapituliert, bevor sie im Verlauf des Kapitels an einem weiteren Eckfall spezifiziert werden.

Der Fall Ulrike Lehmann zeichnet sich insbesondere durch das Aufgreifen und Beschreiben solcher sozialen Güter aus, die in unmittelbarem Zusammenhang mit der privaten Hochschule stehen oder gebracht werden. Sie scheinen für die

---

[13] Dennoch scheint der Studienort insofern eine gewisse Bedeutung für ihre Raumkonstitution zu besitzen, als sie diesen zumindest als familientauglich beschreibt.

Raumkonstitution zentral zu sein. Als falltypisch ist in diesem Zusammenhang festgehalten worden, dass Platzierungen der verschiedenen sozialen Güter (wie z. B. der Mensa, der Küche, der Cafeteria, den Arbeitsbereichen) in der synthetisierenden Wahrnehmung mit dem sozialen Gut der privaten Hochschule verknüpft bzw. verbunden werden. Für die Raumkonstitution im betrachteten Eckfall ist es demnach nicht maßgeblich, ob soziale Handlungen an dem einen oder anderen sozialen Gut lokalisiert sind. (So werden alle im Zusammenhang mit der privaten Hochschule aufgegriffen und beschrieben.) Deshalb werden neben verpflichtenden Lehrveranstaltungen und Kursen auch Freizeitangebote wie abendliche Events und Workshops an der privaten Hochschule in Anspruch genommen. Herausgearbeitet wurde außerdem, dass – möglicherweise gerade aufgrund der Nutzung in diesem doppelten Sinne – eine Vertrautheit bzw. ein Zusammenhalt[14] unter allen Studierenden der privaten Hochschule wahrgenommen und beschrieben wird.

Auf Basis der induktiv gewonnenen Erkenntnisse erfolgte die Wahl eines weiteren Falles für die empirische Analyse, der in seinen kontrastierenden Schilderungen des Alltages an Hochschule und Studienort auf eine entsprechende Art der Raumerzeugung schließen ließ. Zur Veranschaulichung wird der (Eck-)Fall Katharina Pauls herangezogen. Durch seine ausführlichen Beschreibungen des sozialen Lebens der Studierenden steuerte er eine neue Facette bei, die sich von den Schilderungen mit Fokus auf die private Hochschule unterschied.[15]

5.1.2 Eckfall Katharina Pauls[16]

Katharina Pauls studiert im fünften Semester in einem dualen Studiengang in StudStadt[17]. Das Studium an ihrer Hochschule ist so strukturiert, dass Frau Pauls innerhalb eines Semesters drei Monate Theoriephase an der Hochschule verbringt

---

[14] Benannt als Kombinierbarkeit, „kombinierbar", Z. 121.
[15] Aufgrund der Veranschaulichung der offenen und (ersten) axialen Kodierprozeduren, bei der noch keine Fallkontrastierungen vorgenommen worden sind, muss an dieser Stelle auf eine ausführlichere inhaltliche Einordnung des Eckfalles Katharina Pauls zur Überleitung in die Analysearbeit verzichtet werden.
[16] Alle im Interview genannten Personennamen, Städte, Orte sowie sämtliche Anhaltspunkte, die Rückschlüsse auf die interviewte Person oder Hochschule zulassen, sind beim Erstellen des Transkriptes anonymisiert und pseudonymisiert worden. StudStadt steht hierbei stets für den Studienort, während WohnStadt stets den Wohnort der Interviewten chiffriert.
[17] StudStadt steht innerhalb der Transkripte stets für den Studienort der Interviewten. Aus der Benennung als StudStadt lässt sich unter den Eckfällen nicht zwangsläufig auf das Studium an einer gemeinsamen privaten Hochschule schließen.

und anschließend, im Rahmen der Praxisphase, drei Monate bei einem Partnerunternehmen arbeitet, bei dem sie ihre Ausbildung absolviert. Katharina Pauls kommt ursprünglich aus WohnStadt2[18], einer Kleinstadt in Niedersachsen. Dort lebt sie während der Praxisphasen. In den Theoriephasen dagegen lebt sie im Wohnheim ihrer Hochschule am Studienort.

Wie bei Frau Lehmann erfolgte die komparative Analysearbeit im Eckfall von Katharina Pauls in gründlicher Auseinandersetzung mit dem vollständigen Interviewmaterial. Zur Darstellung sind deshalb die Passagen ausgewählt worden, in denen die Typik des Falles besonders anschaulich zur Geltung kommt. Angeführt werden diese ebenfalls sequentiell im Verlauf des Interviews.

Da es sich bereits um den zweiten darzustellenden Eckfall aus der komparativen Fallbearbeitung handelt, an dem die Analyseschritte veranschaulicht werden, liegt der Fokus nun nicht mehr ausschließlich auf den Erkenntnissen, die im Zuge des offenen Kodierens gewonnen worden sind.[19] Mit dem Wissen aus dem ersten Eckfall ermöglichte es die Hinzunahme des Falles Katharina Pauls, auch fallübergreifende Konzepte und Thesen zu entwickeln, die sich im Laufe des Kodierprozesses zur Abgrenzung und Kontrastierung eigneten. Zudem konnten Überschneidungen sowie Unterschiede hinsichtlich bestimmter Relevanzsetzungen und Bedeutungszuschreibungen beim Konstituieren von Raum identifiziert und für den Verlauf der Analyse konserviert werden.

Der Fokus der anhand des Falles Katharina Pauls zu veranschaulichenden Analyseschritte lag demnach etwas stärker auf dem axialen Kodieren, das eine erste Ordnung der gewonnenen Erkenntnisse zum Ziel hat. Die vorläufigen, basalen Annahmen über Relevanzsetzungen sowie Bedeutungen beim Aufgreifen sozialer Güter und Menschen für die Raumkonstitution können somit durch Hinzuziehen weiterer Fälle systematisch entfaltet und verfeinert werden.

Zum Einstieg in die Analyse des ersten Eckfalles wurde die Schilderung ausgewählt, welche auf die Einstiegsfrage hin zustande kam. Es bietet sich an, dieses Verfahren auch für den folgenden empirischen Fall beizubehalten. Dies ist sinnvoll, da das Analyseverfahren der GTM es mit sich bringt, dass analyserelevante Passagen nicht zwangsläufig mit den im Leitfaden formulierten Fragen korrespondieren. Vielmehr sind es die individuellen Schwerpunktsetzungen, die die

---

[18] In den Transkripten wurde der aktuelle Wohnort der interviewten Personen stets als WohnStadt chiffriert. Die Ziffer 2 kennzeichnet, dass es sich bei seinem Wohnort nicht um den gleichen Wohnort wie im Eckfall Ulrike Lehmann, Oliver Tamm bzw. Maximilian Maurer handelt.

[19] Beispielsweise welche Orte, sozialen Güter und Menschen benannt und beschrieben worden sind bzw. wie der Einbezug in den Gesamtkontext der Schilderung erfolgt ist.

5.1 Einblick in die Fallanalysen: Erster Teil

Interviewten in ihren Schilderungen vornehmen, die letztendlich ausschlaggebend dafür sind, welche Passagen in welchem Teil der Analyse in den Blick genommen werden. Die Einstiegsfrage bietet als erste Frage in der Interviewsituation dennoch die Möglichkeit, eine gewisse Parallelität beim Betrachten der Eckfälle zu erzeugen, bevor im fortschreitenden Verlauf der Fallanalyse ganz unterschiedliche Interviewpassagen herangezogen werden. Aus diesem Grund bildet die Einstiegspassage aus dem Interview mit Katharina Pauls gleichzeitig den Einstieg in die Fallanalyse.

Die sehr offen formulierte erste Frage „Wie kam es dazu, dass du gerade HIER an dieser Hochschule Dein Studium aufgenommen hast?" (siehe Interviewleitfaden, elektronischen Zusatzmaterial 8.1) ließ hierfür ein besonders breites Feld an Schwerpunktsetzungen und Einordnungen der Studienaufnahme zu. Katharina Pauls antwortet folgendermaßen:

> „Das kam eigentlich eher dazu, weil ich mich informiert habe, wie hier allgemein das Unileben auch läuft und wie viele Studenten hier sind, und da kam dann eher so das Gefühl rüber, dass es ziemlich klein und privat und ziemlich familiär ist. Und deshalb ist es halt diese Hochschule geworden."
> Interviewende: Okay, also nicht wegen der fachlichen Richtung unbedingt?
> „Zum einen auch, weil dieser Studiengang hier in der Umgebung oder auch in der Umgebung von [WohnStadt2], weil ich ja ursprünglich aus [WohnStadt2] komme, weil es den halt nur einmal so gibt. Weil das dual ist. Es gibt natürlich auch noch [Studiengang2 an anderer Hochschule]. Ich studiere [Studiengang1] und ja wie gesagt es gibt halt noch [Studiengang2], aber das ist halt kein dualer Studiengang und deswegen halt auch, wegen der Dualität." (Pauls, Z. 4–16)

Katharina Pauls leitet die zitierte Argumentation damit ein, dass sie sich über das „Unileben" (Z. 5) und die Studierenden informiert habe, und ergänzt auf Nachfrage der Interviewenden, dass sie ebenfalls Informationen über den Studiengang sowie vergleichbare Studienangebote in der Umgebung gesammelt habe. Um ihre Entscheidung zu begründen, führt Katharina Pauls somit zunächst nur einen implizit bleibenden Ort heran, nämlich WohnStadt2[20].

Im Vergleich zum ersten Eckfall zeigten sich bereits beim Lesen zwei interessante Aspekte, die Katharina Pauls von diesem unterschieden. So greift Frau Pauls, anders als Frau Lehmann, auf die Einstiegsfrage hinsichtlich ihrer Hochschulwahl das „Unileben" (Z. 5) der Studierenden auf, welches sie als „klein" und „familiär" (Z. 6) wiedergibt, und kommt erst danach auf den Studiengang zu

---

[20] WohnStadt steht innerhalb der Transkripte stets für den aktuellen Wohnort der Interviewten. Im Falle Katharina Pauls steht WohnStadt2 also für ihren Wohnort während der Praxisphase. Die Ziffer 2 kennzeichnet, dass es sich bei ihrem Wohnort nicht um den gleichen Wohnort wie im Eckfall Ulrike Lehmann, Oliver Tamm bzw. Maximilian Maurer handelt.

sprechen, den es – so ihre Argumentation – in der Umgebung von WohnStadt2 nur einmal so[21] gebe. Die Entscheidung, an gerade dieser Hochschule zu studieren, stellte im Falle von Katharina Pauls offenbar keine explizite Wahl eines konkreten (materiellen) sozialen Guts dar, sondern gründet in anderen Bereichen. Ohne tief in die Fallanalyse eingestiegen zu sein, deutete sich demnach bereits an, dass die konkrete private Hochschule für die Studienaufnahme von Katharina Pauls vergleichsweise weniger entscheidend war. Stattdessen wurde deutlich, dass ihre Relevanzsetzungen stärker die Studierenden als die lokalisierten Menschen und das „Unileben" (Z. 5) fokussieren. Dieser Befund ist als These für den weiteren Analyseverlauf vorläufig ausformuliert und gemeinsam mit dem Konzept des sozialen Lebens der Studierenden („Unileben[s]" [ebd.]) zur weiteren Anreicherung bzw. Spezifikation festgehalten worden.

Zusätzlich ist für die Raumkonstitution festgehalten worden, dass das Zitat insofern auffiel, als auf ein explizites Aufgreifen der privaten Hochschule in ihrer Materialität verzichtet worden ist. Dies erschien insbesondere aufgrund der gestellten Einstiegsfrage[22] bemerkenswert, die einen expliziteren Bezug auf das soziale Gut der Hochschule vermuten lassen würde. Grundsätzlich wäre eine solche Begründung ihrer Hochschulwahl durch Katharina Pauls auf verschiedene Weise möglich gewesen; so hätte sie beispielsweise die materielle bzw. technische Ausstattung sowie den wissenschaftlichen bzw. praxisnahen Ruf der privaten Hochschule als ausschlaggebende Kriterien anführen können, von denen sie sich eine gute Qualifikation verspricht. Ebenfalls hat sie zur Einordnung ihrer Entscheidung für die Studienaufnahme an der privaten Hochschule nicht ihren Wohnort WohnStadt2 (z. B. ihre Wohnung oder ihr Elternhaus) in ihrer Relation zu ebendieser aufgegriffen. Aus der zitierten Passage geht stattdessen hervor, dass sie WohnStadt2 zum Zeitpunkt ihrer Studienentscheidung als Ausgangspunkt der Raumkonstitution wahrgenommen und aus diesem Grund in dessen Umfeld schlichtweg nach Studiengängen – eben nicht nach Hochschulen – gesucht hat. Für ihre Studienentscheidung hat Katharina Pauls demnach eine bestimmte Nähe zu WohnStadt2 als Suchradius zugrunde gelegt, die sich als Relation der Nähe einordnen lässt. Diese Relation benennt sie als „Umgebung" (Z. 11/12). Innerhalb dieser antizipierten Relation hat sie ganz verschiedene Studiengänge in Betracht gezogen, welche alle über eine gewisse Nähe zu Stadt2 verfügten. Aufgrund des daraus resultierenden, vergleichsweise kleinen Maßstabes bei der Beurteilung von

---

[21] Gemeint ist die duale Struktur.

[22] Wortlaut: „Wie kam es dazu, dass du gerade HIER an dieser Hochschule Dein Studium aufgenommen hast?"

5.1 Einblick in die Fallanalysen: Erster Teil

Nähe und Ferne in ihrer Raumkonstitution sind durch Katharina Pauls schließlich nur solche Studiengänge in die Entscheidung einbezogen worden, welche sich nahe WohnStadt2 befanden.

Zudem zeigte die Analyse, dass Katharina Pauls sich bei der geschilderten Wahl in erster Linie für eine bestimmte Struktur der Leistungserbringung und des Wissenserwerbs, nämlich „Dualität" (Z. 16), entschieden hat. Die besagte duale Struktur hätte sie grundsätzlich, so lässt sich aus der zitierten Passage resümieren, an anderen Hochschulen sowie Standorten gewählt, sofern sich diese in der „Umgebung" (Z. 11/12) von WohnStadt2 befunden hätten. Die konkrete private Hochschule an ihrem Studienort besitzt für den Raum, den Katharina Pauls erzeugt, wenig Relevanz. In ihrer Raumkonstitution scheinen beide, wie bereits nach dem Lesen der Einstiegspassage als vorläufige These formuliert worden ist, vergleichsweise nachgeordnet und somit peripher zu sein. Von Bedeutung für ihre Studienentscheidung, so deutete ihre Formulierung jedoch an, schien das „Unileben" (Z. 5) der Studierenden.

Auch dies verdeutlicht die Einstiegspassage, in der Katharina Pauls auf eine Schilderung ihrer Recherche über das „Unileben" (ebd.) sowie über die Anzahl der Studierenden zurückgreift. Diese Faktoren hätten sie gemeinsam mit der dualen Struktur des Studienganges zu ihrer Wahl bewogen. Ihre Einschätzung des sozialen Lebens der Studierenden mit den resultierenden Verbindungen wird im angeführten Zitat durch die Ausführungen zum Studiengang als einer bestimmten Struktur der Leistungserbringung und des Wissenserwerbs jedoch lediglich erweitert. Die Verbindungen der Studierenden im Rahmen des „Unileben[s]" (Z. 5) sind als Relationen unter Menschen betrachtet worden. Katharina Pauls beschreibt diese jedoch nicht als eine Lagebeziehung von physisch-materieller Nähe oder Ferne, sondern vielmehr als ein Gefühl von Vertrautheit („klein", „privat", „familiär", Z. 6). So war es für sie bei der Entscheidung für einen bestimmten Studiengang offenbar nicht nur von Bedeutung, dass er sich physisch nah bei ihrem ursprünglichen Wohnort befand, um ihr auch während des Studierens Kontakt zu ihrem gewohnten sozialen Umfeld wie Familie und Freunden zu ermöglichen. Gleichzeitig schien sie Wert darauf gelegt zu haben, während des Studierens bzw. der Zeit, die sie am Studienort verbringt, ein soziales Leben der Studierenden („Unileben", Z. 5) führen zu können. Dementsprechend erschien es schlüssig, dass sich Katharina Pauls vor ihrer Studienentscheidung zunächst über die Studierenden der privaten Hochschule informiert hat. Laut der zitierten Passage habe ihr die Recherche eine Atmosphäre von Familiarität und Privatheit vermittelt, die unter anderem durch die geringe Anzahl der Studierenden zustande komme. Beide sind in die Fallbearbeitung als Beschreibungen bzw. Wahrnehmungen von Relationen unter den Studierenden eingegangen, die

Katharina Pauls womöglich zum Zeitpunkt der Entscheidungsfindung als ausschlaggebend betrachtet hat. Deutlich wurde damit, dass dem sozialen Leben und Eingebundensein auch vor Beginn ihres Studiums eine so hohe Bedeutung in ihrer Raumkonstitution zugekommen zu sein schien, dass sie neben der physisch-materiellen Nähe auch eine soziale Dimension bzw. eine Verbundenheit für ihre Entscheidung herangezogen hat. Obwohl dieser Aspekt in der zitierten Passage noch vergleichsweise kurz aufgegriffen und entsprechend ausgeführt worden ist, zeigten sich erste falltypische Tendenzen, die es im Verlauf der Analyse weiter zu verfolgen galt.

Der nächste Abschnitt aus der Fallanalyse bezieht sich auf die zweite Frage des Interviewleitfadens, nämlich, was aus Frau Pauls' Sicht ihr studentisches Leben auszeichnet[23]. Die Frage diente dazu, den Interviewten die Möglichkeit zu geben, ihr studentisches Leben zu beschreiben und dabei eigene Relevanzsetzungen (beispielsweise von Menschen oder sozialen Gütern an Orten) für ihre Raumkonstitution hervorzuheben.

„Dass wir ziemlich viel sozial tätig sind, muss ich sagen, also wir [vom Allgemeinen Studierendenausschuss[24]] aus organisieren wir extrem viel muss ich sagen. Auch für andere Studenten. Wir unternehmen sehr viel und einfach dieses, wie ich gerade schon gesagt habe, dieses Familiäre. Das ist eigentlich so eher das, was im Moment, zurzeit das Studentenleben bei mir ist." (Pauls, Z. 22–26)

In der zitierten Passage kommt Katharina Pauls auf ein soziales Gut, nämlich das des Allgemeinen Studierendenausschusses zu sprechen. Für ihre Raumkonstitution hebt sie dabei, wie im vorangegangenen Abschnitt, erneut die Studierenden als bedeutsam hervor. Auch in der angeführten Passage spiegelt sich demnach die eingangs formulierte These wider, nach der den anderen Studierenden in diesem Eckfall offenbar eine hohe Bedeutung zukommt.

Dabei liefert sie erste Hinweise darauf, dass sich deren Relationen zueinander, innerhalb des Raumes, den Pauls konstituiert, nicht lediglich als Lagebeziehungen der Nähe und Ferne erfassen lassen. Stattdessen deutet sich an, dass sie durch Katharina Pauls innerhalb ihres „Studentenlebens" (Z. 26) als Familiarität, Privatheit oder Vertrautheit wahrgenommen und daher vergleichsweise stärker mit sozialen Relevanzkriterien verknüpft werden.

---

[23] Wortlaut der Frage: „Was zeichnet aus deiner Sicht DEIN studentisches Leben aus?" (siehe Interviewleitfaden, elektronisches Zusatzmaterial 8.1).
[24] Die Bezeichnungen der zuständigen Hochschulgruppen, hochschulpolitischen Organe und Vereinigungen an den einzelnen privaten Hochschulen unterscheiden sich teilweise. Der Begriff zur Anonymisierung ist daher in Anlehnung an die Entsprechungen an staatlichen Hochschulen gewählt.

5.1 Einblick in die Fallanalysen: Erster Teil

Folgt man ihren Ausführungen, so sei es in erster Linie die gemeinsame soziale Tätigkeit mit und für Studierende, die ihr persönliches studentisches Leben auszeichne. Das Aufgreifen des Allgemeinen Studierendenausschusses ist in diesem Zusammenhang – ähnlich des dualen Studienganges – unter dem Aspekt der Erzeugung und Beschreibung von Relation/en unter den Studierenden für die Raumkonstitution betrachtet worden. Da die zugehörige These in der Einstiegspassage entwickelt worden ist, bot es sich an, sie erneut zu überprüfen, um sie weiter anzureichern oder ggf. umzuformulieren. So kamen über das Einbeziehen der Platzierung des Allgemeinen Studierendenausschusses verschiedene Gruppen von Studierenden für Katharina Pauls' Raumkonstitution in den Blick.

Aus der zitierten Passage konnte sodann gefolgert werden, dass Katharina Pauls sich der Gruppe derjenigen Studierenden zugehörig fühlt, welche sich im Studierendenausschuss engagieren, indem sie „extrem viel" (Z. 23) organisieren. Ihre Gruppe und sich selbst nimmt Frau Pauls hierbei als diejenigen Studierenden wahr, die das studentische Leben im Sinne gemeinsamer sozialer Handlungen[25] gestalten. Als interessant erwies sich die Formulierung, dass sie dies „auch für andere Studenten" (Z. 23/24) tun würden. Diese Beschreibung deutete an, dass Katharina Pauls das Engagement des Allgemeinen Studierendenausschusses und seine Handlungen nicht ausschließlich als solche allgemeiner Art einordnet, die der vollständigen Studierendenschaft ihrer Hochschule zuteilwerden. Auch ein persönliches Interesse der beteiligten Studierenden ließ sich darin erkennen, die Aktivitäten zunächst einmal nach eigenen Präferenzen und Wünschen auszuwählen, zu planen und das studentische Leben unter diesen Gesichtspunkten zu gestalten. Der Studierendenausschuss wurde damit in Pauls' Schilderung von der privaten Hochschule ein Stück weit entkoppelt und zu einem sozialen Gut umgedeutet, das in erster Linie dem studentischen Leben zugerechnet worden ist. Diese These lässt sich damit bekräftigen, dass sie den Ausschuss in ihrer Schilderung beispielsweise nicht als ein hochschulpolitisches Organ aufgegriffen hat, welches die Interessen aller Studierenden gegenüber der Hochschulleitung vertritt[26], sondern stattdessen spontan die gemeinsamen Aktivitäten im Rahmen der Freizeit betont. Diese werden durch die Gruppe von Katharina Pauls offenbar zur Abgrenzung bzw. zur Individualisierung gegenüber anderen Studierenden (bzw. Studierendengruppen) genutzt. („[Wir] organisieren [.] extrem viel muss ich sagen. Auch für andere Studenten." [Z. 22–24]).

---

[25] Diese Definition bezieht sich darauf, wie Katharina Pauls studentisches Leben für sich selbst definiert hat.
[26] Was umgekehrt nicht bedeuten soll, dass er diese Aufgaben nicht ebenfalls erfüllt.

Die Unterscheidung einer zweiten Gruppe Studierender wird in Pauls' Äußerung erkennbar. Indem sie auf besagte „andere Studenten" (Z. 24) zu sprechen kommt, die an den Aktivitäten teilnehmen, greift sie auch diejenigen auf, die am sozialen Leben der Studierenden zwar beteiligt sind, jedoch nicht zu ihrem engeren Kreis der Organisierenden gehören. Auch diese werden somit für ihre Raumkonstitution relevant, wenn auch nicht mit der gleichen Bedeutung bzw. in entsprechender Relation wie die Gruppe des Studierendenausschusses, der sich Frau Pauls zugehörig fühlt. Zumindest implizit ließ sich noch eine dritte Gruppe identifizieren. Hierunter wurden solche Studierenden gefasst, die nicht in die sozialen Handlungen – und somit das studentische Leben, wie es sich aus Katharina Pauls' Wahrnehmung heraus darstellt – involviert sind. Zu dieser Gruppe zählen beispielsweise solche Studierenden, die sich außerhalb der Lehrveranstaltungen sowie anderer mit dem Studieren in Verbindung stehender Verpflichtungen nicht vor Ort aufhalten.

Der analysierte Abschnitt vermittelte, gemeinsam mit der Einstiegspassage, ein stimmiges Bild über einen zentralen Mechanismus der Raumkonstitution innerhalb des Eckfalles von Katharina Pauls. So zeigte sich, dass Frau Pauls den Allgemeinen Studierendenausschuss offenbar als soziales Gut für ihren Raum aufgreift, um über dessen Platzierung Studierende bzw. verschiedene Studierendengruppen in ihren Relationen zueinander einzubeziehen. Dies tut sie dabei nicht, wie sich bereits in einem vorangegangenen Abschnitt angedeutet hat, indem sie ausschließlich auf deren (relationale) Lagebeziehungen abstellt, sondern die Wahrnehmung ihrer Relationen zueinander auch mit sozialen Relevanzkriterien beschreibt. Dementsprechend unterscheidet Katharina Pauls unter Bezugnahme auf das soziale Gut des Studierendenausschusses in ihrer Raumkonstitution zwischen verschiedenen Gruppen von Studierenden, die ihr entsprechend nah oder vergleichsweise ferner sind.

Anhand der Bedeutung, den die herausgearbeiteten Studierendengruppen für Katharina Pauls' Raumkonstitution besitzen, lassen sich nun zudem Schlüsse auf ihre Relevanzkriterien ziehen. So spricht Katharina Pauls in der zitierten Passage denjenigen Studierenden die höchste Bedeutung zu, mit denen sie gemeinsam Aktivitäten organisiert und an diesen teilnimmt. Die besagten Studierenden sind ihr *einerseits physisch-materiell* nah. Demnach bringt es das gemeinsame Engagement mit sich, dass sich die Gruppe der Studierenden des Studierendenausschusses zum Zweck der Planung, Organisation und Durchführung von Aktivitäten des Studierendenlebens – im Sinne gemeinsamer sozialer Handlungen – in diesem unmittelbaren Sinne nah ist. So erfordert die Zugehörigkeit zur Gruppe des Studierendenausschusses bzw. die Planung und Organisation des studentischen Lebens, zumindest eine zeitweise persönliche Anwesenheit

5.1 Einblick in die Fallanalysen: Erster Teil

vor Ort. *Andererseits* stellen die Studierenden des Allgemeinen Studierendenausschusses für Katharina Pauls eine *vertraute* Gruppe dar, die sie zusätzlich nach sozialen Relevanzkriterien einbezieht und auf diese Weise gegenüber den anderen Studierendengruppen für ihre Raumkonstitution abgrenzt. Für Pauls zeichnet sich ihre Gruppe durch geteilte Interessen hinsichtlich bestimmter sozialer Handlungen aus, welche darin zum Ausdruck kommen, dass sie favorisierte Aktivitäten initiiert, viel gemeinsam unternimmt und dass untereinander eine familiäre Atmosphäre herrscht.

Zusammenfassend wurde für diesen Abschnitt die These entwickelt, dass der Allgemeine Studierendenausschuss durch Katharina Pauls als ein soziales Gut des studentischen Lebens für ihre Raumkonstitution aufgegriffen wird, über das Studierendengruppen in ihren Relationen zueinander räumlich verortet und mit Bedeutung versehen werden. Der auf diese Art und Weise konstituierte Raum besteht damit offenbar weitgehend aus Menschen – hier den Studierenden – in ihren Relationen zueinander. Für deren Verknüpfung sind durch Frau Pauls sowohl Lagebeziehungen als auch soziale Relevanzkriterien beschrieben worden.

Zudem zeigte sich als eine prägnante Ausprägung, dass den Studierenden innerhalb der Raumkonstitution letztlich eine höhere Bedeutung zuzukommen schien als den sozialen Gütern. Dennoch verbleiben diese nicht ohne Relevanz. Wie die Fallbearbeitung weiter veranschaulichte, kommt ihnen insofern ein maßgeblicher Stellenwert zu, als über das Aufgreifen sozialer Güter eine räumliche Verortung von Studierenden in ihren Relationen möglich wird. Damit stellt das soziale Gut des Studierendenausschusses mit allen verknüpften sozialen Handlungen letztlich einen relevanten Bezugspunkt des studentischen Lebens[27] am Studienort dar, der die herausgearbeitete Raumkonstitution stabilisiert und auf diese Art und Weise eine Form von Zentralität erlangt. Diese probeweise formulierte These ist im weiteren Analyseverlauf anhand weiterer Zitate aus dem Material auf ihre empirische Tragfähigkeit hin überprüft und weiterverfolgt worden.

Eine anschauliche Stelle findet sich in der folgenden Interviewpassage, die sich auf die Art bezieht, wie sich die Kommunikation mit den Mitstudierenden im Vergleich zur Schulzeit verändert habe.[28] Für die Auswertung war die zitierte Passage deshalb interessant, weil Katharina Pauls mit dem Wohnheim ein weiteres soziales Gut aufgreift, anhand dessen der vermutete Mechanismus beim Konstituieren von Raum für diesen Eckfall noch einmal betrachtet werden und die vorformulierte These auf ihre Plausibilität beurteilt werden konnte.

---

[27] Pauls bezeichnete es auch als „Unileben", Z. 5.
[28] Wortlaut: „Hat sich die Art, wie Ihr **miteinander** kommuniziert, im Vergleich zur Schulzeit verändert?"

„Ja also zu meiner Schulzeit [...] war es dann auch eher so, dass wir wirklich über per App, über Handy oder ich weiß nicht Facebook, soziale Netzwerke allgemein. Das wir darüber kommuniziert haben. Und hier ist das halt was Anderes. Das liegt vielleicht auch daran, weil fast alle meine Freunde auch im Wohnheim wohnen, ich wohne auch im Wohnheim und dadurch kommt es eigentlich auch, dass wir dadurch immer zusammensitzen. Also es gibt natürlich auch Leute, die von weiter weg kommen. Aus [anderer Stadt] oder die hier auch extra immer anreisen. Ich glaube, da ist es dann auch so, dass die alle über Handy, Facebook, WhatsApp etc. kommunizieren, aber ich glaube, das liegt unter anderem daran, weil wir hier alle vor Ort sind." (Pauls, Z. 59–68)

Im zitierten Abschnitt führt Katharina Pauls das Studentenwohnheim in ihre Argumentation ein, um zu beschreiben, wie sich die Kommunikation seit der Schulzeit verändert habe. Zugleich kommt sie darauf zu sprechen, inwiefern sich die Kommunikation unter den Studierenden der privaten Hochschule unterscheidet. Beim Kodieren fiel zunächst ins Auge, dass Frau Pauls erneut auf Relationen unter den Studierenden Bezug nahm, die sie in den Kontext der Platzierung eines sozialen Gutes stellte. Wie bereits für die vorangegangene Passage festgehalten, nutzte sie zur Beurteilung und Einordnung der Studierendenrelationen sowohl physisch-materielle als auch soziale Kriterien, aus denen sich ihre Relevanz für die Raumkonstitution ableitet.

Obwohl das Studentenwohnheim in diesem Zitat zwar thematisiert wird, sind es erneut vergleichsweise stärker Relationen unter den Studierenden, die Katharina Pauls mit dessen Platzierung verknüpft und die entsprechend den eigentlichen Fokus ihrer Raumkonstitution bilden. Dafür spricht beispielsweise, dass sie das Wohnheim in ihrer Argumentation als einen Rahmen nutzt, um Unterschiede in der Art der Kommunikation unter den Studierenden zu beschreiben. Aus diesem gehen wie in ihrer Schilderung zum Studierendenausschuss jeweils unterschiedlich relevante Gruppen von Studierenden hervor: Die Studierenden, die wie Katharina Pauls im Wohnheim leben, und diejenigen, die nicht im Wohnheim leben, weil sie beispielsweise „von weiter weg kommen" (Z. 65) und „extra immer anreisen" (Z. 65/66) oder weil sie fest am Studienort leben.

In ihrer Ausführung geht Katharina Pauls zunächst darauf ein, dass es für sie zu ihrer Schulzeit üblich gewesen sei, über Kommunikationsmedien wie Handys oder soziale Netzwerke mit ihren Mitschülerinnen und Mitschülern zu kommunizieren. Aufgrund des Wohnens im Wohnheim habe sich dies seit Studienbeginn verändert. Als soziales Gut ermöglicht es den Studierenden, die dort während der Theoriephase leben[29], dass sie „immer zusammensitzen" (Z. 64 f.). Für ihre Raumkonstitution, so ist Katharina Pauls' Schilderung an dieser Stelle gedeutet worden, erfüllt die Platzierung des Wohnheimes eine Funktion, indem es durch

---

[29] Die also temporär am Studienort leben.

5.1 Einblick in die Fallanalysen: Erster Teil

seine Materialität (physisch-materielle) Nähe unter den Studierenden erzeugt. Diese können daraufhin auf Kommunikation via Medium verzichten. Studierende dagegen, die „von weiter weg kommen" (Z. 65) und nicht im Wohnheim am Studienort leben, hätten – so Pauls Wahrnehmung – diese Möglichkeit nicht und würden weiterhin „alle über Handy, Facebook, WhatsApp etc. kommunizieren" (Z. 67). Ihre Kommunikation unterscheide sich somit weitgehend nicht von der in der Schulzeit. Die (physisch-materielle) Nähe, die das gemeinsame Leben vor Ort mit sich bringt, bewirkt aus Katharina Pauls' Wahrnehmung heraus den Unterschied zu anderen Studierendengruppen.

Wie bereits anhand verschiedener Schilderungen verdeutlicht worden ist, unterstützte auch das betrachtete Zitat die These, nach der Katharina Pauls die Studierendenrelationen in ihrer Raumkonstitution nicht lediglich hinsichtlich ihrer physisch-materiellen Nähe oder Ferne[30] wahrnimmt, sondern auch soziale Relevanzkriterien zur Herstellung von Raum heranzieht. Zudem zeigte sich, dass insbesondere diejenigen Studierenden von Frau Pauls als ihre Freunde bezeichnet worden sind, die wie sie im Wohnheim leben. Aus der unmittelbaren Nähe, die das gemeinsame Leben im Wohnheim mit sich bringt, scheint demnach in der Wahrnehmung von Katharina Pauls auch eine soziale Verbundenheit zu resultieren. Konkret zeigt sich dies daran, dass vornehmlich diejenigen als Freunde beschrieben worden sind, mit denen Frau Pauls „immer zusammensitzen" (Z. 64 f.) kann. In ihrer Raumkonstitution ist diese Gruppe von zentraler Relevanz. Diejenigen Studierenden, welche nicht im Wohnheim leben, „von weiter weg kommen" (Z. 65) und „jeden Tag extra anreisen" (Z. 66), grenzen sich für Katharina Pauls somit nicht nur durch eine vergleichsweise kompliziertere Kommunikation via Kommunikationsmedien ab, wie es ihre Beschreibung nahelegt. Wie die Analyse zeigte, sind ihr diese Studierenden bzw. Studierendengruppen auch hinsichtlich sozialer Relevanzkriterien weniger nah als diejenigen, mit denen sie im täglichen Face-to-face-Kontakt steht, der sich aufgrund des gemeinsamen Lebens im Wohnheim ergibt.

Dass diese Lesart nicht auf einem Zufall im Material beruht, konnte durch Hinzuziehen der folgenden Passage belegt werden, welche eine inhaltliche Ergänzung ermöglicht hat. In dieser argumentiert Katharina Pauls, wie und mit welchen Studierenden sie in der Regel Referate vorbereitet. Interessanterweise erläutert sie dies auf die an dieser Stelle im Leitfaden vorgesehene Nachfrage hin, was typisch für ihre Kommunikation mit ihrem Mitstudierenden sei.[31]

---

[30] Im Sinne ihrer Lagebeziehungen zueinander.
[31] Wortlaut: „Was ist typisch für Dich und für die Kommunikation mit Deinen Mitstudierenden?"

„Dass wir eigentlich auch immer uns die Gruppen so aussuchen, dass wir je nachdem, also man weiß ja schon im fünften Semester wie man an ein Referat rangeht mittlerweile und da haben wir eigentlich auch schon fast feste Gruppen und die Gruppen sind ja dann immer, also bei mir jetzt, die alle immer in der Nähe sind. Das ist eigentlich so das, was eigentlich so unsere Referate immer ausmacht." (Pauls, Z. 77–81)

Anhand dieser kurzen Passage ließ sich die These verstetigen, dass es sich bei der Gruppe der im Wohnheim lebenden Studierenden um eine feste Gruppe handelt, die auch außerhalb des konkreten Rahmens des sozialen Guts Bestand hat. Wie Frau Pauls erläutert, wählen die Studierenden dieser Gruppe ihre Partnerinnen und Partner zur Bearbeitung eines Referates für gewöhnlich nach der Nähe-Relation innerhalb ihrer Raumkonstitution, die sie in diesem Zusammenhang sogar beschreibt („die Gruppen sind ja dann immer […] die alle immer in der Nähe sind", Z. 80). Anhand dieses Ausspruchs konnte zwar nicht abschließend herausgearbeitet werden, auf welche Relevanzkriterien von Nähe sich ihre Ausführung bezieht – physisch-materielle oder soziale. Zu vermuten stand aber, dass physisch-materielle Nähe-Relationen, die das Leben im Wohnheim für die Studierenden mit sich bringt, sich zumindest in Teilen in deren sozialen Leben, wie z. B. in der Formation von festen Gruppen beim Bearbeiten von Referaten widerspiegelt. Denn grundsätzlich ließe sich das Erarbeiten einer Studienleistung für Katharina Pauls auch mit anderen Studierenden bzw. Studierendengruppen – sowohl mit fest am Studienort lebenden als auch mit nicht am Studienort lebenden Mitstudierenden – organisieren. Dass sie sich aber auch hierbei auf das Wohnheim und seine Funktion hinsichtlich der Erzeugung von Nähe bezieht, sprach im Rahmen der Analyse für die aufgeworfene These, nach der es sich bei den im Wohnheim lebenden Studierenden um eine feste Gruppe handelt, die auch außerhalb dessen Bestand hat. Resümierend wurde demnach festgehalten, dass Katharina Pauls die Platzierung des Wohnheimes nutzt, um sich und ihre Gruppe in Relation zu anderen Studierendengruppen innerhalb ihrer Raumkonstitution abzugrenzen.

Der Eckfall Katharina Pauls fiel – nicht nur im betrachteten Abschnitt – dadurch auf, dass das soziale Gut der privaten Hochschule, welches durch sein Studienangebot den eigentlichen Anlass der Anwesenheit vor Ort darstellte, nur am Rande thematisiert worden ist. Anhand der bearbeiteten Passage lässt sich dieser Aspekt ebenfalls veranschaulichen. Denn soziale Handlungen, welche im Zusammenhang mit der Leistungserbringung und dem Wissenserwerb stehen – beispielsweise das Bearbeiten von Referaten oder studentischen Projekten – werden sofern möglich von der privaten Hochschule auf das soziale Gut des Wohnheims und der damit verbundenen festen Studierendengruppen verlagert. Eine Zusammenarbeit mit externen Studierenden („die von weiter weg kommen"

5.1 Einblick in die Fallanalysen: Erster Teil

[Z. 65]) wird aus dieser Wahrnehmung heraus ungern in Betracht gezogen, denn sie brächte mit höherer Wahrscheinlichkeit eine kompliziertere Kommunikation oder ein Zurückverlagern der mit dem Referat verbundenen Tätigkeiten an das soziale Gut der privaten Hochschule mit sich.

Anhand verschiedener Zitate ist veranschaulicht worden, dass Katharina Pauls beim Konstituieren von Raum in erster Linie den Studierenden bzw. Studierendengruppen Bedeutung zuschreibt, die über soziale Güter des studentischen Lebens lokalisierbar werden. Eine letzte Passage aus diesem Eckfall ist deshalb einbezogen worden, um auch die Bedeutung des Studienorts in den Blick zu nehmen und diesen hinsichtlich der formulierten These einzubetten. Zur Veranschaulichung bot sich eine Interviewpassage an, in der Katharina Pauls darüber spricht, ob sie sich vorstellen könne, nach dem Studium dauerhaft am Studienort zu leben.[32]

> „Nein, weil ich glaube [StudStadt] lebt, also was heißt lebt, für uns lebt, […] [StudStadt] nur von den Studenten. Und ich glaube, wenn keiner meiner Leute mehr hier ist, dann möchte ich hier auch nicht mehr sein. Also dafür ist [StudStadt] dann doch nicht so attraktiv, dass man hier auch sein ganzes Leben verbringen könnte, sagen wir es mal so." (Pauls, Z. 322–326)

Auf die Frage nach dem Studienort kommt Frau Pauls in ihrer Schilderung, entsprechend der im Analyseverlauf verdichteten These, erneut auf die Studierenden zu sprechen. Ihre Schwerpunktsetzung war im Kontext der bereits für ihre Raumkonstitution als relevant herausgearbeiteten Platzierungen erwartbar. So verwies sie darauf, dass auch dem Studienort – als dem Standort der Hochschule – für ihren Raum eine nachrangige Bedeutung zugewiesen wird.

Das angeführte Zitat ist somit als Hinweis darauf gedeutet worden, dass Katharina Pauls' Raum tatsächlich in erster Linie aus ihren Mitstudierenden besteht – gar durch sie belebt wird. Sie veranschaulicht, dass die Studierenden und Studierendengruppen für die herausgearbeitete Raumkonstitution in ihren Relationen zueinander an bestimmten sozialen Gütern lokalisierbar werden und auf diese Art und Weise eine Verankerung vor Ort erfahren. Die Fallbearbeitung des Eckfalles Katharina Pauls bekräftigte die These, nach der die Erzeugung von Raum durch das Aufgreifen und Beschreiben von Platzierungen bestimmter sozialer Güter (z. B. des Allgemeinen Studierendenausschusses oder des Wohnheimes) geprägt ist. An diesen werden soziale Handlungen des studentischen Lebens mit bestimmten Mitstudierenden verortet. Veranschaulicht wurde weiterhin, dass den

---

[32] Wortlaut: „Kannst Du Dir vorstellen nach dem Studium dauerhaft hier am Studienort zu leben? [Warum?] Ggf.: „Kannst Du dir **trotzdem** vorstellen hier zu leben?"

benannten und beschriebenen Gütern innerhalb der Raumkonstitution damit die Funktion der Erzeugung von Nähe und Ferne unter den Studierenden bzw. Studierendengruppen zugeschrieben wird. Zu deren Wahrnehmung und Beurteilung als Relationen in ihrem Raum sind sowohl Lagebeziehungen als auch soziale Relevanzkriterien einbezogen worden. Im Handlungsvollzug löst sich Katharina Pauls somit von der Materialität der platzierten sozialen Güter, sodass letztlich die Relationen unter den Studierenden und Studierendengruppen für ihren Raum mit Bedeutung versehen werden. Im Fokus ihrer Raumkonstitution stehen somit die Studierenden der privaten Hochschule und hierbei insbesondere diejenigen Gruppen („meine[.] Leute", Z. 324), die wie Katharina Pauls bestimmte soziale Güter des studentischen Lebens miteinander teilen.

Fallspezifikation
Mit dem Eckfall von Katharina Pauls ist das inhaltliche Vorgehen im Rahmen des offenen Kodierens sowie erster axialer Kodierschleifen veranschaulicht worden. Der Eckfall zeichnet sich insbesondere durch das Aufgreifen und Beschreiben von Platzierungen solcher Güter aus, an denen Aktivitäten des sozialen Lebens der Studierenden verortet werden. Zugleich wird kein expliziter Bezug zur privaten Hochschule bzw. sozialen Handlungen des Studierens hergestellt.[33] Es zeigte sich, dass die besagten Güter des sozialen Lebens[34] für den konstituierten Raum in ihrer Materialität von zentraler Relevanz sind, um solche sozialen Handlungen räumlich zu lokalisieren, die eine Unterscheidung von Studierenden und Studierendengruppen erlauben.

Als falltypisch ist demnach für den Katharina Pauls festgehalten worden, dass die Relevanz der sozialen Güter im konkreten Handlungsvollzug nachgeordnet worden ist. Es handelt sich hierbei um Spacings, die erfolgen, um die mit den Platzierungen verbundenen Studierenden sowie Gruppen von Studierenden in ihren Relationen zueinander aufzugreifen, zu beschreiben und ihnen Bedeutung beizumessen. Die platzierten Güter selbst sind jedoch keinesfalls ohne Relevanz oder bedeutungslos, denn ihnen kommt aufgrund ihrer Materialität die Funktion der Erzeugung von Nähe und Ferne zu – sowohl der physisch-materiellen als auch der sozial wahrgenommenen. Damit sind es gerade die sozialen Güter, die den Rahmen zur Abgrenzung der Studierenden bzw. Studierendengruppen und deren räumliche Verortbarkeit gewährleisten.

---

[33] Wenngleich die private Hochschule aufgrund dessen nicht zwangsläufig irrelevant ist.
[34] Wie z. B. der Allgemeine Studierendenausschuss oder das Wohnheim.

Innerhalb der Analyse ist zudem die Nachrangigkeit der privaten Hochschule als bemerkenswert hervorgehoben worden. Obwohl diese für die Studierenden den eigentlichen Anlass ihrer Anwesenheit vor Ort darstellt, ist sie in den Schilderungen im Eckfall Katharina Pauls weitgehend ausgespart geblieben bzw. deren Platzierung nicht explizit aufgegriffen worden. Stattdessen fiel beim Herausarbeiten der Raumkonstitution ins Auge, dass soziale Handlungen, welche mit dem Studieren in Verbindung stehen, sofern möglich vom sozialen Gut der Hochschule auf das Gut des Wohnheims mit den dort lokalisierten, festen Studierendengruppen verlagert werden.

5.2 Erste übergreifende Fallkontrastierungen

Nach den Einzelfallanalysen sind die induktiv gewonnenen Erkenntnisse in Kontrastierungen zusammengeführt worden (siehe Abbildung 5.1 zu Kapitelbeginn). Hierzu wurden auch die erarbeiteten Thesen und Konzepte aus den Eckfällen Ulrike Lehmann und Katharina Pauls hinsichtlich der beschriebenen sozialen Güter, Orte und Menschen (offene Kodierschleife) sowie zu Relevanzsetzungen und Bedeutungszuschreibungen beim Konstituieren von Raum (axialer Kodiervorgang) zu fallübergreifenden Annahmen weiterentwickelt. Ihre übergreifende Betrachtung ist an dieser Stelle nicht nur gemäß der Forschungsmethode der Grounded-Theory-Methodologie (GTM), sondern auch inhaltlich sinnvoll. Die Strukturierung des Kapitels anhand des Analyseverlaufs brachte es mit sich, dass bei der Darstellung der Fallanalyse des ersten Eckfalles weitgehend solche Erkenntnisse einbezogen wurden, die im Rahmen des offenen Kodierprozesses zustande kamen. Eine kontrastierende Gegenüberstellung bietet somit die Möglichkeit, auch für diesen jene Erkenntnisse aus der axialen Kodierschleife einfließen zu lassen, die aus Gründen der Kapitelstrukturierung zu Beginn ausgespart worden sind.

Entsprechend der Vorgehensweise mit der GTM sowie aufgrund der Einzelfallbetrachtungen wurden die Formulierungen innerhalb der Fallanalysen thesenhaft ausgestaltet, weil die zugehörigen Kategorien zunächst probehalber kodiert worden sind. Im Anschluss an die Auswertung weiteren empirischen Materials, die hier anhand der Analyse eines zweiten Eckfalles veranschaulicht wurde, folgte die Verdichtung der erarbeiteten Relevanzsetzungen und Bedeutungszuschreibungen zu übergeordneten Kategorien.

Während sich die Relevanzsetzung auf die Zentralität bzw. Peripherität[35] innerhalb der Raumkonstitution und damit vergleichsweise stärker auf die materielle Komponente bezieht, spiegelt sich in der Bedeutungszuschreibung ihre Funktion für den sozial erzeugten Raum wider. Mit diesen lässt sich die Art und Weise beschreiben, wie Studierende soziale Güter und Menschen in ihre sozialen Raumkonstitutionen einbeziehen.

> These: Innerhalb der Raumkonstitution des Eckfalles *Ulrike Lehmann* ist die private Hochschule ebenso zentral wie solche sozialen Güter, die ihr durch die Synthese zugerechnet werden.

Vor dem Hintergrund erster empirischer Vergleiche zeichnete sich der Eckfall Ulrike Lehmann insbesondere durch das Aufgreifen und Beschreiben von Platzierungen der privaten Hochschule sowie von solchen sozialen Gütern aus, welche als in einem Arrangement mit dieser wahrgenommen werden. Als ein verbundenes Element wird die private Hochschule für soziale Handlungen des Studierens sowie des sozialen Lebens der Studierenden mit Bedeutung versehen. Möglich ist dies, weil sie innerhalb der herausgearbeiteten Raumkonstitution über ihre konkreten Grenzen bzw. ihre materielle Komponente hinaus erweitert wird. Bedeutend ist sie für die Studierenden deshalb nicht lediglich aufgrund der originär an sie geknüpften Funktion, nämlich für Handlungen des Studierens im Sinne der Leistungserbringung und des Wissenserwerbs. Diese Funktion erweitert sich insofern, als sie außerhalb der formal verpflichtenden Lehrveranstaltungen, beispielsweise für die durch Ulrike Lehmann beschriebenen abendlichen Events oder für freiwillige Workshops, mit Bedeutung versehen wird. Aufgrund dieser doppelten Nutzung durch weitere soziale Handlungen, die allesamt der privaten Hochschule zugerechnet werden, wird ein allgemeiner Zusammenhalt unter den Studierenden wahrgenommen, bei dem keine bestimmten Studierenden oder Studierendengruppen als besonders relevant hervorgehoben werden. Insofern ist die private Hochschule von zentraler Relevanz für den Raum, der in diesem Eckfall konstituiert wird. Die Art und Weise, soziale Güter[36] mit der privaten Hochschule

---

[35] Die Zentralität und Peripherität basiert auf dem Zentrum-Peripherie-Modell in Anlehnung an Reinhardt Kreckel (vgl. Kreckel 2004: 39–51). Im Abschnitt zu den Visualisierungsmemos wird die Anwendung der Konzeption eingeführt und ihr Nutzen für die empirische Analysearbeit hergeleitet (siehe Abschnitt 5.3.2).

[36] Zum Beispiel die Mensa, die Küche, die Cafeteria oder studentische Arbeitsbereiche.

5.2 Erste übergreifende Fallkontrastierungen

zu verbinden und in den sozialen Raum einzubeziehen, ist als eine falltypische Ausprägung der Raumerzeugung herausgearbeitet worden.

> These: Innerhalb der Raumkonstitution des Eckfalles *Katharina Pauls* sind soziale Güter des studentischen Lebens zentral Die Relevanzsetzung verlagert sich allerdings auf die Relationen unter den Studierenden bzw. Studierendengruppen, die über die sozialen Güter lokalisierbar werden.

Im Kontrast dazu steht der Eckfall Katharina Pauls, der sich insbesondere durch das Aufgreifen und Beschreiben von Platzierungen sozialer Güter des studentischen Lebens[37] am Studienort auszeichnete. Für dessen Raumkonstitution sind diese zunächst von zentraler Relevanz, um Studierende bzw. Studierendengruppen in ihren Relationen zueinander einzuordnen, zu beurteilen und gegeneinander abzugrenzen. Es handelt sich somit um Platzierungen, die in erster Linie einbezogen werden, um Mitstudierende innerhalb der Raumkonstitution zu lokalisieren und diese im Zuge der Verknüpfung zu Raum hervorzuheben. Diese Relevanzsetzungen, die im konkreten Handlungsvollzug von den sozialen Gütern auf die lokalisierbaren Mitstudierenden übergehen, wurden als falltypische Ausprägung festgehalten. Soziale Güter sind für die Raumkonstitution somit nicht ohne Relevanz oder Bedeutung. In ihrer Materialität kommt ihnen die Funktion der Erzeugung von unmittelbarer, physisch-materieller Nähe und Ferne innerhalb der Raumkonstitution zu. Damit gewährleisten sie – als räumliche Bezugspunkte – den Rahmen für Verortung sowie zur Abgrenzung der Studierenden bzw. Studierendengruppen im Eckfall Katharina Pauls.

Die Platzierung der privaten Hochschule, welche als soziales Gut den eigentlichen Anlass der Anwesenheit vor Ort darstellt, fiel im Gegensatz zum Eckfall Ulrike Lehmann durch ihre Nachrangigkeit auf. Soziale Handlungen, die mit der Leistungserbringung und dem Wissenserwerb in Verbindung stehen, wurden – sofern möglich – von der Hochschule auf Güter des studentischen Lebens mit festen Studierendengruppen verlagert.

Definition der Kernkategorie

Auf Basis vergleichender Kontrastierungen ist eine übergeordnete Kategorie entworfen worden. Mit dieser sind die (Eck-)Fälle im weiteren Analyseverlauf anhand der typischen Art und Weise zusammengefasst worden, wie soziale Güter und Menschen in ihre soziale Raumkonstitution einbezogen wurden. Ihre Grundlage fand

---

[37] Wie z. B. den Allgemeinen Studierendenausschuss oder das Wohnheim.

die Kategorie in den erarbeiteten Relevanzsetzungen und Bedeutungszuschreibungen aus den Einzelfallanalysen. Die Erprobung ihrer Adäquanz als Kernkategorie der *typischen Ausprägung sozialer Raumkonstitution* zur Ordnung des empirischen Materials erfolgte zunächst anhand weiterer empirischer Fälle.

Im Zuge der kontrastierenden Vergleiche erwies es sich jedoch als entscheidend, welche sozialen Güter die Studierenden in ihren Raumkonstitutionen aufgegriffen und beschrieben haben. Wie beispielsweise anhand der Eckfälle von Frau Lehmann und Frau Pauls anschaulich wurde, verfügen beide über für sie typische Ausprägungen der Raumkonstitution, in denen ganz bestimmte Gütersorten zentral sind, weil sie auf jeweils eigene Weise mit Bedeutung versehen werden. Eine inhaltliche Spezifikation der Kernkategorie hinsichtlich sozialer Gütersorten erschien deshalb erforderlich.

Inhaltliche Spezifikation hinsichtlich sozialer Gütersorten
Soziale Güter, die die Studierenden im Rahmen von Schilderungen mit Bezug zu sozialen Handlungen des Studierens aufgegriffen haben, sind sodann als *hochschulische Güter* in die Analyse eingegangen. Das Studieren, im Sinne seiner Handlungsdimension, bezeichnete dabei alle solchen Handlungen, die im Zusammenhang mit der Leistungserbringung und dem Wissenserwerb stehen. Als besagte hochschulische Güter wurden somit diejenigen erfasst, die für das Studieren[38] Bedeutung besitzen, jedoch keinen expliziten Bezug zum sozialen studentischen Leben vor Ort haben. Hierunter können beispielsweise die Bibliothek oder studentische Arbeitsräume verstanden werden.

Als *studentische Güter* wurden dagegen solche sozialen Güter definiert, die die Studierenden in ihren Schilderungen zu sozialen Handlungen außerhalb des Studierens im oben genannten Sinn aufgegriffen haben. Dies betraf alle diejenigen Güter, die im Rahmen des sozialen studentischen Lebens am Studienort Bedeutung erhalten. Hierunter können beispielsweise das Wohnheim, der Allgemeine Studierendenausschuss, die Mensa, Cafeteria sowie die Stammkneipe, das Fitnessstudio oder der Sportverein am Studienort verstanden werden.

Auf diese Weise konnte die von Martina Löw (vgl. Löw 2015: 191–194) nach Reinhard Kreckel (vgl. Kreckel 2004: 77/78) eingeführte Definition der sozialen Güter, welche durch entsprechende soziale Handlungen produziert werden, in die Analysearbeit am empirischen Material eingearbeitet und forschungspraktisch übersetzt werden (siehe Abschnitt 3.2.1).

Die spezifizierte Kernkategorie ließ eine adäquate Differenzierung der untersuchten Fälle für den weiteren Analyseverlauf zu. Sie erleichterte die Kontrastierung

---

[38] Im Sinne seiner Handlungsdimension verstanden als Leistungserbringung und Wissenserwerb.

anhand von Eckfällen insofern, als sie eine Abstraktionsstufe zur Beschreibung der erarbeiteten Raumkonstitutionen einführte, anhand der das empirische Material fortan strukturiert wurde.

5.3 Einblick in die Fallanalysen: Zweiter Teil

In den weiteren Analyseverlauf sind die im Zuge der Fallkontrastierung gesicherten Erkenntnisse durch Anwendung der Kernkategorie einbezogen worden. Hierzu wurden sukzessive weitere Fälle zur Kontrastierung einbezogen, um die Analyse voranzubringen und die Typologie fortzuentwickeln. Diese integrierenden Auswertungsschritte werden im folgenden Abschnitt vorgestellt.

Der erste Teil dieses Kapitels gewährte mit den Eckfällen Ulrike Lehmann und Katharina Pauls überwiegend Einblicke in die Erkenntniserzeugung des offenen und axialen Kodierens, welche der Strukturierung des empirischen Materials mit der Ausarbeitung einer Kernkategorie dienten. Im zweiten Teil liegt das Hauptaugenmerk nunmehr etwas stärker auf den axialen und selektiven Kodierschleifen. Diese widmen sich der inhaltlichen Fundierung und weiteren Verfeinerung der Erkenntnisse. Von Interesse war insbesondere, wie sich die Ausprägung der Raumkonstitution[39] innerhalb weiterer empirischer Fälle ausgestaltete und sich das induktiv gewonnene Wissen systematisch zu einer Typologie verdichten lassen würde.

Für die weitere Fallauswahl diente erneut das induktiv gewonnene Wissen als Grundlage. Ausgewählt wurden solche Fälle, die neue Facetten schilderten, anhand denen sich weitere Arten der Raumerzeugung herausarbeiten ließen. Da die private Hochschule im Eckfall Ulrike Lehmann von zentraler Relevanz und Bedeutung gewesen war und sich der Fokus von Katharina Pauls' sozialer Raumkonstitution über die studentischen Güter auf das soziale Leben der Studierenden richtete, wird mit Oliver Tamm nun Fall ausgewählt der durch Schilderungen auffiel, mit denen er sich von beiden Facetten abgrenzte.

---

[39] Als die Art und Weise, soziale Gütersorten und Menschen in den eigenen sozialen Raum einzubeziehen.

5.3.1 Eckfall Oliver Tamm[40]

Oliver Tamm studiert im fünften Semester in einem dualen Studiengang in StudStadt[41]. Das Studium an seiner Hochschule ist so strukturiert, dass Herr Tamm innerhalb eines Semesters eine dreimonatige Theoriephase an der Hochschule verbringt und anschließend im Rahmen der Praxisphase drei Monate bei einem Partnerunternehmen arbeitet, bei dem er seine Ausbildung absolviert. Oliver Tamm lebt während der Theoriephase nicht am Hochschulstandort, sondern an seinem regulären Wohnort in WohnStadt3[42].

Um die Analyseschritte pointierter darzustellen, werden im zweiten Teil des Kapitels nicht mehr die vollständigen Interviewpassagen zitiert. Stattdessen werden in Anlehnung an die zu veranschaulichenden axialen und selektiven Kodierschleifen Abschnitte angeführt, die zum Nachvollziehen der Erkenntniserzeugung an den entsprechenden Stellen notwendig sind. Die Wahl der Textstellen zur Darstellung des Analyseprozesses basiert jedoch auch bei den beiden letzten Eckfällen auf der gründlichen Auseinandersetzung mit dem vollständigen empirischen Material.

Zu Analysebeginn wurde auch für den Eckfall Oliver Tamm auf die Interviewpassage zurückgegriffen, die im Rahmen der Einstiegsfrage[43] zustande gekommen ist. Beim offenen Kodieren wurde die Schilderung von Herrn Tamm in zwei Sinnabschnitte gegliedert, wobei der erste für die Darstellung an dieser Stelle keine zusätzlichen Erkenntnisse beisteuert.

„[…] Und dadurch dachte ich, gut, [Name des Studiengangs] den Studiengang finde ich ganz gut. Gibt es auch noch in anderen Städten, [StadtX[44] in Niedersachsen] oder sowas zum Beispiel. Aber erstens ist das hier in der Nähe, von wo eben meine Heimat

---

[40] Alle im Interview genannten Personennamen, Städte, Orte sowie sämtliche Anhaltspunkte, die Rückschlüsse auf die Person oder Hochschule zulassen, sind beim Erstellen des Transkriptes anonymisiert worden. StudStadt steht hierbei stets für den Studienort, während WohnStadt3 den Wohnort der Interviewten chiffriert.

[41] StudStadt steht innerhalb der Transkripte stets für den Studienort der Interviewten. Aus der Benennung als StudStadt lässt sich unter den Eckfällen nicht zwangsläufig auf das Studium an einer gemeinsamen privaten Hochschule schließen.

[42] Die Ziffer 3 kennzeichnet, dass es sich bei seinem Wohnort nicht um den gleichen Wohnort wie im Eckfall Ulrike Lehmann, Katharina Pauls bzw. Maximilian Maurer handelt.

[43] Wortlaut: „Wie kam es dazu, dass du gerade HIER an dieser Hochschule Dein Studium aufgenommen hast?" (siehe Interviewleitfaden, elektronisches Zusatzmaterial 8.1).

[44] Als StadtX wurde hier eine Stadt chiffriert, die die bzw. der Befragte innerhalb des Interviews zwar aufgreift, welcher innerhalb der zu untersuchenden Raumkonstitution jedoch keine Bedeutung zukommt.

5.3 Einblick in die Fallanalysen: Zweiter Teil

auch ist, und ich kannte viele, die auch hier zur Uni gegangen sind und die meinten, das wäre doch ganz in Ordnung. (schmunzelt)" (Tamm, Z. 13–17)

Oliver Tamm eröffnet den zitierten Abschnitt mit einer Argumentation über seinen favorisierten Studiengang. Diesen gebe es grundsätzlich auch in anderen Städten, beispielsweise in StadtX[45]. „Das hier" befinde sich aber in der Nähe, „von wo eben meine Heimat auch ist". Zudem habe er „viele, die auch hier zur Uni gegangen sind" gekannt (Z. 15–17).

Im Vergleich zu den beiden Eckfällen, deren Analyseergebnisse im Kapitelverlauf vorgestellt worden sind, wurden bereits beim Lesen der ersten Passage maßgebliche Unterschiede des Eckfalles Oliver Tamm offenbar. So greift er auf die Einstiegsfrage hinsichtlich seiner Hochschulwahl nicht „Altbau", „Arbeitsbereiche[.]" oder „Räume" (Ulrike Lehmann, Z. 8/9 sowie 12) der privaten Hochschule auf oder benennt das „Unileben" (Katharina Pauls, Z. 5) der Studierenden als entscheidend, sondern hebt für die herauszuarbeitende Raumkonstitution spontan etwas außerhalb dessen Liegendes hervor.

Anschaulich wurde dies insofern, als Oliver Tamm in den zitierten Sinnabschnitt mit der Erläuterung einsteigt, dass es das Fächerangebot seines favorisierten Studienganges prinzipiell auch in anderen Städten gebe. Hinsichtlich der formulierten Frage, welche explizit auf „Dein Studium" „gerade HIER an dieser Hochschule" (siehe Interviewleitfaden, elektronisches Zusatzmaterial 8.1) abzielte, scheint diese Argumentation bemerkenswert, jedoch bringt sie Oliver Tamms individuelle Schwerpunktsetzungen zum Ausdruck. So scheint es ihm offenbar einerseits gleichgültig, welchen konkreten Studienort er in seine Raumkonstitution einbezieht. Indem er ergänzt, dass es seinen präferierten Studiengang auch in anderen Städten – und eben nicht auch an anderen Hochschulen – gebe, hebt er andererseits hervor, dass es sich im Rahmen seiner Studienentscheidung offenkundig ebenfalls nicht um die Wahl einer bestimmten Hochschule gehandelt hat. Hiermit setzt er die Relevanz der privaten Hochschule bereits in der Einstiegspassage und ohne einen entsprechenden Impuls der Interviewenden herab. Aus dieser abgrenzenden Betrachtung zu den bereits analysierten Fällen wurde für den vorliegenden Eckfall eine erste These entwickelt. Demnach schien es für dessen Raumkonstitution nicht entscheidend zu sein, dass es sich um die Platzierung der privaten Hochschule als ein bestimmtes hochschulisches Gut an ihrem konkreten Studienort handelte. Die Bedeutungszuschreibungen beim Konstituieren von Raum lagen im Eckfall Oliver Tamm, so ist für die Analyse vorformuliert

---

[45] Als StadtX wurde hier eine Stadt chiffriert, die die bzw. der Befragte innerhalb des Interviews zwar aufgreift, welcher innerhalb der zu untersuchenden Raumkonstitution jedoch keine Bedeutung zukommt.

worden, in einem anderen Bereich. Im Rahmen der Fallanalyse sind beide Thesen weiterverfolgt und mit empirischen Belegen angereichert worden. Das Ziel war es, zu spezifizieren, welche Art und Weise, soziale Gütersorten und Menschen in den sozialen Raum einzubeziehen, sich für diesen Eckfall als typisch offenbaren würde.

Nach der kurzen fallübergreifenden Betrachtung mit den bereits analysierten Eckfällen wird das Hauptaugenmerk nun zurück auf die Einzelfallbearbeitung zur Veranschaulichung der erforderlichen Analyseschritte gerichtet. Für die Analyse wurde dabei festgehalten, dass Herr Tamm in seiner Argumentation – zumindest implizit – den Ort seiner „Heimat" (Z. 16) aufgreift, um ihn in die Erläuterung seiner Studienaufnahme einzubeziehen. Dies tut er, indem er eine Relation zwischen dem potenziellen Studienort und seiner „Heimat" (ebd.) herstellt. Diese scheint demnach für ihn ein Ort zu sein, an dem er sich selbst platziert bzw. einmal platziert war. Das Interessante hierbei ist, dass er den Studienort nicht als Stadt oder Hochschulstandort in Relation zu seiner Heimat einbezieht. Vielmehr handelt es sich dabei genau genommen um die Platzierung des Studienganges am Studienort, ohne dass dabei die Hochschule als das zugehörige hochschulische Gut aufgegriffen und beschrieben wird. Dieses zunächst noch vergleichsweise konkrete Benennen der Platzierung wird im Verlauf der Schilderung erneut formuliert, sodass letztlich „das hier" (i.S. des Studienganges am Studienort, vgl. Tamm, Z. 15) in Relation zur „Heimat" (Z. 16) thematisiert wird.

Die Begründung der Entscheidung für den Studiengang in StudStadt erfolgt sodann auf Basis der wahrgenommenen Relation innerhalb der Raumkonstitution, nämlich dahingehend, dass sich Heimat und die Platzierung von „das hier" (Z. 15) vergleichsweise näher seien als „Heimat" (Z. 16) und die Platzierung des Studienganges in StadtX (Z. 14). Oliver Tamm argumentiert hier also nicht, wie zu vermuten wäre, unter Bezugnahme auf das soziale Gut der privaten Hochschule, ihrer materiellen Ausstattung oder ihres wissenschaftlichen bzw. praxisnahen Rufs, welcher sich stärker auf ihre symbolische Komponente beziehen würde. Vielmehr führt er stattdessen mit der Kategorie Heimatnähe die Bedeutung der mit der Platzierung des Studienganges zustande kommenden Relation als entscheidend an. Somit bezieht Tamm den Ort seiner „Heimat" (Z. 16) in die Wahl einer Stadt, in der sein favorisierter Studiengang angeboten wird, mit ein. An dieser Stelle könnte berechtigterweise konstatiert werden, dass dies im Eckfall Katharina Pauls ebenso geschehen ist. Auch hier wurde eine bestimmte Nähe-Relation als Suchradius zugrunde gelegt (vgl. Katharina Pauls, Z. 11–16 bzw. Abschnitt 5.1.2), in dem gezielt nach Studiengängen gesucht worden ist. Das Bemerkenswerte im Eckfall Oliver Tamm ist jedoch, dass sein Heimatort nicht mehr seinem aktuellen Wohnort entspricht, wie weiteren Interviewpassagen

5.3 Einblick in die Fallanalysen: Zweiter Teil

zu entnehmen ist. Obwohl Herr Tamm also nur solche Studiengänge in die engere Wahl einbezogen hat, die über eine bestimmte Nähe-Relation zu seiner „Heimat" (Z. 16) verfügen, hat er diese dennoch zugunsten seines neuen Wohnortes in WohnStadt3 verlassen. Festgehalten werden konnte zunächst, dass (mindestens) die private Hochschule als hochschulisches Gut innerhalb der Raumkonstitution von Oliver Tamm wenig Relevanz zu besitzen schien, während sozialen Gütern außerhalb des Studienortes (z. B. solche, die in seiner „Heimat" [ebd.] lokalisiert sind) Bedeutung zugeschrieben worden ist.

Allerdings wäre nach dem ersten Lesen folgerichtig zu vermuten gewesen, dass die Relevanzsetzung bei der Raumerzeugung in diesem Eckfall zugunsten der Tamm'schen „Heimat" (ebd.) ausfallen würde. An dieser Stelle ist allerdings ein Bruch sichtbar geworden. So ist die von Oliver Tamm für seine Studienentscheidung zugrunde gelegte (Nähe-)Relation offenbar nicht als ausschlaggebendes Argument für das Beibehalten des ursprünglichen Wohnortes in der „Heimat" (ebd.) aufzufassen. Womöglich ist ihm bei dieser vielmehr an der Nähe zu einem sozialen Umfeld oder zu Kontakten gelegen, die in seiner Raumkonstitution mit „Heimat" (ebd.) verbunden sind, während sich seine eigentliche Relevanzsetzung tatsächlich nicht anhand einer dortigen Selbstplatzierung herausarbeiten lässt.

Im Zusammenhang mit Herrn Tamms Studienentscheidung lieferte allerdings auch der andere potenzielle Studiengang in StadtX Erkenntnisse für die Fallbearbeitung. Dass Oliver Tamm diesen aufgrund einer ungünstigeren Relation zur „Heimat" (ebd.) verworfen hat, ist bereits im vorangegangenen Abschnitt der Darstellung ausgeführt worden. Als interessant erwies sich zudem, dass beide in der zitierten Passage thematisierten Studienorte – sowohl StudStadt als auch StadtX – Städte in Niedersachsen sind. Hinsichtlich ihrer Relation zu Tamms „Heimat" (Z. 16) wurde demnach im Rahmen der Analyse resümiert, dass seine Entscheidung zugunsten des Studiengangs in StudStadt auf der Beurteilung aus einem relativ kleinen Maßstab heraus beruhen muss. So könnten sowohl StudStadt als auch StadtX – als Städte in Niedersachsen – prinzipiell als nah zur „Heimat" (ebd.) wahrgenommen werden. Als „in der Nähe" (Z. 15) beschreibt Oliver Tamm jedoch nur die Relation zwischen seiner „Heimat" (Z. 16) und dem Studiengang am Standort in StudStadt, nicht aber diejenige zum Standort StadtX. Die zitierte Schilderung gab somit auch Aufschluss über seine persönlichen Maßstäbe beim Wahrnehmen sowie Beurteilen von Nähe und Ferne im Rahmen der Synthese. Für seinen Raum, so ist aus den analysierten Schilderungen zur Nähe-Relation von „Heimat" (Z. 16) und den potenziellen Studienorten festgehalten worden, legt Herr Tamm einen vergleichsweise kleinen Maßstab nach physisch-materiellen Kriterien der Lage zugrunde, aus dem sich für ihn jedoch maßgebliche, relationale

Unterschiede in seiner Raumkonstitution ergeben. Möglicherweise sind es insbesondere die besagten Erreichbarkeiten der von ihm thematisierten Platzierungen, die als vergleichsweise kleine Maßstäbe beim Wahrnehmen und Beurteilen von Relationen des von ihm erzeugten Raumes typisch sind.

Als letztes Element der Argumentation über seine Studienentscheidung führt Oliver Tamm an, dass er bereits „viele" kannte, „die auch hier zur Uni gegangen sind und die meinten, das wäre doch ganz in Ordnung" (Tamm, Z. 15–17). Zu den bereits konstatierten Befunden wurde aus diesem Sinnabschnitt resümiert, dass auch Menschen im Rahmen der Studienentscheidung aufgegriffen sowie in seine Raumkonstitution einbezogen werden. Leider wurde aus der Schilderung nicht deutlich, um wen genau es sich bei diesen „vielen" handelt und in welcher Verbindung Herr Tamm zu diesen steht. Hierüber sind deshalb keine Vermutungen angestellt worden, die sich nicht aus dem empirischen Material heraus belegen ließen. In einem Nebensatz benennt Oliver Tamm besagte Personen als viele, „die auch hier zur Uni gegangen sind" (Tamm, Z. 16). An dieser Stelle fiel die Erwähnung der „Uni" (ebd.) ins Auge. Für die Analyse leitete sich hieraus die Frage ab, ob es sich folglich um eine Beschreibung im Sinne eines Spacings handeln könnte, welches die These hinsichtlich ihrer nachrangigen Relevanzsetzung relativieren würde.

Um die konkurrierenden Thesen zu überprüfen, war es wichtig, sich die Schilderung von Herrn Tamm zunächst genau vor Augen zu führen. So spricht er im besagten Zusammenhang eben nicht davon, „viele" (Z. 16) gekannt zu haben, die ebenfalls an der privaten Hochschule *studiert* hätten, sondern davon, dass sie ebenfalls „hier" zur Uni „gegangen" (ebd.) sind. Hinsichtlich der herauszuarbeitenden Raumkonstitution zeigte diese Formulierung, dass Oliver Tamm das Gut der privaten Hochschule im angeführten Zitat nicht im eigentlichen Sinn in seiner Platzierung thematisiert hat. Einen Hinweis lieferte zum einen, dass er sie in der betreffenden Passage in keiner Relation zu etwas anderem Platzierten aufgegriffen hat, sondern sie vielmehr entkoppelt und beinahe beiläufig benennt. Etwas deutlicher wird der sich bereits andeutende Befund zudem daran, dass er mit der Formulierung „hier zur Uni gegangen" (Z. 21) den Fokus seiner Argumentation auf „hier", also den Studienort legt. Damit lokalisiert er die „vielen" (ebd.), die er bereits vor seiner Studienentscheidung gekannt hat, am Studiengang, den er auf den Studienort bezieht. So gelingt es ihm, die private Hochschule, auf die die Einstiegsfrage ursprünglich abzielte, zu dethematisieren. Diese These befand sich zudem in Einklang mit seiner Wortwahl, nach der die besagten „vielen" (Z. 16) dorthin „gegangen" (ebd.) sind. Ebenso wäre es ihm möglich gewesen, davon zu sprechen, viele gekannt zu haben, die dort *studiert* hätten. Offenbar greift Oliver Tamm den Studienort innerhalb seiner Raumkonstitution auf, weil er ihm (und

5.3 Einblick in die Fallanalysen: Zweiter Teil

seiner Heimat) nicht nur geographisch näher ist als der andere potenzielle Studienort, sondern, weil er sich durch die „vielen" (ebd.), die er dort kennt und die dort „zur Uni gegangen sind" (ebd.), zusätzlich durch eine Vertrautheit auszeichnet, die sich damit auch auf die Wahrnehmung der Relationen innerhalb seiner Raumkonstitution auswirkt. Obwohl diese als „Uni" (ebd.) Erwähnung fand, handelt es sich im zitierten Abschnitt demnach nicht um ein Aufgreifen der privaten Hochschule im Sinne eines tatsächlichen Spacings. So wurde anschaulich, dass es offenbar Oliver Tamms persönliche Relevanzsetzung ist, die Platzierung der Hochschule im Rahmen seiner Schilderung auf die herausgearbeitete Art und Weise zu dethematisieren, obwohl sie für ihn als Studierenden den Anlass seiner Anwesenheit vor Ort darstellt.

Aus der Bearbeitung ist eine untergeordnete Relevanz des sozialen Guts der privaten Hochschule für die Raumkonstitution festgehalten worden. Anschaulich wurde dies in der zitierten Passage zur Studienentscheidung, in der Herr Tamm stattdessen den Studiengang am Studienort aufgegriffen und in Relation zu implizit bleibenden sozialen Gütern am Ort seiner „Heimat" (Z. 16) beschrieben hat. Zumindest zu Studienbeginn, so lässt sich vermuten, schien sein Heimatort mit den vorhandenen Spacings für ihn zentral gewesen zu sein. Die These, nach der seine Relevanzsetzung noch immer zugunsten der Tamm'schen „Heimat" (ebd.) ausfallen könnte, ist jedoch aufgrund seines Wohnortwechsels verworfen worden.

Aufrechtzuerhalten war dagegen, dass sein Fokus offenbar in etwas anderem, außerhalb des Studienortes Liegendem analytisch zu ergründen sein könnte. Als bemerkenswert fiel hierbei der Maßstab beim Wahrnehmen und Beurteilen von Nähe und Ferne in seiner Raumkonstitution auf, welcher Hinweise über seine Verknüpfungen zu Raum gibt. So leitete Oliver Tamm aus einem vergleichsweise kleinen Maßstab sowie nach physisch-materiellen Relevanzkriterien entscheidende relationale Unterschiede ab. Weiterverfolgt wurde deshalb die These, dass es insbesondere Abwägungen von Erreichbarkeiten der einbezogenen Platzierungen sind, die in der Raumkonstitution zum Ausdruck kommen. Diese wurde probehalber als typische Ausprägung der Raumkonstitution festgehalten.

Um diese zu verdichten, wurde auf eine weitere Passage aus dem Interviewverlauf zurückgegriffen, in der Oliver Tamm darauf eingeht, was aus seiner Sicht, sein studentisches Leben auszeichnet[46]. In dieser Schilderung fanden sich Hinweise bezüglich seiner Relevanzsetzung zum Studienort und dort befindlicher studentischer Güter, mit deren Hilfe die dargelegten Thesen anhand empirischer Belege bearbeitet und fundiert werden konnten.

---

[46] Wortlaut: „Wir interessieren uns für das studentische Leben an Deiner Hochschule. Was zeichnet aus Deiner Sicht **Dein** studentisches Leben aus?"

Tamm: „Ach, also so ein richtiges studentisches Leben führe ich gar nicht. Da ich auch aus [WohnStadt3] komme und das sind halt auch immer eine Stunde Fahrt." (Z. 22–23)
Protokollierende: (schmunzelt) „[Personen aus WohnStadt3] haben kein studentisches Leben?"
Tamm: „Ja. Es ist halt schwierig. Man ist ... man ist gar nicht so hier zum Feiern oder so. Oder, dass man hier noch länger bleibt und auch gleich hier in die Kneipe geht, ist nicht. Man ist eher, man, mit seinen Freunden trifft man sich in [WohnStadt3] und dann geht man feiern und so. Aber wenn man woanders weiter her kommt, ist dann nicht so, dass man da an diesen Fußballturnieren, den Sportveranstaltungen teilnimmt. Das ist eher nur mal der Fall, wenn die Leute auch wirklich in [StudStadt] wohnen. Wenn die Leute weiter weg kommen, die machen das eigentlich eher weniger." (Tamm, Z. 28–34)

In der zitierten Passage gibt Oliver Tamm an, kein „richtiges studentisches Leben" (Z. 22) zu führen, da er aus einer anderen Stadt komme. Auf die Rückfrage der Protokollierenden hin ergänzt er, dass das Führen eines studentischen Lebens für ihn – insbesondere aufgrund der Fahrzeit – schwierig sei, weil er in der Regel nicht „noch länger [hier] bleibt" (Z. 29), um feiern zu gehen oder an Sportveranstaltungen teilzunehmen, wie es bei anderen Studierenden „die [.] auch wirklich in [StudStadt] wohnen" (Z. 32/33) üblich sei.

In seiner recht knapp anmutenden ersten Antwort äußert Oliver Tamm hinsichtlich der herauszuarbeitenden Raumkonstitution etwas Spannendes. Angesprochen auf das studentische Leben der Studierenden seiner Hochschule bzw. darauf, wie er sein persönliches studentisches Leben für sich definiert, argumentiert er mithilfe einer Selbstplatzierung an seinem Wohnort in WohnStadt3. Diese beschreibt er in Relation zum Studienort, an dem die übrigen Studierenden platziert sind. Das Nichtvorhandensein seines persönlichen studentischen Lebens führt Oliver Tamm in diesem Abschnitt demnach auf seinen Wohnort zurück, den er unter Bezugnahme auf die wahrgenommene Relation, also eine Ferne zu studentischen Gütern (wie z. B. einer Kneipe oder dem Sportverein) am Studienort argumentiert. Die identifizierte Konstellation galt es nun, zur empirischen Fundierung der formulierten Thesen zur typischen Ausprägung von Herrn Tamms Raumkonstitution heranzuziehen, um deren Tragfähigkeit zu überprüfen und sie ggf. zu spezifizieren.

Beim Betrachten der Passage hinsichtlich bereits gesicherter Analyseerkenntnisse wurde für den bearbeiteten Eckfall ein wiederkehrendes Muster sichtbar. So zeigte sich, dass Oliver Tamm seine Schilderung wiederholt damit eröffnete, den Fokus vom Studienort mit den dort befindlichen sozialen Gütern weg zu verschieben. Dies lässt sich anhand der Platzierungen veranschaulichen, die im aktuellen Zitat aufgegriffen werden. Aus Oliver Tamms Wahrnehmung zeichnet sich der

5.3 Einblick in die Fallanalysen: Zweiter Teil

Studienort StudStadt in erster Linie durch eine Relation zu seinem Wohnort aus, die er in diesem Zusammenhang als Lagebeziehung beschreibt. Den Maßstab dieser Relation gibt er als „eine Stunde Fahrt" (Z. 22/23) an und beurteilt ihn dabei als zu weit entfernt, um am studentischen Leben vor Ort teilzunehmen. Bei der aufgegriffenen Lagebeziehung handelt es sich somit – anders als bei derjenigen zwischen Heimatort und StudStadt aus der Einstiegspassage – um eine Relation, welche er als Ferne wahrnimmt und in seine Raumkonstitution einbezieht.

Festgehalten worden ist zudem, dass Herr Tamm der Selbstplatzierung an seinem Wohnort in WohnStadt3 eine zusätzliche Bedeutung zukommen lässt, indem er seine dort lokalisierten Freunde einbezieht, mit denen er im Rahmen der Freizeit soziale Handlungen verfolgt. Die Relation zwischen seinem Studien- und Wohnort wird durch Oliver Tamm demnach gleich in zweierlei Hinsicht als Ferne wahrgenommen. Aus diesem Grund ist bei der Wahrnehmung und Beurteilung von Entfernung nicht lediglich von physisch-materiellen bzw. zeitlichen Maßstäben ausgegangen worden, die Herr Tamm als „eine Stunde Fahrt" (Z. 23) angibt. Gleichsam zeigte sich, dass er die Distanz zum Studienort ebenfalls nach sozialen Relevanzkriterien zu beurteilen scheint. Ausdruck fand diese Annahme darin, dass Oliver Tamm – neben der bereits dargelegten Verschiebung des Fokus vom Studienort weg – offenbar auch keine engen, sozialen Verbindungen dorthin verspürt, die über die formal festgeschriebenen bzw. notwendigen sozialen Handlungen der Leistungserbringung und des Wissenserwerbs hinausgehen. Soziale Handlungen, die beispielsweise im Eckfall Katharina Pauls mit studentischen Gütern am Studienort verknüpft sind, werden im Eckfall Oliver Tamm grundsätzlich an einem anderen Ort – nämlich seinem Wohnort – sowie mit seinen lokalisierten Freunden verortet. So kommt es, dass entsprechende soziale Handlungen (beispielsweise der Freizeitgestaltung) in der Wahrnehmung von Herrn Tamm nicht seinem studentischen Leben zugerechnet werden, weil sie nicht am Studienort sowie nur zum Teil mit den verknüpften Personen[47] stattfinden („Ach, also so ein richtiges studentisches Leben führe ich gar nicht. Da ich auch aus WohnStadt3 komme." [vgl. Tamm, Z. 22/23]).

Die besagte Entfernung von Studien- und Wohnort führt in der Wahrnehmung von Oliver Tamm zu einer Trennung von sozialen Handlungen des Studierens von anderen, beispielsweise solchen der Freizeitgestaltung. Am Studienort sind für Oliver Tamm nur soziale Handlungen zu verorten, die im Rahmen

---

[47] Aus den Interviewpassagen ließen sich keine eindeutigen Rückschlüsse darüber ziehen, ob Oliver Tamm bei seinen Freunden nur außerhochschulische Kontakte (wie z. B. Arbeitskollegen) oder auch Mitstudierende beschreibt. Aus diesem Grund ist die Formulierung gewählt worden.

des Studierens[48] zu seinen Pflichten gehören. Platzierungen von studentischen Gütern am Studienort, an denen Handlungen des sozialen Lebens der Studierenden grundsätzlich lokalisierbar wären, sind damit nicht nur aufgrund der wahrgenommenen Relation zu WohnStadt3 potenziell unattraktiv. Wie anhand der Schilderung veranschaulicht worden ist, spielt sich das soziale Leben von Herrn Tamm schlichtweg nicht am Studienort mit den dort befindlichen sozialen Gütern sowie den mit ihnen verbundenen Mitstudierenden ab. Platzierungen studentischer Güter sind in seiner Raumkonstitution von vergleichsweise geringerer Relevanz und damit peripher.

Als interessanter fallübergreifender Befund zeigte sich in der komparativen Fallbearbeitung, dass die wahrgenommene Distanz zwischen Wohn- und Studienort im Eckfall Oliver Tamm eine entsprechende Trennung zu bewirken vermochte, während diese im Fall Ulrike Lehmann (siehe Abschnitt 5.1.1) trotz einer vergleichsweise umständlicheren Anreise zum Studienort ausgeblieben ist. Innerhalb der Analyse wurde dies als ein Hinweis auf die Art und Weise gedeutet, wie soziale Güter und Menschen durch Oliver Tamm in die Raumkonstitution einbezogen werden. So greift dieser StudStadt ausschließlich als den Ort auf, an dem der Studiengang lokalisiert ist, wobei er der privaten Hochschule als dem zugehörigen hochschulischen Gut keine entsprechende Bedeutung zuschreibt. Somit lokalisiert er am Studienort in erster Linie soziale Handlungen des Studierens[49], jedoch keine des studentischen Lebens. Dies tut er, weil der Studiengang, wie im vorangegangenen Abschnitt ausgeführt worden ist, für seine Raumkonstitution in erster Linie in seiner (Nähe-)Relation zur „Heimat" (Z. 16) bedeutsam ist. Aus Oliver Tamms Wahrnehmung war es für seine Studienentscheidung sinnvoll, den favorisierten Studiengang in StudStadt zu wählen, weil er über eine günstige Entfernung zur „Heimat" (ebd.) mit dem dort lokalisierten sozialen Umfeld verfügte. Die induktiv gewonnenen Erkenntnisse aus der Einstiegspassage sind sodann auf die analysierte Konstellation zwischen Studien- und Wohnort mit der durch Herrn Tamm wahrgenommenen (Ferne-)Relation übertragen worden. Durch diesen Analyseschritt zeigte sich ein Muster, nach dem Orte, soziale Gütersorten und Menschen einbezogen werden.

Wie sich in der Einstiegspassage bereits andeutete, schreibt Herr Tamm dem Studienort lediglich als Ort Relevanz zu, der ihm das Studieren[50] in einer – aus seiner Wahrnehmung – relational günstigen Konstellation ermöglicht.

---

[48] Im Sinne seiner Handlungsdimension der Leistungserbringung und des Wissenserwerbs.
[49] Im Sinne seiner Handlungsdimension der Leistungserbringung und des Wissenserwerbs.
[50] Im Sinne seiner Handlungsdimension der Leistungserbringung und des Wissenserwerbs.

5.3 Einblick in die Fallanalysen: Zweiter Teil

Anschaulich wurde dies in der analysierten Schilderung am Fokus seiner Raumkonstitution. Diesen verlagert er erneut vom Studienort mit allen grundsätzlich dort lokalisierbaren sozialen Gütern (sowohl hochschulischen als auch studentischen) zu seinem Wohnort WohnStadt3, den er entsprechend seiner individuellen Schwerpunktsetzungen mit Bedeutung versieht. Am Wohnort verortet er mit seinen Freunden die für ihn relevanten Menschen sowie freizeitliche soziale Handlungen. Diese grenzt er allerdings strikt von demjenigen Ort ab, der sich für ihn ausschließlich durch seinen Studiengang auszeichnet, an dem jedoch auch seine Mitstudierenden sowie entsprechende gemeinsame Aktivitäten lokalisierbar wären. Hierbei argumentiert er – wie auch in der Einstiegspassage – mithilfe der Relation, die durch seine Selbstplatzierung an einem anderen Ort zustande kommt. Diesmal beschreibt er diese jedoch als „eine Stunde Fahrt" (Z. 23) und somit vergleichsweise fern.

An dieser Stelle ließ sich ebenfalls die eingangs formulierte These bekräftigen, nach der Herr Tamm beim Konstituieren von Raum etwas außerhalb des Studienortes Liegendes fokussiert. So wurde die private Hochschule auch in der betrachteten Schilderung nicht näher thematisiert und auch keine anderen hochschulischen Güter am Studienort aufgegriffen oder beschrieben.[51] Wie sich weiterhin anhand der analysierten Passage verdeutlichen ließ, sind studentische Güter am Studienort für die Raumkonstitution des Eckfalles offenbar nicht von Bedeutung. Stattdessen wird der Studienort als ein Ort wahrgenommen, an dem ausschließlich soziale Handlungen der Leistungserbringung und des Wissenserwerbs lokalisierbar werden, während freizeitliche Aktivitäten am Wohnort sowie mit den Freunden stattfinden. Die Trennung beider Bereiche begründet Oliver Tamm – und an dieser Stelle lässt sich die These nun spezifizieren – unter Bezugnahme auf die Relation, die er als vergleichsweise ungünstig wahrnimmt. In der Fallbearbeitung wurde hieraus die Annahme zugespitzt, dass es sich in diesem Eckfall um Erreichbarkeiten von Orten bzw. Platzierungen handelt, die aus einem vergleichsweise kleinen Maßstab als günstig oder ungünstig bzw. nah oder fern beurteilt werden. Wie sich anhand der betrachteten Schilderungen veranschaulichen ließ, zeichnet sich der Eckfall Oliver Tamm durch ein Spezifikum beim Erzeugen von Raum aus, bei dem die einbezogenen Orte der (Selbst-)

---

[51] Wie bereits angemerkt, ist dieser Befund nicht gleichbedeutend damit, dass die private Hochschule in ihrer Materialität für Oliver Tamm nicht existiert. Als immatrikulierter Studierender wird ihm ihre Präsenz vor Ort durchaus bewusst sein. Umso spannender ist es aber, dass er sich im Rahmen des Interviews dafür entschieden hat, seinen Alltag als Studierender auf diese Art und Weise zu schildern und das soziale Gut der privaten Hochschule dabei eben nicht näher zu thematisieren. Hierin kommen seine Relevanzsetzungen und Bedeutungszuschreibungen zur Geltung.

Platzierung sowie die dort zu lokalisierenden sozialen Handlungen nach den Relationen zueinander beurteilt und beschrieben werden. Diese werden in erster Linie als Lagebeziehungen der physisch-materiellen Nähe bzw. Ferne wahrgenommen, beurteilt und gegeneinander abgewogen. Zusammenfassend zeigt sich, dass für die Raumkonstitution somit nicht die studentischen oder hochschulischen Gütersorten und Menschen an Orten vordergründig sind, sondern vielmehr deren Relationen zu anderen Platzierungen an außerhalb liegenden Orten. Diese werden durch Oliver Tamm jeweils danach wahrgenommen und beurteilt, ob, wie bzw. wie schnell (z. B. „eine Stunde Fahrt", Z. 23) es ihm möglich ist, den Studienort zu verlassen und den jeweils anderen Ort bzw. das dort befindliche soziale Gut zu erreichen.

Um die These zur typischen Ausprägung der Raumkonstitution zu fundieren, wurde ihre Tragfähigkeit im Sinne des ständigen Vergleichs anhand zusätzlicher Sequenzen aus dem Interview überprüft. Die folgende Passage zur Veranschaulichung des Analyseverlaufs mag zunächst nicht naheliegend erscheinen. In dieser antwortet Oliver Tamm auf die Frage, auf welche persönlichen Eigenschaften bei der Auswahl der Studierenden an der privaten Hochschule besonders viel Wert gelegt werde.[52]

„Man muss ja ein Partnerunternehmen suchen, viele werden auch immer je nachdem welches Partnerunternehmen das da wirklich, welches man da vielleicht schon gefunden hat. Danach wird man auch dann ausgewählt. Also wenn das so ein großes [Fach-]Unternehmen ist, was in allen Landkreisen hier bekannt ist, das wird eher angenommen als irgend so [ein kleines Unternehmen] oder so. Das ist auf jeden Fall natürlich schwierig gesehen, aber ist einfach so." (Tamm, Z. 180–190)

Nach dem Lesen des gewählten Zitats wird deren Auswahl für die Fallanalyse etwas deutlicher. In der passagenübergreifenden Betrachtung fiel ins Auge, dass Oliver Tamm auf die an ihn gerichtete Frage erneut reagiert, indem er den Fokus seiner Raumkonstitution vom sozialen Gut der Hochschule verlagert und etwas anderes in den Blick nimmt. Anstatt eine bestimmte Art von Studierenden bzw. Studierende mit bestimmten Eigenschaften am sozialen Gut der privaten Hochschule zu verorten, thematisiert er in der zitierten Passage die Partnerunternehmen, bei denen die Studierenden den praktischen Teil ihrer Ausbildung absolvieren, und schreibt den besagten Unternehmen bestimmte Eigenschaften zu.

---

[52] Wortlaut: „Was meinst Du, auf welche persönlichen Eigenschaften bei der Auswahl der Studierenden an dieser Hochschule besonders viel Wert gelegt wird? (Jenseits von Leistung bzw. Formalien.) Woran machst Du das fest?" Zusätzlich wurde eine Nachfrage der Interviewenden als Hilfestellung nötig. Wortlaut: „[…] Also was für Studierende werden hier so angenommen?"

5.3 Einblick in die Fallanalysen: Zweiter Teil

Auf Basis dieser Platzierung argumentiert er sodann seine Wahrnehmung, nach der die Studierendenauswahl durch die private Hochschule nicht auf Eigenschaften der Studierenden beruhe, sondern sich in erster Linie daran orientiere, ob die Studierenden schon ein Partnerunternehmen gefunden hätten bzw. welches. Anstelle sich selbst bzw. die Studierenden an seiner Hochschule aufzugreifen und zu beschreiben, positioniert er die Partnerunternehmen – quasi als vermittelnde Güter – dazwischen.

Die Analyse zeigte in diesem Zusammenhang, dass Oliver Tamm, um auf die an ihn gerichtete Frage zu reagieren, vielmehr seinen persönlichen Eindruck beschreibt, nach dem es die Unternehmen seien, die durch die Hochschule angenommen werden, und schildert folglich deren Eigenschaften. Diese sollten über eine gewisse Größe und Bekanntheit verfügen, um als Partner der Hochschule infrage zu kommen. Die Kooperation zwischen hochschulischem Gut und Partnerunternehmen thematisiert er in diesem Abschnitt als Verbindung, innerhalb der die private Hochschule von Größe bzw. Bekanntheit des Unternehmens in der Partnerschaft profitiert. Oliver Tamms Aussage ließ sich somit dahingehend deuten, dass das Hauptinteresse der privaten Hochschule in erster Linie darin liege, bekannte Unternehmen – quasi für ihre eigene Konstitution von Raum – zu positionieren und deren Relation als eine Kooperation im Rahmen des dualen Studiums aufrechtzuerhalten. Studierende wie er scheinen, so die Einschätzung von Herrn Tamm, ein Mittel zur Aufrechterhaltung der Kooperationen zu sein, durch die die Unternehmen für die private Hochschule räumlich lokalisierbar und für eine Zusammenarbeit nutzbar werden. Auch in dieser Passage wird eine vergleichsweise distanzierte Haltung zur privaten Hochschule anschaulich, welche im Verlauf der Analyse des Eckfalles bereits anhand weiterer Passagen herausgearbeitet wurde.

Hervorgehoben worden ist in diesem Abschnitt zudem, dass Oliver Tamm, seine eigene Relation als diejenige zum Partnerunternehmen schildert. Dessen Platzierung bezog er als die eines vermittelnden sozialen Guts ein, welches sein persönliches Scharnier an die private Hochschule bildet. Auf diese Art und Weise gelingt es ihm, eine unmittelbare Selbstplatzierung in Form einer Beschreibung an der bzw. in Relation zur privaten Hochschule zu umgehen. Damit thematisiert er ihre Platzierung zwar für seine Raumkonstitution, zeigt jedoch erneut durch die anschließende Relevanzverschiebung auf das Partnerunternehmen, dass er ihr als soziales Gut am Studienort keine bzw. nur marginale Bedeutung beimisst.

Zur Analyse der Interviewpassage ist auch die entsprechende, im Leitfaden vorgesehene Nachfrage herangezogen worden.[53] Da Oliver Tamm zum Abschluss seiner Schilderung auf die vorangegangene Frage noch einige wenige persönliche Fähigkeiten der Studierenden aufzählte, z. B. „sich gut präsentieren können" (Z. 189) oder „sich verkaufen können" (Z. 190), dabei jedoch knapp blieb, entschloss sich die Interviewende, die im Leitfaden vorgesehene Nachfrage zu stellen. Da sie annahm, an die bereits erfolgte Aufzählung anzuschließen, formulierte sie die Frage anders als eigentlich im Leitfaden festgeschrieben. Sie fragte nicht explizit, welche Studierenden an der Hochschule besonders willkommen seien, sondern erkundigte sich lediglich, „welche" besonders willkommen seien. Daraufhin passierte etwas Interessantes:

„Ich würde mal sagen, viele sind, es sind ein paar Praxisunternehmen, die die Hochschule auch sponsern, und die werden immer auserwählt. Also die haben so ein ja, das ist nicht schlimm, aber die werden immer schneller auserwählt als manch andere. Aber an sich werden fast alle hier angenommen, glaube ich. Es ist nicht groß, dass sehr viele abgeschmettert werden." (Tamm, Z. 196–200)

Anders als erwartet, schließt Oliver Tamm nicht an die vorangegangene Passage bzw. an die Eigenschaften von Studierenden an, mit denen er seine Antwort abgeschlossen hatte, sondern nimmt erneut auf die Praxisunternehmen Bezug. Letztendlich ergänzt er damit die bereits als Kooperation beschriebene Relation zwischen Praxisunternehmen und privater Hochschule um die Wahrnehmung einer Abhängigkeit, die sich für ihn durch eine finanzielle Bezuschussung seitens der Unternehmen[54] auszeichnet.

Durch die Beschreibung des Praxisunternehmens als Sponsor der privaten Hochschule werden erneut die Relevanzsetzungen im Eckfall Oliver Tamm anschaulich. So dient ihm die wiederholt aufgegriffene Platzierung des Partner- bzw. Praxisunternehmens zwischen sich und der Hochschule dazu, eine Relation in seiner Raumkonstitution zu verdeutlichen (vgl. Tamm Z. 180–190). Demnach liegt der privaten Hochschule in erster Linie nicht an ihm als Studierendem,

---

[53] Wortlaut: „Was meinst Du, welche Studierenden an dieser Hochschule besonders willkommen sind?"

[54] Dies setzt voraus, dass die Begriffe Partner- und Praxisunternehmen gleichbedeutend verwendet werden. In hermeneutischen Auswertungsverfahren kann dies mitunter nicht ohne weiteres als gegeben vorausgesetzt werden. Da eine solche methodische Vorgehensweise im vorliegenden Projekt jedoch keine Anwendung findet und zudem keine Referenzstellen bzw. -fälle vorliegen, die für einen entsprechenden Vergleich oder eine weitere Analyse zur Verfügung stehen, wird an dieser Stelle eine sprachliche Ungenauigkeit durch Oliver Tamm vermutet.

sondern an der Verbindung zum Partnerunternehmen, das ihr durch seine Reputation in der Kooperation von Bedeutung ist. Aus diesem Grund verlagert er die Relevanzsetzung in der an ihn gerichteten Frage erneut von den Studierenden auf die Unternehmen. Aus der Analysearbeit zur dargestellten Passage wurde festgehalten, dass Oliver Tamm seine Wahrnehmung der Relation zwischen Praxisunternehmen[55] und privater Hochschule zusätzlich um eine finanzielle Bezuschussung ergänzt. Indem er sich selbst also – ebenso wie in der zuvor ausgeführten Passage (Z. 180–190) – in Relation zu demjenigen Unternehmen positioniert, bei dem er im Rahmen der Praxisphase seine Ausbildung absolviert, umgeht er nicht nur eine Selbstplatzierung bzw. -beschreibung in Relation zur privaten Hochschule. Gleichzeitig hebt er hervor, dass er sich selbst an dem sozialen Gut verortet, von dem die Hochschule finanziell bezuschusst wird.

Anhand der beiden dargestellten Passagen aus der vergleichenden Fallbearbeitung ließ sich zeigen, dass nicht nur studentische Güter am Studienort für die Raumkonstitution im Eckfall Oliver Tamm vergleichsweise nachrangig sind, sondern, dass auch der privaten Hochschule und den übrigen hochschulischen Gütern nur eine marginale Bedeutung beigemessen wird. Sichtbar wurde somit, dass beide Gütersorten, welche potenziell am Studienort verortbar wären, für diesen Eckfall ohne eine direkte Bedeutung verbleiben. So findet die These, nach der in erster Linie etwas außerhalb des Studienort Liegendes für die Raumkonstitution relevant ist, gerade in denjenigen Passagen Bestätigung, in denen Oliver Tamm sich auf das Partnerunternehmen bezieht, bei dem er den praktischen Teil seines dualen Studiums absolviert. Da jedoch nicht alle Studierenden, die von diesem Eckfall getragen werden, ein duales Studium absolvieren, bleibt es bei der Kategorisierung, dass die Relevanzsetzung und Bedeutungszuschreibung auf Faktoren – sprich: sozialen Gütern und Menschen – außerhalb des Studienortes liegt.

Fallspezifikation

In diesem Abschnitt ermöglichte die Hinzunahme eines dritten Falles Einblick in die Vorgehensweise des weiteren Analyseverlaufs. Anders als bei den Eckfällen Ulrike Lehmann (siehe Abschnitt 5.1.1) und Katharina Pauls (siehe Abschnitt 5.1.2) lag das Hauptaugenmerk bei der Darstellung des Eckfalles Oliver Tamm stärker darauf, die erarbeitete Kernkategorie anzuwenden, um ihre Tragfähigkeit zu plausibilisieren sowie die Integration der empirischen Typologie voranzubringen.

---

[55] Hier verstanden als gleichbedeutend zu Partnerunternehmen.

Nach Abschluss der Analysearbeit ließ sich resümieren, dass der Fall Oliver Tamm sich durch eine nachrangige Relevanz von sozialen Gütern am Studienort – gleich welcher Sorte – auszeichnet. Platzierungen von studentischen Gütern werden nicht mit Bedeutung versehen, während als hochschulisches Gut lediglich die Platzierung der privaten Hochschule implizit aufgegriffen wird. Besonders anschaulich machte die Fallanalyse dabei Strategien, mit denen eine Selbstbeschreibung im Zusammenhang mit der Hochschule sowie am Studienort umgangen worden ist. Aufgegriffen und beschrieben wurde beispielsweise der Studiengang am Studienort, ohne die Hochschule als das zugehörige hochschulische Gut zu thematisieren. Als übergeordnete Strategie zeigte sich die Verlagerung von Relevanz auf Platzierungen außerhalb des Studienortes, welche z. B. für das private soziale Leben oder die Berufstätigkeit mit Bedeutung versehen worden sind.[56] Folglich existieren am Studienort vergleichsweise wenige Verbindungen zu den Mitstudierenden.[57]

Vor dem Hintergrund der komparativen Analyse ist deshalb die Verlagerung von Relevanz auf Platzierungen außerhalb des Studienortes als typische Ausprägung der Raumkonstitution des Eckfalles Oliver Tamm festgehalten worden. Sie umfasst, dass der Fokus innerhalb des erzeugten sozialen Raumes insbesondere auf den Relationen vom Studienort weg bzw. auf außerhalb liegende soziale Güter gerichtet ist. Somit werden nicht die thematisierten Orte und Platzierungen von sozialen Gütern relevant, sondern die über diese beschreibbaren Relationen der Nähe und Ferne. Dem Studienort und den dort lokalisierbaren hochschulischen und studentischen Gütern kommt zwar keine unmittelbare Bedeutung zu, aber sie erlauben in diesem Eckfall die Wahrnehmung und Beurteilung von Relationen innerhalb der Raumkonstitution. Im vorliegenden Fall stehen demnach die Erreichbarkeiten der Platzierungen im Vordergrund, die durch Relationen zwischen den Gütern am Studienort abbildbar werden.

Um den Analyseprozess abschließend anzureichern, wurde das induktiv gewonnene und durch die dargestellten Eckfälle gesicherte Wissen zur Auswahl weiterer empirischen Materials angewandt; Relevanzsetzungen und Bedeutungszuschreibungen zugunsten der Hochschule und hochschulischen Gütern (Eckfall Ulrike Lehmann) sowie zu studentischen Gütern und den Mitstudierenden (Eckfall Katharina Pauls) wurden bereits erarbeitet. Ebenso finden sich Relevanzverlagerungen von beiden Gütersorten am Studienort auf soziale Güter außerhalb des Standortes (Eckfall Oliver Tamm). Aufgrund seiner Schilderungen, die keine eindeutigen

---

[56] Diese Bedeutungszuschreibungen können sich innerhalb derjenigen Fälle, die vom Eckfall Oliver Tamm getragen werden, jedoch durchaus unterscheiden.

[57] Durchaus kann Nähe im Sinne von Vertrautheit und Zusammenhalt jedoch zu Studierenden wahrgenommen werden, die im gleichen Unternehmen tätig sind oder in der gleichen Stadt außerhalb des Studienortes leben.

5.3 Einblick in die Fallanalysen: Zweiter Teil

Fokussierungen auf eine bestimmte Gütersorte aufwiesen, ist schließlich der Fall Maximilian Maurer einbezogen worden. In diesem werden sowohl das studentische Leben der Studierenden als auch die private Hochschule in einer Weise beschrieben, die sich von den übrigen Fällen unterschieden hat.

5.3.2 Eckfall Maximilian Maurer[58]

Maximilian Maurer studiert im siebten Semester in einem dualen Studiengang in StudStadt[59]. Das Studium an seiner Hochschule ist so strukturiert, dass er innerhalb eines Semesters zunächst eine dreimonatige Theoriephase an der Hochschule verbringt. Im Rahmen der anschließenden Praxisphase arbeitet er drei Monate bei dem Partnerunternehmen, bei dem er seine Ausbildung absolviert. Ursprünglich kommt er aus WohnStadt4[60], einer Kleinstadt in Niedersachsen. Dort lebt Maximilian Maurer während der Praxisphasen. In den Theoriephasen dagegen lebt er im Wohnheim seiner Hochschule am Studienort.

Die Analyse wurde mit der Einstiegsfrage begonnen.[61] Die Antwort von Herrn Maurer lautete folgendermaßen:

„Ja ich wollte halt in die Richtung [Studienrichtung] gehen und gerade [Studienfach] gibt's dual sozusagen hier oben in, im Norden sozusagen, nicht wirklich viel. Also da ist das sozusagen mit die einzige Anlaufstelle und ja, mir war halt wichtig, dass dieser Praxisanteil mit dabei war, deswegen ja, kam das eigentlich ziemlich schnell zustande, dass ich hier unbedingt hinwollte." (Maurer, Z. 16–20.)

Maximilian Maurer eröffnet seine Schilderung mit einer Argumentation über das Studienfach, das er in die zugehörige Fachrichtung einordnet und daraufhin erläutert, dass es ihm neben dieser fachlichen Ausrichtung für seine Entscheidung vor Studienaufnahme wichtig gewesen sei, dass sein präferierter Studiengang über

---

[58] Alle im Interview genannten Personennamen, Städte, Orte sowie sämtliche Anhaltspunkte, die Rückschlüsse auf die Person oder Hochschule zulassen, sind beim Erstellen des Transkriptes anonymisiert worden. StudStadt steht hierbei stets für den Studienort, während WohnStadt4 den Wohnort der Interviewten chiffriert.
[59] StudStadt steht innerhalb der Transkripte stets für den Studienort der Interviewten. Aus der Benennung als StudStadt lässt sich unter den Eckfällen nicht zwangsläufig auf das Studium an einer gemeinsamen privaten Hochschule schließen.
[60] Die Ziffer 4 kennzeichnet, dass es sich bei seinem Wohnort nicht um den gleichen Wohnort wie im Eckfall Ulrike Lehmann, Katharina Pauls bzw. Oliver Tamm handelt.
[61] „Wie kam es dazu, dass du gerade HIER an dieser Hochschule Dein Studium aufgenommen hast?" (siehe Leitfaden, elektronisches Zusatzmaterial 8.1).

eine gewisse Struktur der Wissensvermittlung verfüge. Diese benennt er als Dualität. Darüber hinaus deutet er an, auch geographische Entscheidungskriterien der Lage für seine Auswahl herangezogen zu haben. So legt die Formulierung „hier oben [.] im Norden" (Z. 17) nahe, dass er sich für seine Studienentscheidung in einem bestimmten geographischen Gebiet orientiert hat. Gründe wurden aus der zitierten Passage zunächst nicht ersichtlich.

Aus der Einstiegspassage von Herrn Maurer erwies es sich vergleichsweise schwieriger eine Raumkonstitution herauszuarbeiten, als in den Eckfällen von Ulrike Lehmann, Katharina Pauls und Oliver Tamm. Anders als die Erstgenannten platziert sich Maximilian Maurer an einem implizit bleibenden Ort „hier oben [.] im Norden" (Z. 17), zu dem er aber offenbar eine Verbindung wahrnimmt bzw. dem er in seiner Raumkonstitution Bedeutung beimisst. Diesen Ort greift er in Relation zur – ebenfalls nicht explizit benannten – privaten Hochschule auf. Als soziales Gut beschreibt er diese in seiner Schilderung als „einzige Anlaufstelle" (Z. 18), die seine Auswahlkriterien hinsichtlich Studienfach, Studienstruktur und räumlicher Verortung im Norden erfüllt.

Auf Basis des ersten Eindrucks konnte eine erste These zu Maximilian Maurers Relevanzsetzungen für die herauszuarbeitende Raumkonstitution entwickelt werden. Demnach war sein Fokus offenbar bereits vor seiner Studienaufnahme auf die Kriterien gerichtet, die die private Hochschule an ihrem Studienort in sich vereint.

So wurde seine Schilderung dahingehend gedeutet, dass es für ihn bereits zu Beginn seiner Überlegung feststand, ein Studium aufnehmen zu wollen. Grundsätzlich hätte er seiner Praxisaffinität beispielsweise auch im Rahmen einer beruflichen Ausbildung nachgehen können. Gezielt suchte er jedoch nach „Anlaufstellen" (Z. 18), in denen sich das Studium in seiner favorisierten Studienrichtung im „Norden" (Z. 17) realisieren lassen würde und die gleichzeitig über eine „dual[e]" (Z. 17) Struktur bzw. einen hohen „Praxisanteil" (Z. 19) verfügen. Hervorgehoben worden ist dabei der Ausdruck „einzige Anlaufstelle" (Z. 18), welcher in diesem Zusammenhang auffällig erschien. So könnte als einzige Anlaufstelle ein soziales Gut bezeichnet werden, an das man sich bei Orientierungslosigkeit wendet oder wenn keine andere Möglichkeit vorhanden ist, als die besagte Hochschule aufzusuchen. Dies lässt sich auch aus der Schilderung von Herrn Maurer herauslesen. Aus dieser geht hervor, dass es die Kombination aus Studienfach, -struktur, Nähe zum „Norden" (Z. 17) und hohem „Praxisanteil" (Z. 19) gewesen sei, die die private Hochschule zu seiner „einzigen Anlaufstelle" (Z. 18) hat werden lassen. In diesem Zusammenhang nimmt er sie am konkreten

5.3 Einblick in die Fallanalysen: Zweiter Teil

Ort ihrer Platzierung als ein soziales Gut wahr, welchem er für seine Raumkonstitution eine zentrale Relevanz und entsprechende Bedeutung beimisst. Aufgrund dessen zieht er sie anderen potenziellen Hochschulen an anderen potenziellen Studienorten vor.

Dass jedoch grundsätzlich Alternativen vorhanden gewesen sein dürften, ließ wiederum seine Formulierung vermuten: „[…] gerade [Studienfach] gibt's dual sozusagen hier oben in, im Norden sozusagen, nicht wirklich viel." (Z. 16/17) Sie liefert einen Hinweis darauf, dass zum Zeitpunkt seiner Studienentscheidung zwar „nicht wirklich viel[e]" (Z. 17) andere Optionen vorhanden waren, grundsätzlich jedoch durchaus die Möglichkeit für eine andere Orientierung gegeben gewesen wäre.

Die Platzierungen, welche nun als Spacings in den Blick genommen wurden, bestanden aus dem sozialen Gut der privaten Hochschule in StudStadt, welche über den von Herrn Maurer favorisierten Studiengang mit dualer Studienstruktur und Nähe zum Norden verfügte sowie mindestens einer implizit bleibenden anderen Option. Diese verfügte womöglich über die gleiche fachliche Ausrichtung, jedoch eine andere Studienstruktur sowie Nähe-Relation zur präferierten Umgebung. Da Maximilian Maurer die private Hochschule jedoch als seine „einzige Anlaufstelle" (Z. 18) identifizierte, indem er die dort zu erwartenden Studienbedingungen als treffender beurteilt und aus dieser Wahrnehmung seine Entscheidung trifft, schreibt er ihr auch eine entsprechend höhere Bedeutung für seine Raumkonstitution zu. Obwohl das soziale Gut der privaten Hochschule, ebenso wie ihre Bedeutung für die herauszuarbeitende Raumkonstitution, im Kontext dieser Schilderung noch implizit geblieben ist, wurde dennoch erkennbar, dass ihr insgesamt ein höherer Stellenwert zukommt als beispielsweise in den Eckfällen Katharina Pauls oder Oliver Tamm. Auch im Kontrast zum Eckfall Ulrike Lehmann, in dem sich die Relevanz sowie insbesondere Bedeutung der Hochschule erst nach einem Besuch „vor Ort bzw. im Verlauf des Studiums entwickelten, deutet Maximilian Maurer Relevanzsetzungen und (implizite) Bedeutungszuschreibungen zugunsten der Hochschule zu einem vergleichsweise frühen Zeitpunkt der Fallbearbeitung an.

Anzumerken ist an dieser Stelle jedoch, dass sich in der Analyse der dargestellten Passage zu Herrn Maurers Studienentscheidung eine Widersprüchlichkeit ergeben hat. Auch diese soll im Rahmen der Falldarstellung aus Gründen der Transparenz offengelegt werden. So schildert er einen Entscheidungsprozess, der sich für ihn durch Eindeutigkeit und Klarheit ausgezeichnet hat. In diesem Zusammenhang sei ihm bereits früh bewusst gewesen, für welche Studienrichtung er sich entscheiden werde. Auch die private Hochschule habe er aufgrund ihres hohen Praxisanteils schnell als seine „einzige Anlaufstelle" (Z. 18) identifiziert. Im Kontext der herausgearbeiteten Orientierungslosigkeit, gemeinsam mit der gewählten Bezeichnung als „einzige Anlaufstelle" (ebd.) sowie der Tatsache, dass grundsätzlich weitere Optionen für die Studienaufnahme zur Verfügung gestanden hätten, las sich die Passage widersprüchlich. Der dargestellte Entscheidungsprozess, in dem Maximilian Maurer das soziale Gut der Hochschule nach funktionalen Gesichtspunkten ausgewählt haben will, wurde daher im Rahmen der Analyse mit einem Verweis auf eine Zuschreibung aus der Retrospektive eingeordnet und entsprechend kodiert. Für diese These sprach, dass Herr Maurer sich vor Studienbeginn offenbar in einem Such- bzw. Entscheidungsprozess befunden hat, in den er alle verschiedenen für ihn relevanten Faktoren einbezogen hat. Wenn er in seiner Studienentscheidung tatsächlich so klar und kalkuliert gewesen wäre, wie er es in der zitierten Passage geschildert hat, entfiele womöglich die zugrunde liegende Abwägung, in der die private Hochschule schließlich zu seiner „einzigen Anlaufstelle" (Z. 18) geworden ist.

Dafür sprach zudem, dass für Herrn Maurer tatsächlich nicht ausschließlich die fachliche Ausrichtung und die Struktur der Wissensvermittlung in seinem Studium von Bedeutung sind. Wie bereits aufgegriffen wurde, formuliert er den Wunsch, in einer bestimmten Umgebung, die er als „hier oben [.] im Norden" (Z. 19) benennt, studieren zu wollen. Den konkreten Studiengang an der privaten Hochschule in StudStadt beschreibt er damit in Relation zu einem implizit bleibenden anderen Ort, wobei er deren Relation als nahe beieinander wahrnimmt. Einen Hinweis darauf liefert beispielsweise der Einschub des Wortes „hier" (ebd.). So befindet er sich sowohl zum Zeitpunkt seiner Studienentscheidung als auch zum Zeitpunkt des Interviews „oben im Norden" (Z. 17). (Zudem fand sich im Nachfragebogen auch ein expliziter Hinweis auf seinen Wohnort im Norden, den er auch im Rahmen des Studiums beibehalten hat.) In diesem Kontext wurde seine Schilderung einer kalkulierten und rational erfolgten Studienentscheidung so gedeutet, dass sie zusätzlich ein Beibehalten des ursprünglichen Wohnortes sowie das Kontakthalten zum gewohnten sozialen Umfeld im Norden zulassen.[62]

Aus der Analyse der Passage ist resümiert worden, dass die Platzierung der privaten Hochschule am Studienort durch Herrn Maurer aufgrund ihrer vollständigen Studienbedingungen mit Bedeutung versehen wird. Obwohl sie lediglich implizit aufgegriffen wurde, kommt ihr als „einzige Anlaufstelle" (Z. 18), an der

---

[62] Was genau der Grund für diesen Wunsch ist und ob dieser zur nachträglichen Plausibilisierung der Studienentscheidung in Richtung Rationalität beigetragen hat, konnte anhand der zitierten Passage nicht eindeutig beurteilt werden. Aus diesem Grund sind für die Fallbearbeitung keine Einschätzungen erfolgt, die sich nicht aus dem empirischen Material heraus begründen ließen.

5.3 Einblick in die Fallanalysen: Zweiter Teil

verschiedene als günstig wahrgenommene Aspekte zu lokalisieren sind, innerhalb der Raumkonstitution offenbar zentrale Relevanz zu. Aufgegriffen wird sie in der Passage zur Studienentscheidung zu einem ebenfalls implizit bleibenden Ort im Norden, an dem sich Maximilian Maurer selbst positioniert und den er insofern mit Bedeutung versieht, als es ihm wichtig ist, sein Studium in einer gewissen relationalen Nähe zu absolvieren. Über besagte Nähe wurde bereits die Annahme vorformuliert, dass es sich dabei um die Nähe zu einem sozialen Umfeld bzw. zu sozialen Kontakten handelt, die Maximilian Maurer aufrechterhalten möchte.

Für die vergleichende Analyse ist deshalb die Spezifikation der aufgestellten These anhand einer Schilderung angestrebt worden, in der sich Herr Maurer etwas ausführlicher zu Hochschule und Studienort geäußert hat. Aus diesem Grund wurde die Passage zur Frage „Welche Bedeutung hatte der Studienort bei der Wahl deines Studiums?" hinzugezogen.

„Ehrlich gesagt, ja, teils teils. Also mein, mein Plan A war jetzt sozusagen hier auf die [private Hochschule] zu gehen und mein Plan B nach, nach [StadtX[63] in Niedersachsen]. Ich hatte jetzt vorher schon gesagt, dass ich irgendwie gerne in Norddeutschland bleiben würde, weil ich irgendwie auch eine, ja eine Verbindung mit dem Norden habe und irgendwie auch hier oben gerne leben würde, weiterhin. Aber jetzt speziell sagen zu müssen, dass es irgendwo um [StadtY] sein muss oder irgendwo anders, war es jetzt bei mir nicht. Zwar klar gibt es immer Städte, wo man sagt, ja da könnte ich mir gut vorstellen zu studieren, aber mir war es halt primär eigentlich wichtig, eine gute Hochschule zu haben, wo man dann das studieren kann, was man will und wie man sich das sozusagen vorstellt und ich denke mal der Rest ergibt sich dann daraus." (Maurer, Z. 369–379)

Die zitierte Passage verdeutlicht die bereits aufgeworfene Annahme, nach der Maximilian Maurer das soziale Gut seiner Hochschule aufgrund deren vergleichsweise günstigeren Studienbedingungen in seine Raumkonstitution einbezogen hat. So schildert er, dass das Studieren an der privaten Hochschule sein „Plan A" (Z. 369) gewesen sei, weil er gerne in Norddeutschland habe bleiben wollen. Eine bestimmte Stadt habe er dagegen nicht favorisiert, denn seine Priorität sei in erster Linie gewesen, eine „gute Hochschule zu haben" (Z. 377), die sich für ihn dadurch auszeichne, dass er das studieren könne, was er wolle und wie er sich dies vorstelle.

Anhand des Zitats wurde der vergleichsweise höhere Stellenwert des sozialen Guts der privaten Hochschule – insbesondere im Vergleich zum Studienort – noch einmal anschaulich. So zeigte die Fallbearbeitung, dass Herr Maurer bei

---

[63] Als StadtX wurde hier eine Stadt chiffriert, die die bzw. der Befragte innerhalb des Interviews zwar aufgreift, welcher innerhalb der zu untersuchenden Raumkonstitution jedoch keine Bedeutung zukommt.

seiner Studienentscheidung nicht ausschließlich die (Nähe-)Relation zum Heimatort (wie z. B. im Eckfall Oliver Tamm, vgl. Abschnitt 5.3.1) oder das soziale studentische Leben (wie z. B. im Eckfall Katharina Pauls, vgl. Abschnitt 5.1.2) als bedeutsam hervorhebt. Stattdessen thematisiert er die private Hochschule in ihrer Gesamtheit als ein soziales Gut, das über einen bestimmten fachlichen Schwerpunkt, eine duale Studienstruktur mit einem hohen Praxisanteil sowie einen Standort in Norddeutschland verfügt. Auf diese Weise schreibt er ihr eine vergleichsweise zentrale Relevanz zu, als dies für die anderen vorgestellten Eckfälle festgestellt wurde. So wird die private Hochschule durch Herrn Maurer wegen ihrer vollständigen Studienbedingungen als „gute Hochschule" (Z. 377) wahrgenommen und gegenüber den alternativen Studienoptionen als „einzige Anlaufstelle" (Z. 18) beschrieben.

Zusätzlich fiel im Rahmen der Fallbearbeitung dieses Eckfalles ihr Abschluss als bemerkenswert auf. So reagiert Maximilian Maurer auf die an ihn gerichtete Frage hinsichtlich der Bedeutung des Ortes für die Wahl seines Studiums, indem er erneut das Hauptaugenmerk auf den favorisierten Studiengang an ebendieser Hochschule richtet, der ihm zugleich ein Beibehalten seines Lebensmittelpunktes in Norddeutschland ermöglicht. Auf diese Weise bringt er einerseits die bereits herausgearbeitete Relevanzsetzung zugunsten der privaten Hochschule in Erinnerung, indem er hervorhebt, dass es ihm primär wichtig gewesen sei, eine „gute Hochschule" (Z. 377) zu haben. Andererseits weist er darauf hin, dass sich „der Rest [..] dann daraus" (Z. 378/379) ergebe. Diese Formulierung ist in der Fallbearbeitung als ein Hinweis darauf festgehalten worden, dass sich für Maximilian Maurer aus der Wahl seiner Hochschule bzw. der Aufnahme seines Studiums, offenbar weitere Relevanzsetzungen (als „der Rest" [ebd.]) ergeben haben, die er zum Zeitpunkt vor der Wahl seines Studiums nicht einbezogen hatte bzw. die sich erst aus seiner anschließenden Anwesenheit vor Ort ergeben haben. Als vorläufige These wurde demnach festgehalten, dass sich aus der Selbstplatzierung „hier oben im Norden" (Z. 17) im Vergleich zur Platzierung am Studienort unterschiedliche Relevanzsetzungen und Bedeutungszuschreibungen ergeben haben. Ziel war es deshalb, herauszuarbeiten, ob sich diese in der Art und Weise widerspiegeln, wie soziale Güter und Menschen durch Maximilian Maurer in die soziale Raumkonstitution einbezogen werden. Im Verlauf der weiteren Fallanalyse sind diese vorläufig formulierten Annahmen im Sinne des Prinzips eines ständigen Vergleiches an weiteren Schilderungen weiterverfolgt und angereichert worden.

Zur Veranschaulichung wird nun auf eine Passage über das studentische Leben vor Ort zurückgegriffen. In dieser antwortet Maximilian Maurer auf die Frage,

5.3 Einblick in die Fallanalysen: Zweiter Teil

was sein persönliches studentisches Leben auszeichne.[64] Diese Frage bot einen sinnvollen Anschluss, weil sie Herrn Maurer aufgrund ihrer offenen Formulierung die Möglichkeit gab, das studentisches Leben aus eigener Sicht zu beschreiben und Relevanzsetzungen für seine Raumkonstitution hervorzuheben. Diese Vorgehensweise erschien insofern sinnvoll, als sie einen Vergleich mit denjenigen Relevanzsetzungen vor Studienbeginn bzw. zum Zeitpunkt seiner Studienentscheidung ermöglichte, bei denen von einer Selbstplatzierung außerhalb des Studienortes auszugehen war. Zugleich erlaubte sie ein erstes Überprüfen der formulierten These, nach der sich seit der Aufnahme des Studiums möglicherweise weitere Relevanzsetzungen ergeben haben könnten.

In der herangezogenen Interviewpassage antwortet Maurer folgendermaßen:

„(Lacht) Also ja studentisches Leben ist natürlich nicht, hier nicht so ... ja groß, wie jetzt zum Beispiel auf irgendwelchen anderen Unis, da man ja, also da wir ja immer viel zu tun haben und ansonsten ...Ja, jetzt gerade vom [Allgemeinen Studierendenausschuss] wird zum Beispiel viel organisiert. Also [Allgemeiner Studierendenausschuss] ist die Studentenvertretung, wo zum Beispiel, ja FIFA-Turniere oder auch in der ersten Woche Sachen organisiert werden, oder halt einfach, dass man sich zusammen trifft, abhängt, oder halt auch mal so ein paar Sachen macht. Aber richtig intensiv, sag ich mal, ist es nicht, wie zum Beispiel jetzt in anderen Fällen. Ich weiß nicht, wie es bei euch aussieht (lacht).
I: (lacht) Schon ein bisschen anders. Wie sieht das so aus, was macht ihr dann so, wenn ihr abhängt oder euch trefft, oder so?
Ja viele verschiedene Sachen, so zum Beispiel, abends gibt's, oder mittwochs abends wird Hochschulkino angeboten, hier, wo relativ neue Filme gezeigt werden, oder auch irgendwelchen Unisport, wie Fußball wird gemacht, oder auch ab und zu mal feiern gehen, wenn es denn bei allen Leuten passt. (lacht) Ne, aber ansonsten hält sich das in Grenzen." (Maurer, Z. 26–43)

Zusammengefasst schildert Maurer, dass sein studentisches Leben nicht so „groß" (Z.26) sei wie an anderen Unis. Dies führt er darauf zurück, dass er und die anderen Studierenden immer „viel zu tun haben" (Z. 27/28). Das stattfindende studentische Leben werde in erster Linie vom Allgemeinen Studierendenausschuss organisiert. So gebe es Aktivitäten mit hochschulischem Bezug in der ersten Semesterwoche, aber auch FIFA-Turniere, die nicht explizit im Zusammenhang mit der Hochschule stattfinden würden. Darüber hinaus treffe man sich „halt auch mal so" (Z. 31), um gemeinsam Zeit zu verbringen und abzuhängen (vgl. ebd.).

In der angeführten Passage greift Herr Maurer den Allgemeinen Studierendenausschuss als ein studentisches Gut für seine Raumkonstitution auf, das an der

---

[64] Wortlaut: „Was zeichnet aus Deiner Sicht Dein studentisches Leben aus?"

privaten Hochschule für die Gestaltung des studentischen Lebens im Rahmen der Freizeit zuständig ist. Soziale Handlungen des studentischen Lebens lokalisiert er für seinen Raum somit an dessen Platzierung. Diese beschreibt er sodann in Relation zur Platzierung der privaten Hochschule, um das übliche Verhältnis zwischen sozialen Handlungen des studentischen Lebens und des Studierens zu erläutern.[65] Anhand der herausgearbeiteten Platzierungen des Studierendenausschusses und der privaten Hochschule konnten die Relevanzsetzungen von Herrn Maurer beim Erzeugen von Raum in den Blick genommen werden, die sich während seiner Anwesenheit vor Ort ergeben haben.

Wie das Zitat veranschaulicht, orientiert sich Maximilian bei der Schilderung seines studentischen Lebens vorwiegend am zeitlichen Rahmen, den er in seiner Freizeit für soziale Handlungen mit seinen Mitstudierenden nutzt. Das ihm zur Verfügung stehende Zeitfenster beurteilt er in diesem Kontext als „nicht so groß" (Z. 26). Seine Einschätzung legte nahe, dass er sich dabei auf das wahrgenommene Verhältnis zwischen Studieren[66] und dem sozialen Leben der Studierenden am Studienort bezogen hat. So beschreibt er, dass das studentische Leben an der privaten Hochschule in einem vergleichsweise kleineren Zeitfenster stattfindet, als er dies an anderen Hochschulen bzw. Universitäten vermutet. Seine Aussage „da wir ja immer viel zu tun haben" (Z. 27/28) deutet in diesem Zusammenhang auf seine Wahrnehmung des dualen Studierens hin, welches den Wechsel zwischen Praxis- und Theoriephasen erfordert und von Herrn Maurer womöglich als komprimierter bewertet wird, als er dies für reguläre Studiengänge vermutet.

Auch nach Hinzuziehen der betrachteten Passage hatte die These, nach der Maximilian Maurers Relevanzsetzungen auch vor Ort zugunsten der privaten Hochschulen ausfallen, Bestand. Ihrer Platzierung wurden soziale Handlungen des Studierens zugeordnet. Zum Ausdruck kam ihre vergleichsweise hohe Bedeutung insofern, als Herr Maurer den Schwerpunkt seiner Schilderung des studentischen Lebens auf den Pflichtteil – soziale Handlungen der Leistungserbringung und des Wissenserwerbs – legte und Freizeit als etwas beschrieb, was dagegen „[…] natürlich nicht [..] so groß [sei], da wir ja immer viel zu tun haben [..]" (Z. 26–28).

Dennoch war diese Erkenntnis im vergleichenden Analyseverlauf erstaunlich. So betonte Maximilian Maurer gerade, dass wenig studentisches Leben möglich und entsprechend „viel zu tun" (ebd.) sei, obwohl die Frage des Leitfadens[67]

---

[65] „Hier nicht so … [.] groß, wie [.] zum Beispiel auf irgendwelchen anderen Unis, […] da wir ja immer viel zu tun haben" (Z. 26–28).

[66] Im Sinne seiner Handlungsdimension als Leistungserbringung und Wissenserwerb.

[67] Wortlaut: „Was zeichnet aus Deiner Sicht Dein studentisches Leben aus?"

5.3 Einblick in die Fallanalysen: Zweiter Teil

diese vorangestellte Rechtfertigung nicht implizierte. Denkbar wäre durchaus gewesen, dass er eine eigene, individuelle Definition von seinem Leben als dualer Studierender der privaten Hochschule eingebracht hätte, die nicht zwingend Aspekte des sozialen Lebens in der Freizeit berücksichtigt hätte. Indem er aber hervorhob, dass es sich um ein „nicht [..] so großes" (Z. 26 f.) studentisches Leben handele, legte er seiner Beschreibung eine Definition von Studierendenleben zugrunde, die sich – aus seiner Perspektive betrachtet – an der privaten Hochschule bzw. in seiner Studiensituation als dualer Studierender im sozialen Handeln kaum realisieren lässt. Oder anders ausgedrückt: Zur Wahrnehmung und Beurteilung seines studentischen Lebens verwendete Maximilian Maurer eine Referenzfolie, anstelle beispielsweise zu beschreiben, was aus seiner Sicht sein eigenes Leben als dualen Studierenden einer privaten Hochschule auszeichnet.

Aus der analysierten Schilderung ist somit festgehalten worden, dass Maximilian Maurer seine Relevanz bis hierher offenbar etwas stärker im hochschulischen Bereich setzt und der Hochschule mit den dort zu lokalisierenden sozialen Handlungen in seiner Raumkonstitution scheinbar mehr Bedeutung zuschreibt. Dafür spräche zumindest, dass er die private Hochschule aufgrund ihrer dualen Studienstruktur ausgewählt und insbesondere Wert auf Praxisrelevanz gelegt hat (vgl. Maurer Z. 16–20). Der mit dieser Art des Studierens verbundene Zeit- und Arbeitsaufwand sowie die entsprechenden freizeitlichen Einbußen waren ihm vor diesem Hintergrund vor Studienbeginn vermutlich bekannt.

Betont werden muss im Zuge der Ausführungen zur Fallanalyse allerdings auch, dass Herr Maurer die zitierte Passage mit der Aufzählung einiger gemeinsamer Aktivitäten mit seinen Mitstudierenden abschließt, an denen er in seinem sozialen studentischen Leben vor Ort teilnimmt. Zu nennen sind an dieser Stelle FIFA-Turniere, Erstsemester-Wochen oder Abende, an denen man sich treffe, um „ab[zu]häng[en]" (vgl. Z. 39–42). Die private Hochschule mit den zugehörigen hochschulischen Gütern, an denen für ihn soziale Handlungen des Studierens lokalisiert sind, hat er für seinen Raum bisher offenbar mit mehr Relevanz versehen. Dennoch war aus dem empirischen Material noch keine abschließende These über die Bedeutungszuschreibung zugunsten studentischer Güter zu entwickeln. Demnach konnten die Erkenntnisse zum Stand der Fallbearbeitung prinzipiell auch auf ein von Herrn Maurer wahrgenommenes quantitatives Verhältnis von Handlungen des Studierens zu solchen des sozialen Lebens der Studierenden hin gedeutet werden: Da im Rahmen des dualen Studiums vergleichsweise weniger Zeit verbleibt, die mit den anderen Studierenden sowie innerhalb des studentischen Lebens[68] genutzt werden kann, stehen möglicherweise schon rein quantitativ stärker soziale Handlungen des Studierens an hochschulischen Gütern im Vordergrund. Als These ist deshalb festgehalten worden, dass dem studentischen Leben in diesem Eckfall möglicherweise – trotz der vergleichsweise wenigen zur Verfügung stehenden Zeit – Bedeutung zugeschrieben wird und dass sich zugunsten der verknüpften sozialen Güter seit Studienbeginn Relevanzsetzungen herausgebildet haben könnten.

Eine weitere hinzugezogene Passage diente der Überprüfung und Spezifikation der formulierten Annahme. In den Blick genommen wurde, ob durch Maximilian Maurer tatsächlich in erster Linie die private Hochschule sowie hochschulische Güter, welche im Zusammenhang mit Handlungen des Studierens Bedeutung erlangen, fokussiert werden. Oder ob sich stattdessen weitere Bedeutungszuschreibungen zugunsten studentischer Güter finden, die Rückschlüsse auf deren Relevanz innerhalb seiner Raumkonstitution erlauben.

Hierfür ist auf eine Passage zurückgegriffen worden, in der Herr Maurer nach gemeinsamen sozialen Handlungen mit seinen Mitstudierenden[69] gefragt wird:

> „Also einmal das, das Hochschulkino, das mittwochs abends immer läuft. Ja da ist man sozusagen mittlerweile so eine Gruppe, die sich da auch häufig immer trifft sozusagen, weil auch ziemlich aktuelle Filme laufen. Ja und ist einfach mal nett, sich abends nochmal zu treffen, da was zu machen. Oder auch Hochschulsport, wie zum Beispiel, wie zum Beispiel Fußball, wird angeboten. Ja oder auch, wenn irgendwelche, irgendwie zum Beispiel [Sportveranstaltung] jetzt hier in StadtY, ist vom, vor einem Monat hat [Sportveranstaltung] stattgefunden. Ja wo halt dann auch, wo man als Hochschule [mitmachen] kann und ja genau." (Maurer, Z. 233–240)

In diesem Abschnitt thematisiert Herr Maurer die erwähnten Aktivitäten noch einmal, wobei er sie um das „Hochschulkino" (Z. 233), „Hochschulsport" (Z. 236) sowie eine Sportveranstaltung in der nächstgrößeren Stadt (Z. 238) erweitert, an der die Studierenden als Hochschulteam teilgenommen haben. Das Interessante an seiner Schilderung ist, dass Maximilian Maurer die sozialen Handlungen der Studierenden, die durch den Studierendenausschuss initiiert bzw. organisiert werden, um eine Regelmäßigkeit ergänzt. Demnach existieren feste Termine, an denen sich feste Gruppen treffen, um gemeinsam ihre Freizeit miteinander zu verbringen. So gebe es beispielsweise jeden Mittwochabend aktuelle Filme im Hochschulkino, dessen Teilnehmerkreis sich zu einer Gruppe entwickelt habe, mit der es „einfach mal nett [sei], sich abends nochmal zu treffen, da was zu

---

[68] So wie Maximilian Maurer es für sich definiert.

[69] Der genaue Wortlaut war: „Was unternehmt Ihr, die Studierenden, gemeinsam in eurer Freizeit?"

5.3 Einblick in die Fallanalysen: Zweiter Teil

machen" (Z. 235/236). In dieser Beschreibung deuteten sich erste Anhaltspunkte für die eingangs entworfene These an, nach der sich für Maximilian Maurer vor Ort weitere Relevanzsetzungen ergeben haben könnten.

Hinweise darauf, dass sich neben der privaten Hochschule mindestens eine zusätzliche Relevanzsetzung innerhalb der herauszuarbeitenden Raumkonstitution ergeben haben könnte, fanden sich bereits in einer der eingangs analysierten Passagen, in der Herr Maurer argumentierte, dass es ihm „primär eigentlich wichtig [sei], eine gute Hochschule zu haben, wo man dann das studieren kann, was man will und wie man sich das sozusagen vorstellt und ich denke mal, der Rest ergibt sich dann daraus." (Z. 377–379).

Aus dem hinzugezogenen Zitat wurde anschaulich, dass das soziale Leben der Studierenden vor Ort aus Maximilian Maurers Wahrnehmung in erster Linie als Ausgleich zum Studieren[70] fungiert. Einen Hinweis darauf lieferte beispielsweise die Formulierung, dass es aus seiner Sicht „einfach mal nett [sei], sich abends nochmal zu treffen" (Z. 235/236), um mit den Studierenden seiner Gruppe einen Film anzuschauen oder Sport zu machen, nachdem der Tag dem Besuch von Lehrveranstaltungen und anderen Verpflichtungen im Zusammenhang mit sozialen Handlungen des Studierens gewidmet war[71]. Dies zeigte insbesondere der Ausdruck „nochmal" (Z. 236), der auf die Wahrnehmung von Herrn Maurer hindeutet, nach der sich Studierende abends erneut, jedoch an einem anderen sozialen Gut bzw. in einer anderen Handlungssituation sowie zu einem „nett[eren]" (Z. 235) Anlass zusammenfinden. Soziale Handlungen des studentischen Lebens am Studienort finden dabei, so wurde aus der Analyse dieser Passage festgehalten, als gemeinsame Aktivitäten der Studierenden in einer regelmäßigen sowie erwartbaren Art und Weise statt, die feste studentische Gruppen hervorgebracht hat. Nachdem es im zuvor dargestellten Abschnitt zunächst den Anschein erweckte, dass ausschließlich die private Hochschule sowie hochschulische Güter Relevanz besitzen, die für Handlungen des Studierens mit Bedeutung versehen werden, zeigte die Interviewpassage, dass Herr Maurer auch Platzierungen studentischer Güter beschrieben und für seine Raumkonstitution mit Bedeutung versehen hat.

Im Zuge der Fallbearbeitung ist resümiert worden, dass Maximilian Maurer den Allgemeinen Studierendenausschuss als das studentische Gut für seinen Raum beschreibt, welches ihm aufgrund der Gestaltung des studentischen Lebens, den Zugang zu Handlungen des sozialen Lebens der Studierenden am Studienort eröffnet. Um über die besagten sozialen Handlungen einen Ausgleich

---

[70] Im Sinne seiner Handlungsdimension der Leistungserbringung und des Wissenserwerbs.
[71] „da wir ja immer viel zu tun haben", Z. 27/28.

zum Studieren[72] zu schaffen, bezieht Maximilian Maurer das studentische Gut somit in dieser Funktion für seine Raumkonstitution ein. Deshalb werden mit der Platzierung des Allgemeinen Studierendenausschusses gemeinsame soziale Handlungen[73] als Ausgleich in seinem Raum lokalisierbar.

Im Zuge der Fallbearbeitung fiel auf, dass Maximilian Maurer sich beim Schildern der Freizeitgestaltung in erster Linie auf die mit der Platzierung verbundenen Menschen, nämlich seine Mitstudierenden, bezogen hat. Der physisch-materielle Rahmen, in dem beispielsweise die Filme des Hochschulkinos gezeigt werden, sowie die Sporthalle für den Hochschulsport werden in seiner Schilderung nicht thematisiert. Dieser Aspekt ist als ein Hinweis darauf vermerkt worden, dass Orte sowie die Materialität von studentischen Gütern in diesem Eckfall offenbar nicht von besonderer Bedeutung sind. Stattdessen liegt das Hauptaugenmerk beim Einbeziehen ihrer Platzierungen – so zeigte bereits der Eckfall Katharina Pauls (siehe Abschnitt 5.1.2) – vergleichsweise stärker auf den Menschen, welche mit diesen verknüpft werden. So wurde mithilfe des analysierten Zitats veranschaulicht, dass insbesondere die festen Termine und Gruppen, die die studentischen Güter hervorbringen, die zugehörigen sozialen Handlungen „einfach mal nett" (Z. 237) machen. Demnach ist der Fokus vergleichsweise stärker auf die zustande kommenden Verbindungen der Vertrautheit bzw. des Zusammenhalts unter den Studierenden gerichtet als auf die Materialitäten der studentischen Güter. Festgehalten wurde dementsprechend, dass die Verbindungen unter den Studierenden der Gruppe, welcher Maximilian Maurer sich zugehörig fühlt, als Relationen[74] in seine Raumkonstitution einfließen.

Die aufgeworfene These, nach der sich die Relevanzsetzung von Herrn Maurer beim Konstituieren von Raum seit seiner Studientscheidung erweitert hat[75], ließ sich nach Bearbeitung der zusätzlichen Interviewpassage bekräftigen. Wie veranschaulicht wurde, bezieht er zusätzlich zur privaten Hochschule und den zugehörigen hochschulischen Gütern, denen er für soziale Handlungen des Studierens Bedeutung beimisst, mit dem Allgemeinen Studierendenausschuss auch ein studentisches Gut ein, das er im Rahmen des sozialen studentischen Lebens vor Ort mit Bedeutung versieht. An dieser Platzierung sind für Herrn Maurer

---

[72] Im Sinne seiner Handlungsdimension der Leistungserbringung und des Wissenserwerbs.

[73] Wie beispielsweise Filme anzuschauen beim Hochschulkino, das Spielen der FIFA-Turniere oder eine aktive Teilnahme an der Sportveranstaltung mit den verknüpften Studierenden sowie Studierendengruppen (Z. 39–43 sowie 236–243).

[74] Die herausgearbeiteten Relationen werden durch Herrn Maurer jedoch nicht nach geographischen Maßstäben bzw. Lagebeziehungen, sondern vielmehr nach sozialen Relevanzkriterien bewertet.

[75] „Der Rest ergibt sich dann daraus", Z. 378/378.

5.3 Einblick in die Fallanalysen: Zweiter Teil

bestimmte Studierende und Studierendengruppen verortet, mit denen er gemeinsame Handlungen des sozialen studentischen Lebens im Sinne eines Ausgleichs zum Studieren[76] gestaltet.

In der Analyse des Eckfalls Maximilian Maurer wurde sichtbar, dass seine Raumkonstitution sich durch das Aufgreifen von sozialen Gütern beider Sorten auszuzeichnen scheint. Studentische Güter bezieht er hierbei mit einer Funktion für das soziale Leben der Studierenden im Rahmen der Freizeitgestaltung ein. Ihre Relevanz ergibt sich somit aus derjenigen der privaten Hochschule, welche aufgrund ihrer vollständigen Studienbedingungen den Grund der Studienaufnahme dargestellt hat. Dementsprechend schreibt Herr Maurer beiden Gütersorten in sich wechselseitig ausgleichenden Funktionen für seine Raumkonstitution Bedeutung zu. So würde er ohne das komprimierte (duale) Studieren an der privaten Hochschule keinen Bedarf für Ausgleich in Form von gemeinsamen Aktivitäten verspüren, welche ihrerseits mit dem sozialen Gut des Studierendenausschusses und den Mitstudierenden verknüpft sind. Andererseits erleichtern ihm die gemeinsamen Freizeitaktivitäten mit seinen Mitstudierenden die Herausforderungen des (dualen) Studierens zu meistern, indem sie ihm einen Ausgleich bieten.

Somit ist die These abgeleitet worden, dass die typische Art und Weise, soziale Gütersorten einzubeziehen, im Eckfall Maximilian Maurer an der Selbstplatzierung orientiert ist. Wie herausgearbeitet wurde, hat Herr Maurer für seine Studienentscheidung potenzielle Studienorte mit lokalisierten Hochschulen einbezogen, um sie hinsichtlich ihrer Studienbedingungen gegeneinander abzuwägen und ihnen auf diese Weise Bedeutung zuzuschreiben. Auf Basis dieser (antizipierten) Raumkonstitution traf er seine Studienentscheidung, die er aus der Retrospektive als einen rationalen Entscheidungsprozess argumentiert hat.

Mit seiner Selbstplatzierung vor Ort einer gingen weitere Bedeutungszuschreibungen am Studienort, welche die ursprünglich einzige Relevanzsetzung zugunsten der privaten Hochschule ergänzten. So schienen sich aus der Platzierung „im Norden" (Z. 17) andere Relevanzsetzungen zu ergeben als aus derjenigen, welche er durch seine persönliche Anwesenheit am Studienort beschrieben hat. Wie diese anhand des soeben betrachteten Analyseausschnittes veranschaulicht hat, hebt Herr Maurer nach Studienbeginn an der privaten Hochschule auch studentische Güter hervor und schreibt ihnen für seinen Raum Bedeutung zu. Dies wurde als ein Anhaltspunkt für die entwickelte These interpretiert, nach der es seine persönliche Anwesenheit vor Ort ist, die die zusätzliche Relevanz hervorgebracht hat. Aus seiner Platzierung „im Norden" (ebd.) konnte

---

[76] Im Sinne seiner Handlungsdimension als Leistungserbringung und Wissenserwerb.

Herr Maurer noch nicht beurteilen, dass studentische Güter mit den festen Gruppen in einer ausgleichenden Funktion einmal Bedeutung erlangen würden. Ihr Nutzen für seine Raumkonstitution offenbarte sich ihm erst mit Beginn seines Studiums vor Ort. Hierauf verweist möglicherweise seine Formulierung „Der Rest ergibt sich dann daraus" (Z. 378/378).

Im weiteren Analyseverlauf ist die These zur typischen Ausprägung der Raumkonstitution anhand weiterer Passagen geprüft worden, um den Eckfall gegenüber den bereits vorgestellten zu spezifizieren. Die Vorgehensweise bei der komparativen Fallbearbeitung wird anhand von Herrn Maurers Ausführungen auf die Frage dargestellt, ob feste Freundschaften unter den Studierenden entstanden sind[77]. Als Anschluss bot sich diese an, weil mit dem Wohnheim ein weiteres studentisches Gut einbezogen wurde, anhand dessen die formulierten Annahmen zu seiner Bedeutungszuschreibung noch einmal verdichtet werden konnten.

„Auf jeden Fall, ja. Also gerade auch im Wohnheim mit denen, mit denen ich zusammenwohne. Aber auch darüber hinaus. Wir hatten uns, also gerade wir als Gruppe, wir sind jetzt mittlerweile, glaube ich, zehn Leute oder so. Wir hatten uns schon relativ am Anfang kennengelernt, sozusagen und ja man muss sagen so von … von Semester zu Semester ist die Gruppe auch immer weitergewachsen. Also man trifft irgendwie immer neue Leute, die man, die mit in den Freundeskreis kommen, und ja von daher würde ich sagen, wächst das stetig an.
I: Und woran machst du so feste Freundschaften fest?
Ja dadurch, dass man sich auch jetzt außerhalb von diesen drei Monaten trifft und dass man zum Beispiel zusammen in Urlaub fährt, gemeinsame Sachen macht, also sozusagen außerhalb von dieser Hochschulzeit sozusagen, auch mal privat Unternehmungen macht oder sich so trifft." (Maurer, Z. 315–328)

Unter Bezugnahme auf das studentische Gut des Wohnheimes argumentiert er, dass sich – möglicherweise aus der unmittelbaren Nähe-Relation, die das gemeinsame Wohnen im Wohnheim mit sich bringt[78] – Freundschaften entwickelt hätten. So habe sich bereits zu Beginn des Studiums eine feste Gruppe zusammengefunden, die von Semester zu Semester zu einem Freundeskreis gewachsen sei und stetig weiterwachse. Feste Freundschaft mache er dabei daran fest, dass sich die Studierenden auch außerhalb der Hochschulzeit treffen, zusammen verreisen und etwas unternehmen würden.

Anhand der zitierten Passage lässt sich veranschaulichen, dass Maximilian Maurer Relationen zu seinen Mitstudierenden, mit denen sich feste Freundschaften entwickelt haben, auf studentische Güter und gerade nicht auf die private

---

[77] Wortlaut: „Sind feste Freundschaften unter Euch entstanden? Woran machst Du das fest?"
[78] Siehe Entsprechendes im Eckfall Katharina Pauls, siehe Abschnitt 5.1.2.

5.3 Einblick in die Fallanalysen: Zweiter Teil

Hochschule zurückführt. So schildert er, sich mit den Studierenden angefreundet zu haben, mit denen er gemeinsam im Wohnheim wohnt. Um dies auszuführen, bezieht er erneut die bereits aus der Analyse weiterer Interviewpassagen bekannte feste Gruppe in seine Beschreibung ein. Gemeinsam mit dieser nimmt er, so lässt sich folgern, ebenfalls an anderen Aktivitäten teil, wie zum Beispiel dem Hochschulkino und den Sportveranstaltungen (vgl. Z. 233–240). Seine Schilderung gab Aufschluss, dass es sich aus Maximilian Maurers Wahrnehmung um feste Freundschaft handelt, sofern die beschriebenen Relationen unter den Studierenden auch über konkrete soziale Handlungen an hochschulischen und studentischen Gütern am Studienort hinaus stabil bleiben. Demnach klammert er beispielsweise solche Relationen aus, die lediglich durch den gemeinsamen Besuch von Lehrveranstaltungen zustande kommen und auf die entsprechenden hochschulischen Güter beschränkt bleiben. Insbesondere die Nähe, die über studentische Güter – wie das Wohnheim oder den Studierendenausschuss – zustande kommt, trägt somit zur Stabilität der Relationen innerhalb der Gruppe bei, der Maximilian Maurer sich zugehörig fühlt. So ist festgehalten worden, dass Relationen, die aufgrund der Platzierungen studentischer Güter in seiner Raumkonstitution lokalisierbar werden, durch Maximilian Maurer entsprechend stärker mit sozialen Relevanzkriterien, sprich als feste Freundschaft bzw. Vertrautheit wahrgenommen und beurteilt werden. Die über die Platzierung studentischer Güter verorteten Mitstudierenden (bzw. deren Gruppe) werden als Freunde bzw. Freundeskreis lokalisierbar, während andere Studierende, die Herr Maurer aus Handlungssituationen im Zusammenhang mit hochschulischen Gütern kennt, ihm vergleichsweise ferner bleiben. Anschaulich wurde demnach, dass es nicht genügt, im gleichen Studienfach immatrikuliert zu sein und den gleichen Jahrgang oder dieselbe Lehrveranstaltung an der privaten Hochschule zu besuchen. Vielmehr ist die gemeinsam verbrachte Zeit außerhalb des Studierens[79], zum Beispiel der wöchentliche Besuch des Hochschulkinos, aber auch das studentische Leben im Wohnheim, für die wahrgenommene Nähe innerhalb der Raumkonstitution des Eckfalles Maximilian Maurer ausschlaggebend. Diese bewirkt, dass Relationen über die Materialität des sozialen Guts der privaten Hochschule hinaus stabil bleiben bzw. Freundschaften unter den Studierenden auch über den Studienort hinaus Bestand haben.

Anhand den vorgestellten Passagen ist somit abgesichert worden, dass für die Raumkonstitution im Eckfall Maximilian Maurer nicht nur hochschulische Güter bzw. die private Hochschule relevant sind. Stattdessen machte die komparative Analyse sichtbar, dass sich aus der Anwesenheit vor Ort mit Studienbeginn

---

[79] Im Sinne seiner Handlungsdimension der Leistungserbringung und des Wissenserwerbs.

eine Perspektive ergeben hat, die die benannte um eine Bedeutungszuschreibung zugunsten studentischer Güter erweitert hat. Mit dem Studienbeginn einer ging im analysierten Eckfall eine typische Art und Weise, beide Gütersorten am Studienort in die eigene Raumkonstitution einzubeziehen und mit Bedeutung zu versehen.

In der Fallanalyse zeigte sich die Relevanz hochschulischer Güter für die Raumkonstitution insbesondere in solchen Interviewpassagen, in denen Maximilian Maurer von seiner Studienentscheidung berichtet oder seinen Alltag als Studierender beschreibt, der aus seiner Wahrnehmung wenig Möglichkeiten für soziale Handlungen des studentischen Lebens birgt. In solchen Passagen dagegen, die nach Studienbeginn (bzw. der Selbstplatzierung vor Ort) ansetzen, wird neben den als zeitintensiv erlebten sozialen Handlungen des Studierens ein Bedürfnis nach Ausgleich sichtbar. Ausgleichende soziale Handlungen, die mit diesem verbunden sind, werden durch Herrn Maurer an studentischen Gütern lokalisiert, denen er innerhalb seiner Raumkonstitution in der Funktion der Freizeitgestaltung der Studierenden bzw. Studierendengruppen Bedeutung zuschreibt. Ihre Relevanz zeigte sich insbesondere in solchen Interviewpassagen, in denen Maximilian Maurer von Freundschaften und gemeinsamen Aktivitäten mit seinen Mitstudierenden berichtet, die ihm ihrerseits das zeitintensive duale Studieren[80] erleichtern.

Wie die Analyse der sich anschließenden Passagen veranschaulichte, verstetigen sich die sozialen Handlungen, die über studentische Güter lokalisierbar werden, indem sie feste Termine, Gruppen und Freundeskreise hervorbringen. Diese können sich in Form von Relationen auch über die Materialität der Güter sowie den Studienort hinaus erstrecken. Obwohl die Relevanzsetzung zugunsten der privaten Hochschule und soziale Handlungen des Studierens zunächst den Ausgangspunkt für die Relevanzen studentischer Güter vor Ort bildete, erbringen beide Gütersorten mit ihren unterschiedlichen Funktionen letztlich einen wechselseitigen Ausgleich, den Maximilian Maurer auf diese Art und Weise in seiner Raumkonstitution verankert hat.

Fallspezifikation
Anhand der Analyse des Eckfalles Maximilian Maurer wurden Einblicke in die Erkenntniserzeugung aus den axialen und selektiven Kodierschleifen gegeben. Anders als bei der Darstellung der Fälle Ulrike Lehmann, Katharina Pauls und Oliver Tamm lag das Hauptaugenmerk hier stärker darauf, die erarbeitete Kernkategorie auf weiteres empirisches Material anzuwenden und die empirische Typologie

---

[80] Im Sinne seiner Handlungsdimension der Leistungserbringung und des Wissenserwerbs.

5.3 Einblick in die Fallanalysen: Zweiter Teil

zu erweitern. Mit dem Eckfall von Herrn Maurer ist somit ein Fall angeführt worden, der sich durch eine kontrastierende Art und Weise auszeichnet, soziale Gütersorten in seine Raumkonstitution einzubeziehen.

In der Fallanalyse zeichnete sich dieser Eckfall durch das Aufgreifen und Beschreiben von Platzierungen sowohl studentischer als auch hochschulischer Güter am Studienort aus. Durch Maximilian Maurer sind innerhalb der herausgearbeiteten Raumkonstitution dementsprechend beide Gütersorten mit Bedeutung versehen worden. Die Art und Weise diese einzubeziehen, kommt dabei, so ließ sich resümieren, aus der Anwesenheit vor Ort zustande, die als Selbstplatzierung mit Studienbeginn betrachtet wurde. An diese knüpft sich ein Bedürfnis nach Ausgleich.

Innerhalb der Raumkonstitution bildet die Platzierung der privaten Hochschule das soziale Gut, das in seiner Materialität als zentral wahrgenommen und hinsichtlich ihrer vollständigen Studienbedingungen mit Bedeutung versehen wird[81]. Die Anwesenheit vor Ort bzw. der Studienbeginn bringt schließlich eine Erweiterung der Relevanzsetzungen zugunsten studentischer Güter hervor. Für Herrn Maurer bringen sie eine zusätzliche Funktion in die Raumkonstitution ein, indem sie Freizeitangebote eröffnen und Relationen unter den Studierenden bzw. Studierendengruppen hervorbringen, die ihm zugänglich werden. Beide sozialen Gütersorten erbringen unterschiedliche Funktionen für den Raum, den Maximilian Maurer sich auf diese Art und Weise schafft, indem sie verschiedene soziale Handlungen verortbar machen, die einen wechselseitigen Ausgleich zwischen Studieren und sozialen Handlungen der Freizeitgestaltung ermöglichen. Damit sind sowohl studentische als auch hochschulische Güter zentral.

Anzumerken ist allerdings, dass die Analysebefunde zum Eckfall von Herrn Maurer lediglich von einer vergleichsweise kleinen Fallzahl getragen werden und sich dementsprechend einige Fragen an das empirische Material nicht eindeutig überprüfen ließen. So war beispielsweise nicht abschließend zu klären, ob es sich bei den festgestellten Zuschreibungen von Relevanz bzw. Bedeutung um eine über- und eine untergeordneter Art handelt. Möglich wäre es, dass Maximilian Maurer seine Relevanzsetzungen auch nach Studienbeginn noch vergleichsweise stärker am sozialen Gut der privaten Hochschule und sozialen Handlungen des Studierens orientierte – auch wenn ihm Aktivitäten mit den anderen Studierenden nun vergleichsweise wichtiger erschienen als zuvor.

---

[81] Sowohl den zu lokalisierenden sozialen Handlungen des Studierens als auch in ihren Relationen im Sinne von räumlich-geographischen Lagebeziehungen zu Orten.

Um dieser methodischen Herausforderung zu begegnen ist abschließend der Eckfall Ulrike Lehmann als Referenz herangezogen worden, um eine mögliche Zusammenlegung zu diskutieren. Da Maximilian Maurer den studentischen Gütern im Vergleich zu Ulrike Lehmann eine zentrale Relevanz sowie eine andere Funktion beimisst, erschien es für die Analyse jedoch verkürzt, die empirischen Fälle, die dem Eckfall von Herrn Maurer zugeordnet worden sind, ebenfalls unter dem Eckfall Frau Lehmann zu führen. Zumal für den Eckfall Ulrike Lehmann in erster Linie das soziale Gut der privaten Hochschule zentral ist und zudem eine andere Ausprägung der Raumkonstitution veranschaulicht werden konnte. So wurden Platzierungen studentischer Güter am Studienort in Fällen, die aufgrund der herausgearbeiteten Doppelfunktion der privaten Hochschule dem Eckfall von Frau Lehmann entsprachen, nicht bzw. im Zusammenhang mit der privaten Hochschule thematisiert. Zudem ergibt sich eine weitere Differenz, nach der Herr Maurer die private Hochschule in erster Linie aufgrund ihrer vollständigen Studienbedingungen (Studienfach, -struktur, -ort) einbezogen hat. Gemeinsame Aktivitäten sowie Freizeitgestaltung, welche ihm einen Ausgleich ermöglichen und Nähe unter den Studierenden erzeugen, werden dementsprechend an den studentischen Gütern lokalisiert. In Ulrike Lehmanns Raumkonstitution aber ist die private Hochschule sowohl im Rahmen des Studierens als auch für die Freizeitgestaltung relevant. Eine Zusammenführung der Eckfälle erschien deshalb nicht sinnvoll, sodass die Sortierung beibehalten worden ist.

5.4 Empirische Typologie

In der Kapitelstruktur wurde der Prozess der Erkenntniserzeugung mit der Grounded-Theory-Methodologie (GTM) anhand von Eckfällen dargestellt, welche die Ausarbeitung von vier Mustern der Raumerzeugung veranschaulichten. Für den realen Forschungsverlauf dagegen ist sukzessive empirisches Material in die Analyse einbezogen und hinsichtlich der induktiv gewonnenen Befunde vergleichend in den Blick genommen worden.[82] Die Analyseergebnisse jedes

---

[82] Hierbei wurden nicht nur die hinzukommenden empirischen Fälle hinsichtlich neuer bzw. konträrer Erkenntnisse bearbeitet und eingeordnet, sondern auch die (zu dem Zeitpunkt vorläufig bestehenden) Eckfälle – sofern nötig – überarbeitet bzw. gegen anschaulichere ausgetauscht. Auf die Darstellung dieser Schritte wurde aus Gründen der Übersichtlichkeit in der Kapitelstruktur jedoch verzichtet (siehe Abschnitt 5.3.1 sowie 5.3.2).

5.4 Empirische Typologie

vorgestellten Eckfalles bilden jeweils eine Dimension der empirischen Typologie in ihrer Spezifik ab und repräsentieren entsprechend eine Anzahl weiterer empirischer Fälle, für die die erarbeitete Spezifik ebenfalls Gültigkeit besitzt.

Dementsprechend basiert die empirische Typologie auf den individuellen Relevanzsetzungen und Bedeutungszuschreibungen der Studierenden in Bezug auf soziale Güter und Menschen am Studienort, die im Rahmen der offenen, axialen und selektiven Kodiervorgänge herausgearbeitet wurden. Auf diesen aufbauend ließ sich die Kernkategorie der Ausprägung sozialer Raumkonstitution verdichten (siehe 5.2). Sie beschreibt die typische Art und Weise, wie hochschulische und studentische Güter (sowie ggf. Menschen) in die eigene Raumkonstitution einbezogen worden sind.

Die folgende graphische Darstellung bildet die empirische Typologie ab. Dargestellt wurde die Ordnung des Materials entlang der Relevanzsetzungen zu studentischen und hochschulischen Gütern anhand einer Dimensionalisierung zwischen zentral und peripher.[83] Als studentische Güter wurden soziale Güter definiert, die die Studierenden in ihren Schilderungen zu sozialen Handlungen außerhalb des Studierens aufgegriffen und beschrieben haben. Dies betraf alle diejenigen Güter, die im Rahmen des sozialen studentischen Lebens am Studienort Bedeutung erhielten. Soziale Güter, die die Studierenden im Rahmen von Schilderungen mit Bezug zu sozialen Handlungen des Studierens aufgegriffen haben, sind als hochschulische Güter in die Analyse eingegangen. Das Studieren, im Sinne seiner Handlungsdimension, bezeichnete dabei alle solchen Handlungen, die im Zusammenhang mit der Leistungserbringung und dem Wissenserwerb stehen. Als hochschulische Güter wurden somit diejenigen erfasst, die für das Studieren Bedeutung besitzen, jedoch keinen expliziten Bezug zum sozialen studentischen Leben vor Ort haben.

Anhand der Relevanzsetzungen und Bedeutungszuschreibungen ließen sich die typischen Arten, Gütersorten in die eigene Raumkonstitution einzubeziehen, zu empirischen Typen verdichten (Abbildung 5.2).

Die vier empirischen Typen werden nun noch einmal anhand ihrer Ausprägungen beschrieben, die aus der visuellen Gliederung hervorgehen.

---

[83] Die Gliederung auf einem Kontinuum von zentral zu peripher für den hergestellten Raum ist dabei, wie im Methodenkapitel ausgeführt, am Zentrum-Peripherie-Modell nach Reinhard Kreckel orientiert (vgl. Kreckel 2004: 39–51 sowie 5.3.2).

		Hochschulische Güter		
		Peripher	Zentral	
Studentische Güter	Peripher	Kaum hochschulisch oder studentisch orientierter Typ [Oliver Tamm; 10 empirische Fälle]	Primär hochschulisch orientierter Typ [Ulrike Lehmann; 7 empirische Fälle]	$\sum 17$ Fälle
	Zentral	Primär studentisch orientierter Typ [Katharina Pauls; 12 empirische Fälle]	Sowohl hochschulisch als auch studentisch orientierter Typ [Maximilian Maurer: 4 empirische Fälle]	$\sum 16$ Fälle
		$\sum 22$ Fälle	$\sum 11$ Fälle	

Abbildung 5.2 Empirische Typologie

5.4.1 Kaum hochschulisch oder studentisch orientierter Typ

Wie anhand der Analyse des Eckfalls Oliver Tamm veranschaulicht werden konnte, zeichnen sich empirische Fälle, die dem *kaum hochschulisch oder studentisch orientierten Typ* zugeordnet werden, durch Raumkonstitutionen aus, in der beide Gütersorten peripher sind.

Platzierungen von sozialen Gütern des studentischen Lebens am Studienort werden nicht aufgegriffen, während als hochschulisches Gut lediglich die private Hochschule (implizit) thematisiert, jedoch nicht explizit mit Bedeutung versehen und auf diese Weise in die Raumkonstitutionen einbezogen wird[84]. Stattdessen wird in Fällen, die diesem Typus zugeordnet werden, die Relevanzsetzung beim

---

[84] Wie bereits angemerkt, ist dieser Befund nicht gleichbedeutend damit, dass die private Hochschule (sowie hochschulische Güter) in ihrer Materialität und Symbolik für den herausgearbeiteten Typus nicht existiert. So ist zumindest ihre materielle Präsenz vor Ort immatrikulierten Studierenden durchaus bewusst. Umso spannender erweist es sich, dass diejenigen Studierenden, die diesem Typus zugeordnet werden, ihren Studierendenalltag auf eine Art

Herstellen von Raum im sozialen Handeln möglichst von sozialen Gütern am Studienort auf außerhalb davon liegende Güter verlagert. Insbesondere Relationen zwischen am Studienort befindlichen und anderen, außerhalb liegenden Gütern (beispielsweise solchen des sozialen Lebens oder der Berufstätigkeit) werden mithilfe der für sie typischen Ausprägung der Raumkonstitution hervorgehoben. Durch diese kommen Erreichbarkeiten von Orten, sozialen Gütern und Menschen zum Ausdruck, die für die sozial hergestellten Räume eine eigene Wichtigkeit besitzen. Obwohl Platzierungen der beiden Gütersorten am Studienort somit peripher sind und ihnen keine unmittelbare Bedeutung zugeschrieben wird, sind sie aufgrund der durch sie abbildbaren Relationen gewissermaßen indirekt relevant. So kommt ihnen für die Raumkonstitutionen von Studierenden dieses Typs (zumindest) insofern Bedeutung zu, als sie die Wahrnehmung und Beurteilung von Erreichbarkeiten zulassen.

5.4.2 Primär hochschulisch orientierter Typ

Anhand des Eckfalles Ulrike Lehmann ist dargestellt worden, dass sich empirische Fälle, die dem *primär hochschulisch orientierten Typ* zugeordnet werden, in ihren Raumkonstitutionen durch die Zentralität der privaten Hochschule auszeichnen. An dieser werden nicht nur soziale Handlungen des Studierens, sondern auch solche des sozialen Lebens der Studierenden im Rahmen der Freizeitgestaltung lokalisiert. Diese Bedeutungszuschreibung führt dazu, dass sie für die Räume, die Studierende dieses Typs erzeugen, in zweierlei Hinsicht relevant ist, während soziale Güter des studentischen Lebens am Studienort peripher bleiben.

Die Platzierung der privaten Hochschule und der zugehörigen hochschulischen Güter wird aufgrund ihrer materiellen Komponente in die Raumkonstitutionen von empirischen Fällen des *primär hochschulisch orientierten Typs* einbezogen und mit Bedeutung versehen. Entscheidend ist die Hochschule dabei beispielsweise aufgrund ihres Fächerangebotes, des präferierten Studienfachs, der Studienstruktur oder des Studienortes, welcher das Aufrechterhalten einer gewissen Nähe-Relation (z. B. zum ursprünglichen Wohnort oder der Heimat) ermöglicht. Zudem werden auch bauliche und gestalterische Elemente der Materialität hervorgehoben (z. B. Hochschulgebäude, Arbeitsbereiche oder Aufenthaltsräume). Die Art und Weise, mit der in empirischen Fällen dieses Typs Raum erzeugt wird,

---

und Weise schildern, die das soziale Gut der privaten Hochschule trotz ihres dortigen Studiums nicht näher berücksichtigt. Hierin kommen ihre Relevanzsetzungen und Bedeutungszuschreibungen zur Geltung.

zeichnet sich dabei durch eine Besonderheit in der Wahrnehmung von Platzierungen und deren Verknüpfung zu Raum aus. Hierbei werden soziale Güter – gleich welcher Sorte – in einem Arrangement mit dem Gut der privaten Hochschule wahrgenommen und dieser zugeordnet. Die Raumkonstitution des *primär hochschulisch orientierten Typs* besteht rein analytisch aus verschiedenen (zentralen) sozialen Gütern, die allerdings in der synthetisierenden Wahrnehmung mit der privaten Hochschule zu Raum verknüpft werden. In den Räumen von Studierenden, die diesem Typ zugeordnet werden, wird die Hochschule deshalb über ihre eigene Grenze bzw. materielle Komponente hinaus relevant und erhält zusätzliche Bedeutung. Da der *primär hochschulisch orientierte Typ* andere soziale Güter mit dieser verbindet, erstreckt sich die Bedeutung der privaten Hochschule auch über deren materielle Komponente. Auf diese Art und Weise ist sie für die Raumkonstitutionen nicht nur aufgrund der originär an sie geknüpften Funktion, nämlich für soziale Handlungen des Studierens, sondern auch für das studentische Leben im Sinne der Freizeitgestaltung relevant.

5.4.3 Primär studentisch orientierter Typ

Der Eckfall Katharina Pauls veranschaulichte, dass sich empirische Fälle des *primär studentisch orientierten Typs* durch Raumkonstitutionen auszeichnen, in denen studentische Güter am Studienort von zentraler Relevanz sind, während hochschulische Güter peripher bleiben. So ist die typische Ausprägung der Raumkonstitution insbesondere von den Funktionen geprägt, die studentische Güter in deren Räumen erfüllen. An besagten Gütern werden Handlungen des sozialen Lebens der Studierenden lokalisiert.

Im Handlungsvollzug verlagert sich die Relevanzsetzung von den studentischen Gütern bzw. deren materieller Komponente auf die Studierenden und Studierendengruppen in ihren Relationen zueinander, die über die Platzierungen räumlich lokalisierbar werden. Studentischen Gütern kommt somit innerhalb der Räume, die in empirischen Fällen dieses Typs hergestellt werden, nicht lediglich im Rahmen der Freizeitgestaltung Bedeutung zu. Ebenfalls ermöglichen sie es den zugeordneten Studierenden, ihre Mitstudierenden für die eigene Raumkonstitution in bestimmte Studierendengruppen zu unterscheiden und voneinander abzugrenzen. Hierzu erzeugen soziale Handlungen – verortet am studentischen Gut – innerhalb der initiierenden sowie teilnehmenden Studierendengruppe Nähe. Wahrgenommen und beurteilt wird diese – unter anderem – nach sozialen Relevanzkriterien, die sich in entsprechenden Wahrnehmungen und Beschreibungen von Relationen der Vertrautheit und Freundschaft in den Raumkonstitutionen widerspiegeln. Damit besitzen studentische Güter für die Raumkonstitutionen des *primär studentisch orientierten Typs* insofern Bedeutung, als an ihnen soziale Handlungen verortbar werden, die unmittelbare Nähe und daraus resultierend stabile Relationen unter den Studierenden bzw. Studierendengruppen hervorbringen. Die sozialen Verbindungen besitzen auch über die materielle Komponente des studentischen Gutes hinaus Gültigkeit und können ebenfalls über die physischen Grenzen des Studienortes hinaus stabil bleiben.

Hochschulische Güter (wie z. B. die private Hochschule) sind dagegen für die Räume, die empirische Fälle dieses Typus erzeugen, peripher[85]. Aufgrund ihrer materiellen Eigenschaften als soziale Güter werden deren Platzierungen zwar grundsätzlich einbezogen; mit Bedeutung versehen werden sie allerdings nur insofern, als an ihnen soziale Handlungen des Studierens lokalisiert werden. Sofern möglich werden soziale Handlungen des Studierens durch den *primär studentisch orientierten Typ* jedoch auf studentische Güter mit den festen studentischen Gruppen und Freundeskreisen umgelagert. Auf diese Art und Weise reproduzieren sich sowohl diejenigen skizzierten sozialen Verbindungen als auch die Relevanzsetzungen und Bedeutungszuschreibungen zugunsten der sozialen Gütersorten am Studienort.

5.4.4 Sowohl hochschulisch als auch studentisch orientierter Typ

Anhand der Analyse des Eckfalles von Maximilian Maurer ist veranschaulicht worden, dass empirische Fälle, die dem *sowohl hochschulisch als auch studentisch orientierten Typ* zugeordnet werden, sich durch Raumkonstitutionen auszeichnen, in denen beide Gütersorten am Studienort gleichermaßen von zentraler Relevanz sind. Bei ihrer Raumerzeugung erweitern die zugeordneten empirischen Fälle ihre Relevanzsetzungen zugunsten studentischer Güter mit der Selbstplatzierung zu Studienbeginn bzw. sozialen Handlungen des Studierens. An diese knüpft sich

---

[85] Wie bereits an anderer Stelle angemerkt, ist dieser Befund nicht gleichbedeutend damit, dass die private Hochschule (sowie hochschulische Güter) in ihrer Materialität und Symbolik für den herausgearbeiteten Typus nicht existiert. So ist ihre materielle Präsenz vor Ort immatrikulierten Studierenden durchaus bewusst. Umso spannender erweist es sich, dass diejenigen Studierenden, die diesem Typus zugeordnet werden, ihren Studierendenalltag auf eine Art und Weise schildern, in der das soziale Gut der privaten Hochschule trotz ihres dortigen Studiums nur am Rande thematisiert wird und soziale Handlungen des Studierens, wenn möglich umgelagert werden. Hierin kommen ihre Relevanzsetzungen und Bedeutungszuschreibungen zur Geltung.

für sie das Bedürfnis nach Ausgleich. Um diesen zu ermöglichen, zeichnet sich die typische Ausprägung der Raumkonstitution des *sowohl hochschulisch als auch studentisch orientierten Typs* durch das Einbeziehen beider Gütersorten mit jeweils zentraler Relevanz aus, wobei ihnen unterschiedliche Funktionen zugeschrieben werden.

So wird die Platzierung der privaten Hochschule – sowie hochschulischer Güter am Studienort – in ihrer materiellen Komponente als zentral in die Raumkonstitution einbezogen. Aufgrund ihrer vollständigen Studienbedingungen, d. h. wegen ihres Fächerangebotes, des präferierten Studienfachs, der Studienstruktur sowie des Studienortes, der das Aufrechterhalten einer gewissen Nähe-Relation (z. B. zum ursprünglichen Wohnort bzw. Heimatort sowie sozialen Umfeld) ermöglicht, wird ihr Bedeutung zugeschrieben. Studentische Güter erlangen erst mit der Selbstplatzierung zu Studienbeginn Relevanz. In ihrer Funktion im Rahmen der Freizeitgestaltung werden studentische Güter mit Bedeutung versehen. Diesen werden soziale Handlungen des sozialen studentischen Lebens zugeordnet. Ähnlich dem primär studentisch orientierten Typus stehen hierbei die hervorgebrachten Relationen unter den Studierenden bzw. Studierendengruppen im Vordergrund, die als Vertrautheit und Freundschaft beschrieben werden und dazu geeignet sind, über die Materialität der studentischen Güter hinaus Gültigkeit zu besitzen sowie über die physischen Grenzen des Studienortes hinaus stabil zu bleiben. Entscheidend für empirische Fälle des *sowohl studentisch als auch hochschulisch orientierten Typus* ist allerdings, dass die aufgegriffenen Gütersorten in ihren unterschiedlichen Funktionen für die Raumkonstitutionen somit einen wechselseitigen Ausgleich zwischen Handlungen des Studierens und solchen der Freizeitgestaltung schaffen.

5.5 Idealtypologie

Das folgende Kapitel veranschaulicht die Arbeitsschritte, die im Zuge der Abstraktion zur Idealtypologie nach Udo Kelle und Susann Kluge (2010) erfolgt sind. Hierzu ist ein Rückbezug der empirischen Typen sozialer Raumkonstitution auf die theoretischen Vorüberlegungen vorgenommen worden (vgl. Simmel 2013: 490–492).

Wie im Theoriekapitel bereits ausgeführt worden ist, entstammen Martina Löws Raumsoziologie (vgl. Löw 2015) und das Drehpunkt-Konzept von Georg Simmel (vgl. Simmel 2013), das seinerseits auf einem Verständnis von Raum basiert, welches soziale Wechselwirkungen, ihre Formen und Inhalte zugrunde legt, verschiedenen theoretischen Richtungen. Deren Verknüpfung in einem

5.5 Idealtypologie

gemeinsamen empirischen Analyseschritt ist forschungspraktisch nicht umzusetzen. Jedoch lassen sich die sozialen Raumkonstitutionen der Studierenden, die unter Anwendung von Martina Löws Raumverständnis erarbeitet worden sind, nachträglich in einem Rückbezug an das Drehpunkt-Konzept von Georg Simmel zurückbinden. Durch diesen entsteht eine veränderte Perspektive, die es ermöglicht, beide raumtheoretischen Konzepte zu verknüpfen, um die (individuellen) sozialen Raumkonstitutionen an der privaten Hochschule als räumlichen Bezugs- bzw. Drehpunkt zu anzuschließen. In ihrer Art bleiben die herausgearbeiteten sozialen Raumkonstitutionen somit unverändert, allerdings verändert sich die Perspektive ihrer Betrachtung.

Die Bildung der Idealtypen erforderte es, von der individuellen Perspektive bzw. Subjektsichtweise der Raumerzeugung, aus der die empirische Typologie sozialer Raumkonstitutionen erarbeitet worden ist, in eine übergeordnete Ebene der Raumbetrachtung zu wechseln. Um die sozialen Raumkonstitutionen als einen gemeinsamen (Hochschul-)Raum der Studierenden zu veranschaulichen, sind ihre Relevanzsetzungen und Bedeutungszuschreibungen zu übergeordneten Interessen beim Erzeugen von Raum weiterentwickelt worden.

Diese abstrahieren von den individuellen Studierenden und ließen sich als Inhalte auf die private Hochschule als Drehpunkt beziehen, welcher durch Georg Simmel auch als räumlich festgelegter „Interessengegenstand" (Simmel 2013: 490) bezeichnet wird (siehe Abschnitt 3.1.2). Aus der eingenommenen übergeordneten Perspektive wurden Relevanzsetzungen in Bezug auf studentische Güter, welche im Rahmen von sozialen Handlungen der Freizeitgestaltung am Studienort Bedeutung erlangen, zu einem übergeordneten *Interesse an Freizeitangeboten* weiterentwickelt. Relevanzsetzungen zugunsten hochschulischer Güter, die im Zusammenhang mit sozialen Handlungen der Leistungserbringung und des Wissenserwerbs bedeutsam sind, wurden hingegen zu einem übergeordneten *Interesse am Bildungsangebot* fortentwickelt. Voraussetzung für eine solche Betrachtung war die Annahme, dass alle Studierenden ihr Studium aufgrund ihres geteilten Interesses am Bildungsangebot der privaten Hochschule aufnehmen. Vor diesem Hintergrund erhielt diese innerhalb der Idealtypologie eine gleichförmige (theoretische) Relevanz, die in der empirischen Typologie nicht im selben Maße vorhanden war.

Die Fokussierung der (handlungsleitenden) Interessen bei der Raumerzeugung ermöglichte somit eine Ausrichtung an der privaten Hochschule als räumlicher Bezugspunkt der Studierenden. Auf einer übergeordneten Ebene der Raumbetrachtung sind die sozialen Raumkonstitutionen der Studierenden hierzu anhand ihres geteilten Bildungsinteresses als örtlich fixierbar entworfen worden. Durch diese Weiterentwicklung wurde eine höhere Abstraktionsstufe verankert.

Über den Rückbezug auf die private Hochschule als räumlicher Bezugs- bzw. Drehpunkt wird in der Idealtypologie ein gemeinsamer, sozial erzeugter (Hochschul-)Raum aller Studierenden veranschaulicht. Aus den Idealtypen gehen hierbei die Nutzungs- und Bezugsweisen auf die private Hochschule hervor. Über die Fixierbarkeit der sozial erzeugten Räume werden außerdem Interessenkonstellationen sichtbar, an denen sich ein Standortbezug der Studierenden beschreiben lässt (Tabelle 5.1).

Tabelle 5.1
Gegenüberstellung der empirischen und Idealtypen

Empirische Typen	Idealtypen
Kaum hochschulisch oder studentisch orientierter Typ	Zertifikats-Typ
Primär studentisch orientierter Typ	Peer-Typ
Sowohl hochschulisch als auch studentisch orientierter Typ	Ausgleichs-Typ
Primär hochschulisch orientierter Typ	College-Typ

Aus den vier empirischen Typen sozialer Raumkonstitution sind der Zertifikats-Typ, der Peer-Typ, der Ausgleichs-Typ und der College-Typ abstrahiert worden.

5.5.1 Zertifikats-Typ

Der *Zertifikats-Typ* ist aus dem kaum hochschulisch oder studentisch orientierten empirischen Typus abstrahiert worden. Soziale Raumkonstitutionen von Fällen, die diesem zugeordnet worden sind, zeichneten sich in der empirischen Typologie durch ihre geringen Relevanzsetzungen und Bedeutungszuschreibungen bezüglich der privaten Hochschule und hochschulischen Gütern aus.

Dennoch war die Rückbindung dieses Typus aus einer übergeordneten Perspektive der Raumbetrachtung möglich. So wird ein grundsätzliches Bildungsinteresse in den empirischen Fällen, die diesem Typ zugeordnet worden sind, in der Studienaufnahme ebenso wie im Aufrechterhalten des Studiums sichtbar. Diese beiden Aspekte bildeten trotz der vergleichsweise geringen Relevanzsetzung und Bedeutungszuschreibung die Voraussetzung zur Weiterentwicklung des kaum hochschulisch oder studentisch orientierten empirischen Typus zu einem Idealtypen. Grundlage für die Abstraktion des *Zertifikats-Typs* bildete demnach ausschließlich das Interesse am akademischen Bildungsangebot, welches mit den erarbeiteten Relevanzen und Bedeutungen der Gütersorten am Studienort einherging. So bestand auch für Freizeitangebote kein Interesse. An dieser Stelle ist die Ausprägung der Raumkonstitution hinzugezogen worden, welche die Art und Weise beschreibt, soziale Güter(-sorten) und Menschen in den sozialen Raum einzubeziehen. In der Idealtypologie dient sie der Abgrenzung der einzelnen Typen zur Beschreibung ihrer Nutzungs- und Bezugsweisen des gemeinsamen Hochschulraumes aus einer übergeordneten Perspektive.

In einem übergeordneten Hochschulraum der Studierenden zeichnen sich Fälle, die dem Zertifikats-Typ zugeordnet worden sind, durch soziale Raumkonstitutionen aus, in denen sie die private Hochschule ausschließlich hinsichtlich der formal festgeschriebenen (Lehr-)Veranstaltungen und solcher Aktivitäten des Stundenplanes nutzen, die über eine Anwesenheitspflicht verfügen. Örtlich sowie zeitlich flexible Aktivitäten werden dagegen, sofern möglich, von der privaten Hochschule auf andere soziale Güter mit den zugehörigen (studentischen) Gruppen und Freundeskreisen abseits des Studienortes verlegt. Außerhalb der im Rahmen des Bildungsinteresses vorgeschriebenen Anwesenheitspflichten sind Studierende des *Zertifikats-Typs* aufgrund ihrer externen Relevanzsetzungen weder an der Hochschule noch am Studienort anzutreffen. Vor diesem Hintergrund nutzen sie ihre sozialen Räume, in denen ihnen Erreichbarkeiten wichtig sind, um die private Hochschule sowie den Studienort nach Abschluss der Pflichtveranstaltungen flexibel und prompt wieder zu verlassen.

Die Fixierbarkeit der herausgearbeiteten Raumkonstitution bezieht sich somit ausschließlich auf das Interesse am Bildungsangebot, das die private Hochschule als Drehpunkt dem *Zertifikats-Typ* bietet. So verfolgen Studierende dieses Typs im übergeordneten Hochschulraum ein Bildungsinteresse, das sich nicht auf die private Hochschule an ihrem Standort als Studienort bezieht, sondern stattdessen ausschließlich das Bildungszertifikat fokussiert.

5.5.2 Peer-Typ

Aus dem primär studentisch orientierten empirischen Typus wurde der *Peer-Typ* abstrahiert. Soziale Raumkonstitutionen von Fällen, die diesem innerhalb der empirischen Typologie zugeordnet worden sind, zeichneten sich in ihren Relevanzsetzungen durch eine Zentralität von studentischen Gütern des sozialen Lebens und der Freizeitgestaltung vor Ort aus, während die private Hochschule und andere hochschulische Güter vergleichsweise peripher blieben.

Aus einer übergeordneten Ebene der Raumbetrachtung weisen Studierende, die dem *Peer-Typ* zugeordnet worden sind, zusätzlich in ihrer Studienaufnahme sowie im Aufrechterhalten des Studiums ein geteiltes Bildungsinteresse auf. Trotz der vergleichsweise geringen Relevanzsetzung und Bedeutungszuschreibungen des empirischen Typus bildeten diese die Voraussetzung zur Weiterentwicklung zu einem Idealtyp. So sind die Raumkonstitutionen des primär studentisch orientierten Typs anhand des geteilten Bildungsinteresses aller Studierenden und des Interesses an Freizeitangeboten auf die private Hochschule bezogen worden. Hinzugezogen wurde außerdem die Ausprägung der Raumkonstitution, um Nutzungs- und Bezugsweisen des gemeinsamen Hochschulraumes durch den Peer-Typ zu beschreiben und gegenüber anderen Idealtypen abzugrenzen.

So zeichnen sich empirische Fälle, die dem Peer-Typ zugerechnet worden sind, in einem gemeinsamen Hochschulraum der Studierenden durch Raumkonstitutionen aus, in denen sie die private Hochschule und andere Güter, die mit dem Bildungsinteresse verknüpft sind, für die vorgeschriebenen (Lehr-) Veranstaltungen sowie Aktivitäten des Stundenplanes mit Anwesenheitspflicht nutzen. Örtlich sowie zeitlich flexible Aktivitäten werden, sofern möglich, von der privaten Hochschule auf andere Güter (z. B. solche der Freizeitgestaltung) mit den festen studentischen Gruppen und Freundeskreisen verlegt. Außerhalb der für den Erwerb des Bildungszertifikates vorgeschriebenen Anwesenheitspflichten sind Studierende des *Peer-Typs* aufgrund ihrer Relevanzsetzungen und Bedeutungszuschreibungen nicht an der privaten Hochschule, sondern an Gütern anzutreffen, die mit ihrem Interesse an Freizeitangeboten verknüpft sind.[86] Vor diesem Hintergrund nutzen sie ihre sozialen Räume, in denen ihnen die Verbindungen zu ihren Mitstudierenden wichtig sind, um neben ihrem Bildungsinteresse eine Fokussierung auf die eigenen studentischen Gruppen und Freundeskreise vorzunehmen.

Die Fixierbarkeit der herausgearbeiteten Raumkonstitution bezieht sich somit nicht ausschließlich auf das Interesse am Bildungsangebot der privaten Hochschule als einem Drehpunkt. Zusätzlich zeichnet sich der *Peer-Typ* durch ein Interesse an Freizeitangeboten am Studienort aus. Auch anhand dieses zusätzlichen Interesses ist der soziale Raum der zugeordneten Studierenden fixierbar. Güter, über die Freizeitangebote räumlich lokalisierbar werden, sind allerdings nur in zweiter Linie aufgrund ihrer Materialität von Interesse. Vielmehr stellen sie für den Peer-Typ räumliche Bezugspunkte dar, an denen sich regelmäßig Studierende, studentische Gruppen und Freundeskreise treffen, um gemeinsam ihre Zeit zu verbringen. Von Bedeutung für Studierende, die diesem Idealtyp zugeordnet

---

[86] Zum Beispiel im Wohnheim, im Café bzw. der Cafeteria oder dem Studierendenausschuss.

werden, sind dabei insbesondere die Verbindungen unter den Studierenden bzw. Peers, die über Freizeitangebote zustande kommen und sich über deren konkrete materielle Kontexte hinaus erstrecken.

Die Fixierungen der sozialen Raumkonstitution lassen sich entsprechend spezifizieren. Studierende des Peer-Typs verfolgen in erster Linie ein Interesse am Bildungsangebot, das wenig auf die konkrete private Hochschule an ihrem Standort bezogen ist, sondern stattdessen das Bildungszertifikat fokussiert. Dies wird ergänzt durch ihr Interesse an Freizeitangeboten, das ihnen im übergeordneten Hochschulraum dazu dient, über diejenigen Güter vor Ort, an denen Freizeitaktivitäten angeboten werden, Verbindungen zu Studierenden und Studierendengruppen zu fokussieren. Über deren Materialität sind ihre Raumkonstitutionen mittelbar und temporär[87] fixiert.

5.5.3 Ausgleichs-Typ

Der sowohl hochschulisch als auch studentisch orientierte empirische Typ ist zum *Ausgleichs-Typus* weiterentwickelt worden. Soziale Raumkonstitutionen der Fälle, die diesem innerhalb der empirischen Typologie zugeordnet worden sind, waren in ihren Relevanzsetzungen sowohl durch eine Zentralität der privaten Hochschule mit den zugehörigen hochschulischen Gütern als auch von Gütern des studentischen Lebens am Studienort bestimmt.

Anders als bei den erstgenannten Idealtypen wird bei Fällen, die dem Ausgleichs-Typ angehören, somit nicht nur in der Studienaufnahme und im Aufrechterhalten des Studiums ein Interesse am Bildungsangebot der privaten Hochschule sichtbar.

Sie verfolgen weitere Interessen, aufgrund der die private Hochschule an ihrem Studienort zu einem Drehpunkt für sie wird. Sichtbar werden diese beispielsweise in der Hochschulwahl aufgrund einer Kombination ihres präferierten Studienfachs mit einer bestimmten Studienstruktur sowie dem spezifischen Studienort, der ihnen das Aufrechterhalten des ursprünglichen Wohnortes oder zumindest die

---

[87] Gemeint ist, dass die Fixierung über Freizeitangebote als räumliche Bezugspunkte der Studierenden und Studierendengruppen vor Ort womöglich so lange andauert, wie die Studierenden diese als regelmäßige Treffpunkte zur Freizeitgestaltung nutzen bzw. nutzen können. Damit ist aber keine Aussage darüber getroffen, dass die sozialen Verbindungen (z. B. studentische Gruppen oder Freundschaften der Studierenden) nach Wegfallen der Fixierung durch die Freizeitangebote keinen Bestand mehr haben. So legt beispielsweise der empirische Typus (Eckfall Katharina Pauls) nahe, dass auch nach Studienabschluss Kontakte unter den Studierenden bestehen bleiben könnten.

Möglichkeit eines ortsnahen Studiums ermöglicht. Beide Aspekte bildeten die Voraussetzung zur Weiterentwicklung zu einem Idealtypen. Die Raumkonstitutionen des sowohl hochschulisch als auch studentisch orientierten empirischen Typen sind anhand des geteilten Bildungsinteresses aller Studierenden sowie der Interessen an Bildungs- und Freizeitangeboten aus einer übergeordneten Perspektive auf die private Hochschule bezogen worden. Beide Interessen gingen somit aus Relevanzsetzungen und Bedeutungszuschreibungen des zugehörigen empirischen Typus hervor. Anhand der typischen Ausprägung der Raumkonstitution sind die Nutzungen und Bezugsweisen des Ausgleichs-Typs innerhalb des gemeinsamen Hochschulraumes beschrieben worden.

Studierende des Ausgleichs-Typus zeichnen sich in einem gemeinsamen Hochschulraum durch Raumkonstitutionen aus, in denen sie die private Hochschule und andere Güter, die mit ihrem Bildungsinteresse verknüpft sind, im Rahmen von (Lehr-)Veranstaltungen, Aktivitäten des Stundenplanes sowie für Arbeits- oder Lerngruppen nutzen. Hierbei bleiben sie nicht auf den Pflichtteil der Vorlesungen, Seminare oder Kurse beschränkt, sondern nutzen auch Fachveranstaltungen, Tutorien oder Workshops, um sich mit Studieninhalten zu befassen, zu lernen oder in fachlichen Austausch zu treten. Um einen Ausgleich zu diesen als notwendig sowie (zeit-)intensiv erlebten Aktivitäten zu schaffen, die im unmittelbaren Zusammenhang mit dem Erwerb des Bildungszertifikates stehen, verfolgen Studierende dieses Typs zugleich ein Interesse an Freizeitangeboten. Ihre sozialen Räume, in denen ihnen eine Wechselseitigkeit zwischen Bildungsangeboten und solchen der Freizeitgestaltung wichtig ist, nutzen sie, um einen Ausgleich zwischen Studium und Freizeitgestaltung im Sinne einer Work-Life-Balance am Studienort aufrechtzuerhalten.

Die Fixierbarkeit der herausgearbeiteten Raumkonstitutionen des Ausgleichs-Typus bezieht sich somit nicht ausschließlich auf das Interesse am Bildungsangebot, das die private Hochschule den zugeordneten Studierenden als Drehpunkt bietet. Zusätzlich zeichnen sich diese durch ihr Interesse an Freizeitangeboten aus. Auch über dieses sind ihre sozialen Räume fixierbar. Güter, über die Freizeitangebote räumlich lokalisierbar werden, sind allerdings nur in zweiter Linie aufgrund ihrer Materialität von Interesse. Für den Ausgleichs-Typ bilden diese räumliche Bezugspunkte, an denen sich regelmäßig Personen, Gruppen und Freundeskreise treffen, um gemeinsam ihre Zeit zu verbringen. In ihrer Ausgleich schaffenden Funktion äquivalent zum Bildungsinteresse sind Aktivitäten der Freizeitgestaltung und die sozialen Verbindungen zu den Mitstudierenden[88] hierbei

---

[88] Auch diese können sich durchaus über die konkrete materielle Komponente derjenigen Güter erstrecken, welche Freizeitangebote bereitstellen.

5.5 Idealtypologie

von Bedeutung. Wie bereits für den Peer-Typ festgestellt worden ist, ist auch der Ausgleichs-Typus hinsichtlich seines Interesses an Freizeitangeboten nicht vorwiegend örtlich, sondern in Form der sozialen, studentischen Verbindungen fixiert.

Im übergeordneten Hochschulraum verfolgt der Ausgleichs-Typ ein Bildungsinteresse, das sich nicht lediglich auf das Bildungszertifikat, sondern auch auf die Materialität der privaten Hochschule als Drehpunkt bezieht. Deutlich wird dies anhand der Nutzungs- und Bezugsweisen der zugeordneten Studierenden, die sich anhand ihrer sozialen Raumkonstitutionen beschreiben lassen. In diesen wird der privaten Hochschule aufgrund ihrer vollständigen Studienbedingungen[89] Bedeutung zugeschrieben. Zudem verfolgt der Ausgleichs-Typus ein Interesse an Freizeitangeboten, mit dem eine Verortung von Ausgleich schaffenden Aktivitäten räumlich fokussiert wird. Auch Freizeitangebote bilden somit als räumliche Bezugspunkte am Studienort eine mittelbare sowie temporäre Fixierung ihrer Raumkonstitutionen, die sich auf die Studienphase bezieht.

5.5.4 College-Typ

Der College-Typ wurde aus dem primär hochschulisch orientierten empirischen Typus abstrahiert. Soziale Raumkonstitutionen von Fällen, die diesem zugeordnet worden sind, zeichneten sich in ihren Relevanzsetzungen durch eine Zentralität der privaten Hochschule aus, während studentische Güter des sozialen Lebens am Studienort vergleichsweise peripher blieben. Ähnlich dem Ausgleichs-Typ zeigen Fälle, die dem *College-Typ* angehören, nicht nur in ihrer Studienaufnahme und im Aufrechterhalten des Studiums ein Interesse am Bildungsangebot. Sie verfolgen darüber hinaus weitere Interessen, aufgrund derer die Hochschule an ihrem unmittelbaren Studienort zu einem Drehpunkt wird.

Sichtbar wird dies beispielsweise in der Hochschulwahl aufgrund einer Kombination ihres präferierten Studienfachs mit der Studienstruktur sowie dem spezifischen Studienort, der ihnen das Aufrechterhalten ihres ursprünglichen Wohnortes oder zumindest ein ortsnahes Studium ermöglichen. Zudem spricht sie die Hochschule z. B. in ihrer baulichen bzw. architektonischen Ausgestaltung an. Die genannten Aspekte bildeten die Voraussetzung zur Weiterentwicklung des empirischen zu einem Idealtypus. Dessen Raumkonstitutionen sind anhand des geteilten Bildungsinteresses aller Studierenden und der Interessen an Bildungs-

---

[89] Zum Beispiel Fächerspektrum, Studienstruktur, Studienort etc.

sowie Freizeitangeboten aus einer übergeordneten Perspektive der Raumbetrachtung auf die private Hochschule bezogen worden. Auch hier sind somit beide Interessen aus den Relevanzsetzungen und Bedeutungszuschreibungen des zugehörigen empirischen Typus hervorgegangen. Zudem diente die als typisch erarbeitete Art und Weise, soziale Gütersorten in die Raumkonstitution einzubeziehen, der Beschreibung von Nutzungs- und Bezugsweisen innerhalb des gemeinsamen Hochschulraumes.

Demnach zeichnen sich Studierende des *College-Typus* in einem übergeordneten Hochschulraum durch Raumkonstitutionen aus, in denen sie die private Hochschule im Rahmen von (Lehr-)Veranstaltungen, Kursen, Workshops sowie für Arbeits- oder Lerngruppen nutzen. Entsprechende Veranstaltungen werden, anders als bei den übrigen Idealtypen, auch über den vorgeschriebenen Lehr- bzw. Stundenplan hinaus besucht. Hierbei sind sie losgelöst von formalen Studiengangsstrukturen, Anwesenheits- sowie Aufenthaltspflichten. Neben der Nutzung von (freiwilligen) Bildungsangeboten der privaten Hochschule in der Freizeit[90] werden beispielsweise solche Angebote der Freizeitgestaltung genutzt, die einen allgemeinen Zusammenhalt unter den Studierenden der privaten Hochschule hervorbringen.[91] Mithilfe von verknüpfenden Wahrnehmungsprozessen beziehen Studierende des College-Typs auch diese Angebote auf die private Hochschule als ihren Drehpunkt. Daher wird sie nicht nur hinsichtlich ihrer Bildungsangebote, sondern auch für die Freizeitgestaltung bedeutsam. Resümierend nutzen Studierende, die diesem Idealtypus zugeordnet werden, ihre sozialen Räume, in denen ihnen eine vollinkludierende Teilnahme am Hochschulleben wichtig ist, um darin neben dem hochschulischen Bildungsangebot auch Freizeitangebote in verschiedenen Formaten zu besuchen.

Die Fixierung der herausgearbeiteten Raumkonstitutionen bezieht sich somit nicht ausschließlich auf das Bildungsinteresse, das die private Hochschule als Drehpunkt dem College-Typ bietet. Zusätzlich interessieren sich Studierende, die diesem Typ angehören, auch für Freizeitangebote, über die ihre Raumkonstitution fixierbar ist. Zugeordnete Studierende nutzen den gemeinsamen

---

[90] Zum Beispiel zusätzliche Lehrveranstaltungen, der Besuch von Vorträgen oder Präsentationen von Mitstudierenden, Infoveranstaltungen, Kursen, Schulungen, Business-Knigge oder Exkursionen.

[91] Zum Beispiel gemeinsam in der Mensa kochen und essen, hochschulpolitisches Engagement, gemeinsam auf dem Balkon des Arbeitsbereichs sitzen, Partys in der Küche feiern, auf der Streuobstwiese Obst sammeln.

5.5 Idealtypologie

Hochschulraum wie den Campus eines amerikanischen Colleges, der ihnen gleichermaßen Bildungs- und Freizeit- bzw. Verpflegungsangebote bereithält. Den Campus ihrer privaten Hochschule erzeugen sie, so wurde in ihren sozialen Raumkonstitutionen anschaulich, indem sie nach eigenen Relevanzen und Bedeutung bzw. Interessen entsprechende Angebote an die Hochschule anschließen. Im übergeordneten Hochschulraum bleibt das Bildungsinteresse des College-Typs dabei nicht lediglich auf das Bildungszertifikat beschränkt, sondern fokussiert ebenfalls die private Hochschule in ihrer Materialität und symbolischen Wirkung. Sichtbar wird dies in den Nutzungs- und Bezugsweisen des College-Typs, die sich anhand der sozialen Raumkonstitutionen beschreiben lassen. In diesen erlangt ihre Hochschule aufgrund ihrer vollständigen Studienbedingungen[92] und Atmosphäre[93] Bedeutung.

---

[92] Zum Beispiel Fächerspektrum, Studienstruktur, Studienort etc.
[93] Zum Beispiel bauliche/architektonische Ausgestaltungen als Wirkung der Materialitäten, Eindrücke von Lehrenden und Studierenden als den Menschen sowie weitere Wirkungen und Atmosphären von sozialen Gütern und Menschen vor Ort.

Zusammenfassung und Diskussion 6

Etwa 30 Jahre nach dem Beginn der „Gründungswelle" (Frank et al. 2010: 6) verzeichnen private Hochschulen einen wachsenden Zuspruch ihrer akademischen Bildungsangebote durch Studierende. Dies nahm die vorliegende Dissertation zum Anlass, Studierendensichten auf Hochschulen in privater Trägerschaft zu untersuchen.

Für die Positionierung ihrer akademischen Bildungsangebote in der vorwiegend staatlich geprägten deutschen Hochschullandschaft sind die Definitionsmerkmale Hochschulform und Bildungsaufträge als maßgeblich zugrunde gelegt worden (vgl. Frank et al. 2010; Wissenschaftsrat 2012). Demnach prägen den privaten Sektor des öffentlichen Hochschulsystems private Fachhochschulen mit ihren berufsorientierten, aufwertenden und flexiblen Bildungsaufträgen vergleichsweise stärker als Privatuniversitäten (siehe Abschnitte 2.1.2 sowie 2.2). Sie können in ihren dualen, berufsbegleitenden oder -integrierten Studienformaten lokale bzw. regionale Arbeitsmarkt- und Wirtschaftsstrukturen berücksichtigen oder eine Orientierung an der vorhandenen Fachkräftenachfrage vornehmen. Hierbei arbeiten private Fachhochschulen beispielsweise mit Handelskammern, Interessen- und Wirtschaftsverbänden, Unternehmen oder Betrieben zusammen, die sie als Partnerinnen und Partner im Zuge ihrer Hochschulträgerschaft, durch finanzielle Zuwendungen oder in Ausbildungskooperationen unterstützen. In der Standortwahl und -bezogenheit privater Hochschulen spiegelt sich dies wider (siehe Abschnitt 2.5; vgl. Brauns 2003; Frank et al. 2010; 2020). So können private Hochschulen ihre Bildungsangebote auch abseits von großen bzw. Großstädten bereitstellen.

Als grundlegend für die Untersuchung ist die private Hochschule deshalb als räumlicher Bezugspunkt entworfen worden. Über diesen stellen ihre Partnerinnen und Partner Interessen für den Standort sicher und nehmen deren räumliche Verankerung vor. Beispielsweise sollen wirtschaftliche Wachstumsimpulse ausgesendet, spezialisierte Fachkräfte für Betriebe und Unternehmen ausgebildet oder gut qualifizierte Menschen vor Ort gehalten werden, indem ihnen Bildungs- und Beschäftigungsmöglichkeiten aufgezeigt werden (vgl. Brauns 2003). Dementsprechend zielen die Gründung und der Betrieb der privaten Hochschule als ein räumlicher Bezugspunkt darauf ab, bei Studierenden Interessen für ein Hochschulstudium auch abseits üblicher Standorte zu wecken und sie ggf. örtlich zu binden.[1]

Die vorliegende Dissertation griff dies in einer Untersuchung der Studierendensicht aus zwei raumtheoretischen Perspektiven auf (vgl. Simmel 2013; Löw 2015). Einerseits um zu verstehen, inwiefern private Hochschulen auch für ihre Studierenden zu räumlichen Bezugspunkten vor Ort werden bzw. um einzuordnen, welche standortbezogenen Interessen Studierende hinsichtlich ihrer Hochschule und ihres akademischen Bildungsangebots verfolgen. Andererseits um zu beleuchten, welcher räumliche Stellenwert der Hochschule und dem Hochschulstudium in Relation zu anderen Orten, Gütern und Menschen zugeschrieben wird.

So ist ein zentrales Interesse der Studierenden zwar auf ihre akademische Qualifikation bzw. den Erwerb eines Bildungszertifikats an der Hochschule ausgerichtet. Allerdings existieren darüber hinaus ggf. vorhandene Raumbezüge zu (Heimat-)Orten und soziale Verbindungen zu Bezugspersonen wie Familie und (Schul-)Freundinnen und Freunden (siehe zum Beispiel Abschnitt 2.4.1 oder 5.1.2). Ebenfalls werden den Studierenden während ihres Studiums räumliche Anknüpfungspunkte zu (Ausbildungs-)Unternehmen und Betrieben, Freizeitangeboten, hochschulinternen Aktivitäten sowie dem Studien- und Wohnort aufgezeigt, um einen Standortbezug herzustellen. Auch diese sind entscheidend dafür, wie Studierende ihre private Hochschule wahrnehmen und nutzen und ob sie zu ihrem räumlichen Bezugspunkt wird.

Die empirische Analyse fokussierte deshalb in einem *ersten Schritt*, welche Orte und Güter durch Studierende wahrgenommen und genutzt werden, um sie als soziale Konstitutionen von (Hochschul-)Raum zu beschreiben (Abschnitte 5.1 und 5.3). Dem Stellenwert von Gütern des Hochschulstudiums im Verhältnis zu

---

[1] Hierzu werden Studienmöglichkeiten unabhängig von vorhandenen finanziellen Ressourcen über vertraglich geregelte Ausbildungskooperationen eröffnet und klare Bezüge zu den lokalen bzw. regionalen Berufsfeldern aufgezeigt, in die die Studierenden während ihrer Qualifikationsphase eingebettet sind (vgl. Wissenschaftsrat 2012: 24; Frank et al. 2020: 21).

Gütern des studentischen Lebens widmete sich der *zweite Analyseschritt*. Anhand der Relevanzsetzungen und Bedeutungszuschreibungen beim Konstituieren von (Hochschul-)Raum ist eine empirische Typologie verdichtet worden, mit der Arten der sozialen Raumkonstitution unterschieden werden (siehe Abschnitt 5.4). Im *dritten Schritt* sind auf Basis verschiedener Interessen an der privaten Hochschule vier Idealtypen abstrahiert worden. In diesen kommt ein gemeinsamer sozial erzeugter (Hochschul-)Raum aller Studierenden zum Ausdruck. Ebenfalls lassen sich über die Fixierbarkeit der sozial erzeugten Räume an die private Hochschule typische Interessenkonstellationen aufzeigen, in denen ein Standortbezug der Studierenden sichtbar wird (siehe Abschnitt 5.5).

Entsprechend der eingenommenen raumtheoretischen Perspektiven nach Martina Löw (Analyseschritte 1 und 2) und Georg Simmel (abstrahierender 3. Arbeitsschritt) werden die Forschungsergebnisse im Folgenden rekapituliert. Dazu gibt Abschnitt 6.1 eine kurze Zusammenfassung der Kernergebnisse, um diese anschließend an die Forschungsfragen zurückzubinden. Darauf folgt Abschnitt 6.2, in dem die Erkenntnisse in Bezug zum Stand der Forschung gesetzt und in ihrem Beitrag eingeordnet werden. Limitationen der Arbeit sowie der eigenen Forschungsperspektive werden sodann reflektiert und Bedarfe für weitere Untersuchungen aufgezeigt (Abschnitte 6.3 und 6.4). Mit den praktischen Implikationen der Forschungsergebnisse befasst sich Abschnitt 6.5. Vorgeschlagen wird, wie es privaten Hochschulen künftig gelingen kann, ihre Studierenden adäquat zu adressieren.

6.1 Zusammenfassung der Forschungsergebnisse

Die vorliegende Forschungsarbeit hat eine *empirische Typologie* sozialer Raumkonstitution der Studierenden sowie eine *Idealtypologie* beigesteuert, auf deren Grundlage ihre typischen Interessenkonstellationen sichtbar werden. Das erste (praxis-)relevante Teilergebnis stellen allerdings die individuellen Konstitutionen des (Hochschul-)Raums dar, die im Rahmen der empirischen Analyse herausgearbeitet worden sind. Auf diese bezog sich die erste Forschungsfrage:

1. Wie konstituieren Studierende ihren (Hochschul-)Raum?

Die Ausarbeitung der sozialen Raumkonstitutionen ist in der vorliegenden Arbeit durch vier (Eck-)Fälle veranschaulicht worden. Diese sowie alle weiteren Einzelfallbearbeitungen steuern die subjektive Perspektive von Studierenden auf ihre private Hochschule und den Studienort bei. Aus ihren Argumentationen,

Schilderungen sowie Beschreibungen von Orten oder sozialen Gütern sind Nutzungen[2] sowie Wahrnehmungen im Rahmen des studentischen Lebens und des Hochschulalltags formuliert worden. Entsprechend der Bedeutung, die Orte, soziale Güter und die als zugehörig erachteten Mitstudierenden für sie besitzen, beziehen Studierende diese mit zentraler oder peripherer Relevanz in ihren (Hochschul-)Raum ein. Die Erarbeitung der sozialen Raumkonstitutionen aus dieser (Analyse-) Perspektive beschreibt zunächst einen umgrenzten Bereich. Zugleich bildet sie jedoch ein praktisch relevantes Teilergebnis der Untersuchung, das subjektive Sichtweisen auf den (Hochschul-)Raum eröffnet. Diese umfassen sowohl die private Hochschule, Orte und verschiedene soziale Güter am Studienort als auch Argumentationen, Schilderungen und Beschreibungen, über die Studierende die Genannten in ihre soziale Raumkonstitution einbeziehen und Verknüpfungen vornehmen.

Die zweite Fragestellung mit dem Ziel der empirischen Typenbildung schloss unmittelbar an:

2. Welche typischen sozialen Raumkonstitutionen lassen sich unterscheiden?

Durch kontrastierende Vergleiche ihrer individuellen sozialen Raumkonstitutionen sind Arten und Weisen der Studierenden erarbeitet worden, soziale Güter in die eigenen (Hochschul-)Räume einzubeziehen. Diese ließen sich von anderen Ausprägungen der sozialen Raumkonstitution[3] unterscheiden und dementsprechend zu empirischen Typen verdichten (vgl. Nohl 2012: 9/10). Jeder der vorgestellten Eckfälle repräsentiert eine Dimension der empirischen Typologie, weil an ihm eine bestimmte Art der sozialen Raumerzeugung besonders anschaulich wird (siehe Abschnitte 5.1.1; 5.1.2 sowie 5.3.1; 5.3.2.).

Ihre Grundlage findet die empirische Typologie in den Relevanzsetzungen und Bedeutungszuschreibungen in Bezug auf Orte, soziale Güter und (ggf.) zugehörige Menschen, die in den Einzelfallanalysen erarbeitet worden sind. Während sich die Relevanz auf deren Zentralität bzw. Peripherität[4] und deshalb

---

[2] Gemeinsam mit anderen Menschen (zum Beispiel den Mitstudierenden) oder allein.

[3] Als Ausprägung der Raumkonstitution ist die typische Art und Weise während des theoriegenerierenden Kodierprozesses nach der Grounded-Theory-Methodologie als Kernkategorie kodiert worden (siehe Abschnitt 5.3.1).

[4] Die Zentralität und Peripherität basiert auf dem Zentrum-Peripherie-Modell in Anlehnung an Reinhardt Kreckel (vgl. Kreckel 2004: 39–51). Im Abschnitt zu den Visualisierungsmemos wird die Anwendung der Konzeption eingeführt und ihr Nutzen für die empirische Analysearbeit hergeleitet (siehe Abschnitt 5.3.1.1).

6.1 Zusammenfassung der Forschungsergebnisse

vergleichsweise stärker auf eine Lokalisation über die materielle Komponente bezieht, spiegelt sich in der Bedeutung vergleichsweise stärker ihre Funktion im sozial erzeugten Raum wider.[5] Mit beiden Aspekten lässt sich die Art und Weise beschreiben, mit der Studierende soziale Güter und Menschen in ihre (Hochschul-)Räume einbeziehen (siehe Abschnitt 5.2).

Für die Unterscheidung typischer sozialer Raumkonstitutionen ist es dabei entscheidend, welche sozialen Güter aufgegriffen und beschrieben werden. Zur Spezifikation wurden deshalb zwei Gütersorten voneinander unterschieden: hochschulische und studentische Güter am Studienort. Während hochschulische Güter in Schilderungen mit Bezug zum Studieren[6] Bedeutung erlangen, werden studentische Güter im Zusammenhang mit dem studentischen Leben am Studienort bedeutsam (siehe Abschnitt 5.2 zur Vertiefung).[7] Anhand ihrer Relevanz und Bedeutung erfolgte die integrierende Ordnung der empirischen Typologie.

An der Art und Weise, hochschulische und studentische Güter in ihre soziale Raumkonstitution einzubeziehen, lassen sich der *kaum hochschulisch oder studentisch orientierte Typ*, der *primär hochschulisch orientierte Typ*, der *primär studentisch orientierte Typ* und der *sowohl hochschulisch als auch studentisch orientierte Typ* in ihrer Ausprägung der Raumkonstitution unterscheiden.[8]

Auf einer höheren Abstraktionsstufe widmete sich die dritte Forschungsfrage den Interessen der sozialen Raumerzeugung und inwiefern diese in der privaten Hochschule ihren räumlichen Bezugspunkt finden:

---

[5] Eingearbeitet wurde hier die von Martina Löw (vgl. Löw 2015: 191–194) nach Reinhard Kreckel (vgl. Kreckel 2004: 77 f.) eingeführte Definition sozialer Güter, welche durch entsprechende soziale Handlungen produziert werden, platzierbar sind und ihrerseits Orte kennzeichnen (siehe Abschnitt 3.2.1). Soziale Güter umfassen nach Martina Löw stets eine materielle und eine symbolische Komponente zwischen denen lediglich eine analytische Trennung erfolgt.

[6] Das Studieren im Sinne seiner Handlungsdimension bezeichnet dabei alle solchen Handlungen, die im Zusammenhang mit der Leistungserbringung und dem Wissenserwerb stehen. Als besagte hochschulische Güter wurden somit diejenigen erfasst, die für das Studieren bedeutend sind, jedoch keinen expliziten Bezug zum sozialen studentischen Leben vor Ort haben. Hierunter können beispielsweise die Bibliothek oder studentische Arbeitsräume verstanden werden.

[7] Hierunter können beispielsweise das Wohnheim, der Allgemeine Studierendenausschuss, die Mensa, Cafeteria sowie die Stammkneipe, das Fitnessstudio oder der Sportverein am Studienort verstanden werden.

[8] Um ihre typische Art und Weise, Gütersorten einzubeziehen, auch inhaltlich nachzuvollziehen, können die dargestellten Eckfälle (Abschnitte 5.1.1; 5.1.2 sowie 5.3.1; 5.3.2) herangezogen werden.

3. Welche typischen Interessenkonstellationen werden anhand des Drehpunktes (Simmel 2013) der privaten Hochschule sichtbar?

Auf der Grundlage des Drehpunkt-Konzepts von Georg Simmel folgte die theoretische Abstraktion der empirischen Typen. Dazu wurden die typischen sozialen Raumkonstitutionen hinsichtlich ihrer Fixierbarkeit an die private Hochschule angeordnet (siehe Abschnitte 4.3.2 sowie 5.5). Voraussetzung der Abstraktion bildete die Annahme, dass alle Studierenden ihr Studium aufgrund ihres geteilten Interesses am Bildungsangebot aufnehmen. Vor diesem Hintergrund erhielt die private Hochschule innerhalb der Idealtypologie eine gleichförmige (theoretische) Relevanz als räumlicher Bezugs- bzw. Drehpunkt, die in der empirischen Typologie nicht im selben Maße vorhanden war.

Neben einem geteilten Interesse am Bildungsangebot, das alle Studierenden in ihrer Studienaufnahme sowie im Aufrechterhalten ihres Studiums vereint, kommen in den Relevanzen und Bedeutungen der unterschiedlichen empirischen Typen weitere Interessen zum Ausdruck. Ihre Relevanzsetzungen und Bedeutungszuschreibungen zu studentischen Gütern wurden zu einem übergeordneten *Interesse an Freizeitangeboten* weiterentwickelt, während solche zu hochschulischen Gütern zu einem übergeordneten *Interesse am Bildungsangebot* fortentwickelt wurden.

Über die Interessen an der privaten Hochschule und am Studienort sind in den vier Idealtypen Nutzungs- und Bezugsweisen zur Veranschaulichung eines gemeinsamen (Hochschul-)Raums aller Studierenden beleuchtet worden. Zusätzlich sind ihre sozial erzeugten Räume sowohl hinsichtlich der Fixierbarkeit des geteilten als auch der abstrahierten Interessen an die private Hochschule angeschlossen worden. Durch diesen Arbeitsschritt wurden typische Interessenkonstellationen sichtbar, anhand denen sich der Standortbezug der zugeordneten Studierenden beschreiben lässt.

Dieser kommt in den Interessenkonstellationen der Idealtypologie auf unterschiedliche Art und Weise zum Ausdruck.

Studierende, die dem *Zertifikats-Typ* zugeordnet werden, verfolgen ausschließlich ein Interesse am Bildungsangebot vor Ort. Dies haben sie mit dem *Peer-Typ* gemeinsam, der sich zusätzlich für Freizeitangebote interessiert, die ihren räumlichen Bezugspunkt jedoch nicht in der privaten Hochschule finden. Beide Idealtypen sind deshalb nicht auf die bestimmte private Hochschule an ihrem konkreten Studienort festgelegt. Als räumlicher Bezugspunkt ist diese für sie in erster Linie für den Erwerb ihres Bildungszertifikats interessant. Der Ausgleichs- und der College-Typ dagegen verfolgen neben unterschiedlichen Interessen an Freizeitangeboten[9] standortbezogene Interessen am Bildungsangebot. Diese bleiben nicht auf den Erwerb des Zertifikats beschränkt, sondern umfassen darüber hinaus unterschiedliche Interessen an der bestimmten Hochschule an ihrem konkreten Standort.

Die Standortbezogenheit der privaten Hochschule spiegelt sich dementsprechend in den verschiedenen Nutzungs- und Bezugsweisen ihrer Studierenden wider, die auf ihren typischen Interessenkonstellationen (Idealtypen) beruhen. Obwohl sie vor Ort somit in jeweils unterschiedlicher sowie für sie typischer Art und Weise (Hochschul-)Raum erzeugen (empirische Typen), beziehen die Studierenden sich regelmäßig und erwartbar auf die private Hochschule als ihren räumlichen Bezugspunkt. Diese bietet ihnen (mindestens) ein Bildungszertifikat, das ihren individuellen Vorstellungen von Hochschulbildung entspricht – im Sinne einer akademischen und berufsorientierten Wissensvermittlung, die in bestimmte räumliche Bezüge eingebettet ist.

6.2 Diskussion in Bezug auf den Forschungsstand

Mit den Forschungsergebnissen über die sozialen Raumkonstitutionen von Studierenden werden Erkenntnisse zum Stand der Forschung beigesteuert. Damit ergänzen diese die beiden bisherigen Forschungsschwerpunkte: die Studienentscheidung, Hochschulwahl und den Berufseinstieg auf der einen Seite sowie die Aneignung des Hochschulcampus und des Studienorts auf der anderen Seite. Um ihren Beitrag zur Weiterentwicklung des Forschungsfeldes zu verdeutlichen, werden die Untersuchungsergebnisse nun erneut im Kontext der vorgestellten Studien aufgegriffen und eingeordnet.

In der *ersten Forschungslinie* wurden unterschiedliche Raumbezüge von Studierenden zusammengefasst, die im Zuge ihrer Studienentscheidung und Hochschulwahl untersucht worden sind. Vorhandene Arbeiten haben sich bereits mit verschiedenen räumlichen Bezügen befasst, die Studierende bei ihrer Hochschul(standort)wahl berücksichtigen. Demnach stehen Studierende zu ihren Wohn- und Heimatorten sowie ihrem Hochschulstandort mit seiner Atmosphäre,

---

[9] Während der Ausgleichs-Typus seine Interessen an Freizeitangeboten (ähnlich dem Peertyp) an räumlichen Bezugspunkten außerhalb der Hochschule lokalisiert, fokussieren diese beim College-Typus (aufgrund der typischen Ausprägung der Raumkonstitution) die private Hochschule. Mit Georg Simmel lässt sich dieses Synthetisieren durch Studierende des College-Typus als seelisches Zusammenfassen beschreiben (vgl. Simmel 2013: 29 f.; 477–478; 538).

seinem Freizeit- und (künftigem) Arbeitsplatzangebot in einem bestimmten räumlichen Bezug (vgl. Hachmeister et al. 2007; Lörz 2008). Jedoch sind soziale Verbindungen zu Familie, Partnerinnen und Partnern, dem Freundeskreis, den Mitstudierenden oder anderen relevanten Personen ebenfalls ausschlaggebend. Auch Orte, an denen ihre (Bezugs-)Personen leben oder sich regelmäßig aufhalten, sind für Studierende somit entscheidend (vgl. Geißler 1965; Hachmeister et al. 2007; Lörz 2008; Milbert/Sturm 2016; Gareis et al. 2018).

Allerdings sind die genannten Raumbezüge bisher stets einzeln herausgegriffen sowie als relevant und bedeutsam belegt worden. Aus diesem Grund hat die Perspektive, die für die Bearbeitung der Hochschul(standort)wahl von Studierenden bisher kennzeichnend war, empirische Ergebnisse hervorgebracht, die einander teilweise widersprüchlich gegenüberzustehen scheinen (siehe Abschnitte 2.4.1 sowie 2.4.3).

Während einige Forschende in diesem Zusammenhang heimatnahe Standortwahlen belegen, zeigen andere Untersuchung eine genau gegenläufige Entwicklung, mit der sie die Auflösung der studentischen Sesshaftigkeit veranschaulichen (vgl. Hachmeister et al. 2007; Lörz 2008; Milbert/Sturm 2016; Gareis et al. 2018). Eine vergleichsweise hohe räumliche Mobilität zeigt sich demnach bei der Betrachtung von Wanderungsbewegungen junger Menschen mit einem akademischen Bildungsinteresse (vgl. Milbert/Sturm 2016). Diese Präferenz spiegelt sich ebenfalls in Untersuchungen wieder, die sich mit den Entscheidungskriterien bei der Hochschulwahl befassen. Hier werden Heimat- und Elternnähe stets anderen Gesichtspunkten, wie den persönlichen Entfaltungsmöglichkeiten, Freizeitangeboten und der Atmosphäre des Standorts untergeordnet (vgl. Hachmeister et al. 2007). In anderen Untersuchungen wird demgegenüber eine geringe Bereitschaft zu räumlicher Mobilität – insbesondere bei Bachelorstudierenden – festgestellt. Beschrieben wird, dass diese ihre Hochschulzugangsberechtigung vergleichsweise nah an ihrer Hochschule erworben haben und für gewöhnlich bereits vor Studienbeginn über einen Lebensmittelpunkt in Hochschulnähe verfügten (vgl. Gareis et al. 2018). Diese Tendenz wird ebenfalls für Studierende aus nichtakademischen Elternhäusern sowie für Menschen belegt, in deren Umfeld vergleichsweise wenige Studierende bzw. Hochschulabsolventinnen und -absolventen vorzufinden sind. Diese Studierenden sind zu wenig bis keiner räumlichen Mobilität bereit, weil sie vergleichsweise stärker auf (finanzielle) Unterstützung angewiesen sind[10] (vgl. Lörz 2008).

---

[10] Zum Beispiel bei ihrer Familie wohnen oder durch diese bei Wohn- und Lebenshaltungskosten unterstützt werden. Umgekehrt haben Letztere evtl. im Gegenzug Verpflichtungen in ihrem Elternhaus bzw. ihrer Familie gegenüber.

6.2 Diskussion in Bezug auf den Forschungsstand

Die eingangs erläuterte Untersuchungsperspektive auf Hochschul- und Standortwahlen ist durch das Forschungsinteresse an den sozialen Raumkonstitutionen von Studierenden erweitert worden. So zielte die vorliegende Arbeit vergleichsweise stärker auf die Erschließung subjektiver Studierendensichtweisen im Hochschulalltag und im sozialen studentischen Leben. Folglich basieren die beigesteuerten Typen sozialer Konstitution des (Hochschul-)Raumes ebenso wie die Interessenkonstellationen auf einer vergleichsweise offenen Perspektive, für die keine einzelnen Raumbezüge herausgegriffen wurden.

Diese Forschungsperspektive vermag es stattdessen, verschiedenste räumliche Bezüge zu integrieren, in die Studierende zugleich eingebunden sind. Eine solche übergreifende Perspektivierung ist in der Forschungslinie bisher unberücksichtigt geblieben. Die teilweise sehr unterschiedlichen – gar widersprüchlich scheinenden – Befunde zur Hochschul- und Standortwahl von Studierenden, aber auch zu ihren Nutzungs- und Bezugsweisen vor Ort, lassen sich vor diesem Hintergrund besser verstehen. Wie sich mit den empirischen und Idealtypen zeigen lässt, basieren Entscheidungen für eine Hochschule und ihren Standort für gewöhnlich nicht auf *dem* Bildungsinteresse oder *der* sozialen Bindung an den Heimat- bzw. (ursprünglichen) Wohnort. Stattdessen berücksichtigen Studierende ganz unterschiedliche Orte, Güter und Menschen darüber hinaus, die für sie eine Bedeutung besitzen. Die unterschiedlichen empirischen Befunde der ersten Forschungslinie werden vor dem Hintergrund unterschiedlicher typischer (Hochschul-)Räume sowie Arten und Weisen der Raumerzeugung plausibel. So ist es durchaus nachvollziehbar, dass Studierende, die kaum hochschulisch oder studentisch orientiert sind (bzw. Zertifikats-Typen) stärker nach Angeboten suchen, die es ihnen ermöglichen, ihr Studium als Pendelnde und Distanzüberbrückende zu absolvieren, beispielsweise um ihr ursprüngliches Wohnumfeld oder bestehende Kontakte aufrecht zu erhalten. Für andere, beispielsweise primär hochschulisch orientierte Studierende (bzw. College-Typen), stellt Heimatnähe dagegen kein ausschlaggebendes Entscheidungskriterium dar, weil sie sich vollumfänglich in das Hochschulleben vor Ort einbringen möchten.

Im Zuge der *zweiten Forschungslinie* zur Aneignung sowie Nutzung des Hochschulgeländes bzw. -campus und Studienortes wurden Studien vorgestellt, die empirisch fundierte Typen erarbeitet haben (vgl. Gothe/Pfadenhauer 2010; Stötzer 2013). In beiden Typologien wird auf räumliche Relevanzen zurückgegriffen, um Nutzungen, Wahrnehmungen und Aneignungen im Alltag der Studierenden zu beschreiben. Die verschiedenen Relevanzsetzungen der Studierenden kommen in den Typen der Aneignung des Studienortes und der Nutzung des Hochschulcampus beispielsweise darin zum Ausdruck, ob diese sich auf Menschen oder Gebäude oder auf Orte beziehen. So verweisen die (Campus- und Studienort-)

Nutzendentypen auf Interessen und Bedürfnisse nach Konzentration, Entspannung, Geselligkeit oder Verpflegung, die Studierende an ihre Hochschule als einen Arbeits- und Freizeitort richten (vgl. Gothe/Pfadenhauer 2010: 49, 51 f. sowie 79; Stötzer 2013). Einen Bezug zu ihrem Studienort stellen Studierende beispielsweise über Orte her, die für ihre eigene Person, Biographie sowie ihren Lebenslauf bedeutend sind. Auch Orte, die durch eigene Studierenden- und Peergruppen genutzt werden oder an denen sich kulturell bedeutsame Gebäude befinden, stellen relevante Bezugspunkte dar, über die Studierende einen Zugang zu ihrem Studienort finden (vgl. Stötzer 2013: 179–204 und 204–228 sowie 228–248 und 248–278).

Durch die Erkenntnisse aus der Untersuchung (typischer) sozialer Raumkonstitutionen von Studierenden werden die Befunde der Forschungslinie einerseits inhaltlich gestützt, andererseits findet auch hier eine Erweiterung der Sicht auf den Forschungsgegenstand statt. Durch diese wird zusätzliches Wissen beigesteuert. Anhand unterschiedlicher sozialer Konstitutionen von (Hochschul-)Raum lassen sich die vorhandenen Befunde über unterschiedliche Aneignungen und Nutzungen der Hochschule, ihres Geländes und des Studienortes miteinander verknüpfen und ergründen. So bleiben sozial konstituierte (Hochschul-)Räume der Studierenden nicht (entweder) auf das Hochschulgebäude, auf den Campus oder den Studienort beschränkt, sondern umfassen sämtliche Orte, Güter und Menschen, die aus Studierendensicht in ihrem Hochschulalltag zugehörig sind. Berücksichtigt werden können alle Raumbezüge, in die Studierende (individuell) eingebunden sind, beispielsweise Heimat- bzw. ursprüngliche Wohnorte, Verbindungen zu Familie, Freunden, Partnerinnen bzw. Partner, eigenen Kindern oder auch Arbeitgebenden. Ihre Bedeutungszuschreibungen und Relevanzsetzungen zu diesen verschiedenen Raumbezügen sind ausschlaggebend dafür, wie bzw. für welche Aktivitäten sie ihre Hochschule nutzen, wie bzw. ob sie sich auf dem Campus bewegen oder sich darüber hinaus am Studienort aufhalten. So steuern die Ergebnisse der vorliegenden Arbeit insofern neue Erklärungsansätze bei, dass sie aufzeigen können, dass an verschiedene Nutzendentypen (beispielsweise den ‚Homie' oder den ‚Seperator'[11]) bestimmte Schwerpunktsetzungen der zugehörigen Studierenden in ihren (Hochschul-)Räumen geknüpft sind. Diese spiegeln sich in ihren Interessen an der Hochschule und deren Standort wider. Beispielsweise werden die Befunde zum ‚Seperator' oder ‚Homie' in Verbindung mit dem Peer- bzw. Zertifikatstyp (siehe Abschnitte 5.4.1 sowie 5.5.1) nachvollziehbarer und zugleich nutzbar gemacht (vgl. Gothe/Pfadenhauer 2010: 49, 51 f. sowie 79).

---

[11] Deren Kennzeichen die Verlagerung von Aktivitäten in den privaten Bereich außerhalb des Campusses ist (vgl. Gothe/Pfadenhauer 2010: 49, 51 f. sowie 79).

6.2 Diskussion in Bezug auf den Forschungsstand

Trotz ihres Interesses am Bildungsangebot ihrer Hochschule, bleiben diese Studierenden auf Menschen und Güter ausgerichtet, die teilweise sogar außerhalb des Studienortes lokalisiert sind[12].

Die vorgelegte Idealtypologie verdeutlicht, dass eine rein (bauliche) Umgestaltung der Hochschule, des Campusses oder der Angebote am Studienort für die einzelnen Nutzenden- und Aneignungstypen keine Anreize bieten würde, die benannten Orte anders zu nutzen. Stattdessen eröffnet der Zugang über die Art und Weise, wie Studierende ihren (Hochschul-)Raum – über das Hochschulgebäude, den Campus und Studienort hinaus – erzeugen, handlungspraktisch sowie wissenschaftlich anschlussfähige Ansätze. Mit diesen können neue Einblicke in den Hochschulalltag der Studierenden gewonnen und interessenadäquate Studienbedingungen für verschiedene Studierende(-ntypen) entwickelt werden (siehe auch Abschnitt 6.5) Für künftige empirische Forschungsarbeiten zur Nutzung und Aneignung des Hochschulgeländes, Campus und Studienortes wird somit eine Perspektive nahegelegt, der zufolge Hochschule nicht lediglich als (baulich) einzugrenzende Orte bzw. ein Territorium zu konzipieren sein muss. Stattdessen können Hochschulgelände, Campus und Gebäude als Bestandteile eines sozial konstituierten (Hochschul-)Raumes entworfen werden, der sich auf den Studienort sowie darüber hinaus erstreckt und von Studierenden, Lehrenden und anderen Mitarbeitenden auf unterschiedliche Weise erzeugt, genutzt, gestaltet und belebt wird.

Schließlich lassen sich empirisch fundierte Erkenntnisse zum Aspekt der Standortbindung Studierender nach ihrem Hochschulabschluss beitragen (vgl. Flöther/Kooij 2012; Kratz/Lenz 2015 sowie Abschnitt 2.4.1). In den vorgestellten Studien der Forschungslinie wird argumentiert, dass sowohl Standorte in verstädterten als auch in ländlichen Räumen, insbesondere auf der lokalen Ebene, von ihren Hochschulen profitieren. Diesen gelingt es vergleichsweise gut, eine standortbindende Wirkung zu erzielen, wenn es ihnen gelingt, ihre Hochschulabsolventinnen und -absolventen in den Arbeitsmarkt vor Ort[13] vermitteln (vgl. Flöther/Kooij 2012). Die Möglichkeit einer ortsnahen Beschäftigung ergreifen Absolvierende von Fachhochschulen aufgrund der Passung ihrer akademischen Qualifikation an die vorhandene Nachfrage des Wirtschafts- und Arbeitsmarktes (vgl. Jaeger/Kopper 2014: 99 f.). Ihr Übergang in eine lokale Berufstätigkeit

---

[12] Für sie sind stattdessen (beispielsweise) feste Freundeskreise, ihre familiäre oder berufliche Eingebundenheit oder das Beibehalten des ursprünglichen Wohnorts vordergründig (siehe Abschnitte 5.4 sowie 5.5).

[13] Ebenfalls ist eine Beschäftigung an der Hochschule bzw. in der Hochschulverwaltung als Option denkbar.

wurde hierbei unabhängig davon beschrieben, ob sie als sogenannte einheimische oder zugezogene Studierende bereits einen Bezug zum Studienort hatten oder nicht (vgl. Flöther/Kooij 2012: 73; Jaeger/Kopper 2014; Kratz/Lenz 2015: 15; Gareis et al. 2018: 290 f. sowie 294 f.).

Die vorgestellten Studien setzen bei der Untersuchung von Studierendenbindung an ihre Hochschulstandorte jedoch erst beim Überganges in den lokalen Arbeitsmarkt und somit in erster Linie nach dem Hochschulabschluss an. Bisher ließ sich der Standortbezug von Studierenden somit noch nicht aus der subjektiven Studierendensicht beschreiben. Durch diese allerdings lassen sich solche räumlichen Bedeutungen und Relevanzsetzungen in den Blick nehmen, die letztlich dafür ausschlaggebend sind, dass eine lokale Berufstätigkeit für Studierende interessant ist. Hier knüpfen die Forschungsergebnisse der vorliegenden Arbeit an die Forschungslinie zur Standortbindung an. Wie eingangs verdeutlicht worden ist, sind ihre unterschiedlichen räumlichen Bezüge ausschlaggebend dafür, wie Studierende sich vor Ort bewegen und ihren (Hochschul-)Raum erzeugen. In ihren (Hochschul-)Räumen werden deshalb typische Interessenkonstellationen an der Hochschule und dem Studienort sichtbar, mit denen sich der Standortbezug von Studierenden bereits während des Studiums beschreiben lässt (siehe Abschnitt 5.5). Explizit standortbezogene Interessen an der Hochschule in allen ihren Studienbedingungen, ihrem Standort und kulturellen sowie Freizeitangeboten weisen zwei verschiedene Idealtypen auf (siehe Abschnitte 5.5.3 und 5.5.4 zum Ausgleichs- und College-Typ). Die zugeordneten Studierenden haben die Hochschule an jeweiligen Standort zumeist bewusst sowie aufgrund ihrer weiteren Raumbezüge ausgewählt. Beispielsweise sind sie hochschulnah beheimatet, haben einen Bezug zu nahegelegenen (Wohn-)Orten, soziale Verbindungen zu ihren (Bezugs-)Personen in Standortnähe oder schätzen Atmosphäre sowie Angebote des Hochschulstandortes. All diese herausgearbeiteten Raumbezüge bilden gemeinsam Grundlage dafür, dass Studierende als Absolventinnen und Absolventen eine ortsnahe Berufstätigkeit in Betracht ziehen. So verweisen die Forschungsergebnisse über (typische) soziale Raumkonstitutionen von Studierenden darauf, dass Studierenden- bzw. Absolvierendenbindungen mehr umfassen als das Vorhandensein einer Hochschule und des Arbeitsplatzangebots. Wenn unterschiedliche Erzeugungen von (Hochschul-)Raum in künftige Untersuchungen der Forschungslinie integriert werden, bieten sich somit einerseits neue Erkenntnisse bezüglich Studierendenmobilität ebenso wie hinsichtlich Standortbindung.

Neben den skizzierten Erkenntnissen, die diese Dissertation zum Stand der Forschung beitragen kann, ergeben sich aus der eingenommenen Forschungsperspektive ebenfalls Einschränkungen. Diese beruhen einerseits auf der Festlegung auf bestimmte methodologische Herangehensweisen, die andere Möglichkeiten zur Bearbeitung des Forschungsinteresses ausgeschlossen haben. Andererseits finden sie sich in der Forschendenrolle, die sich als Subjektivität im qualitativen Forschungsprozess widerspiegelt.

6.3 Limitationen der eigenen Perspektive und Arbeit

Im Zuge der vorliegenden Arbeit sind die sozialen Raumkonstitutionen von Studierenden an privaten Hochschulen herausgearbeitet worden. Für den Forschungs- bzw. Analyseprozess ist hierzu, wie im Verlauf der Arbeit ausgeführt worden ist, eine bestimmte Perspektive gewählt worden, die den Zugang zum Forschungsgegenstand sowie dessen empirische Bearbeitung erlaubte. Während des Forschungsverlaufs sind vor diesem Hintergrund kontinuierlich Zuspitzungen der eigenen Perspektive vorgenommen worden. Sie finden sich beispielsweise in der Beschreibung des Forschungsinteresses, der Formulierung theoretischer Vorannahmen, im Forschungsdesign durch die Konzeption des Erhebungsinstruments und in der Auswertungsstrategie. Diese methodologischen werden im Folgenden gemeinsam mit einigen inhaltlichen Limitationen der Forschungsperspektive und Arbeit reflektiert.

Mit der Beschreibung des Forschungsinteresses an den sozialen Konstitutionen von (Hochschul-)Raum geht eine bestimmte Perspektive auf den Gegenstandsbereich der vorliegenden Untersuchung einher, durch die ein anderer theoretischer Fokus ausgeschlossen worden ist. Aufgrund seiner offenen Perspektive ist das integrative Raumverständnis von Martina Löw der Untersuchung des (Hochschul-)Raumes aus Studierendensicht zwar wohlüberlegt zugrunde gelegt worden, weil es sowohl seine materiellen als auch symbolischen (bzw. sozialen) Bestandteile empirisch darzustellen vermag (vgl. Löw 2015; 2018). Durch die Festlegung auf den Zugang über ein bestimmtes Raumverständnis sind jedoch andere theoretische Zugänge ausgeschlossen worden, die möglicherweise aufschlussreiche Herangehensweisen geboten hätten. Vor dem Hintergrund der räumlichen bzw. standortbezogenen Unterschiede innerhalb der öffentlichen Hochschullandschaft und dem wachsenden Studierendenzuspruch privater Hochschulen ist allerdings ein raumtheoretischer Zugang gewählt worden.

Mit der Beschreibung des Forschungsgegenstands und der Formulierung theoretischer Vorüberlegungen sind dementsprechend weitere (methodologische) Weichen des Forschungs- und Analyseprozesses gestellt worden. Auf dieser Grundlage ist ein qualitatives Forschungsdesign in Anlehnung an die Grounded-Theory-Methodologie zur Untersuchung der sozialen Raumkonstitutionen der

Studierenden gewählt worden. Es umfasst eine Iterativität zwischen Empirie und Theorie bzw. Handlung und Reflexion, die auch Löws Raumsoziologie (2015) zugrunde liegt. Das Forschungsdesign beinhaltet hierbei eine Vorgehensweise mit Erhebungen durch qualitative leitfadengestützte Interviews, eine kontrastierende Sampling-Strategie und den theoriegenerierenden Kodierprozess, der durch Visualisierungsmemos unterstützt worden ist (siehe die entsprechenden Abschnitte im Methodenkapitel 5). Mit der gewählten Vorgehensweise ließ sich der Forschungsgegenstand unterschiedlicher sowie typischer sozialer Raumkonstitutionen stets neu sowie aus der subjektiven Studierendensicht bestimmen. Zugleich limitierte sie die Perspektive insofern, als eine Ausweitung auf teilnehmende Beobachtungen zur Beschreibung der (ausführenden) Handlungsebene oder Gruppendiskussionen, um kollektiv geteilte Vorstellungen und Gruppenmeinungen als Raumkonstitutionen darzustellen, forschungspraktisch nicht sinnvoll erschien.

Aufgrund der Subjektivität, die jede bzw. jeder Forschende in den qualitativen Forschungsprozess einbringt, ist zudem nicht auszuschließen, dass andere Untersuchende bei der empirischen Analyse des Forschungsgegenstands andere Facetten betont hätten. Um dieser Limitation zumindest zu begegnen, ist der Fortgang des theoriegenerierenden Kodierprozesses regelmäßig in Interpretationsgruppen mit raumwissenschaftlichem Hintergrund sowie aus der Hochschulforschung besprochen und diskutiert worden. Damit ist ein vergleichsweise breiterer Wissens- bzw. Erfahrungshintergrund in die Analyse eingeflossen. Zusätzlich wurde die induktive Erkenntniserzeugung im Zuge der vorliegenden Dissertation sowohl beschrieben und visualisiert (Abschnitt 4.3.1) als auch anhand von anschaulichen Eckfällen dargestellt (Abschnitte 5.1.1; 5.1.2 sowie 5.3.1; 5.3.2). Beide Aspekte erforderten es, durchaus tiefe Einblicke in Nuancen der Analyse zu geben, die somit einen großen Teil der vorliegenden Arbeit einnehmen. Zugleich tragen die Einblicke in den Prozess des Erkenntnisgewinns jedoch zu Nachvollziehbarkeit, Offenheit und Transparenz bei. Über diesen Zugang zur Vorgehensweise, wird es künftigen Forschenden möglich, in ihren Überlegungen an die Forschungsergebnisse anzuschließen und sie in eigenen Folgestudien zu widerlegen, zu erweitern oder zu spezifizieren.

Darüber hinaus lassen sich Limitationen der Forschungsarbeit anhand ihrer empirischen Datenlage reflektieren. Zwar erlaubt die Arbeit mit einem qualitativen Forschungsdesign, dass der Forschungsgegenstand im Anschluss an dessen Datenerhebung aus einer neuen Perspektive beschrieben wird. Diese Verschiebung des Fokus wurde im vorliegenden Forschungsprojekt umgesetzt und ist im zugehörigen Abschnitt der Erhebungsmethodik offengelegt worden (siehe

Abschnitt 4.1.2). Die Weiterentwicklung des ursprünglichen Forschungsinteresses bringt jedoch stets neue Aspekte in den Forschungs- und Analyseprozess ein, an denen die Grenzen des Erhebungsinstruments bzw. des vorhandenen empirischen Materials sichtbar werden. Eine gestaffelt organisierte Erhebungsphase oder Nacherhebungen hätten zur Minimierung dieser Limitationen beitragen können. Aus forschungspraktischen und Zeitgründen musste auf diese verzichtet werden. Beide Möglichkeiten bieten sich deshalb als weiterer Forschungsbedarf an.

Schließlich ist anzumerken, dass zwar das Interesse an den sozialen Raumerzeugungen von Studierenden auf der spezifischen Standortlogik sowie lokalen bzw. regionalen Eingebundenheit von privaten Hochschulen beruht. Die dargestellten Analyseverläufe belegen allerdings recht anschaulich (siehe Abschnitte 5.1 bis 5.3), dass es sich sowohl bei den erarbeiteten typischen Konstitutionen von (Hochschul-)Raum als auch bei den Interessenkonstellationen nicht zwangsläufig um Ergebnisse handelt, die spezifisch für Hochschulen in privater Trägerschaft sind. Die vorgelegten empirischen und Idealtypen lassen stattdessen eine Übertragbarkeit auf verschiedene Hochschulformate in privater ebenso wie in staatlicher Trägerschaft vermuten. Die Aussagekraft der vorgelegten Ergebnisse ist deshalb insofern ein Stück weit eingeschränkt, dass ihre Generalisierbarkeit und Reichweite (noch) nicht abschließend zu klären gewesen sind. So ist anzunehmen, dass sich verschiedene Hochschulen bzw. Hochschulstandorte weniger hinsichtlich der vorzufindenden typischen Konstitution ihres (Hochschul-)Raum unterscheiden, sondern dass die Unterschiede vielmehr in der Verteilung bzw. dem Verhältnis der einzelnen Typen zueinander zu beleuchten sind. Nachdem diese Arbeit den Forschungsgegenstand sozialer Konstitutionen von (Hochschul-)Raum zunächst erschlossen hat, muss es deshalb künftigen Untersuchungen vorbehalten bleiben, die Reichweite der vorgelegten Typologien in quantitativen Forschungsdesigns zu ergründen (siehe hierzu auch Abschnitt 6.4 zum weiteren Forschungsbedarf). Dennoch besteht ein spezifischer Wert der Ergebnisse womöglich gerade in ihrer Übertragbarkeit auf verschiedenste deutsche Hochschulkontexte. So kann diese Anschlussfähigkeit möglicherweise als ein Hinweis für Hochschulforschung sowie -praxis verstanden werden, etablierte Vorstellungen von Unterschiedlichkeit aufzulösen und stattdessen die Gemeinsamkeiten von privaten und staatlichen Hochschulen stärker in den Blick zu nehmen.

6.4 Weiterer Forschungsbedarf

Die typischen sozialen Raumkonstitutionen und Interessenkonstellationen verstehen sich als Ausgangspunkt weiterer empirischer Studien, mit denen die

Studierendensicht auf unterschiedliche Hochschulformate im deutschen Hochschulsystem aus einer räumlichen Perspektive bestimmt werden kann. Ebenfalls lässt sich eine Ausweitung auf internationale Vergleiche anschließen.

Wie im vorangegangenen Abschnitt angedeutet worden ist, bietet ein qualitatives Forschungsdesign den Vorteil, dass der Forschungsgegenstand im Verlauf entsprechend des Erkenntnisstandes beschrieben und definiert werden kann. In der vorliegenden Arbeit erwies sich eine Weiterentwicklung des ursprünglichen Fokus nach der Datenerhebung als schlüssig und notwendig. Neben Potenzialen zeigten sich jedoch auch Grenzen der Arbeit am vorhandenen Material aufgrund der Konzeption des Erhebungsinstruments (siehe Abschnitt 4.1.2). Dementsprechend bietet sich eine Replikation dieser Studie auf Basis des aktuellen Wissensstands an, die den Entwurf eines Interviewleitfadens in Abstimmung am Interesse an den sozialen Raumkonstitutionen umfasst.

Zudem erfolgte die Analyse des Forschungsgegenstands unterschiedlicher sozialer Konstitutionen von (Hochschul-)Raum durch die vorliegende Dissertation innerhalb eines bisher wenig erschlossenen Feldes. Aufgrund der Standortwahl und -bezogenheit, die insbesondere private Fachhochschulen zeigen, sind die empirischen Typen bzw. die abstrahierte Idealtypologie im Untersuchungsgebiet des Bundeslands Niedersachsen erarbeitet worden, in dem keine privaten Universitäten vorhanden sind (siehe Abschnitt 2.5).[14] Für Folgeuntersuchungen bietet sich dementsprechend eine Ausweitung der Forschungsperspektive oder ein Vergleich zwischen verschiedenen (privaten) Hochschulformaten an, in den auch Universitäten sowie Hochschulen an Standorten in großen sowie Großstädten einbezogen werden könnten, um die (typischen) sozialen Raumkonstitutionen dortiger Studierender auf diejenigen der vorliegenden Untersuchung zu beziehen.

Ebenfalls ist es möglich, die erarbeiteten Typologien faktoriellen Surveys bzw. Vignettenanalysen zugrunde zu legen. In den typischen Ausprägungen der Raumkonstitution finden sich beispielsweise über die Bedeutungszuschreibungen, Relevanzsetzungen oder die Interessenkonstellationen verschiedene Anknüpfungspunkte, um Faktoren oder Merkmale zu definieren. Somit können Vignetten konstruiert werden, die Studierenden an privaten Hochschulstandorten vorgelegt werden. Die Faktoren innerhalb der Vignetten werden systematisch variiert und von den Befragten auf einer Skala beurteilt, die statistisch ausgewertet wird. Auf Grundlage der Ergebnisse könnten die Typologien empirisch validiert und die Bedeutung einzelner Faktoren eingeschätzt werden. Ebenso ließen sich auf Basis der Vignettenurteile Rückschlüsse auf die quantitative Verteilung der Typen an

---

[14] Auch forschungspraktisch bot sich das Untersuchungsgebiet aufgrund seiner Erreichbarkeit für die Datenerhebung an.

verschiedenen Hochschulen bzw. Standorten ziehen. Eine solche Analyse wäre einerseits sinnvoll, um die Reichweite der vorgelegten Ergebnisse zu klären – insbesondere dann, wenn zusätzlich Einschätzungen von Studierenden an staatlichen Hochschulstandorten erhoben werden. Andererseits könnten die Untersuchungsergebnisse darüber hinaus für einzelne private Hochschulen, ihre Fakultäten bzw. Fachbereiche praktisch interessant sein, um die Verteilung verschiedener Studierendentypen in ihren Studiengängen zu bestimmen und Maßnahmen (z. B. Werbung, Studiengangstrukturen bzw. Stundenpläne, Freizeitangebote) gezielt daraufhin zu entwickeln (siehe Abschnitt 6.5).

Weitere interessante Anknüpfungsmöglichkeiten stellen die Vergleiche mit internationalen Hochschulformaten in Aussicht. Anders als in der deutschsprachigen Forschung überwiegt in Untersuchungen für das amerikanische Hochschulsystem eine andere Forschungsperspektive (siehe Abschnitt 2.4.3). Nach dieser werden Studierende an ihren Hochschulen bzw. auf dem Campus mittels hochschuleigener Lehr-, Wohn-, Verpflegungs- und Freizeitangeboten versorgt. Im Fokus stehen das sogenannte Inside- bzw. Outside-the-classroom-learning[15] welche darauf abzielen, Studierende neben der formalen akademischen Qualifikation, mit Soft Skills und humanistischen Werten auszustatten, um sowohl national als auch international als sozial kompetente Akteure zu agieren (vgl. Moffat 1989; Stevens et al. 2008; Delbanco 2012: 9–35). Die Betrachtung aus der standortbezogenen Perspektive, beispielsweise als Bindung von Studierenden an ihre Hochschulstandorte, scheint somit vergleichsweise typischer für den deutschsprachigen Raum zu sein. Durch eine Untersuchung im internationalen Vergleich kann jedoch weiterverfolgt werden, inwiefern sich der unterschiedliche Hochschulalltag in den sozialen Konstitutionen des (Hochschul-)Raumes der Studierenden widerspiegelt.

Neben dem Aufgreifen durch weitere empirische Forschung bieten sich ebenfalls vergleichsweise praktische Nutzungsmöglichkeiten der Kernergebnisse an.

6.5 Praktische Implikationen

Zur Analyse der sozialen Raumkonstitutionen von Studierenden an privaten Hochschulen wurde ein raumtheoretischer Zugang gewählt, mit dem die Studierendensicht auf Hochschulen und ihre Standorte eingenommen worden sind.

---

[15] Zum Ersteren gehören formale Lehrveranstaltungen, während Zweiteres beispielsweise Clubs, Hochschulsport und Studierendenverbindungen umfasst.

Die vorgelegten Ergebnisse bieten neue, praktisch nutzbare Erkenntnisse, die sich anhand des Szenarios einer idealen privaten (Fach-)Hochschule mit Standort im ländlichen Raum veranschaulichen lassen.

Eine private Hochschule lässt sich aus unterschiedlichen Perspektiven als räumlicher Bezugspunkt beschreiben. Wie einleitend ausgeführt worden ist, beziehen sich neben Hochschulgründenden und -betreibenden, beispielweise lokale bzw. regionale Unternehmen und Betriebe als Kooperierende ebenso wie Studierende mit unterschiedlichen Interessen auf sie. Mit der Hochschulgründung, ihrem Betrieb und ihrer Unterstützung verbinden sich dabei strategische Erwartungen wirtschaftliche Wachstumsimpulse in den Standort auszusenden, spezialisierte Fachkräfte auszubilden und gut qualifizierte Menschen am Standort zu halten, indem ihnen der Erwerb eines akademischen Bildungszertifikats eröffnet und Beschäftigungsmöglichkeiten aufgezeigt werden (vgl. Brauns 2003). Das Hauptaugenmerk der Studienangebote privater Hochschulen ist dementsprechend darauf ausgerichtet, bei Studierenden Interessen für ein Hochschulstudium auch abseits üblicher Standorte zu wecken und sie ggf. örtlich zu binden. Als Bezugspunkt sollte eine ideale private Hochschule im ländlichen Raum deshalb sowohl eine haltende als auch eine bindende Qualität aufweisen. Die *haltende Qualität* kommt darin zum Ausdruck, dass Studierenden ermöglicht wird, einen Bezug zum Studienangebot, der Hochschule und ihrem Standort aufzubauen. Die *bindende Qualität* zeigt sich darin, dass – zumindest – ein Teil der Studierenden in einem bestimmten Bezug zu ihrer Hochschule und dem Standort steht, der dazu geeignet ist, einen Verbleib vor Ort in Betracht zu ziehen. Mit diesen beiden Qualitäten einer idealen privaten Hochschule im ländlichen Raum werden nun die praktischen Implikationen veranschaulicht. Anschließend folgt eine kurze Reflexion über den gemeinsamen (Hochschul-)Raum aller Studierenden(-typen) an privaten Hochschulen.

Haltende Qualität

Die *haltende Qualität* ist für Betreibende privater Hochschulen, Hochschulmanagende und Kooperierende beispielsweise zum Zwecke des Hochschulmarketings und zur Anwerbung von Studieninteressierten ausschlaggebend. Mit den Forschungsergebnissen können gezielt bestimmte potenzielle Studierende anhand ihrer Interessen adressiert und (materielle wie soziale) Studienbedingungen so ausgestaltet werden, dass Studierende(-ntypen) alles vorfinden, was sie benötigen, um ihren (Hochschul-)Raum nach eigenen Bedürfnissen zu erzeugen. Die erarbeiteten Interessenkonstellationen ermöglichen es, (potenzielle) Studierende in ihren Bedürfnissen Freizeitgestaltung, Lernatmosphäre, (hochschulpolitischem) Engagement oder Geselligkeit anzusprechen, indem bestimmte Angebote ausgebaut oder

6.5 Praktische Implikationen

in Kooperation mit ihren Partnerinnen und Partnern sowie Anbietenden des Standortes vorgehalten werden. Auf diese Weise können (potenzielle) Studierende einen Bezug zu ihrer Hochschule und dem Studienort entwickeln.

Um den *Zertifikats-Typ* während des Studienverlaufs in seinen Relevanzen und Bedeutungen zu adressieren, ist die Bereitstellung der für die Leistungserbringung und den Wissenserwerb notwendigen Inhalte durch die private Hochschule ein ausschlaggebendes Kriterium. Da Studierende, die diesem Typus zugeordnet werden, einen großen Teil der Aktivitäten im Zusammenhang mit ihrem Bildungsinteresse außerhalb der Hochschule bzw. des Studienortes erledigen, legen sie Wert auf den Zugang zu entsprechenden Lehrmaterialien, auch von externen Orten aus. Eine gut ausgebaute digitale Infrastruktur, über die die erforderlichen Lehrmaterialien und Inhalte von verschiedenen Orten innerhalb ihrer Raumkonstitution aus verfügbar sind, ist hierfür Bedingung. Auch Gruppen- bzw. Teamarbeiten sollten über diese bei Bedarf organisiert und durchgeführt werden können. Zudem erscheint es sinnvoll, Zertifikats-Typen auch in ihren Relevanzen gerecht zu werden, die private Hochschule sowie den Studienort prompt erreichen bzw. wieder verlassen zu können. Dies setzt bei hochschulinternen Aspekten, wie zum Beispiel der Strukturierung von Stundenplänen mit wenigen Leerphasen, an und reicht bis zur Möglichkeit der Nutzung des öffentlichen Personennahverkehrs, beispielsweise mit einem Semesterticket, das bisher kaum private Hochschulen anbieten.

Um den *Peer-Typ* zu adressieren, können private Hochschulen neben den für die Leistungserbringung und den Wissenserwerb notwendigen Inhalten Angebote im Bereich der Freizeitgestaltung bereitstellen sowie Möglichkeiten zur Mitbestimmung eröffnen. Studierende, die diesem Typus zugeordnet werden, verbringen einen großen Teil der Aktivitäten, die im Zusammenhang mit ihrem Interesse an Freizeitangeboten stehen, mit ihren Mitstudierenden an Gütern außerhalb ihrer Hochschule. Somit legen sie Wert auf ausgebaute Wohnheime, an denen sie diese kennenlernen bzw. treffen können; Cafés bzw. eine Cafeteria, in die sie sich gemeinsam mit ihren festen Gruppen zurückziehen können, oder einen Sportverein bzw. ein Fitnessstudio, mit dem eine Hochschulkooperation zu vergünstigten Preisen besteht. Eine weitere Option liegt in der Ermöglichung von Engagement und Mitbestimmung durch die private Hochschule, beispielsweise im Allgemeinen Studierendenausschuss. So organisieren Studierende des Peer-Typs an einigen Standorten die für ihren (Hochschul-)Raum relevanten Freizeitangebote vor Ort mit Engagement und Motivation selbst[16], während die private Hochschule ihnen das nötige Mitbestimmungsrecht sowie die finanziellen Mittel zur Verfügung stellt.

---

[16] Zum Beispiel Rallyes, Semesterpartys, Ausflüge, Kinoabende, Videospiele, Hochschulsport, aber auch wohltätige Aktivitäten.

Den *Ausgleichs-Typ* können Hochschulen in privater Trägerschaft ansprechen, indem sie ihn bereits in einer frühen (Entscheidungs-)Phase mit ihren Spezifika vertraut machen. Als Bildungsanbietender kommt der privaten Hochschule in den Raumkonstitutionen der zugeordneten Studierenden, aufgrund des Fächerangebots, ihrer Studienstruktur, des unmittelbaren Studienortes sowie der Entfernung zum ursprünglichen Wohnort Bedeutung zu. Mit gezielten Werbemaßnahmen und Informationsveranstaltungen ist es möglich, potenzielle Studierende, die ihre künftige Hochschule aufgrund der vollständigen Studienbedingungen auswählen, bereits früh anzusprechen. Auch vor Ort können Relevanzen und Bedeutungen des Ausgleichs-Typus durch die private Hochschule aufgegriffen werden. Sichtbar wurde das Bedürfnis der zugeordneten Studierenden, einen sozialen Raum zu erzeugen, der ihnen den Ausgleich zwischen Studium und Freizeitgestaltung vor Ort ermöglicht. Aufgrund ihrer gleichrangigen Interessen an akademischer Bildung und Freizeitangeboten erstrecken sich ihre Bedürfnisse auf den Zugang in ihrem (Hochschul-)Raum. Hierzu schätzen sie beispielsweise offene Arbeitsbereiche, in denen sie sich zu Lerngruppen zusammenfinden können; Aufenthaltsräume und Wohnheime, um ihre Mitstudierenden zu treffen oder neue Kontakte zu knüpfen; Cafés bzw. eine Cafeteria, in die sie sich gemeinsam mit ihren festen Gruppen zurückziehen können, oder Angebote wie Hochschulsport bzw. Hochschulkino.

Um ihr Bedürfnis nach Ausgleich dabei tatsächlich adäquat zu adressieren, ist durch private Hochschulen zu berücksichtigen, dass sich der Wunsch nach Zugang zu Freizeitangeboten beim Ausgleichs-Typ nicht lediglich auf die Nutzung in Pausen und an Nachmittagen bezieht. Sein Interesse an Freizeitangeboten erstreckt sich ebenfalls auf die (späten) Abendstunden und Wochenenden, wenn der Ausgleichs-Typus die übrigen Aktivitäten mit Hochschulbezug bearbeitet hat.

Den *College-Typ* können private Hochschulen in seinen Relevanzen und Bedeutungen adressieren, indem sie neben den für die Leistungserbringung und den Wissenserwerb notwendigen Inhalten auch spezifische Angebote im Bereich Freizeitgestaltung bereitstellen. So verbringen Studierende, die diesem Typ zugeordnet werden, nahezu alle Aktivitäten im Zusammenhang mit ihrem Bildungsinteresse, ebenso wie solche mit ihrem Interesse an Freizeitangeboten, entweder direkt an der privaten Hochschule oder an Gütern, die sie in ihrem (Hochschul-)Raum mit dieser verbinden. Daher legen sie Wert auf ortsnahe Freizeit- und Verpflegungsangebote, die durch die Hochschule organisiert und angeboten werden[17]. Mahlzeiten und Snacks nehmen College-Typen gerne gemeinsam mit ihren Mitstudierenden in

---

[17] Beispielsweise Hochschulsport, Hochschulkino, Aktivitäten des Studierendenausschusses sowie Kurse und Workshops zu vielfältigen inhaltlichen Themen mit verschiedenen sowie wechselnden Studierenden und Studierendengruppen ihrer Hochschule.

6.5 Praktische Implikationen

der hochschuleigenen Mensa, Cafeteria bzw. einem Hochschulcafé ein. Ähnlich wie Studierende des Peer-Typs schätzen auch sie die Möglichkeit, sich im Allgemeinen Studierendenausschuss zu engagieren, sich hochschulpolitisch einzubringen und das studentische Leben ihrer Hochschule aktiv mitzugestalten.

Bindende Qualität
Darüber hinaus zeichnet sich eine ideale private Hochschule im ländlichen Raum durch ihre *bindende Qualität* aus. Diese zeigt sich darin, dass – zumindest – ein Teil der Studierenden in einem Bezug zu ihrer Hochschule und dem Standort steht, der einen Verbleib vor Ort für sie interessant machen könnte. Die private Hochschule kann aus Sicht ihrer Studierenden beispielsweise aufgrund ihres Bildungszertifikats, als Bildungs-, Lern- und Freizeitstätte ebenso wie aufgrund ihres Standortes als räumlicher Bezugspunkt beschrieben werden (siehe Abschnitt 6.1). Um auch Absolventinnen und Absolventen an ihre Standorte zu binden, können private Hochschulen und ihre Kooperierenden die beschriebenen Interessenkonstellationen weiterverfolgen, um bestimmte Standortbezüge zu verstärken bzw. zu verstetigen.

Für den Zertifikats-Typ wird die private Hochschule ausschließlich aufgrund ihres Bildungsangebotes zu einem räumlichen Bezugspunkt. Interessant ist sie deshalb lediglich, weil sie den zugehörigen Studierenden die Möglichkeit bietet, ein akademisches Bildungszertifikat zu erwerben. So verfolgen Studierende des Zertifikats-Typs ein Bildungsinteresse, das sich nicht auf die Hochschule an ihrem Standort bezieht[18], sondern stattdessen ausschließlich das angebotene Bildungszertifikat fokussiert. Beim Zertifikats-Typus kann die private Hochschule selbst deshalb keine Bindung bewirken. Allerdings zeichnen sich die zugeordneten Studierenden durch ihre Relevanzsetzungen und Bedeutungszuschreibungen zu Orten, Gütern und Menschen außerhalb ihrer Hochschule und des Standortes als Studienort aus. Sofern sich dieser Fokus ihres (Hochschul-)Raumes auf ihre Ausbildungsbetriebe und -unternehmen richtet, ließe sich darin womöglich dennoch eine Möglichkeit zur Standortbindung finden, die durch private Hochschulen und ihre Kooperierenden weiterverfolgt werden kann.

Auch der Peer-Typ interessiert sich ausschließlich aufgrund des Bildungsangebotes für die private Hochschule. Wie beim Zertifikats-Typus verfolgen Studierende des Peer-Typs ein Bildungsinteresse, das ausschließlich auf das Bildungszertifikat ausgerichtet ist und durch das sie dementsprechend keinen Bezug zu ihrer Hochschule entwickeln. Das Interesse an Freizeitangeboten des Studienorts, das

---

[18] Eine andere Möglichkeit besteht darin, dass sich der Zertifikats-Typ nicht für den Standort als seinen Studienort interessiert. Siehe weitere Ausführungen in diesem Abschnitt.

die betreffenden Studierenden aufweisen, kann einen Anknüpfungspunkt bilden, um Standortbindungen zu verstärken. Für Peer-Typen bilden Treffpunkte, über die Freizeitangebote in Anspruch genommen werden können, eigene räumliche Bezugspunkte. An diesen finden sich regelmäßig Studierende, studentische Gruppen und Freundeskreise zusammen, um gemeinsam ihre Zeit zu verbringen. Beim Peer-Typus bietet sich Hochschulmanagenden und -kooperierenden deshalb (lediglich) die Möglichkeit, Treffpunkte und andere Bedingungen zur Freizeitgestaltung so zu entwickeln, dass die zugehörigen Studierenden stärker mit dem Standort in Kontakt kommen. Da diese Studierenden insbesondere die gemeinsame Zeit mit ihren Freundeskreisen und festen Gruppen schätzen, werden Peer-Typen einen Verbleib jedoch vergleichsweise seltener in Betracht ziehen, wenn die übrigen Studierenden nicht mehr vor Ort sind.

Der Ausgleichs-Typ weist nicht lediglich ein Interesse am Bildungszertifikat auf, dass ihm die private Hochschule als Bezugspunkt zu bieten hat. So umfasst sein Bildungsinteresse zugleich die konkreten Studien- und Standortbedingungen der privaten Hochschule.[19] Darüber hinaus ist der Ausgleichs-Typus jedoch auch an Freizeitangeboten interessiert, mit denen er Ausgleich schaffende Aktivitäten verknüpft. Für Studierende dieses Typs bilden somit einerseits Treffpunkte zur Freizeitgestaltung feste räumliche Bezugspunkte, an denen sie sich mit ihren Gruppen und Freundeskreisen aufhalten. Andererseits bildet die konkrete Hochschule an ihrem ganz bestimmten Standort den Bezugspunkt ihres Bildungsinteresses. Ausgleichs-Typen werden dementsprechend aufgrund ihrer standortbezogenen Interessen durch private Hochschulen und ihre Kooperierenden angesprochen: Da sich die zugeordneten Studierenden zumeist bewusst für ihr Hochschulstudium am Standort entschieden haben, ist die Verstetigung ihrer Bindung durch eine lokale bzw. regionale Berufstätigkeit und ein Verbleib vor Ort für sie naheliegend.

Auch der College-Typ interessiert sich nicht ausschließlich für das Bildungszertifikat, sondern ebenfalls für die konkreten Studien- und Standortbedingungen[20] und die Atmosphäre[21] der privaten Hochschule. Einen räumlichen Bezugspunkt stellt sie jedoch nicht nur im Zusammenhang mit dem Bildungsinteresse, sondern auch darüber hinaus dar. Zugeordnete Studierende beabsichtigen eine vollinkludierende Teilnahme am Hochschulleben, um neben dem hochschulischen Bildungsangebot auch Freizeitangebote in verschiedenen Formaten zu besuchen. Aus diesem

---

[19] Zum Beispiel Fächerspektrum, Studienstruktur, Studienort etc.

[20] Zum Beispiel Fächerspektrum, Studienstruktur, Studienort etc.

[21] Gemein ist beispielsweise die Architektur der Gebäude, das Flair vor Ort oder das studentische Lebensgefühl.

6.5 Praktische Implikationen

Grund bildet die private Hochschule hinsichtlich ihrer Bildungs-, Freizeit- und Verpflegungsangebote einen räumlichen Bezugspunkt des College-Typs. Auch für den College-Typ bieten sich Möglichkeiten, mit denen dessen Standortbezug verstetigt werden könnte. Um eine Bindung der zugeordneten Studierenden zu erzielen, sollten Hochschulmanagende und –kooperierende bei der Verbindung und dem stetigen Kontakt zur privaten Hochschule ansetzen. Da sich College-Typen durch ihr standortbezogenes Interesse an der (konkreten) Hochschule sowie insbesondere am Hochschulleben auszeichnen, sind sie möglicherweise ebenfalls an einer akademischen Weiterqualifikation oder beruflichen Tätigkeit[22] an der privaten Hochschule interessiert. Des Weiteren könnte das Einbinden in Alumni- oder Mentoring-Programme einen Anknüpfungspunkt darstellen, mit dem private Hochschulen dem College-Typus ermöglichen, die Verbindung zum Hochschulleben aufrecht zu erhalten.

Schlussreflexion
Alle Studierenden(-typen) zeigen in der gemeinsamen Betrachtung ein Interesse am Bildungszertifikat ihrer privaten Hochschule. Aufgrund dessen nutzen und gebrauchen sie einen gemeinsamen (Hochschul-)Raum, der Hörsäle, Seminarräume und fachspezifische Arbeitsbereiche – wie z. B. Labore oder Ateliers – umfasst. Ihre (Hochschul-)Räume gleichen einander somit lediglich hinsichtlich verpflichtender Aufgaben und Tätigkeiten, die ihre Hochschule an die Leistungserbringung und den Wissenserwerb knüpft. Durch die Forschungsergebnisse der vorliegenden Arbeit ist anschaulich geworden, dass der Raum einer Hochschule allerdings viel mehr umfasst als die bauliche Struktur, die von allen ihren Studierenden gleichermaßen genutzt wird. Insbesondere über soziale Verbindungen stellen Studierende einen Bezug zu ihrem Hochschulstudium, der Hochschule oder ihrem Standort her.[23] Deshalb umfasst der Raum einer Hochschule stets auch Aspekte des sozialen Hochschullebens mit verschiedenen Treffpunkten und Angeboten ebenso wie sich soziale Verbindungen zu (Bezugs-)Personen an Wohn- und Heimatorten darin widerspiegeln.

---

[22] Beispielsweise als (wissenschaftliche) Mitarbeitende oder Lehrbeauftragte.
[23] Oder sie tun dies aufgrund von sozialen Verbindungen (zu Familie, Freunden, Partnerinnen und Partnern oder eigenen Kindern) gerade nicht.

Literaturverzeichnis

Andresen, M. (2003). Corporate Universities als Instrument des strategischen Managements von Person, Gruppe und Organisation. German Journal of Human Resource Management, 17(4), 391–394.

Arum, R.; Roksa, J.; Budig, M.J. (2008). The romance of college attendance: Higher education, stratification and mate election. Research in Social Stratification and Mobility, Jhg. 26, Nr. 2, 107–121.

Asche, M.; Haermeyer, B.; Irle, C.; Janssen, H. (2013). Masterplan Wissenschaft Dortmund. Band 2. Zahlen und Fakten. Dortmund. (z. B. URL: https://www.dortmund.de/de/leben_in_dortmund/bildungwissenschaft/studiumforschung/masterplan_wissenschaft/index.html [Zugriff vom 29.10.2020])

Assenmacher, M.; Leßmann, G.; Wehrt, K. & Stern, H. C. (2004). Regionale Entwicklungsimpulse von Hochschulen: Einkommens-, Beschäftigungs- und Kapazitätseffekte der Hochschulen Anhalt und Harz (FH). Wernigerode: Hochschule Harz.

Astin, A. (1993). What Matters in College: Four Critical Years Revisited. San Francisco: Jossey-Bass.

Autorengruppe Bildungsberichterstattung (2018). Bildungsbericht in Deutschland 2018. Ein indikatorengestützter Bericht mit einer Analyse zu Wirkungen und Erträgen von Bildung. URL: https://www.bildungsbericht.de/de/bildungsberichte-seit-2006/bildungsbericht-2018/pdf-bildungsbericht-2018/bildungsbericht-2018.pdf (Zugriff vom 11.2.2020).

Autorengruppe Bildungsberichterstattung (2020). Bildungsbericht in Deutschland 2020. Ein indikatorengestützter Bericht mit einer Analyse zur Wirkung von Bildung in einer digitalisierten Welt. URL: https://www.bildungsbericht.de/de/bildungsberichte-seit-2006/bildungsbericht-2020/pdf-dateien-2020/bildungsbericht-2020.pdf (Zugriff vom 25.6.2020).

Baur, N.; Blasius, J. (Hrsg.) (2014). Handbuch Methoden der empirischen Sozialforschung. Wiesbaden: Springer VS.

Baur, N.; Blasius, J. (2014). Methoden der empirischen Sozialforschung. In: Baur, N.; Blasius, J. (Hrsg.) (2014). Handbuch Methoden der empirischen Sozialforschung. Wiesbaden: Springer VS, S. 41–62.

Bayer Academy (2020). URL: https://karriere.bayer.de/de/whybayer/development-teamwork# (Zugriff vom 6.1.2020).

Beckenbach, F.; Daskalakis, M. & Hofmann, D. (2011). Die ökonomische Bedeutung der Universität Kassel für die Region Nordhessen (Langfassung) (No. 8). reihe empirische analysen.

Behörde für Wissenschaft, Forschung und Gleichstellung Hamburg (2020a). ‚BE THE CHANGE' – unter diesem Leitspruch lernen Talente aus aller Welt am NIT Northern Institute of Technology Management, Managementaufgaben verantwortungsvoll und nachhaltig zu übernehmen. URL: https://www.hamburg.de/bwfg/hochschullandschaft-hamburg/12790800/nit/ (Zugriff vom 6.1.2020).

Behörde für Wissenschaft, Forschung und Gleichstellung Hamburg (2020b). Northern Institute of Technology Management (NIT). URL: https://wissenschaft.hamburg.de/northern-institute-of-technology-management/ (Zugriff vom 6.1.2020).

Benighaus, L.; Jurczek, P. & Merkel, T. (1998). Regionalwirksamkeit der Technischen Universität Chemnitz. Chemnitz: Technische Universität Chemnitz.

Benneworth, P.; Hospers, G. J. (2007). The new economic geography of old industrial regions: Universities as global-local pipelines. Environment and Planning C: Government and Policy, 25(6), 779–802.

Berking, H.; Schwenk, J. (2011). Hafenstädte. Bremerhaven und Rostock im Wandel. (Band 4.). Frankfurt am Main: Campus Verlag.

Berking, H. (2001). SpacePlaceCity. In: Bittner, R. (Hrsg.). Die Stadt als Event. Frankfurt am Main: Campus Verlag, S. 49–57.

Bertelsmann University (2020). Wer wir sind. URL: https://bertelsmann-university.com/de/ueber-uns.html (Zugriff vom 6.1.2020).

Blume, L.; Fromm, O. (2000). Regionalökonomische Bedeutung von Hochschulen: Eine empirische Untersuchung am Beispiel der Universität Gesamthochschule Kassel (Vol. 11). Heidelberg: Springer-Verlag.

Blumer, H. (1954). What is wrong with social theory? American sociological review, 19(1), 3–10.

Bohnsack, R. (2007). Typenbildung, Generalisierung und komparative Analyse: Grundprinzipien der dokumentarischen Analyse. In: Bohnsack, R.; Nentwig-Gesemann, I.; Nohl, A. (Hrsg.) (2007). Die dokumentarische Methode und ihre Forschungspraxis. Springer VS: Wiesbaden, S. 225–253.

Böhm, A.; Legewie, H.; Muhr, T. (2008). Kursus Textinterpretation: Grounded Theory.

Bramwell, A.; Wolfe, D. A. (2008). Universities and regional economic development: The entrepreneurial University of Waterloo. Research policy, Jhg. 37, Nr. 8, 1175–1187.

Brauns, H.-J. (2003). Private Hochschulen in Deutschland. Eine Bestandsaufnahme im Auftrag vom WiSo Institut für Wirtschaft und Soziales. Berlin.

Braxton J.M.; Sullivan A. & Johnson R.M. (1997). Appraising Tinto's theory of college student departure. In: Smart, J. (1997). Higher Education: Handbook of Theory and Research. New York: Agathon, S. 107–164.

Brockhoff, K. (2003). Management privater Hochschulen in Deutschland. Hochschulmanagement (pp. 1–24). Wiesbaden: Gabler Verlag.

Brockhoff, K. (2004). Markteintrittsstrategien bei der Internationalisierung von Hochschulen. Die Betriebswirtschaft, 64(3), 320–332.

Literaturverzeichnis

Brockhoff, K. (2011). Erfolgsfaktoren privater Hochschulen. Zeitschrift für Betriebswirtschaft, 81(4), 5–31.

Bruns, R. W.; Görisch, J. (2002). Unternehmensgründungen aus Hochschulen im regionalen Kontext: Gründungsneigung und Mobilitätsbereitschaft von Studierenden (No. R1/2002). Arbeitspapiere Unternehmen und Region.

Bundesministerium für Bildung und Forschung (2018). Bericht über die Umsetzung des Bologna-Prozesses in Deutschland (2015–2018). URL: https://www.bmbf.de/de/der-bologna-prozess-die-europaeische-studienreform-1038.html (Zugriff vom 15.06.2020).

Bundesinstitut für Bau-, Stadt- und Raumforschung (2009). Laufende Raumbeobachtung – Raumabgrenzungen. Siedlungsstrukturelle Regionstypen. URL: https://www.bbsr.bund.de/BBSR/DE/Raumbeobachtung/Raumabgrenzungen/SiedlungsstrukturelleGebietstypen/Regionstypen/regionstypen.html (Zugriff vom 4.10.2019).

Bundesinstitut für Bau-, Stadt- und Raumforschung (2017). Laufende Raumbeobachtung – Raumabgrenzungen. Siedlungsstrukturelle Kreistypen. URL: https://www.bbsr.bund.de/BBSR/DE/Raumbeobachtung/Raumabgrenzungen/deutschland/kreise/Kreistypen4/kreistypen_node.html (Zugriff vom 16.2.2020).

Burstedde, A.; Werner, D. (2019). Binnenwanderung und regionale Arbeitsmärkte. Die Zukunft der Regionen in Deutschland. In: Hüther, M.; Südekum, J., Voigtländer, M. (Hrsg.) (2019). Die Zukunft der Regionen in Deutschland. Zwischen Vielfalt und Gleichwertigkeit. IW-Studien. Schriften zur Wirtschaftspolitik aus dem Institut der Deutschen Wirtschaft. Köln: IW Medien, S. 153–168.

Buschle, N.; Haider, C. (2016). Private Hochschulen in Deutschland. Statistisches Bundesamt, WISTA, 1, 2016.

Christaller, W. (1933). Die zentralen Orte in Süddeutschland. Eine ökonomisch-geographische Untersuchung über die Gesetzmäßigkeiten der Verbreitung und Entwicklung der Siedlung mit städtischen Funktionen. WBG Wissenschaftliche Buchgesellschaft: Darmstadt.

Clark, B. R. (1998). The entrepreneurial university: Demand and response. Tertiary Education and management, 4(1), 5–16.

Clark, B. R. (2001). The entrepreneurial university: New foundations for collegiality, autonomy, and achievement. Higher Education Management, 13(2), 9–24.

Clarke, A. E.; Keller, R. (2011). „Für mich ist die Darstellung der Komplexität der entscheidende Punkt." Zur Begründung der Situationsanalyse. In: Mey, G.; Mruck, K. (2011). Grounded Theory Reader (2. erweiterte u. überarbeite Aufl.). Wiesbaden: VS Verlag für Sozialwissenschaften, 109–131. URL: http://www.springer.com/springer+vs/psychologie/book/978-3-531-17103-6 (Zugriff vom 4.10.2019).

Clarke, A. E. (2017). Situational Analysis: Grounded Theory after the Postmodern Turn. Washington D.C.: Sage.

College Contact – offizielle deutsche Repräsentanz internationaler Hochschulen (2021a). Hochschullandschaft in den USA. URL: https://www.college-contact.com/usa/hochschullandschaft (Zugriff vom 3.10.2021).

College Contact – offizielle deutsche Repräsentanz internationaler Hochschulen (2021b). Campusleben in den USA. URL: https://www.college-contact.com/usa/campusleben (Zugriff vom 3.10.2021).

College Contact – offizielle deutsche Repräsentanz internationaler Hochschulen (2021c). Unterkunft für ein Studium in den USA. URL: https://www.college-contact.com/usa/unterkunft

Crang, M.; Thrift, N. J. (Hrsg.) (2000). Thinking space. Psychology Press.

Dahrendorf, R. (1965). Bildung ist Bürgerrecht. Hamburg: Nannen.

Delbanco, A. (2012). College. What it was, is and should be. Princeton University Press.

Delbanco, A. (2012). College. What it was, is and should be. Princeton University Press, Chapter One: What is College for. S.9–35.

Destatis bzw. Statistisches Bundesamt (2015). Private Hochschulen 2014. Wiesbaden.

Destatis bzw. Statistisches Bundesamt (2016). Bildung und Kultur. Studierende an Hochschulen. Wintersemester 2015/16. Fachserie 11, Reihe 4.1. Wiesbaden.

Destatis bzw. Statistisches Bundesamt (2017). Bildung und Kultur. Studierende an Hochschulen. Wintersemester 2016/17. Fachserie 11, Reihe 4.1. Wiesbaden. URL: https://www.statistischebibliothek.de/mir/servlets/MCRFileNodeServlet/DEHeft_derivate_00033166/2110410177004.pdf (Zugriff vom 27.6.2020).

Destatis bzw. Statistisches Bundesamt (2018). Bildung und Kultur. Private Hochschulen 2017. Wiesbaden. URL: https://www.destatis.de/DE/Themen/Gesellschaft-Umwelt/Bildung-Forschung-Kultur/Hochschulen/Publikationen/Downloads-Hochschulen/private-hochschulen-5213105177004.pdf?__blob=publicationFile (Zugriff vom 9.2.2020).

Destatis bzw. Statistisches Bundesamt (2018a). Bildung und Kultur. Studierende an Hochschulen. Wintersemester 2017/18. Fachserie 11, Reihe 4.1. Wiesbaden. URL: https://www.destatis.de/DE/Themen/Gesellschaft-Umwelt/Bildung-Forschung-Kultur/Hochschulen/Publikationen/Downloads-Hochschulen/studierende-hochschulen-endg-2110410187004.pdf?__blob=publicationFile&v=4 (Zugriff vom 27.6.2020).

Destatis bzw. Statistisches Bundesamt (2019). Bildung und Kultur. Studierende an Hochschulen. Wintersemster 2018/19. Fachserie 11, Reihe 4.4. Wiesbaden. URL: https://www.destatis.de/DE/Themen/Gesellschaft-Umwelt/Bildung-Forschung-Kultur/Hochschulen/Publikationen/Downloads-Hochschulen/studierende-hochschulen-endg-2110410197004.pdf;jsessionid=1E466AE27C5E00A53768287DFF7637CE.internet8721?__blob=publicationFile (Zugriff vom 6.2.2020).

Destatis bzw. Statistisches Bundesamt (2020). Studierende an Privaten Hochschulen. Insgesamt nach Hochschularten. Wiesbaden. URL: https://www.destatis.de/DE/Themen/Gesellschaft-Umwelt/Bildung-Forschung-Kultur/Hochschulen/Tabellen/privatehochschulen-studierende-insgesamt-hochschulart.html (Zugriff: 8.2.2020).

Destatis bzw. Statistisches Bundesamt (2020a). Pressemitteilung Nr. 026 vom 21. Januar 2020, Mehr Studierende an Privaten Hochschulen. Wiesbaden. URL: https://www.destatis.de/DE/Presse/Pressemitteilungen/2020/01/PD20_026_213.html (Zugriff: 10.2.2020).

Destatis bzw. Statistisches Bundesamt (2020b). Private Hochschulen. Wiesbaden. URL: https://www.destatis.de/DE/Themen/Gesellschaft-Umwelt/Bildung-Forschung-Kultur/Hochschulen/Tabellen/privatehochschulen-hochschularten.html (Zugriff vom 10.2.2020).

Destatis bzw. Statistisches Bundesamt (2020c). Bildung und Kultur – Private Hochschulen 2018. Wiesbaden. URL: https://www.destatis.de/DE/Themen/Gesellschaft-Umwelt/Bildung-Forschung-Kultur/Hochschulen/Publikationen/Downloads-Hochschulen/private-hochschulen-5213105187004.pdf?__blob=publicationFile (Zugriff vom 9.2.2020).

Literaturverzeichnis

Dettinger-Klemm, M. (1984). Probleme der künftigen Fachhochschulentwicklung im Rahmen regionaler Hochschulplanung. In: Akademie für Raumforschung und Landesplanung (1984). Regionale Hochschulplanung unter veränderten Verhältnissen. Forschungs- und Sitzungsberichte Bd. 151. Hannover: Curt R. Vincentz Verlag.

Deutscher Akademischer Austauschdienst (DAAD) (2019). Kurze Einführung in das Hochschulsystem und die DAAD-Aktivitäten.

Döring, J.; Thielmann, T. (2015). Einleitung: Was lesen wir im Raume? Der spatial turn und das geheime Wissen der Geographen. In: Döring, J.; Thielmann, T. (Hrsg.) (2015). Spatial turn: das Raumparadigma in den Kultur-und Sozialwissenschaften. Bielefeld: transcript Verlag, S. 7–48.

Döring, J.; Thielmann, T. (Hrsg.) (2015). Spatial turn: das Raumparadigma in den Kultur-und Sozialwissenschaften. Bielefeld: transcript Verlag.

Dörner, O.; Loos, P.; Schäffer, B.; Schondelmayer, A. C. (Hrsg.) (2019). Dokumentarische Methode: Triangulation und blinde Flecken. Leverkusen: Verlag Barbara Budrich.

Einig, K. (2008). Regulierung der Daseinsvorsorge als Aufgabe der Raumordnung im Gewährleistungsstaat. Informationen zur Raumentwicklung (1/2), 17–40.

Enders, J.; Jongbloed, B. (2007). Public-private dynamics in higher education. Expectations, developments and outcomes. Bielefeld: transcript.

Engelke, J.; Müller, U. & Röwert, R. (2017). Erfolgsgeheimnisse privater Hochschulen. Wie Hochschulen atypische Studierende gewinnen und neue Zielgruppen erschließen können. Gütersloh: CHE, Centrum für Hochschulentwicklung. URL: https://www.che.de/wp-content/uploads/upload/Im_Blickpunkt_Erfolgsgeheimnisse_privater_Hochschulen.pdf (Zugriff vom 04.4.2017).

European Union Law (GATS) (2020). Allgemeines Übereinkommen über den Handel mit Dienstleistungen. URL: https://eur-lex.europa.eu/legal-content/DE/TXT/?uri=CELEX: 21994A1223(16) (Zugriff vom 03.03.2020).

Flick. U. (2014). Gütekriterien qualitativer Sozialforschung. In: Baur, N.; Blasius, J. (Hrsg.) (2014). Handbuch Methoden der empirischen Sozialforschung. Wiesbaden: Springer VS, S. 411–423.

Flick, U. (2016). Qualitative Sozialforschung. Eine Einführung. Reinbek/Hamburg: Rowohlt Taschenbuch Verlag.

Flöther, C., Kooij, R. (2012). Hochschulen als Faktoren im regionalen Standortwettbewerb. (K)eine Gewinner-Verlierer-Story. Die Hochschule: Journal für Wissenschaft und Bildung, 21(2), 65–81.

Framhein, G. (1983). Alte und neue Universitäten. Einzugsbereiche und Ortswahl der Studenten, Motive und Verhalten. Bad Honnef: Bock.

Framhein, G. (1984). Studienortwahl und Entwicklungsprobleme neuer Universitäten. In: Webler, W.-D. (Hrsg.) (1984). Hochschule und Region. Wechselwirkungen. Weinheim: Beltz, S. 245–272.

Frank, A.; Hieronimus, S.; Killius, N. & Meyer-Guckel, V. (2010). Rolle und Zukunft privater Hochschulen in Deutschland. Eine Studie in Kooperation mit McKinsey & Company. Stifterverband für die Deutsche Wissenschaft: Essen.

Frank, A; Kröger, A.; Krume, J. & Meyer-Guckel, V. (2020). Entwicklungen im Spannungsfeld von gesellschaftlicher und akademischer Transformation. Stifterverband für die Deutsche Wissenschaft: Essen.

Franz, P.; Rosenfeld, M. T. & Roth, D. (2002). Was bringt die Wissenschaft für die Wirtschaft in einer Region? (No. 163). IWH Discussion Papers.

Franzen, N.; Hahne, U.; Hartz, A.; Kühne, O.; Schafranski, F.; Spellerberg, A. & Zeck, H. (2008). Herausforderung Vielfalt – Ländliche Räume im Struktur-und Politikwandel (No. 4). E-paper der ARL.

Gareis, P., Diller, C., & Huchthausen, H. (2018). Braindrain und Bologna-Drain–Räumliche Implikationen der Bologna-Reform und Auswirkungen auf ländliche Räume. Eine Analyse am Beispiel der Justus-Liebig-Universität Gießen. Raumforschung und Raumordnung Spatial Research and Planning, 76(4), 281–296.

Geißler, C. (1965). Hochschulstandorte, Hochschulbesuch. Hannover: Jänecke.

Giddens, A. (1995). Die Konstitution der Gesellschaft. Grundzüge einer Theorie der Strukturierung. Frankfurt am Main/New York: Campus Verlag.

Glorius, B.; Schultz, A. (2002). Die Martin-Luther-Universität als regionaler Wirtschaftsfaktor. Hallesche Diskussionsbeiträge zur Wirtschafts-und Sozialgeographie, (1), 1–34.

Glaser, B.G.; Strauss, A.L. (2010). Grounded Theory. Strategien Qualitativer Forschung. Bern: Verlag Hans Huber.

Glaser, B.G.; Strauss, A.L. (1967). The discovery of grounded theory: Strategies for qualitative Research. Chicago: Aldine.

Glaser, B.G. (1978). Theoretical Sensitivity: Advances in the Methodology of Grounded Theory. Mill Valley (CA): Sociology Press.

Glaser, B.G. (1998). Doing grounded theory: Issues and Discussions. Mill Valley (CA): Sociology Press.

Gothe, K.; Pfadenhauer, M. (2010). My Campus – Räume für die ‚Wissensgesellschaft'?: Raumnutzungsmuster von Studierenden. Wiesbaden: VS Verlag für Sozialwissenschaften.

Hachmeister, C. D.; Harde, M. E. & Langer, M. F. (2007). Einflussfaktoren der Studienentscheidung: Eine empirische Studie von CHE und EINSTIEG. CHE.

Hahn, K. (2003). Die Globalisierung des Hochschulsektors und das ‚General Agreement on Trade in Services' (GATS). Die Hochschule: Journal für Wissenschaft und Bildung, 12(1), 48–73.

Hannoversche Allgemeine Zeitung (HAZ) (2019). Managerschule GISMA wird zur Hochschule. URL: https://www.haz.de/Hannover/Aus-der-Stadt/Universitaeten-in-Hannover-Managerschule-Gisma-wird-zur-Hochschule (Zugriff vom 29.1.2020).

Helfferich, C. (2004). Die Qualität qualitativer Daten. Manual für die Durchführung qualitativer Interviews. Wiesbaden: VS Verlag für Sozialwissenschaften.

Henkel, G. (1995). Der Ländliche Raum. Gegenwart und Wandlungsprozesse seit dem 19. Jahrhundert. Stuttgart: Borntraeger.

Hochschulrahmengesetz (HRG) (2020). URL: https://www.gesetze-im-internet.de/hrg/ (Zugriff vom 3.2.2020).

Hochschulrektorenkonferenz (HRK) (2020). Download von Hochschullisten. URL: https://www.hochschulkompass.de/hochschulen/downloads.html (Zugriff vom 23.1.2020).

Hochschulrektorenkonferenz (HRK) (2004). Neue private Hochschulen – Überlegungen zum Wettbewerb staatlicher und privater Hochschulen. Empfehlung der 19. Versammlung der Mitgliedergruppe Fachhochschulen am 21./22.10.2002. URL: https://www.hrk.de/uploads/tx_szconvention/Empf.priv.HS1.pdf (Zugriff vom 1.2.2020).

Literaturverzeichnis

Hüther, M.; Südekum, J. & Voigtländer, M. (Hrsg.) (2019). Die Zukunft der Regionen in Deutschland. Zwischen Vielfalt und Gleichwertigkeit. IW-Studien. Schriften zur Wirtschaftspolitik aus dem Institut der Deutschen Wirtschaft. Köln: IW Medien.

Hovestadt, G.; Beckmann, T. (2010). Corporate Universities. Ein Überblick. Hans-Böckler-Stiftung. URL: https://www.boeckler.de/pdf/mbf_netzwerke_corporate_unis.pdf (Zugriff vom 31.12.2019).

Hovestadt, G.; Keßler, N.; Pompe, O. & Stegelmann, P. (2005). Internationale Bildungsanbieter auf dem deutschen Markt. Ein Überblick. Hans-Böckler-Stiftung. URL: https://www.boeckler.de/pdf/p_edition_hbs_163.pdf (Zugriff vom 22.12.2019).

Ipsen, D. (1997). Raumbilder. Kultur und Ökonomie räumlicher Entwicklung. Pfaffenweiler: Centaurus Verlag.

Jaeger, A., Kopper, J. (2014). Third mission potential in higher education: measuring the regional focus of different types of HEIs. Review of Regional Research, 34(2), 95–118.

Jorgensen, D. L. (1989). Participant Observation. A Methodology for Human Studies. London, Thousand Oaks, New Delhi: Sage.

Jorgensen, D. L. (2015 [1989]). Participant observation. Emerging trends in the social and behavioral sciences: An interdisciplinary, searchable, and linkable resource (https://doi.org/10.1002/9781118900772.etrds0247).

Junge, M. (2015). Georg Simmel kompakt (Vol. 1). Bielefeld: transcript Verlag.

Karen D. (2002). Changes in access to higher education in the United States: 1980–1992. Sociology of Education, Nr. 75, 191–210.

Kelle, U.; Kluge, S. (2010). Vom Einzelfall zum Typus. Fallvergleich und Fallkontrastierung in der qualitativen Sozialforschung (2. überarbeitete Auflage). Wiesbaden: VS Verlag für Sozialwissenschaften.

Kelle, U.; Kluge, S. (1999). Vom Einzelfall zum Typus. Fallvergleich und Fallkontrastierung in der qualitativen Sozialforschung. Wiesbaden: VS Verlag für Sozialwissenschaften.

Keller, R. (2005). Wissenssoziologische Diskursanalyse. Wiesbaden: VS Verlag.

Keller, R.; Knoblauch, H. & Reichertz, J. (2012). Kommunikativer Konstruktivismus. Wiesbaden: VS Verlag.

Knappe, S. (2006). Die Regionalwirksamkeit der Wissenschaftseinrichtungen in Potsdam: eine empirische Analyse wissenschaftsbedingter Beschäftigungs-, Einkommens- und Informationseffekte. URL: https://publishup.uni-potsdam.de/opus4-ubp/frontdoor/deliver/index/docId/1091/file/knappe_PKS_40.pdf (Zugriff vom 29.10.2020)

Konegen-Grenier, C. (1996). Private Hochschulen. In: Schlaffke, W.; Weiß, R. (Hrsg.) (1996). Private Bildung – Herausforderung für das öffentliche Bildungsmonopol: Berichte zur Bildungspolitik 1996 des Instituts der Deutschen Wirtschaft Köln. Köln: Deutscher Institutsverlag.

Kosmützky, A. (2002). Totenglocke im Elfenbeinturm? Eine (wissens-) soziologische Untersuchung privater Hochschulen in Deutschland aus diskursanalytischer Perspektive. Diplomarbeit, Fakultät für Soziologie, Universität Bielefeld.

Kratz, F.; Lenz T. (2015). Regional-ökonomische Effekte von Hochschulabsolventen. Beiträge zur Hochschulforschung, 37(2), 8–27.

Kreckel, R. (2004). Politische Soziologie der sozialen Ungleichheit. Frankfurt am Main/New York: Campus Verlag.

Kuckartz, U. (2018). Qualitative Inhaltsanalyse. Methoden, Praxis, Computerunterstützung. Weinheim: Beltz Juventa.

Küchler, T. (2001). Gespenst oder Realität? – Die hochschulpolitische Wirklichkeit der Corporate University. In: Kraemer, W.; Müller, M. (Hrsg.) (2001): Corporate Universities und Elearning – Personalentwicklung und lebenslanges Lernen. Wiesbaden: Springer Gabler, S. 135–148.

Landwehr, R. (1980). Innenstadtnahe Altbaugebiete: Das materielle Substrat einer studentischen Alternativkultur. Angewandte Sozialforschung (1/2), 33–63.

Lange, S.; Schimank, U. (2007). Zwischen Konvergenz und Pfadabhängigkeit: New Public Management in den Hochschulsystemen fünf ausgewählter OECD-Länder. In: Holzinger, K.; Jörgens, H.; Knill, C. (Hrsg.) (2007). Transfer, Diffusion und Konvergenz von Politiken. Wiesbaden: VS Verlag für Sozialwissenschaften, S. 522–548.

Leusing, B. (2007). Hochschulen als Standortfaktor. Eine empirische Analyse der regionalökonomischen Effekte der Universität Flensburg (No. 015).

Levy, D. C. (2008). The enlarged expanse of private higher education. Die Hochschule: Journal für Wissenschaft und Bildung, 17(2), 19–35.

Levy, D. C. (2012). How important is private higher education in Europe? A regional analysis in global context 1. European Journal of Education, 47(2), 178–197.

Levy, D. C. (2013). The decline of private higher education. Higher Education Policy, 26.1, 25–42.

Lippuner, R. (2005). Raum – Systeme – Praktiken. Zum Verhältnis von Alltag, Wissenschaft und Geographie. Stuttgart: Franz Steiner Verlag.

Lörz, M. (2009). Räumliche Mobilität beim Übergang ins Studium und im Studienverlauf. *Bildung und Erziehung, 61* (4), 413–436. (https://doi.org/10.7788/bue.2008.61.4.413)

Löw, M. (2015). Raumsoziologie. Frankfurt am Main: Suhrkamp Verlag.

Löw, M. (2015a). Space Oddity. Raumtheorie nach dem Spatial Turn. In: sozialraum.de (7) Ausgabe 1/2015. (URL: https://www.sozialraum.de/space-oddity-raumtheorie-nach-dem-spatial-turn.php) (Zugriff vom 17.5.2020).

Löw, M. (2018). Vom Raum aus die Stadt denken: Grundlagen einer raumtheoretischen Stadtsoziologie. Bielefeld: transcript Verlag.

Maldonado-Maldonado, A.; Cao, Y.; Zhu H.; Levy D. C. & Altbach, P. G. (2006). Private higher education: An international bibliography. IAP.

Massey, D. (1997). Spatial disruptions. In: Golding, S. (Hrsg.) (1997). Eight Technologies of Otherness. London: Routledge, 218–225.

Massey, D. (1999). Spaces of politics. In: Massey, D. , Allen, J., Sarre, P. (Hrsg.) (1999). Human geography today. Cambridge: Polity Press, S. 279–294.

Massey, D. (2005). For Space. London, Thousank Oaks, New Delhi: Sage.

Massey, D. (2010). A global sense of place, S. 1–7, URL: http://www.aughty.org/pdf/global_sense_place.pdf (Zugriff vom 29.10.2020).

Massey, D.; Allen, J.; Sarre, P. (1999). Spaces of politics. In: Massey, D.; Allen, J. & Sarre, P. (Hrsg.) (1999). Human geography today. Cambridge: Polity Press, S. 3–22.

Matthes, A.; Peter, K.; Taskin, Ö. (2015). Wirtschaftsfaktor Hochschule in der Freien und Hansestadt Hamburg. Die ökonomische Bedeutung der Hochschulen in Hamburg. Hamburg: DIW ECON.

Matthiessen, P. F. (2013). Der Hochschulgedanke Rudolf Steiners und die Universität Witten/Herdecke. In: Heusser, P.; Weinzirl, J. (2013) (Hrsg.). Rudolf Steiner – Seine Bedeutung für Wissenschaft und Leben heute. Stuttgart: Schattauer Verlag, S. 267–331.

Literaturverzeichnis

Mayring, P.; Fenzl, T. (2014). Qualitative Inhaltsanalyse. In: Baur, N.; Blasius, J. (Hrsg.) (2014). Handbuch Methoden der empirischen Sozialforschung. Wiesbaden: Springer VS, S. 543–556.

Medjedović, I.; Witzel, A. (2010). Wiederverwendung qualitativer Daten. Archivierung und Sekundärnutzung qualitativer Interviewtranskripte. (Unter Mitarbeit von Reiner Mauer und Oliver Watteler). Wiesbaden: VS Verlag.

Medjedović, I. (2014). Qualitative Daten für die Sekundäranalyse. In: Baur, N.; Blasius, J. (Hrsg.) (2014). Handbuch Methoden der empirischen Sozialforschung. Wiesbaden, Germany: Springer VS, S. 223–232.

Merton, Robert K. (1949). Social theory and social structure. Glencoe, Ill.: Free Press.

Mey, G.; Mruck, K. (2007). Grounded Theory Methodologie – Bemerkungen zu einem prominenten Forschungsstil. Historical Social Research, Supplement, (19), 11–39.

Mey, G.; Mruck, K. (2011). Grounded Theory Reader (2. erweiterte u. überarbeite Aufl.). Wiesbaden: VS Verlag für Sozialwissenschaften, URL: http://www.springer.com/springer+vs/psychologie/book/978-3-531-17103-6 (Zugriff vom 4.10.2019).

Mey, G.; Mruck, K. (2011). Grounded-Theory-Methodologie: Entwicklung, Stand, Perspektiven. In: Mey, G.; Mruck, K. (2011). Grounded Theory Reader (2. erweiterte u. überarbeite Aufl.). Wiesbaden: VS Verlag für Sozialwissenschaften, S. 11–49. URL: http://www.springer.com/springer+vs/psychologie/book/978-3-531-17103-6 (Zugriff vom 4.10.2019).

Mey, G.; Mruck, K. (2009). Methodologie und Methodik der Grounded Theory. In: Kempf, W.; Kiefer, M. (Hrsg.). Forschungsmethoden der Psychologie. Zwischen naturwissenschaftlichem Experiment und sozialwissenschaftlicher Hermeneutik. Band 3: Psychologie als Natur- und Kulturwissenschaft. Die soziale Konstruktion der Wirklichkeit. Berlin: Regener, S. 100–152.

Milbert, A.; Sturm, G. (2016). Binnenwanderungen in Deutschland zwischen 1975 und 2013. Informationen zur Raumentwicklung, (2), 121–144.

Ministerium für Wissenschaft und Kultur Niedersachsen (MWK) (2020). Fachhochschulen in nichtstaatlicher Verantwortung. URL: https://www.mwk.niedersachsen.de/startseite/hochschulen/hochschullandschaft/hochschulen_und_berufsakademien/fachhochschulen_in_nichtstaatlicher_verantwortung/fachhochschulen-in-nichtstaatlicher-verantwortung-19122.html (Zugriff vom 14.2.2020).

Moffatt, M. (1991). College Life: Undergraduate Culture and Higher Education. The Journal of Higher Education, 62(1), 44–61.

Mose, I. (2019). Ländliche Räume. In: Blotevogel, H. H.; Döring, Th.; Grotefels, S.; Helbrecht, I. & Jessen, J. (Hrsg.). ARL Handwörterbuch der Stadt- und Raumentwicklung. Hannover: ARL, S. 1323–1334.

Muckel, P. (2007). Die Entwicklung von Kategorien mit der Methode der Grounded Theory. Historical Social Research, Supplement, 19, 211–231. https://nbn-resolving.org/urn:nbn:de:0168-ssoar-288620

Müller, M.; Kraemer, W. (1999): Virtuelle Corporate University – Executive Education Architecture and Knowledge Management. In: Scheer, A.W. (Hrsg.). Electronic Business und Knowledge Management – Neue Dimensionen für den Unternehmenserfolg. Heidelberg: Springer, S. 491–525.

Nohl, A.-M. (2012). Interview und Dokumentarische Methode. Anleitungen für die Forschungspraxis. (4. Aufl.) Wiesbaden: VS Verlag für Sozialwissenschaften.

Nokkala, T. (2007). The Bologna process and the role of higher education: Discursive construction of the European higher education area. In: Enders, J.; Jongbloed, B. (Hrsg.) (2007). Public-private dynamics in higher education. Expectations, developments and outcomes. Bielefeld: transcript.

Northern Institute of Technology Management (2020). Studiengänge, Netzwerk und Partner. URL: https://www.nithh.de/de/studium/technologiemanagement/ sowie https://www.nithh.de/de/netzwerk-und-partner (Zugriff vom 29.10.2020).

Orr, D. (2007). More competition in German higher education: Expectations, developments, outcomes. In: Enders, J.; Jongbloed, B. (Hrsg.) (2007). Public-private dynamics in higher education. Expectations, developments and outcomes. Bielefeld: transcript.

Pachuashvili, M. (2007). Changing patterns of private-public growth and decline: the case of Georgian higher education. Program for Research on Private Higher Education. Working Paper, 10.

Pachuashvili, M. (2008). Private-public dynamics in post-communist higher education. Die Hochschule: Journal für Wissenschaft und Bildung, 17(2), 84–93.

Pascarella, E.T. (1980). Student-faculty informal contact and college outcomes. Review of educational research, Jhg., 50, Nr. 4, 545–595.

Peisert, H.; Framhein, G. & Kuthe, M. (1984). Veränderungen des Standortnetzes des Hochschulsystems durch Gründung neuer Universitäten. In: Akademie für Raumforschung und Landesplanung (ARL) (1984). Regionale Hochschulplanung unter veränderten Verhältnissen, Veröffentlichungen der ARL. Hannover, S. 27–58.

Pratt, A. C. (1996). Discourses on Rurality: Loose Talk or Social Struggle? In: Journal of Rural Studies 12 (1), 69–78.

Przyborski, A.; Wohlrab-Sahr, M. (2014). Qualitative Sozialforschung – ein Arbeitsbuch. München: Oldenbourg Verlag.

Roksa J.; Grodsky E.; Arum R. & Gamoran A. (2007). Changes in higher education and social stratification in the United States. In: Shavit, Y. (2007). Stratification in Higher Education: A comparative Study, S. 165–91.

Schimank, U. (2005). ‚New public management' and the academic profession: Reflections on the German situation. Minerva, 43(4), 361–376.

Schlaffke, W.; Weiß, R. (1996). Private Bildung – Herausforderung für das öffentliche Bildungsmonopol: Berichte zur Bildungspolitik 1996 des Instituts der Deutschen Wirtschaft Köln. Köln: Deutscher Institutsverlag.

Schmitt-Howe, B. (2019). Triangulation durch Dokumentarische Methode und Grounded Theory Methodology (GTM) auf der Basis von problemzentrierten (Gruppen-) Interviews. In: Dörner, O.; Loos, P.; Schäffer, B. & Schondelmayer, A. C. (Hrsg.) (2019). Dokumentarische Methode: Triangulation und blinde Flecken. Leverkusen: Verlag Barbara Budrich.

Schroer, M. (2013). Räume, Orte, Grenzen: Auf dem Weg zu einer Soziologie des Raums. Berlin: Suhrkamp Verlag.

Sewell, W.H., Haller A.O., Portes A. (1969). The educational and early occupational attainment process. American Sociological Review, Nr. 34, S. 82–92

Simmel, Georg (2013 [1908]). Soziologie. Untersuchungen über die Formen der Vergesellschaftung. Berlin: Duncker & Humblot (https://doi.org/10.3790/978-3-428-53725-9).

Literaturverzeichnis

Simons, H.; Weiden, L. (2015). Schwarmstädte in Deutschland: Ursachen und Nachhaltigkeit der neuen Wanderungsmuster: Endbericht. GdW Bundesverband Deutscher Wohnungs- und Immobilienunternehmen e V.

Simons, H.; Weiden, L. (2015a). Schwarmstädte in Deutschland: Ursachen und Nachhaltigkeit der neuen Wanderungsmuster in Deutschland. Ausgewählte Ergebnisse. Berlin: Empirica. URL: https://web.gdw.de/uploads/pdf/Pressemeldungen/2015001_GdW_Schwarmstaedte_Ergebnisse_endg.pdf (Zugriff vom 4.4.2020).

Simons, H.; Weiden, L. (2016). Schwarmverhalten, Reurbanisierung und Suburbanisierung. Informationen zur Raumentwicklung (3). URL: https://www.bbsr.bund.de/BBSR/DE/veroeffentlichungen/izr/2016/3/Inhalt/downloads/simons-weiden-dl.pdf?__blob=publicationFile&v=3 (Zugriff vom 29.10.2020).

Simons, H.; Weiden, L. (2017). Herausforderungen und Perspektiven für den deutschen Wohnungsmarkt. Endbericht, Berlin: Empirica. URL: https://www.kfw.de/PDF/Download-Center/Konzernthemen/Research/PDF-Dokumente-Studien-und-Materialien/Herausforderungen-und-Perspektiven-f%C3%BCr-den-deutschen-Wohnungsmarkt.pdf (Zugriff vom 4.4.2020).

Spehl, H.; Sauerborn, K.; Sauer, M.; Benson, L.; Feser, H. D.; von Malottki, C. & Flohr, M. (2006). Regionalwirtschaftliche Wirkungen der Hochschulen und Forschungseinrichtungen in Rheinland-Pfalz. Wertschöpfungs-, Einkommens- und Beschäftigungseffekte durch Bau und Betrieb der Einrichtungen. Trier. URL: https://www.uni-trier.de/fileadmin/forschung/TAURUS/Publikationen_Sauerborn/Regionalwirtschaftliche_Wirkungen_RLP_Phase_II_Lang.pdf (Zugriff vom 29.10.2020).

Sperlich, A. (2007). Theorie und Praxis erfolgreichen Managements privater Hochschulen in Deutschland. Berlin: BWV Verlag.

Sperlich, A. (2008). Private Hochschulen in der deutschen Hochschulforschung. Oder: „Noch nicht mal ignorieren!". Die Hochschule: Journal für Wissenschaft und Bildung, 17(2), 126–139.

Steinkemper, U. (2002). Die verfassungsrechtliche Stellung der Privathochschule und ihre staatliche Förderung: Verantwortungsteilung im dualen Hochschulsystem. Berlin: Duncker & Humblot.

Stevens, M. L.; Armstrong, E. A.; Arum, R. (2008). Sieve, incubator, temple, hub: Empirical and theoretical advances in the sociology of higher education. Annual Review of Sociology (34), 127–151.

Stiftung Akkreditierungsrat 2020. Akkreditierungsrat. URL: https://www.akkreditierungsrat.de/de/stiftung-akkreditierungsrat/akkreditierungsrat/akkreditierungsrat (Zugriff vom 26.1.2020).

Stoetzer, S. (2014). Aneignung von Orten: Raumbezogene Identifikationsstrategien. Dissertation. Darmstadt: Technische Universität.

Strauf, S.; Behrendt, H. (2006). Regionalwirtschaftliche Effekte der Hochschulen im Kanton Luzern, Kompetenzzentren Tourismus und Verkehr / Regionalwirtschaft / Öffentliches Management, Luzern.

Strauss, A. L.; Corbin, J. (1996). Grounded Theory. Weinheim: Beltz.

Sturm, G. (2000). Wege zum Raum. Wiesbaden: Springer Fachmedien.

Strübing, J. (2014). Grounded Theory: Zur sozialtheoretischen und epistemologischen Fundierung des Verfahrens der empirisch begründeten Theoriebildung. Wiesbaden: VS Verlag für Sozialwissenschaften.

Teichler, U. (2004). The changing debate on internationalisation of higher education. Higher education, 48(1), 5–26.

Teixeira, P. (2009). Mass higher education and private institutions. Higher education to 2030 by OECD, 231–258.

Thieme, W. (1988). Privathochschulen in Deutschland. Chancen für die Zukunft, Göttingen: Otto Schwartz & Co.

TUM international (2020a). Über TUM International. URL: https://www.tum-international.com/de/unternehmen/ueber-tum-international (Zugriff vom 4.3.2020).

TUM international (2020b). TUM Kuwait. URL: https://www.tum-international.com/de/referenzen-detail/entwicklung-von-universitaetsstandorten/tum-kuwait (Zugriff vom 4.3.2020).

TUM international (2020c). Kutaisi International University. URL: https://www.tum-international.com/de/referenzen-detail/entwicklung-von-universitaetsstandorten/kiu (Zugriff vom 4.3.2020).

Turner, G. (2001). Hochschule zwischen Vorstellung und Wirklichkeit: Zur Geschichte der Hochschulreform im letzten Drittel des 20. Jahrhunderts (Band 7). Berlin: Duncker & Humblot.

Turner, G. (2018). Hochschulreformen. Eine unendliche Geschichte seit den 1950er Jahren. Berlin: Duncker & Humblot.

Uyarra, E. (2010). Conceptualizing the regional roles of universities, implications and contradictions. European Planning Studies, Jhg. 18, Nr. 8, 1227–1246.

Whatmore, S. (1999). Hybrid Geographies: Rethinking the 'Human' in Human Geography. In: Massey, D.; Allen, J.; Sarre, P. (Hrsg.) (1999). Human geography today. Cambridge: Polity Press, 23–41.

Warnecke, C. (2016). Universitäten und Fachhochschulen im regionalen Innovationssystem. Eine deutschlandweite Betrachtung. Bochum: Universitätsverlag Brockmeyer.

Weber, M. (1922). Gesammelte Aufsätze zur Wissenschaftslehre, Mohr: Tübingen. URL: https://nbn-resolving.org/urn:nbn:de:0168-ssoar-50765-8 (Zugriff vom 2.12.2019).

Wellmann, S. (1996). Zulassung privater Schulen und Hochschulen. In: Schlaffke, W.; Weiß, R. (Hrsg.) (1996). Private Bildung – Herausforderung für das öffentliche Bildungsmonopol: Berichte zur Bildungspolitik 1996 des Instituts der Deutschen Wirtschaft Köln. Köln: Deutscher Institutsverlag.

Wells, P. J.; Sadlak, J.; Vlasceanu, L. (Hrsg.) (2007). The rising role and relevance of private higher education in Europe. Bukarest: UNESCO-CEPES.

Wiarda, J.-M. (2016). Sind private Hochschulen die offeneren Unis?, in: ZEIT Nr. 44/2016 (20.10.2016). URL: https://www.zeit.de/2016/44/studium-private-hochschulen-wachstum-zielgruppe-nichtakademikerhaushalt (Zugriff vom 29.02.2020).

Wimmer, R.; Emmerich, A. & Nicolai, A. T. (2002). Corporate Universities in Deutschland. Eine empirische Untersuchung zu ihrer Verbreitung und strategischen Bedeutung. Bundesministerium für Bildung und Forschung (Auftraggeber). Berlin bzw. Witten-Herdecke.

Wissenschaftsrat (1960). Empfehlungen zum Ausbau der wissenschaftlichen Einrichtungen. Teil I: Wissenschaftliche Hochschulen. Tübingen: Mohr.

Wissenschaftsrat (1967). Empfehlungen des Wissenschaftsrates zum Ausbau der wissenschaftlichen Hochschulen bis 1970. Tübingen: Mohr.

Literaturverzeichnis

Wissenschaftsrat (1990). Empfehlung zur Aufnahme der privaten Hochschulen Witten/Herdecke in die Anlage zum Hochschulbauförderungsgesetz. Berlin.
Wissenschaftsrat (2010). Empfehlungen zur Differenzierung der Hochschulen. URL: https://www.wissenschaftsrat.de/download/archiv/10387-10.pdf (Zugriff vom 3.2.2020).
Wissenschaftsrat (2012). Private und kirchliche Hochschulen aus Sicht der Institutionellen Akkreditierung. URL: https://www.wissenschaftsrat.de/download/archiv/2264-12.pdf;jsessionid=BD0248467CBCF3E67240CAB9361035AF.delivery1-master?__blob=publicationFile&v=3 (Zugriff vom 1.2.2020).
Witzel, A. (1985). Das problemzentrierte Interview. Weinheim: Beltz.
Witzel, A. (2000). Das problemzentrierte Interview, Forum Qualitative Sozialforschung. In Forum: Qualitative Social Research. URL: http://www.qualitative-research.net/index.php/fqs/article/view/1132/2519 (Zugriff: 01.11. 2019).
Ziegele, F.; Roessler, I.; Mordhorst, L. (2017). Hochschultyp im Wandel? Zur zukünftigen Rolle der Fachhochschulen im deutschen Hochschulsystem. CHE Centrum für Hochschulentwicklung.

Printed in the United States
by Baker & Taylor Publisher Services